GW01418627

Peter Scherbening

Das Handbuch für Finanzberater

Peter Scherbening

Das Handbuch für Finanzberater

Wie Sie Ihr Unternehmen professionell aufbauen und erfolgreich seriös beraten

WILEY

WILEY-VCH Verlag GmbH & Co. KGaA

1. Auflage 2016
Alle Bücher von Wiley-VCH werden
sorgfältig erarbeitet. Dennoch übernehmen Autoren, Herausgeber und
Verlag in keinem Fall, einschließlich des
vorliegenden Werkes, für die Richtigkeit
von Angaben, Hinweisen und Rat-
schlägen sowie für eventuelle Druck-
fehler irgendeine Haftung.

© **2016 Wiley-VCH Verlag & Co. KGaA,
Boschstr. 12, 69469 Weinheim, Germany**

**Bibliografische Information
der Deutschen Nationalbibliothek**
Die Deutsche Nationalbibliothek
verzeichnet diese Publikation in
der Deutschen Nationalbibliografie;
detaillierte bibliografische Daten sind
im Internet über http://dnb.d-nb.de
abrufbar.

Printed in the Federal Republic
of Germany

Umschlaggestaltung: init GmbH,
Bielefeld
Coverfoto: istock.com@/Nomadsoul1
Gestaltung: pp030, Heike Praetor, Berlin
Satz: inmedialo Digital- und
Printmedien UG, Plankstadt
Druck und Bindung: CPI books GmbH, Ulm

Gedruckt auf säurefreiem Papier.

Print ISBN: 978-3-527-50869-3
ePub ISBN: 978-3-527-80667-6
mobi ISBN: 978-3-527-80668-3

Inhalt

Vorwort: Warum dieses Buch?

Als ich 2001 vom Rechtsanwaltsberuf auf den des Finanzberaters und Versicherungsmaklers umsattelte, erhielt ich – seinerzeit bei MLP – zwar eine fundierte Ausbildung in Sachen Versicherungen, aber viele Fragen, die im Beratungsalltag des Finanzberaters wichtig sind, wurden damals nicht erörtert, vielleicht, weil sie als allzu selbstverständlich betrachtet wurden,
wie zum Beispiel die Frage, was bei der Begrüßung und Verab-
schiedung eines Kunden zu beachten ist oder wie unterschiedlich der Gesprächsverlauf sein kann, je nachdem, wie die ersten
15 Minuten des Gesprächs ablaufen.

Über die Jahre habe ich viele Bücher über Verkaufen, Service,
und Beratung gelesen und viele Seminare dazu besucht. Doch
die meisten für mich Erfolg bringenden Details habe ich über
die Jahre durch eigene Erfahrungen und engen Austausch mit
vielen Kollegen im Allgemeinen und einem befreundeten Fi-
nanzmakler im Besonderen gelernt. Durch die von uns über
Jahre praktizierte Routine, Beratungsgespräche im Anschluss
genau zu analysieren und den Dingen auf den Grund zu gehen
(Warum ist es nicht so gelaufen wie erwartet bzw. gewünscht?
Warum hat es heute ganz besonders gut geklappt? Welche Formulierung im Gespräch könnte man ganz konkret verbessern,
um noch überzeugender rüberzukommen? usw.), haben wir so
viele Facetten des Beratungsalltags durchgesprochen und beleuchtet, dass es mir auf diese Weise gelang, mit der Zeit immer
professioneller und effizienter in der Beratung zu werden und
all die Fehler zu vermeiden, die mich am Anfang meiner Vermittlertätigkeit so manchen Kunden gekostet haben.

Auf diese Weise ist ein Wissen entstanden, das ich noch in kei-
nem Buch, das sich mit Beratung oder Verkauf befasst, in dieser
Detailvielfalt gesehen habe, ein Buch, das ich mir selbst zum
Anfang meiner Karriere als Finanzberater sehr gewünscht hätte,

weil es auch wichtige Details behandelt, die andere Autoren offenbar für nicht so wichtig erachten.

Sie sind fasziniert von den Verdienstmöglichkeiten im Vertrieb, von den Freiheiten als Selbständiger und haben Freude daran, Menschen in finanziellen Dingen zu beraten? Dann werden Sie sich nicht nur mit den Zulassungsvoraussetzungen für den Beruf des Finanzberaters, sondern auch mit vielen praktischen Fragen beschäftigen müssen, angefangen mit der Erstellung eines Geschäftsplans über die konkrete Kundenakquise und die Herausforderungen an ein gutes und erfolgreiches Beratungsgespräch bis hin zum Ausbau Ihres Unternehmens, sobald Sie mehr Kundenzulauf haben, als Sie selbst bewältigen können.

Auf der anderen Seite gilt es auch, sich mit den vielen Vorurteilen und Vorbehalten auseinanderzusetzen, die in der Bevölkerung gegenüber Finanzberatern und insbesondere Versicherungsvertretern weit verbreitet sind.

So begegnen die meisten Kunden dem Versicherungsvermittler häufig doch eher mit einer gewissen (gesunden oder mitunter auch übertriebenen) Skepsis. Zu viel haben sie schließlich schon in den Medien über die angeblichen wie auch zum Teil tatsächlichen Tricks der Versicherungsbranche, die Provisionsgesteuertheit der Vermittler und auch die unseriösen Beratungsmethoden der Banker gehört, gelesen oder gar selbst erfahren.

Wie also soll man in einem solchen Umfeld Kunden gewinnen, diese seriös und bedarfsgerecht beraten und dabei auch noch genügend Geld verdienen? Gerade vor dem Hintergrund der jüngsten Umwälzungen im Versicherungsmarkt aufgrund des LVRG (Lebensversicherungsreformgesetz), das zum 1.1.2015 in Kraft getreten ist, erlangt die Antwort auf diese Frage für so manchen Vermittler existenzielle Bedeutung.

Dieses Buch soll daher Anregungen geben, wie ein engagierter Versicherungs- und/oder Finanzanlagenvermittler sich selbst eine Beratungsphilosophie erarbeitet, die ihn vom Durchschnitt der Vermittler abhebt und ihn deshalb über kurz oder lang praktisch zwangsläufig erfolgreich machen wird.

Dabei stehen hier weniger die reinen Verkaufsaspekte im Vordergrund – Bücher mit diesem Fokus gibt es schließlich schon im Überfluss –, sondern viel mehr strategische Überlegungen sowie viele Details und Erfahrungen, die Ihnen im Vergleich zu Ihren Mitbewerben oft das nötige Quäntchen Vorsprung geben können, das Sie brauchen, um die Unterschrift Ihrer Kunden tatsächlich zu erhalten.

In den vergangenen Jahren habe ich sehr viele Bücher von hochbezahlten Verkaufstrainern gelesen und deren Seminare besucht. Dabei fiel mir eine – aus meiner Sicht äußerst unangenehme – Gemeinsamkeit all dieser Autoren/Seminarleiter auf: Sie alle glauben,»die Weisheit mit Löffeln gefressen« zu haben. Das heißt: Sie suggerieren, dass nur ihr beschriebener Weg wirklich zum Erfolg führt und alle anderen es halt nicht richtig können. Ich werde versuchen, diesen Fehler zu vermeiden. Meine Gespräche mit vielen sehr erfolgreichen Kollegen haben mir immer wieder gezeigt, dass viele Wege nach Rom führen. Ich habe auch einige sehr erfolgreiche Kollegen kennengelernt, die ihre Kunden betrogen haben – leider. Die nachhaltig wirklich erfolgreichen Kolleginnen und Kollegen zeichnen sich meines Erachtens jedoch durch folgende Gemeinsamkeiten aus: ein Höchstmaß an Beratungskompetenz, ein Höchstmaß an Integrität und ein Höchstmaß an Professionalität.

Möglicherweise wird Ihnen das Buch an der einen oder anderen Stelle zu juristisch, zu zahlenlastig, zu esoterisch oder zu weitschweifig sein. Ich hoffe jedoch, Ihnen mit diesem Buch an so vielen verschiedenen Stellen und auf so vielen verschiedenen Gebieten wirklich praktisch nutzbare Hilfestellungen (oder zu Neudeutsch: Input) geben zu können, dass Sie auch dann eine Menge profitieren können, wenn Sie sich nur auf diejenigen Kapitel konzentrieren, die Sie auch sofort ansprechen.

Möge dieses Buch Ihnen helfen, mit einem guten Gefühl, mit Kompetenz, Konsequenz und Empathie Ihre Kunden zu beraten, und mögen Sie auf diese Weise so erfolgreich werden, wie Sie es sich wünschen!

Noch ein Hinweis für alle Leserinnen: Bitte fühlen Sie sich auch angesprochen, selbst wenn ich fast durchgängig die männlichen Substantivformen verwende. Den Gleichbehandlungsgrundsatz konsequent zu beherzigen, würde einfach zu sehr sperrigen Sätzen führen. Deshalb: Wann immer von »Kunde« oder »Berater« o. Ä. die Rede ist: Denken Sie sich bitte einfach die weibliche Form dazu. Ich meine SIE alle. ☺

Berlin, März 2016   *Peter Scherbening*

1 Einführung

Was können Sie von diesem Buch für sich erwarten und was nicht? Für wen ist dieses Buch konzipiert? Und wie können Sie die Inhalte am besten für sich nutzen? Auch wenn das Inhaltsverzeichnis sicher schon einen guten Überblick gibt, möchte ich auf diese Fragen kurz eingehen.

Erwarten können Sie Folgendes:

- in Bezug auf die **rechtlichen Grundlagen** der Berufsausübung fundierte Informationen, die, soweit es um gesetzliche Grundlagen und juristische Analysen geht, sehr gründlich recherchiert und sehr sachlich dargestellt sind;
- in Bezug auf die **unternehmerischen Aspekte** des Aufbaus Ihrer eigenen Existenz jede Menge Hilfestellungen und Tipps aus der Praxis, die, soweit sinnvoll und hilfreich, auch immer wieder durch juristische Hinweise ergänzt werden;
- in Bezug auf das Kernthema der Beratung
  - die **Grundlagen** für eine seriöse, konzeptionelle Beratung mit einer Fülle von zum Teil sehr detailreichen Beispielen aus dem Beratungsalltag sowohl von mir als auch von diversen Kollegen, deren Berichte und Erfahrungen mit in dieses Buch eingeflossen sind,
  - vielfältige Tipps für die Verfeinerung und Optimierung Ihrer Beratung,
  - Hinweise zur Hinterfragung Ihrer fachlichen Kompetenz;
- in Bezug auf **Ihre eigene Persönlichkeitsentwicklung** vielfältige Anregungen, wie Sie Ihr Leben auch außerhalb Ihres beruflichen Alltags so gestalten, dass Sie mit viel Freude, Kraft, Energie und Zuversicht durch Ihr Leben gehen.

Das Buch ist insbesondere für Berufseinsteiger gedacht, die als Handelsvertreter oder selbständige Makler ihre ersten Schritte in die Selbständigkeit wagen. Im Hinblick auf die vielfältigen sowohl juristischen als auch fachlichen Informationen und die zahlreichen Beispiele und Analysen von Beratungssituationen aus dem Alltag sowie die Denkanstöße für die Reflektion der eigenen Beratung eignet es sich jedoch durchaus auch für berufserfahrene Kollegen, die sich ihre Offenheit für neue Impulse bewahrt haben und den Mut haben, ihre bisherigen Beratungsansätze zu hinterfragen.

Getreu dem Motto des Münsteraner Juristen-Repetitors Josef Alpmann *»Ein Blick ins Gesetz erleichtert die Rechtsfindung.«* werden Sie immer dort, wo es auf die Genauigkeit der Rechtsgrundlagen ankommt, die einschlägigen Gesetzestextes im Original lesen können. Dies erscheint mir auch für Nichtjuristen sinnvoll, da ich Sie als Leser für intelligent genug halte, diese Texte zu verstehen, und auf diese Weise Missverständnisse ausgeschlossen werden können, die möglicherweise ansonsten durch freie Umformulierung der Texte durch mich entstehen könnten.

2 Berater oder Verkäufer?

Wenn es um den zweiten Teil des Untertitels dieses Buches (»erfolgreich seriös beraten«) geht, drängt sich eine Frage gleich auf: Seriös beraten und erfolgreich sein – geht das überhaupt? Ganz so einfach, wie der Buchtitel es möglicherweise suggeriert, ist die Antwort jedoch nicht; denn die weitere Frage, die ich vor die Beantwortung der ersten stellen möchte, ist folgende: Berater oder Verkäufer? Wie sehen Sie sich, und wie werden Sie von Ihren Kunden gesehen?

Wenn es nach der Meinung der diversen selbsternannten Verbraucherschützer geht, ist ein »echter, unabhängiger Berater« nur derjenige, der seine Kunden unabhängig von Abschlussprovisionen berät – am besten wahrscheinlich auch noch gleich kostenlos. Unberücksichtigt bleibt dabei die Tatsache, dass auch der Honorarberater (zu den Einzelheiten und diversen Unterkategorien dieses Begriffs siehe Kapitel 4.3) mit seinen Kunden Geld verdienen will und deshalb ebenfalls Interessenkonflikten unterliegt.

Während der auf Provisionsbasis agierende (sprich: beratende) Vermittler den Interessenkonflikt hat, dass er geneigt sein wird, vor allem diejenigen Produkte zu empfehlen, an denen er das Meiste verdient, ist der Honorarberater dem Interessenkonflikt ausgesetzt, seine Beratung mehr als nötig in die Länge zu ziehen, um auf diese Weise seinen Verdienst (getreu dem Motto »Zeit ist Geld«) zu erhöhen.

Kann im Übrigen davon ausgegangen werden, dass der auf Honorarbasis beratende Vermittler wirklich besser, objektiver und unabhängiger berät als der »provisionsgetriebene« Vermittler? Von der Theorie her vielleicht. Vom Grundgedanken des Gesetzes her (siehe dazu ausführlich Kapitel 18) allerdings nicht. Aber wie sieht es in der Praxis aus?

Ein Vermittler, der sein Einkommen ausschließlich dadurch erzielt, dass seine Kunden bei ihm am Ende der Beratung auch einen oder besser gleich mehrere Anträge unterschreiben, wird häufig versucht sein, seine Kunden so zu beraten, dass diese am Ende auch tatsächlich unterschreiben. Das mag dann zwar durchaus auch im Interesse des Kunden sein, aber dennoch hat ein solches Beratungsgespräch immer (zumindest auch) den Charakter eines Verkaufsgesprächs. Selbst wenn der Provisionsvermittler über eine so große Anzahl von Kunden verfügt, dass er keinerlei Abschlussdruck hat, wird er als vernünftig agierendes Wirtschaftssubjekt keinerlei Interesse daran haben, »für lau« zu beraten. Am Ende möchte er mit dem Kunden Geld verdienen. Und das kann er grundsätzlich nur dadurch, dass der Kunde bei ihm einen Antrag unterschreibt. Umso mehr gilt dies für diejenigen Berater, deren Kundenstamm – gerade am Anfang – noch eher übersichtlich, um nicht zu sagen »klein« ist.

Demgegenüber hat der Honorarberater diesen Abschlussdruck nicht, da er weiß, dass er so oder so, also egal, ob der Kunde am Ende einen Antrag unterschreibt oder nicht, Geld verdient haben wird. Und manch ein Honorarberater ist dann auch noch clever genug, seinen Kunden zwar Netto-Tarife, also Tarife ohne Abschlussprovision, zu vermitteln, für die Vermittlung jedoch dennoch eine Vermittlungsprovision in Form eines zusätzlichen Beratungshonorars zu verlangen, dessen Höhe sich nach der Höhe der Beitragssumme bemisst und ihm den zusätzlichen Vorteil bietet, dass dieses Honorar auch noch stornosicher ist.

Ein weiterer Aspekt ist die Qualifikation des Beraters. Da der Honorarberater (zu den verschiedenen Unterkategorien siehe Kapitel 4.3) keine spezielle Sachkundeprüfung ablegen muss, kann es einem Kunden durchaus passieren, zwar das Gefühl zu haben, von einem Honorarberater objektiv und neutral beraten worden zu sein, während dieser ihn objektiv vielleicht schlicht falsch oder jedenfalls nicht optimal beraten hat. Denn ein Honorarberater verfügt ja nicht einfach dadurch über eine bessere oder fundiertere Sachkenntnis, dass er sein Schild bzw. Etikett »Versicherungsmakler« durch das Schild »Honorarberater« ersetzt.

In Bezug auf die »provisionsgetriebene« Beratung werden mir möglicherweise viele erfolgreiche Versicherungsvermittler entgegenhalten, dass sie ihre Kunden bestmöglich beraten und die Kunden dann allein aufgrund dieser vorbildlichen und völlig uneigennützigen Beratung sich zur Unterzeichnung der vorgeschlagenen Anträge entschließen.

Ist das wirklich so? Ich habe da meine Zweifel. Ein sehr erfolgreicher Kollege, dem ich sehr viele gute Beratungs- und Verkaufsansätze verdanke, sagte mir einmal: *»Es ist doch völliger Quatsch zu glauben, wir wären etwas anderes als Verkäufer! Ein Kunde, der sich für den Kauf eines Autos interessiert, erwartet von dem Autoverkäufer doch auch nicht allen Ernstes eine unabhängige und objektive Beratung. Und wenn doch, ist er selbst schuld!«* Gewiss eine sehr provokante Aussage, aber auch eine sehr ehrliche. Jeder »normale« Vermittler verdient sein Geld mit Abschluss- und Bestandsprovisionen. Und diese erhält er eben nur, wenn der Kunde auch einen Antrag unterschreibt – völlig banal. Also wird es immer – zumindest auch – das Ziel einer Finanz- bzw. Versicherungsberatung sein, den Kunden nicht nur zu beraten, sondern ihn auch zur Unterschrift zu bewegen. Und das heißt ehrlicherweise nichts anderes als dem Kunden etwas zu verkaufen.

Und auch da unterscheiden sich die meisten Honorarberater tatsächlich überhaupt nicht von den Provisionsvermittlern. Denn kein Honorarberater wird es sich auf Dauer leisten können, seine Kunden für einen Stundensatz von 150 bis 250 Euro oder einem Pauschalhonorar von 200 bis 500 Euro zu beraten, ohne an den von ihm vermittelten Abschlüssen auch etwas zu verdienen. Deshalb ist es bei Honorarberatern auch durchaus üblich, sich die Vermittlung der sogenannten Nettotarife, also derjenigen Tarife, die keine Vertriebskosten enthalten und deshalb naturgemäß günstiger sind als die üblichen (Brutto-)Tarife, zusätzlich vergüten zu lassen. Da der Kunde diese Tarife in der Regel nur über den Vermittler und nicht direkt von der jeweiligen Gesellschaft bekommen kann, ist es für den Honorarberater ein Leichtes, dem Kunden die Pistole auf die Brust zu setzen und zu sagen: *»Sie können diesen Tarif gern über mich abschließen, dafür berechne ich Ihnen aber ein Honorar von 2 % der Beitragssumme.«* Spätestens dann wird der Kunde merken, dass auch der Honorarberater bei seiner Beratung durchaus ein großes Abschlussinteresse hat.

Je nach Anspruch und Seriosität des Beraters kann der Verkauf ein reiner Produktverkauf sein *(»Sie sollten diese Versicherung abschließen, weil sie diese … Vorteile für Sie hat.«)* oder auch einfach zunächst der Selbstverkauf des Beraters, der sich dem Kunden als vertrauensvolle Persönlichkeit verkauft, dem der Kunde einfach vertrauen kann und soll. So oder so hat erfolgreiche Finanzberatung immer auch etwas mit erfolgreichem Verkauf zu tun.

Dieses Buch hat zum Ziel, Ihnen jenseits von Produktverkäufen Wege aufzuzeigen, erfolgreich zu beraten und zu verkaufen, ohne den Kunden dabei über den Tisch zu ziehen oder ihm irgendeinen Schrott zu verkaufen, den er nicht braucht, nur, damit Sie Ihre Provision verdienen.

3 Spezialist oder Generalist?

Obwohl ich selbst in meiner Eigenschafft als Makler immer als Generalist gearbeitet habe, erscheint es mir inzwischen gerade für Berufseinsteiger wichtig, sich zu überlegen, ob die Tätigkeit als Generalist wirklich sinnvoll ist, oder ob es nicht vielleicht besser ist, sich eine Nische zu suchen, in der man als Spezialist tätig wird.

3.1 Der Generalist

Aus Kundensicht hat es viele Vorteile, einen Generalisten als Ansprechpartner zu haben; denn als Generalist sind Sie für Ihre Kunden *der* Ansprechpartner für alle Angelegenheiten rund um die Themen Geldanlage, Finanzierung und Versicherungen. Wo immer den Kunden der Schuh drückt, wird er SIE anrufen, um das Thema mit Ihnen zu besprechen – vorausgesetzt, Sie haben sich auch gleich zu Beginn Ihres ersten Beratungsgesprächs gegenüber Ihrem Kunden entsprechend eingeführt und positioniert. Soll heißen: Wenn der Kunde Sie als Versicherungsmakler kennenlernt, wird er möglicherweise nicht darauf kommen, sich mit dem Thema Geldanlage oder Immobilienfinanzierung an Sie zu wenden, wenn Sie ihn nicht ausdrücklich darauf hingewiesen haben, dass Sie auch diese Gebiete mit Ihrer Beratung abdecken.

Und umgekehrt kann es Ihnen als Anlageberater einer Bank durchaus passieren, dass Ihnen Ihr Kunde bei einem Folgegespräch beiläufig erzählt, dass er gerade woanders eine Krankenversicherung abgeschlossen hat, ganz einfach, weil er gar nicht daran gedacht hat, sich mit diesem Thema an Sie zu wenden. Mir ist das sogar schon passiert, obwohl ich meine Kunden (damals als Berater für die Tochtergesellschaft einer großen Bank) ausdrücklich darauf hingewiesen habe, dass ich alle Bereiche von A-Z rund um die Themen Geldanlage **und** Absicherung abdecke.

Sofern Sie als Generalist auch noch Makler sind und nicht Versicherungsvertreter, haben Sie in der Regel auch nicht das Problem, Kunden möglicherweise an konkurrierende Versicherungsvertreter zu verlieren, weil diese Ihren Kunden »ein besseres Angebot« machen können oder die von Ihnen vertretene Gesellschaft Ihre Kunden gerade mal wieder im Rahmen einer Bestandsbereinigung oder erheblichen Prämienerhöhung vergrault hat. Denn als Makler können Sie hier einfach eine Umdeckung vornehmen und auf diese Weise dem Kunden nachhaltig dokumentieren, dass Sie auf seiner Seite und nicht auf der der Versicherung stehen.

Die Arbeit als Generalist bringt jedoch nicht nur Vorteile mit sich, insbesondere dann, wenn Sie als Makler aktiv werden. Warum? Weil Sie wie ein »Feld-, Wald-, Wiesen-Anwalt« von allen Themen, wegen derer Kunden möglicherweise Ihren Rat suchen werden, etwas verstehen sollten, zumindest in den Grundzügen. Und das sind wirklich sehr, sehr viele Themen:

- **Sachversicherungen:** Privathaftpflichtversicherung, Hausratversicherung, Bauleistungsversicherung, Wohngebäudeversicherung, Bauherrenhaftpflichtversicherung, Grundeigentümerversicherung, Rechtsschutzversicherung, Betriebshaftpflichtversicherung, Vermögensschadenhaftpflichtversicherung, Kfz-Versicherung, Flottenversicherung usw.

- **Absicherung biometrischer Risiken (Personenversicherungen):** Unfallversicherung, Berufsunfähigkeitsversicherung, Erwerbsunfähigkeitsversicherung, Private Krankenversicherung, Funktionsweise des gesetzlichen Krankenversicherungssystems, Pflegezusatzversicherung, Zahnzusatzversicherung, ambulante und stationäre Zusatztarife, Risikolebensversicherungen, Sterbegeldversicherung usw.

- **Altersvorsorge:** Lebensversicherungen (kapitalbildend / fondsgebunden), Rentenversicherungen (kapitalbildend / fondsgebunden), Riester, Rürup, Betriebliche Altersvorsorge, Funktionsweise des gesetzlichen Rentenversicherungssystems, Hybridmodelle usw.

• **Geldanlage:** Funktionsweise der Aktienmärkte, Aktien, Renten, Unternehmensanleihen, Wandelanleihen, Immobilien, Rohstoffe, Fonds (Aktien-, Renten-, Immobilien-, Hedge-, Branchen-, Index-, Rohstofffonds, ETFs u. s. w.), Zertifikate, Derivate, geschlossene Beteiligungen (Schiffe, Flugzeuge, Pflegeheime, Eisenbahnen, Immobilien u. v. m.), Nachrangdarlehen, mündelsichere Anlagen usw.

• **Immobilienfinanzierung:** Grundzüge des Immobilienrechts, Hypotheken, Grundschulden, Forwarddarlehen, Beleihungsauslauf, Bausparverträge / Bauspardarlehen

Sie sehen: Selbst, wenn Sie den einen oder anderen Teil (zum Beispiel Geldanlage oder Immobilienfinanzierung) von vornherein gar nicht abdecken wollen, bleibt auch beim Rest ein sehr großes Feld übrig, das es zu bespielen gilt.

3.2 Der Spezialist

Der Spezialist macht sich das Leben zumindest lern-, weiterbildungs- und abwicklungstechnisch deutlich leichter, indem er sich auf ein Thema oder Gebiet fokussiert, das ihm besonders erfolgversprechend erscheint und das er als Nische besetzt, um sich so von seinen Mitbewerbern abzugrenzen. Ein Beispiel, das mir hier dazu gerade einfällt, ist ein Maklerkollege in Süddeutschland, der sich auf die Versicherung von Photovoltaikanlagen spezialisiert hat und damit so erfolgreich ist, dass er inzwischen ein Büro mit über zehn Angestellten führt.

Als Spezialist sollten Sie sich allerdings ein Segment suchen, das wirklich zukunftsträchtig ist und Ihnen nicht nur kurzfristig einen Wettbewerbsvorteil verschafft. Das Thema Private Krankenversicherung könnte so ein Segment sein, ebenso wie der Bereich der berufsbegleitenden Absicherungen wie Betriebs- und Vermögensschadenhaftpflichtversicherungen. Auch als Spezialist für die betriebliche Altersvorsorge hat sich so manch ein Makler- oder Versicherungsvertreterkollege erfolgreich sein Unternehmen aufgebaut.

Die Tätigkeit für eine Bausparkasse zähle ich ebenfalls hierzu. Zwar gibt es eine Reihe von Bausparkassen, die es sich zum Ziel gesetzt haben, ihren Kunden auch Versicherungsprodukte zu vermitteln. Die meisten Bausparkassenvertreter haben hieran jedoch überhaupt kein Interesse, nicht zuletzt, weil sie auch so ganz gut verdienen. So ist eine ehemalige Kollegin von mir, die als Maklerin nur sehr mäßig (30 000 bis 40 000 Euro Umsatz pro Jahr) verdient hat, über Umwege am Ende bei einer Bausparkasse gelandet, bei der sie nun 60 000 bis 70 000 Euro pro Jahr verdient – und das fast ausschließlich durch die Vermittlung von Bausparverträgen und Bauspardarlehen. Da sie von ihren Kunden auch nur als die Person wahrgenommen wird, die ihnen hilft, ihren Lebenstraum einer eigenen Immobilie zu verwirklichen, ist es ihr inzwischen völlig egal, ob ihre Kunden ihre Riesterverträge oder Sachversicherungen bei ihr oder woanders abschließen. Sie verdient auch ohne diese Verträge genug und hat dabei ein entspanntes Leben, weil sie sich um Akquise nicht groß zu kümmern braucht und ihr Arbeitsaufwand sehr überschaubar ist.

Eine weitere Spezialisierungsmöglichkeit kann darin bestehen, dass Sie sich Ihre Fremdsprachenkenntnisse zu Nutze machen. Wenn Sie fließend Englisch sprechen, können Sie sich beispielsweise als Berater profilieren, der seine Kunden auf Englisch berät. Gerade unter den sogenannten Expatriates bestehen häufig enge Netzwerkverbindungen, von denen Sie rasch profitieren können, weil Sie von zufriedenen Kunden schnell weiterempfohlen werden.

Allerdings sollten Sie gerade bei ausländischen Kunden auch Ihr Kosten-/Nutzen-Verhältnis ständig im Auge behalten. Denn die tollste Empfehlungsquote nutzt Ihnen natürlich nichts, wenn Sie beispielsweise überwiegend innerhalb einer Gruppe von Geringverdienern weiterempfohlen werden.

4 Versicherungsvertreter, Mehrfach-agenten, Strukturvertriebe, makelnde Finanzdienstleister, echte Makler – Abgrenzung der verschiedenen Vermittlertypen

Wenn Sie sich mit dem Gedanken tragen, in die Finanzdienst-leistungsbranche einzusteigen, um dort Ihre berufliche Heimat zu finden, werden Sie sich mit zahlreichen grundsätzlichen Fra-gestellungen konfrontiert sehen, die ich nachfolgend der Reihe nach beleuchten möchte. Am Wichtigsten ist es sicher, zu aller erst zu klären, in welcher Eigenschaft Sie in Zukunft tätig wer-den möchten. Deshalb folgt hier zunächst ein Überblick über die unterschiedlichen Vermittler- bzw. Beratertypen.

4.1 Der Versicherungsvermittler

Der Versicherungsvermittler ist in § 59 Abs. 1 Versicherungs-vertragsgesetz (VVG) definiert:

»Versicherungsvermittler im Sinn dieses Gesetzes sind Versiche-rungsvertreter und Versicherungsmakler.«

Der Versicherungsvertreter

Versicherungsvertreter ist gem. § 59 Abs. 2 VVG,

»wer von einem Versicherer oder einem Versicherungsvertreter damit betreut ist, gewerbsmäßig Versicherungsverträge zu ver-mitteln oder abzuschließen.«

Der Versicherungsvertreter ist also ein Versicherungsvermitt-ler, der lediglich für ein Versicherungsunternehmen tätig ist und dabei eindeutig im Lager der von ihm – im umgangs-sprachlichen, nicht im juristischen Sinn – vertretenen Gesellschaft steht, also beispielsweise der »Allianz Vertreter«. Entsprechend arbeitet der Bausparvertreter für eine einzelne Bausparkasse.

§ 92 Abs. 1 HGB definiert den Versicherungsvertreter leicht anders als der o.g. § 59 Abs. 2 VVG, nämlich:

»Versicherungsvertreter ist, wer als Handelsvertreter damit betraut ist, Versicherungsverträge zu vermitteln oder abzuschließen.«

Bezieht sich die Tätigkeit des Handelsvertreters auf die Vermittlung oder den Abschluss von Versicherungsverträgen, so ist er also nach § 92 Abs. 1 HGB Versicherungsvertreter. Gemäß § 92 Abs. 2 HGB findet das Handelsvertreterrecht der §§ 84 ff. HGB mit den der Versicherungsbranche Rechnung tragenden Besonderheiten des § 92 Abs. 2 und 3 HGB grundsätzlich auf das Verhältnis zwischen Versicherungsvertreter und Versicherer Anwendung (Roth in: Koller/Roth/Morck, HGB, 7. Aufl. 2011, § 92 Rdnr. 1).

Da der Versicherungsvertreter regelmäßig ausschließlich für eine einzelne Versicherungsgesellschaft als Vermittler tätig ist, hat sich branchenintern das Wort »Ausschließlichkeitsvertreter« durchgesetzt. Dieser Begriff ist jedoch erstens unsinnig, da der Vertreter ja keine »Ausschließlichkeit« (Was soll das auch sein? Das Gegenteil von »Einschließlichkeit«??!) vertritt, sondern eine konkrete Versicherungsgesellschaft, und zweitens dieses Wort für jeden Außenstehenden – natürlich – völlig unverständlich ist, weshalb ich im Folgenden bei dem vom Gesetzgeber verwendeten Begriff des Versicherungsvertreters bleiben werde und den Vertreter einer einzelnen Gesellschaft als »Einzelvertreter« vom Mehrfachvertreter abgrenze (s.u.).

Entsprechend arbeitet der Bausparvertreter für eine einzelne Bausparkasse. In beiden Fällen werden regelmäßig Handelsvertreterverträge geschlossen. Deshalb ist der Versicherungsvertreter – sofern er nicht angestellt ist – immer auch gleichzeitig Handelsvertreter gem. §§ 84, 92 HGB.

Der Handelsvertreter

§ 84 Abs. 1 HGB definiert den Handelsvertreter wie folgt:

»Handelsvertreter ist, wer als selbständiger Gewerbetreibender ständig damit betraut ist, für einen anderen Unternehmer (Unternehmer) Geschäfte zu vermitteln oder in dessen Namen abzuschließen. Selbständig ist, wer im Wesentlichen frei seine Tätigkeit gestalten und seine Arbeitszeit bestimmen kann.«

Ein Handelsvertreter muss nach der Vereinbarung verpflichtet sein, sich ständig um Geschäfte für den Prinzipal zu bemühen. Die beiderseitige, auf Dauer berechnete Bindung ist für den Handelsvertreter entscheidend, während sich die Tätigkeit eines für einen Makler tätigen (Unter-)Maklers auf das zu vermittelnde Geschäft oder die zu vermittelnden Geschäfte beschränkt (OLG Hamm 18 U 137/08).

Er ist als selbständiger Gewerbetreibender ständig damit betraut, für einen Versicherer Verträge zu vermitteln und ggf. auch abzuschließen sowie bei ihrer Verwaltung und Erfüllung mitzuwirken. Er ist gegenüber dem Versicherungsunternehmen verpflichtet, sich um den Abschluss von Versicherungsgeschäften zu bemühen. Der Versicherungsvertreter steht damit im Lager des Versicherers und hat in der Regel Empfangsvollmacht für das Versicherungsunternehmen.

Versicherungsvertreter lassen sich wiederum aufteilen in Vertreter, die nur für eine einzelne Gesellschaft tätig werden (die sogenannten »Ausschließlichkeitsvertreter« – s. o.), Mehrfachvertreter, haupt- und nebenberufliche Versicherungsvertreter, Gelegenheitsvertreter und Angestellte.

Einzelvertreter

Der Einzelvertreter (»Ausschließlichkeitsvertreter«) ist in der Regel für einen Versicherer tätig und durch vertragliche Wettbewerbsverbote an diesen gebunden. Dies trifft auch zu bei Vertretern, die ausschließlich für verschiedene Versicherer Verträge vermitteln, deren Produkte miteinander nicht im Wettbewerb stehen. Da er an ein oder mehrere Versicherungsunternehmen gebunden ist, braucht der Einzelvertreter nicht zu begründen, warum er einen Versicherungsvertrag mit einem bestimmten Unternehmen vorschlägt.

Ihre praktische Situation als Einzelvertreter sieht meist so aus:

- Sie starten in einer Versicherungsgesellschaft bzw. einer Versicherungsagentur, die bereits am Markt etabliert ist und in der Regel über einen bekannten Namen verfügt, egal ob sich dabei um eine Versicherungsgesellschaft oder eine Bausparkasse handelt.

- Sie erhalten in der Regel einen Kundenstamm, mit dem Sie bereits gleich vom ersten Tag an loslegen können zu arbeiten.

- Sie erhalten ein Büro zu günstigen Bedingungen.

- Sie erhalten ein Fixum, das häufig zeitlich auf ein Jahr befristet ist, und darüber hinaus Provisionen für die von Ihnen vermittelten Abschlüsse.

- Sie sind eingebunden in ein relativ enges Korsett von Vorschriften und Vorgaben, und die Sicherheit Ihres Arbeitsplatzes hängt meistens von Ihrer Zielerfüllung ab.

- Die Provisionen sind häufig abschlussorientiert, d.h. der Vermittler erhält einen Anreiz, Kundenverträge alle paar Jahre umzudecken – egal, ob das für den Kunden sinnvoll ist oder nicht –, weil seine Abschlussprovisionen auch im Sachbereich eher hoch und die Bestandsprovisionen eher klein sind.

- Wenn Sie fleißig sind, sich mit dem Image und den Produkten Ihres Unternehmens identifizieren können und loyal sind, stehen Ihnen hier oft hervorragende Entwicklungsmöglichkeiten offen, vorausgesetzt, Sie schaffen es, das Kundenpotential wirklich zu nutzen und selbst Zugang zu neuen Kunden zu finden.

- Die Beratung Ihrer Kunden ist in gewisser Weise deutlich einfacher für Sie, weil Sie im Wesentlichen nur die Produkte Ihres eigenen Unternehmens gut kennen müssen; denn Ihre Kunden erwarten von Ihnen ja keine Versicherungsvergleiche, sondern einfach nur ein Angebot Ihrer Versicherungsgesellschaft. Der mühselige Marktvergleich und die Aneignung von Kenntnissen über die diversen am Markt agierenden Gesellschaften erübrigt sich für Sie also. Sie werden intensiv zu den Produkten Ihres Unternehmens geschult werden und Hinweise auf Produktvorteile gegenüber Mitbewerbern erhalten.

Der Mehrfachvertreter / Strukturvertriebe

Der Mehrfachvertreter (auch: »Mehrfachagent«) ist gesetzlich nicht ausdrücklich geregelt.

Mehrfachvertreter sind aufgrund vertraglicher Vereinbarungen unter Ausschluss des Wettbewerbsverbots für mehrere Versicherer tätig – auch für solche, die miteinander konkurrieren. Im Gegensatz zum Makler sind sie verpflichtet, für die mit ihnen vertraglich verbundenen Versicherer tätig zu werden und stehen haftungsrechtlich einem Versicherungsvertreter gleich. Die meisten Strukturvertriebe (zum Beispiel Swiss Life Deutschland Select – vormals AWD –, OVB, DVAG, Bonnfinanz) zählen hierzu.

Häufig versuchen Mehrfachvertreter nach außen hin den Anschein zu erwecken, sie seien Makler und würden für den Kunden *immer nur das Beste vom Markt* heraussuchen. Tatsache ist jedoch, dass Mehrfachvertreter per definitionem im Lager der Versicherungen und nicht im Lager des Kunden stehen. Dies hat insbesondere haftungsrechtliche Folgen. Mehrfachagenten sind nämlich nicht den besonderen Haftungsregeln unterworfen, die für Makler gelten (s. o.). So müssen sie beispielsweise *nicht* regelmäßig die Versicherungssituation ihrer Kunden prüfen und diese auf Deckungslücken in ihrem Schutz aufmerksam machen.

Als Mehrfachvertreter stellt sich Ihre Situation in der Regel so dar:

- Sie arbeiten für eine Firma, die ebenfalls am Markt etabliert ist und mit verschiedenen Versicherungsgesellschaften und Banken kooperiert.

- Sie erhalten in der Regel keinen Kundenstamm, sondern werden darauf geschult, sich selbst ein Netzwerk aufzubauen, das bei Ihrer Familie beginnt und über Nachbarn und Freunde zu deren Freunden und Kollegen führt, wobei Sie meistens auch gleichzeitig darauf getrimmt werden, neue Vermittler zu akquirieren. Typischerweise handelt es sich hierbei also um die sogenannten Strukturvertriebe, die insbesondere dadurch gekennzeichnet sind, dass der jeweils übergeordnete Vermittler an den Provisionen der von ihm geworbenen bzw. ihm unterstellten Untervermittler mitverdient und dass es eine relativ große Pyramide bzw. Hierarchie von mitverdienenden »Teamleitern«, »Managern«, »Direktoren« und »Seniordirektoren« o. Ä. gibt.

- Strukturvertriebe sind nicht per se schlecht. Allerdings ist bei diesen nach meinen Erfahrungen ganz besondere Vorsicht bei den Handelsvertreterverträgen geboten, da diese den Vermittler häufig jedenfalls ab dem Moment benachteiligen, in welchem er seinen Vertrag kündigt, weil er zu einem Konkurrenzunternehmen wechseln möchte. Und das geschieht in dieser Branche nun mal leider sehr häufig. Siehe hierzu mehr im Kapitel 6.1.

- Die Provisionen sind oft sehr vielschichtig gestaltet und damit letztlich intransparent. Dem Vermittler werden seine Verdienstaussichten in schillernden Farben ausgemalt – das allerdings trifft im Großen und Ganzen leider auf die gesamte Versicherungsbranche zu. Da ist von allen möglichen Bonuszahlungen, Bestandsprovisionen, Sonderbonifikationen etc. die Rede, doch auf die Haken bei all diesen Details wird er nicht hingewiesen, beispielsweise, dass ihm bestimmte Bonuszahlungen gestrichen werden, wenn er nicht kontinuierlich bestimmte Mindestumsätze bringt. Damit wird selbst sehr erfolgreichen Vermittlern die Freiheit genommen, sich – aus welchem Grund auch immer – mal eine Auszeit von mehreren Monaten zu nehmen, ohne dafür sogleich durch das Vertriebsunternehmen mit Einkommenseinbußen bestraft zu werden.
Grundsätzlich kann ich nur vor allen Provisionsmodellen warnen, die nicht wirklich transparent sind. Was heißt transparent? Ganz einfach: Wenn Sie eine Rentenversicherung mit einem Beitrag von 100 Euro mit einer Laufzeit von 30 Jahren vermitteln, ist die Beitragssumme 36 000 Euro, und auf diese erhalten Sie $x\%$ Abschlussprovision und $y\%$ Bestandsprovision. Das ist klar und eindeutig. Alles andere ist mehr oder weniger intransparent, also etwa Faktoren, mit denen die Beitragssumme als Bezugsgröße reduziert wird, oder Punktesysteme, die erst über den Umweg diverser Rechenschritte zu einer klaren Prozentzahl führen.

- Wie bei den Versicherungsvertretern sind die Provisionsmodelle der Mehrfachagenten häufig darauf ausgerichtet, hohe Abschluss- und niedrige Bestandsprovisionen im Sachbereich zu zahlen, was zu den oben bereits dargestellten regelmäßigen Umdeckungsaktivitäten seitens der Handelsvertreter führt. Jeder seriöse Vermittler sollte sich da meines Erachtens die Frage stellen, ob er sich wirklich auf dieses »Spiel« einlassen will, oder ob er es nicht vorzieht, auch an Verträgen zu verdienen, die er selbst gar nicht vermittelt, sondern sich einfach nur via Maklervollmacht in seinen Bestand geholt hat.

Auch bzw. gerade aus Kundensicht macht es meines Erachtens schon einen erheblichen Unterschied aus, ob man einen Vermittler als »Berater« hat, der einem aus eigenem (früher oder später für den Kunden durchaus durchschaubaren) Provisionsinteresse regelmäßig neue Verträge »aufschwatzt« oder einen solchen, mit dem er auch zusammensitzen und einen Kaffee trinken kann, ohne gleich die Befürchtung zu haben, in jedem Termin einen neuen Antrag unterschreiben zu sollen. Zugegeben: Das ist etwas sehr schwarz/weiß dargestellt, doch immer dann, wenn ein Vertrieb im Bereich von Sachversicherungen eine hohe Abschlussprovision und nur kleine Bestandsprovisionen zahlt, ist die oben dargestellte Gefahr durchaus vorhanden.

• Wenn Ihnen die Gewinnung neuer Mitarbeiter liegt, Sie gut mit Menschen umgehen können und sich in der Lage sehen, die fachlichen und verkäuferischen Fähigkeiten neuer Kollegen zu fördern, dann bieten Ihnen Strukturvertriebe oft eine hervorragende Basis für Ihre berufliche Weiterentwicklung. Mit dem oft negativen Image von Vertrieben wie AWD, DVAG oder OVB muss man dann halt auch leben, wobei es auch genügend Kunden gibt, die sich von den jeweiligen Beratern dieser Unternehmen gut beraten fühlen. Und ich persönlich habe auch hervorragende seriöse Berater wie gleichzeitig menschlich sehr wertvolle Persönlichkeiten in diesen Vertrieben kennengelernt. Wie immer im Leben sollte man sich also hüten, hier alle Menschen über einen Kamm zu scheren.

• Einen Hinweis möchte ich hier allerdings auch noch geben: Strukturvertriebe à la AWD sind nicht zuletzt dadurch in der öffentlichen Meinung in Misskredit geraten, weil sie (das heißt die für diese tätigen Vermittler!) ihre Kunden eben häufig nicht bedarfsgerecht und seriös beraten haben. Vorherrschend ist hier das Ködern neuer Vermittler mit dem vielen (und schnellen) Geld, das man in dieser Branche verdienen kann. Und da wird dann in den Informationsveranstaltungen von den 20- bis 30-jährigen Teamleitern oder Managern auch schon mal ostentativ mit dem Autoschlüssel mit Porscheemblem gewedelt oder dieser wie zufällig auf den Bistrotisch gelegt, an dem man sich in einer der Pausen mit den Interessenten zum scheinbar lockeren Plausch trifft.

• Positiv kann man über die Strukturvertriebe sicher sagen, dass sie praktisch in jeder Hinsicht äußerst professionell aufgestellt sind: von der Vermittlerakquise über die Einarbeitungsphase, die Kundenakquise, die Mitarbeiterweiterbildung bis hin zur professionell unnachgiebigen Rechtsabteilung, mit der es viele Vermittler zu tun bekommen, die oft in großer Naivität versuchen, sich von dem Unternehmen zu lösen und erst dann die vielen vertraglichen Fallen realisieren, in die sie in ihrer Unwissenheit getappt sind. Dazu unten im Kapitel 6.1 noch mehr.

Unter dem Aspekt »Viel Lernen in kurzer Zeit« kann ich Ihnen die (vorübergehende) Tätigkeit für einen Strukturvertrieb durchaus empfehlen. Wenn Sie sich dort dann wohl fühlen und es schaffen, sich von dem Reichtumsgeplapper und Verkaufsgetöse der »Tschakka«-Veranstaltungen nicht verderben zu lassen und sich Ihre Authentizität und Seriosität zu bewahren: alles bestens. Ansonsten, sollten Sie nach spätestens einem Jahr Ihr Glück woanders suchen.

Nebenberufliche Versicherungsvertreter

Nebenberuflich tätige Versicherungsvertreter sind vertretungs- und haftungsrechtlich hauptberuflich tätigen Versicherungsvermittlern gleichgestellt.

Gelegenheitsvertreter

Gelegenheitsvertreter sind nur im Einzelfall vom Versicherer mit der Vermittlung von Verträgen betraut. Im Hinblick auf die Vertretung der Versicherungsgesellschaft werden sie wie ständig betraute Versicherungsvertreter behandelt. Schwierig kann hier die Abgrenzung zum Gelegenheitsmakler sein.

Angestellte

Angestellte des Versicherers, die im Außendienst eingesetzt werden, werden hinsichtlich der Vertretung des Versicherungsunternehmens und der Gehilfenhaftung wie ein Versicherungsvertreter behandelt.

Der Versicherungsmakler

Als Makler sind Sie grundsätzlich Ihr eigener Herr und völlig frei in der Gestaltung Ihres Unternehmens. Das wichtigste Merkmal neben Ihrer Unabhängigkeit ist sicher Ihre Verpflichtung, zum Wohle Ihrer Kunden tätig zu werden. Das heißt: Im Verhältnis zu den Versicherungsgesellschaften stehen Sie im Lager Ihrer Kunden und nicht im Lager der Gesellschaften. Denn Auftraggeber ist jeweils Ihr Kunde und nicht eine Versicherungsgesellschaft oder ein Vertriebsunternehmen.

Versicherungsmakler ist gem. § 59 Abs. 3 VVG,

»wer gewerbsmäßig für den Auftraggeber die Vermittlung oder den Abschluss von Versicherungsverträgen übernimmt, ohne von einem Versicherer oder von einem Versicherungsvertreter damit betraut zu sein. Als Versicherungsmakler gilt, wer gegenüber dem Versicherungsnehmer den Anschein erweckt, er erbringe seine Leistungen als Versicherungsmakler nach Satz 1.«

Er ist bei gewerblicher Tätigkeit Handelsmakler im Sinne des § 93 HGB, bei nicht gewerblicher Tätigkeit Makler im Sinne des § 652 BGB.

Handelsmakler ist gem. § 93 Abs. 1 HGB,

»wer gewerbsmäßig für andere Personen, ohne von ihnen auf Grund eines Vertragsverhältnisses ständig damit betraut zu sein, die Vermittlung von Verträgen über ... Versicherungen ... übernimmt.«

Die Vorschriften des VVG sind jedoch vorrangig zu berücksichtigen. Der Makler ist treuhänderischer Sachwalter des Kunden und ist als solcher verpflichtet, die Interessen des Versicherungsnehmers bestmöglich wahrzunehmen. Versicherungsunternehmen gegenüber ist er unabhängig.

Der Versicherungsmakler schuldet seinem Kunden die Auswahl und Aufrechterhaltung des bestmöglichen Versicherungsschutzes. Gem. § 60 Abs. 1 VVG hat er seiner Beratung eine hinreichende Zahl von auf dem Markt angebotenen Versicherungsverträgen und von Versicherern zugrunde zu legen. Er kann seine Auswahlpflichten jedoch auf eine bestimmte Gruppe von Versicherern beschränken. Da davon ausgegangen werden kann, dass der Makler den Versicherungsmarkt kennt, muss er nicht für jedes Vermittlungsgeschäft eine gesonderte Marktanalyse vornehmen. Zu seinen Pflichten gehört beispielsweise nicht die Vermittlung von Versicherungen bei einem Direktversicherer, der keine Courtagen zahlt. Er darf seine Überlegungen aber nicht von vornherein auf bestimmte Versicherungsunternehmen und Vertragstypen beschränken. Nur wenn dies der Fall ist, muss er dem Kunden die Beschränkung auf bestimmte Versicherungsunternehmen mitteilen und erläutern (§ 60 Abs. 2 VVG).

Der Makler haftet grundsätzlich dem Versicherungsnehmer gegenüber persönlich für sein eigenes Fehlverhalten. Eine Haftung des Versicherungsunternehmens für das Verhalten des Maklers besteht in der Regel nicht. Im Konfliktfall muss der Versicherungsnehmer die Pflichtverletzung des Maklers beweisen. Der Versicherungsmakler trägt dagegen die Beweislast dafür, dass er die Pflichtverletzung nicht zu vertreten hat.

4.2 Abgrenzung Versicherungsvertreter/ Handelsvertreter / Versicherungsmakler

Im Einzelfall kann die Abgrenzung des Maklers vom Versicherungsvertreter schwierig sein, beispielsweise wenn ein Versicherungsmakler einen Handelsvertretervertrag mit einem ebenfalls als Makler auftretenden Unternehmen schließt und ausschließlich für dieses und in dessen Namen nach außen in Erscheinung tritt.

Da es immer wieder neue tatsächliche und vertragliche Konstellationen gibt, über deren rechtliche Einordnung später Streit entsteht, werden die Gerichte auch immer wieder mit dieser Thematik befasst. Die von der Rechtsprechung erarbeiteten Leitlinien stellen deshalb regelmäßig zwar Hilfestellungen bei der Abgrenzung dar, verhindern jedoch nicht, dass immer wieder neue Konstellationen vor Gericht verhandelt werden müssen, über die bis dato noch nicht entschieden worden ist. Für die rechtliche Einordnung sind – ähnlich wie im Arbeitsrecht – alle Umstände des Einzelfalles heranzuziehen, so dass das Gesamtbild der tatsächlichen Handhabung zu würdigen ist (BGH IV ZR 154, 91 Rd. 12 – juris).

Grundsätzlich kann man festhalten, dass der Versicherungsmakler vom Versicherungsnehmer beauftragt und von ihm mit der Vermittlung von Verträgen mit Versicherern betraut wird. Der Makler steht wirtschaftlich auf der Seite des Kunden und hat dessen Interessen wahrzunehmen. Der Versicherungsvertreter steht dagegen auf der Seite des Versicherers und vermittelt in dessen Auftrag Versicherungsverträge.

Die Abgrenzung ist etwa bei der Frage wichtig, ob dem Versicherer ein Handeln des Vermittlers zuzurechnen ist oder nicht. So ist dem Versicherer grundsätzlich das Handeln und Wissen eines Vertreters zuzurechnen, das eines Maklers dagegen grundsätzlich nicht. Außerdem kann beim Abschluss des Vertrages die Abgrenzung große Bedeutung haben, da der Vertreter direkt für den Versicherer Anträge entgegennimmt und Verhandlungen führt, der Makler hingegen lediglich die Anträge weiterleitet, es sei denn, er hat eine entsprechende Empfangsvollmacht.

Ist der Versicherungsvermittler Versicherungsagent, das heißt Versicherungsvertreter, so gilt der Versicherungsantrag dem Versicherer mit der Entgegennahme durch den Vertreter als zugegangen; der Vertreter kann den Inhalt der an den Versicherer gerichteten Willenserklärung nicht mehr wirksam ändern. Das gilt auch für mündliche Versicherungsanträge. So ist der von dem Versicherungsvertreter ausgefüllte und von ihm allein unterzeichnete schriftliche Formularantrag als Dokumentation des von ihm mündlich entgegengenommenen Versicherungsantrags gegenüber seinem Geschäftsherrn zu werten (BGH IVa, Urt. 25.3.1987, ZR 224/85 – juris).

Ist der Versicherungsvermittler Versicherungsmakler, so ist er in der Regel nicht bevollmächtigt, Erklärungen für den Versicherer entgegenzunehmen. Dagegen ist es möglich und für die Stellung eines Versicherungsmaklers typisch, dass er den Versicherungsnehmer bei Abschluss des Versicherungsvertrages vertritt (BGH IVa aaO.).

Letztlich ist auch bei der Frage der Eigenhaftung des Vermittlers entscheidend, ob dieser Vertreter oder Makler ist. Der Vertreter wird in der Regel nicht persönlich haften, wohingegen beim Makler eine Eigenhaftung regelmäßig in Frage kommt. Dem gegenüber steht in der Regel eine Haftung des Versicherers für seinen Versicherungsvertreter. Für Versicherungsmakler haftet der Versicherer jedoch in aller Regel nicht.

Vergütungsbezeichnung

Zum Teil wird die Meinung vertreten, dass die Bezeichnung der Vergütung ein Indiz für die Zuordnung sei. So geht beispiels-

weise die IHK Karlsruhe davon aus, dass die Bezeichnung
»Courtage« den Lohn eines Maklers meine, das Entgelt eines
Versicherungsvertreters hingegen als »Provision« bezeichnet
werde.[1] Dieser Differenzierung kann ich nicht folgen, da ich
einfach schon zu viele Verträge gesehen habe, in denen diese
beiden Begriffe als Synonyme verwendet wurden, die sie ja auch
objektiv sind, da sie letztlich das Gleiche bezeichnen, nämlich
den prozentualen Anteil einer Summe, die auf Grundlage der
Versicherungsprämie und im Bereich von Lebens-, Renten-
Berufsunfähigkeitsversicherungen u. Ä. auch der Prämienzah-
lungsdauer ermittelt wird.

Betrautsein

Wesentliches Merkmal der Unterscheidung ist, ob der Vermittler vom Versicherer mit der Vermittlung oder dem Abschluss
von Versicherungsverträgen betraut ist (§ 59 Abs. 2 VVG). Die
Vereinbarung einer Vermittlungspflicht des Vermittlers gegenüber dem Versicherer ist ausschlaggebend für die Einordnung
als Versicherungsvertreter. Courtagevereinbarungen verpflichten den Vermittler dagegen nicht zur Tätigkeit für den Versicherer; er wird dadurch nicht »betraut«. Selbst wenn der Makler
bevorzugt Verträge mit Versicherern vermittelt, die eine höhere
Courtage zahlen, wird er allein dadurch noch nicht zum Versicherungsvertreter, solange er in seiner Entscheidung, ob er
Verträge mit einem bestimmten Versicherungsunternehmen
vermittelt, frei bleibt.

Anzahl der Versicherer

Der Versicherungsmakler ist verpflichtet, seinem Rat eine hinreichende Zahl von auf dem Markt angebotenen Versicherungsverträgen und Versicherern zugrunde zu legen (§ 60 Abs.
1 VVG). Die Anzahl der Versicherungsunternehmen, aus
denen der Versicherungsmakler einen geeigneten Versicherungsvertrag ermittelt und auswählt, ist jedoch lediglich ein

Indiz dafür, ob es sich um einen Makler oder Vertreter handelt. Hierbei gilt: Je größer die Anzahl der von einem Vermittler bei der Marktanalyse berücksichtigten Versicherer, desto eher ist er als unabhängiger Makler anzusehen. In einer Gerichtsentscheidung wurde allerdings sogar die Zahl von 40 Versicherungsunternehmen als in diesem Fall unerheblich bezeichnet. Diese Entscheidung wurde deshalb zwar kritisiert; sie zeigt aber, dass der Anzahl der in die Marktanalyse einbezogenen Versicherer nur eine Indizwirkung für die Abgrenzung zukommt.

Institutionalisierter Interessenkonflikt

Ein institutionalisierter Interessenkonflikt ist insbesondere im Fall des Handelsvertreters zu bejahen, der vorgibt, Makler zu sein. Der Handelsvertreter ist aufgrund seines Vertrags mit dem Unternehmer verpflichtet, die Interessen des Unternehmers wahrzunehmen. Schließt er mit dem potenziellen Kunden des Unternehmers einen Maklervertrag, so kann er aufgrund des Handelsvertretervertrags nicht so, wie er es als Makler müsste, die Belange des Kunden gegenüber dem Unternehmer wahren (BGH IV, Urt. v. 23.11.1973, ZR 34/73 und Urt. v. 1.4.1992, ZR 154/91 – juris).

Nach § 84 Abs. 1 HGB ist Handelsvertreter, wer als selbständiger Gewerbetreibender ständig damit betraut ist, für einen anderen Unternehmer Geschäfte zu vermitteln oder in dessen Namen abzuschließen. Es genügt nicht, dass er nach der Vereinbarung mit dem Unternehmer für diesen nicht nur einmal, sondern immer wieder Geschäfte vermittelt; vielmehr muss er nach dieser Vereinbarung dazu verpflichtet sein, sich ständig um Geschäfte zu bemühen: nicht der Umstand, dass Geschäftsbeziehungen von längerer Dauer bestehen, sondern die beiderseitige, auf Dauer berechnete Bindung ist entscheidend (BGH, Urteile vom 18.11.1971 – VII ZR 102/70 – LM HGB § 84 Nr. 6 = BB 1972, 11 und vom 4.12.1981 – I ZR 200/79 – LM HGB § 84 Nr. 13 = BB 1982, 1876).

Weisungsgebundenheit

Wenn auch der Handelsvertreter selbständiger Gewerbetreibender und Kaufmann ist, so ist er mangels anderer Abrede im Zweifel doch als Beauftragter in gewissem Umfang weisungsgebunden (Baumbach/Duden/Hopt, HGB 24. Aufl., § 84 Anm. 3 A und 5 B; BGH IV ZR 154/91 Rd 14 – juris). Dagegen bleibt der Makler weisungsunabhängig, auch wenn er einen Alleinauftrag hat (MünchKomm/Schwerdtner, BGB 2. Aufl., § 652 Rd 280; BGH IV ZR 154/91 aaO. – juris).

Für den Makler ist es existenznotwendig, dass er neben dem Alleinauftraggeber noch eine Vielzahl weiterer Kunden hat. Aber auch für den Handelsvertreter ist das Verbot der Vertretung einer Konkurrenzfirma nicht unbedingt die Regel. Immerhin kann die Einordnung als Handelsvertreter eher naheliegen, wenn die Anzahl der für den Konkurrenten vermittelten Geschäfte sehr gering ist (BGH IV ZR aaO.).

4.3 Honorarberater

Der Honorarberater berät seine Kunden grundsätzlich unabhängig von einer etwaigen Vertragsvermittlung durch ihn gegen Zahlung eines Pauschal- oder Stundenhonorars. Dabei ist der Begriff des Honorarberaters gesetzlich nicht geschützt, so dass sich praktisch jedermann in beliebigen Geschäftsfeldern so nennen kann.

Um dem Verbraucher regulierte Alternativen zu den »provisionsgetriebenen« Versicherungsvermittlern anzubieten, hat der Gesetzgeber in den letzten Jahren diverse Unterspezies des Honorarberaters in diversen Gesetzen geregelt. Ob sich der Aufwand der jeweiligen Gesetzgebungsverfahren gelohnt hat, darf bezweifelt werden; so gibt es bislang (Stand Dezember 2015) gerade mal 17 registrierte Honoraranlageberater[2] und 105 Honorarfinanzanlageberater[3] in ganz Deutschland!

Honorarvermittler

Der Honorarvermittler berechnet ein Honorar (das er auch zum Beispiel »Servicegebühr« nennen kann) für die Vermittlung von sogenannten Nettopolicen, also Versicherungsverträgen, bei denen in die Ablaufleistungen die üblichen Vertriebsprovisionen herausgerechnet werden, so dass dadurch die Ablaufleistungen für den Kunden höher werden.

Honoraranlageberater

Als Honoraranlageberater werden alle Wertpapierdienstleistungsunternehmen bezeichnet, die die Anlageberatung als Honorarberatung erbringen. Mit ihrer Zulassung gem. § 36c WpHG dürfen sie zu allen Finanzinstrumenten beraten.

Die Voraussetzungen für die Zulassung finden sich in § 36c Abs. 2 Satz 1 WpHG:

Die Bundesanstalt hat ein Wertpapierdienstleistungsunternehmen auf Antrag in das Honorar-Anlageberaterregister einzutragen, wenn es

1. eine Erlaubnis nach § 32 des Kreditwesengesetzes besitzt oder Zweigniederlassung eines Unternehmens nach § 53b Absatz 1 Satz 1 und 2 oder Absatz 7 des Kreditwesengesetzes ist,

2. die Anlageberatung im Sinne des § 2 Absatz 3 Satz 1 Nummer 9 erbringen darf und

3. der Bundesanstalt durch Bescheinigung eines geeigneten Prüfers nachweist, dass es in der Lage ist, die Anforderungen nach § 33 Absatz 3a zu erfüllen.

Voraussetzung für die Zulassung als Honoraranlageberater ist also zunächst die Erlaubnis gem. § 32 KWG. Dessen erster Absatz lautet:

Wer im Inland gewerbsmäßig oder in einem Umfang, der einen in kaufmännischer Weise eingerichteten Geschäftsbetrieb erfordert, Bankgeschäfte betreiben oder Finanzdienstleistungen er-

bringen will, bedarf der schriftlichen Erlaubnis der Aufsichts-
behörde; die Bundesanstalt hat § 37 Absatz 4 des Verwaltungs-
verfahrensgesetzes anzuwenden.

Die detaillierten Ausführungen zu den geschützten diversen Be-
rufsbezeichnungen finden sich in § 36d Abs. 1 WpHG:

Die Bezeichnungen »Honorar-Anlageberater«, »Honorar-Anla-
geberaterin«, »Honorar-Anlageberatung« oder »Honoraranlage-
berater«, »Honoraranlageberaterin«, »Honoraranlageberatung«
auch in abweichender Schreibweise oder eine Bezeichnung, in
der diese Wörter enthalten sind, dürfen, soweit durch Gesetz
nichts anderes bestimmt ist, in der Firma, als Zusatz zur
Firma, zur Bezeichnung des Geschäftszwecks oder zu Werbe-
zwecken nur Wertpapierdienstleistungsunternehmen führen, die
im Honorar-Anlageberaterregister nach § 36c eingetragen sind.

Honorar-Finanzanlageberater

Honorar-Finanzanlageberater ist gem. § 34h Abs. 1 GewO,

»wer im Umfang der Bereichsausnahme des § 2 Absatz 6 Satz 1
Nummer 8 des Kreditwesengesetzes gewerbsmäßig zu Finanzan-
lagen im Sinne des § 34f Absatz 1 Nummer 1, 2 oder 3 Anlage-
beratung im Sinne des § 1 Absatz 1a Nummer 1a des Kredit-
wesengesetzes erbringen will, ohne von einem Produktgeber eine
Zuwendung zu erhalten oder von ihm in anderer Weise abhän-
gig zu sein.«

Er hat die gleichen Qualifikationen zu erfüllen wie der auf Provisionsbasis vermittelnde Finanzanlageberater (siehe dazu Kapitel 5.1) Zulassungsvoraussetzungen.

Versicherungsberater

Versicherungsberater ist gem. § 34e Abs. 1 GewO,

»wer gewerbsmäßig Dritte über Versicherungen beraten will,
ohne von einem Versicherungsunternehmen einen wirtschaft-

lichen Vorteil zu erhalten oder von ihm in anderer Weise abhängig zu sein.«

Wie alle vorgenannten gesetzlich geregelten Beratungs- und Vermittlungstätigkeiten ist auch die des Versicherungsberaters erlaubnispflichtig (§ 34e Abs. 1 S.1 2. HS GewO).

Weitere Einzelheiten zu den gesetzlichen Regelungen finden sich im folgenden Kapitel 5.4.

Die Tätigkeit als Versicherungsberater ist eine durchaus interessante Alternative zum Provisionsvermittler. Der Nachteil der auf Dauer ausbleibenden Provisionen, die im Bestandsbereich nach ein paar Jahren ja durchaus im fünfstelligen Euro-Bereich liegen können, ist hier auszugleichen durch regelmäßige Beratungshonorare, die entsprechend hoch ausfallen sollten, um die Einnahmenverluste auf der Provisionsebene hinreichend auszugleichen.

Die Kunst wird hier darin bestehen, Ihre Kunden davon zu überzeugen, für eine Rund-um-sorglos-Beratung ein Pauschalhonorar zu zahlen, das in der Regel mehrere hundert Euro betragen dürfte, damit sich die Beratung für Sie rechnet. Hier sollten Sie ähnlich sorgfältig kalkulieren, wie ich es Ihnen im Kapitel 17.4 für den Bereich der Leads-Käufe vorrechne.

Im Bereich der Sachversicherungen wird es schwer sein, Kunden davon zu überzeugen, für die Überprüfung ihrer bestehenden Versicherungen und einer umfassenden Beratung zu dem Themenbereich Versicherungen ein Pauschalhonorar von beispielsweise 299,00 Euro zu bezahlen, wenn die Prämien für die Privathaftpflicht-, Hausrat- und Rechtsschutzversicherung vielleicht zusammengenommen sogar nur so viel kosten wie die Beratung kosten soll. Ich kann Ihnen allerdings nur dazu raten, sich auch lieber diejenigen Kunden vom Leibe zu halten, die nicht bereit sind, für eine fundierte Dienstleistung auch einen angemessenen Preis zu bezahlen.

Clevere Versicherungsberater, die ihren Kunden Netto-Tarife (s. o. Kapitel 2) vermitteln und dafür dann ein Zusatzhonorar in beträchtlicher Höhe verlangen, schaffen es häufig, Einnahmen zu erzielen, die sie sehr zufriedenstellen.

Der große Vorteil bei der Alternative mit den Nettotarifen liegt darin, dass das adäquate Beratungshonorar für Sie stornosicher ist, selbst, wenn Sie dem Kunden entgegenkommender Weise eine Ratenzahlung über mehrere Monate oder gar Jahre ermöglichen. Und da der Kunde diese Tarife auch nur über Sie als Vermittler abschließen kann, werden Sie auch durchaus in der Lage sein, ihm ein angemessenes Beratungshonorar in Rechnung zu stellen. Dabei bezieht sich »angemessen« hier auf den Vergleich zur alternativ erzielbaren Provision. Wenn Sie dem Kunden aufzeigen können, dass er mit einem Nettotarif am Ende 30 000 EUR mehr Vermögen haben wird, sollte er auch dazu bereit sein, Ihnen ein vierstelliges Beratungshonorar im mittleren Bereich zu bezahlen. Sollte er dazu nicht bereit sein, bekommt er den Nettotarif halt nicht.

(Honorar-)Immobilienkreditvermittler

Dieser wird zukünftig in § 34i GewO geregelt sein.

Die Richtlinie 2014/17/EU des Europäischen Parlaments und des Rates vom 4. Februar 2014 über Wohnimmobilienkreditverträge für Verbraucher muss bis zum 21. März 2016 in deutsches Recht umgesetzt werden. Die Bundesregierung plant zudem, entsprechend der Vereinbarung des Koalitionsvertrags, Regelungen zur Beratungspflicht des Darlehensgebers für die Fälle einzuführen, in denen das Konto dauerhaft oder erheblich überzogen wird. Zudem soll der Honorarberater im Anwendungsbereich der Wohnimmobilienkreditrichtlinie eingeführt werden.

Deshalb werden ab dem 21. März 2016 Vermittler von Immobiliar-Verbraucherdarlehensverträgen i. S. v. § 491 Abs. 3 BGB-E oder entsprechenden Finanzierungshilfen i. S. v. § 506 BGB eine Erlaubnis als Immobiliendarlehensvermittler benötigen. Gewerbetreibende, die zu diesem Stichtag bereits eine Erlaubnis für die Vermittlung des Abschlusses von Verträgen im Sinne des § 34c Abs. 1 S. 1 Nr. 2 GewO haben und weiterhin die Verträge über Immobilienkredite im Sinne des § 34i Abs. 1 S. 1 GewO vermitteln wollen, müssen bis zum 21. März 2017 eine Erlaubnis als Immobilienkreditvermittler nach § 34i Abs. 1 GewO besitzen.

Unter den Begriff »Immobiliar-Verbraucherdarlehensvertrag« fallen nach der Legaldefinition des Regierungsentwurfs entgeltliche Darlehensverträge zwischen einem Unternehmer als Darlehensgeber und einem Verbraucher als Darlehensnehmer, die entweder durch ein Grundpfandrecht oder eine Reallast besichert sind oder die für den Erwerb oder die Erhaltung des Eigentums an Grundstücken, an bestehenden oder zu errichtenden Gebäuden oder für den Erwerb oder die Erhaltung von grundstücksgleichen Rechten bestimmt sind.

Die Vermittlung von Bausparverträgen wird von § 34i Abs. 1 GewO-E nicht erfasst, weil Bausparverträge als solche keine Immobiliar-Verbraucherdarlehensverträge sind. Sie bilden allerdings eine Grundlage für den etwaigen späteren Abschluss eines Bausparvertrages, bei dem es sich oftmals um einen Immobiliar-Verbraucherdarlehensvertrag handeln wird, bei dem es sich aber auch um einen Allgemein-Verbraucherdarlehensvertrag handeln kann. Wegen dieser Verknüpfung wird von der Bundesregierung noch geprüft, ob eine ausdrückliche Einbeziehung der Vermittler von Bausparverträgen in den Anwendungsbereich des § 34i GewO zu einem späteren Zeitpunkt sachgerecht erscheint.

4.4 Versicherungsberater

Versicherungsberater ist gem. § 34e Abs. 1 S. 1 GewO,

»wer gewerbsmäßig Dritte über Versicherungen beraten will, ohne von einem Versicherungsunternehmen einen wirtschaftlichen Vorteil zu erhalten oder von ihm in anderer Weise abhängig zu sein.«

Als unabhängige Berater in allen versicherungsrechtlichen Fragen werden Versicherungsberater ihre Kunden gegenüber der Versicherungswirtschaft betreuen und vertreten, im ausschließlichen Interesse der Kunden. Sie dürfen zur Wahrung der beruflichen Unabhängigkeit keine Bindungen eingehen, die ihre Entscheidungsfreiheit beeinträchtigen könnten oder auch nur solchen Anschein erwecken und dadurch Anlass zur Besorgnis der Befangenheit geben. Das gilt gleichermaßen für Mitarbeiter und Personen, die bei Beratung und beruflicher Tätigkeit mitwirken oder mit denen der Beruf gemeinsam ausgeübt wird.[4]

Weitere Informationen erhalten Sie beim

BVVB Bundesverband der Versicherungsberater e. V.

Rheinweg 24
53113 Bonn

Tel.: (0228) 387 29 29
Fax: (0228) 387 29 31
E-Mail: info@bvvb.de
Internet: www.bvvb.de

4.5 Empfehlung

Meine Empfehlung an dieser Stelle ist, sich nicht voreilig seiner vielfältigen Möglichkeiten zu berauben, die Ihnen als Makler offenstehen, indem Sie sich für die ausschließliche Tätigkeit als

Honoraranlageberater, Honorar-Finanzanlageberater oder Versicherungsberater entscheiden. Denn ich bezweifele, dass der Vorteil, den Sie möglicherweise in Ihrem Ansehen gegenüber Kunden dadurch gewinnen, dass Sie auf Ihre Unabhängigkeit von Gesellschafen und Ihre provisionsunabhängige Beratung verweisen können, die gleichzeitig damit einhergehenden Nachteile auf- oder gar überwiegen.

Das Renommee ist natürlich eine schöne Sache, aber am Ende des Tages dürfte für 99 % der Berater doch entscheidend sein, wieviel Geld in die Kasse kommt. Selbstverständlich können Sie auch als Honoraranlageberater oder Versicherungsberater genügend Geld verdienen, indem Sie mit Ihren Kunden Honorarvereinbarungen schließen, die Ihre Einnahmeausfälle aus Provisionen kompensieren können. Die entscheidende Frage aber dürfte sein: Wie viele Kunden werden Sie finden, die zu einem solchen Honorarmodell bereit sind?

Wenn Sie in der Lage sind, sich auf eine Klientel zu konzentrieren und diese erfolgreich zu akquirieren, die ein überdurchschnittliches Einkommen erzielt und zudem möglichst auch bereits vermögend ist, dann könnte es klappen. Aber wie das Wort »überdurchschnittlich« bereits sagt: Auf diese Weise schrumpft Ihre Zielgruppe auch deutlich, weil der Durchschnitt noch immer durch das Gros der Bevölkerung repräsentiert wird.

Wenn Sie es schaffen, sich gleich von Anfang an konsequent auf die Besserverdienenden als Kunden zu fokussieren und sich als reiner Honorarberater zu positionieren, dann spricht nichts dagegen, sich vom provisionsabhängigen Vermittlungsgeschäft zu lösen.

Wenn Sie hingegen auch solche Kunden erreichen möchten, die vielleicht nur eine Privathaftpflicht-, eine Hausrat-, eine Rechtsschutz und eine Rentenversicherung bei Ihnen abschließen möchten, dann dürfte es schwer sein, eine jährliche Gebühr von 100 EUR oder auch nur 75 EUR als Entgelt für die Betreuung der Verträge durchzusetzen, zumal es im Bereich der Sachversicherungen ja noch gar keine Nettotarife gibt. Der Kunde müsste also im Bereich der Sachversicherungen die üblichen (Brutto-)Prämien zahlen und soll Ihnen darüber hinaus noch ein Betreuungshonorar zahlen? Da werden sich mit Sicherheit über 90 % der Kunden fragen, warum sie sich auf ein solches Geschäft einlassen sollten.

Im Bereich der Geldanlage hingegen sollte eine jährliche Vermögensbetreuungspauschale neben einem Beratungs- und Analysehonorar und vielleicht auch einer Depot-Einrichtungsgebühr durchaus ohne Weiteres möglich sein – vorausgesetzt, Sie sind in der Lage, dem Kunden seine weiteren Vorteile wie z. B. die Depotstrukturierung mit Fonds ohne Ausgabeaufschlag oder generell mit ETFs (exchange traded funds) erfolgreich aufzuzeigen.

Doch warum an dieser Stelle eine einschränkende Entscheidung treffen, wenn Sie das Eine tun können, ohne das Andere zu lassen? Das Gute ist doch, dass Sie auch als Makler Ihren Kunden beide Alternativen anbieten können, also auf der einen Seite die Beratung mit provisionsbasierten Produkten und auf der anderen als Versicherungsmakler die honorarbasierte Beratung mit Nettotarifen bzw. als Finanzanlageberater die kostenminimierten Depots mit jährlichen Betreuungsentgelten. Warum lassen Sie also nicht ganz einfach Ihre Kunden entscheiden, ob sie von Ihnen die provisionsbasierten Alternativen möchten oder diejenigen, bei denen sie ein Beratungshonorar zu zahlen haben? Sie können es da doch recht locker mit Robert Lemke halten (o.k., die Jüngeren unter Ihnen werden diesen Namen wohl googeln müssen) und Ihre Kunden einfach fragen: »*Welches Schweinerl hätten's denn gern?*«

Bevor Sie jedoch Ihre Entscheidung treffen, sollten Sie sich unbedingt mit (erfolgreichen) Kollegen austauschen, die im jeweiligen Bereich bereits tätig sind. Sie werden sehen: Erfolgreiche Beraterkollegen sind in der Regel sehr nett und gern dazu bereit, Ihnen Ihre Fragen zu beantworten.

5 Zulassungsvoraussetzungen

»Welche Qualifikation brauche ich denn eigentlich, um den Beruf des Finanzberaters ausüben zu können? Welche Voraussetzungen muss ich überhaupt erfüllen, um mich beruflich als Finanzierungs- oder Versicherungsvermittler oder Anlageberater betätigen zu dürfen?«

Diese wichtigen Fragen, die sich wohl jeder Finanzberater am Anfang seines Berufslebens stellen wird, sollen hier anhand der einschlägigen gesetzlichen Vorschriften näher beleuchtet werden.

Die Entscheidung, ob Sie für eine einzelne Versicherungsgesellschaft, als Handelsvertreter für einen Mehrfachagenten oder selbständig als Makler arbeiten wollen, hängt genauso stark von Ihren persönlichen Präferenzen ab wie von der Beantwortung der Frage, ob Sie sich auf den Bereich der Versicherungsvermittlung beschränken bzw. konzentrieren möchten oder auch Immobilienfinanzierungen und/oder Finanzanlageprodukte vermitteln und sich auf diese Weise noch breiter aufstellen möchten.

Deshalb folgt hier nun eine Übersicht über die einzelnen Vermittlungstätigkeiten und ihre Zulassungs- bzw. Erlaubnisvoraussetzungen.

Je nachdem, welche Produkte Sie vermitteln möchten, benötigen Sie unterschiedliche Erlaubnisse, die wiederum unterschiedliche fachliche Qualifikationen und Prüfungen voraussetzen.

5.1 Sachkundenachweis

Allgemeines

Im Zuge der Umsetzung der Versicherungsvermittlerrichtlinie in nationales Recht wurde die Tätigkeit von Versicherungsvermittlern und -beratern zum 22. Mai 2007 als erlaubnispflichtiges Gewerbe ausgestaltet, für Versicherungsvermittler in § 34d Abs. 1 GewO und für Versicherungsberater in § 34e GewO. Zudem besteht eine (ebenfalls in den o. g. Bestimmungen geregelte) Registrierungspflicht im Versicherungsvermittlerregister. Auf die Erlaubnis besteht ein Rechtsanspruch, wenn in der Person des Antragstellers folgende Voraussetzungen kumulativ erfüllt sind:

- Zuverlässigkeit,
- geordnete Vermögensverhältnisse,
- Nachweis einer Berufshaftpflichtversicherung,
- Sachkunde.

Wer benötigt einen Sachkundenachweis?

Grundsätzlich bedarf jeder, der als Versicherungsvermittler oder als Versicherungsberater tätig werden möchte, einer Erlaubnis der zuständigen Industrie- und Handelskammer (§§ 34d, 34e GewO). Der Antragsteller muss die notwendige Sachkunde über die versicherungsfachlichen und rechtlichen Grundlagen sowie die Kundenberatung besitzen. Bei juristischen Personen muss die Sachkunde grundsätzlich durch alle gesetzlich vertretungsberechtigten Personen nachgewiesen werden.

Was wird als Sachkundenachweis anerkannt?

Folgende Berufsqualifikationen oder deren Nachfolgeberufe werden gem. § 4 VersVermV (Gleichstellung anderer Berufsqualifikationen) als Nachweis der erforderlichen Sachkunde anerkannt:

(1) Folgende Berufsqualifikationen oder deren Nachfolgeberufe
werden als Nachweis der erforderlichen Sachkunde anerkannt:

1. Abschlusszeugnis
a) eines Studiums der Rechtswissenschaft,
b) eines betriebswirtschaftlichen Studienganges der Fachrich-
tung Versicherungen (Hochschulabschluss oder gleichwertiger
Abschluss),
c) als Versicherungskaufmann oder -frau oder Kaufmann oder
-frau für Versicherungen und Finanzen,
d) als Versicherungsfachwirt oder -wirtin oder als Fachwirt
oder -wirtin für Finanzberatung (IHK);

2. Abschlusszeugnis
a) als Fachberater oder -beraterin für Finanzdienstleistungen
(IHK), wenn eine abgeschlossene Ausbildung als Bank- oder
Sparkassenkaufmann oder -frau,
b) als Fachberater oder -beraterin für Finanzdienstleistungen
(IHK), wenn eine abgeschlossene allgemeine kaufmännische
Ausbildung oder
c) als Finanzfachwirt (FH), wenn ein abgeschlossenes weiterbil-
dendes Zertifikatsstudium an einer Hochschule und eine min-
destens einjährige Berufserfahrung im Bereich Versicherungs-
vermittlung oder -beratung vorliegt;

3. Abschlusszeugnis
a) als Bank- oder Sparkassenkaufmann oder -frau,
b) als Investmentfondskaufmann oder -frau oder
c) als Fachberater oder -beraterin für Finanzdienstleistungen
(IHK), wenn zusätzlich eine mindestens zweijährige Berufs-
erfahrung im Bereich Versicherungsvermittlung oder -beratung
vorliegt.

(2) Eine erfolgreich ein Studium an einer Hochschule oder Be-
rufsakademie abschließende Prüfung wird als Nachweis aner-
kannt, wenn die erforderliche Sachkunde beim Antragsteller
vorliegt. Dies setzt in der Regel voraus, dass zusätzlich eine
mindestens dreijährige Berufserfahrung im Bereich Versiche-
rungsvermittlung oder -beratung nachgewiesen wird.

Der Nachweis erfolgt durch Vorlage der jeweiligen Prüfungs-
zeugnisse und ggf. Gewerbeanmeldung/Arbeitszeugnisse,
Agenturverträge oder Courtagevereinbarungen (in Kopie), falls
mehrjährige praktische Erfahrung im Bereich Versicherungsvermittlung oder -beratung erforderlich.

- Anerkennung durch die IHK: Eine erfolgreich ein Studium
  an einer Hochschule oder Berufsakademie abschließende
  Prüfung wird als Nachweis anerkannt, wenn die erforderliche Sachkunde beim Antragsteller vorliegt. Dies setzt in der
  Regel voraus, dass zusätzlich eine mindestens dreijährige
  Berufserfahrung im Bereich Versicherungsvermittlung oder
  -beratung nachgewiesen wird.

- Erfolgreicher Abschluss als Versicherungsfachmann/-frau
  (BWV) vor dem 1.1.2009: Gem. § 19 Abs. 1 VersVermV
  steht ein vor dem 1.1.2009 abgelegter erfolgreicher Abschluss als Versicherungsfachmann oder -frau des Berufsbildungswerks der deutschen Versicherungswirtschaft e.V. der
  erfolgreich abgelegten IHK-Sachkundeprüfung gleich.

- Entbehrlichkeit der Sachkundeprüfung für langjährig tätige
  Vermittler (sog. »Alte-Hasen-Regelung«): selbständige oder
  nicht selbständige Tätigkeit als Versicherungsvermittler
  oder -berater und ununterbrochen tätig seit mindestens
  31.08.2000

- Anerkennung von ausländischen Berufsbefähigungsnach-
  weisen im Rahmen der Niederlassungsfreiheit: Unter den
  Voraussetzungen des § 4a VersVermV können auch auslän-
  dische Berufsbefähigungsnachweise anerkannt werden. Zu
  den Einzelheiten der Regelung vgl. http://www.gesetze-im-
  internet.de/versvermv/__4a.html

- Delegation des Sachkundenachweises
  a) Delegation des Sachkundenachweises bei natürlichen
     Personen: Ein Gewerbetreibender (natürliche Person),
     der den Sachkundenachweis nicht in eigener Person er-

bringen kann oder will, kann den für die Erlaubniserteilung notwendigen Sachkundenachweis führen, indem er nachweist, dass er vertretungsberechtigte Personen (zum Beispiel Prokuristen oder Handlungsbevollmächtigte), denen die Aufsicht über die unmittelbar mit der Vermittlung von Versicherungen betrauten Personen übertragen ist, und die den erforderlichen Sachkundenachweis (siehe oben) erbringen in ausreichender Zahl beschäftigt. In der Regel ist ein Verhältnis von 1 : 50 zwischen vertretungsberechtigter Aufsichtsperson und unmittelbar mit der Vermittlung von Versicherungen befassten Angestellten ausreichend.

Hinweis: Im Falle der Delegation darf der Gewerbetreibende nicht selbst als Versicherungsvermittler tätig werden, da eine Aufsicht von unten (Prokurist) nach oben (Gewerbetreibender) nicht denkbar ist.

b) Besonderheiten bei der Delegation des Sachkundenachweises bei juristischen Personen: Bei juristischen Personen ist der Sachkundenachweis grds. durch die gesetzlich vertretungsberechtigte/n Person/en zu erbringen.

aa) Sofern keine der gesetzlich vertretungsberechtigten Personen den Sachkundenachweis in eigener Person erbringen kann oder will, kann/können diese den Sachkundenachweis wie natürliche Personen durch Delegation auf Angestellte erbringen (vgl. die Ausführungen unter a)). Die gesetzlich vertretungsberechtigte/n Person/en darf/dürfen in diesem Fall nicht selbst als Versicherungsvermittler tätig werden.

bb) Hat die juristische Person mehrere gesetzlich vertretungsberechtigte Personen und kann zumindest eine den Sachkundenachweis erbringen, so kann/können die nicht sachkundige/n gesetzlich vertretungsberechtigte/n Person/en den Sachkundenachweis Seite 5 von 6 auch durch Delegation auf die sachkundige/n gesetzlich vertretungsberechtigte/n Person/en erbringen. Sofern der/die nicht sachkundige/n gesetzliche/n Vertreter selbst als Versicherungsvermittler tätig werden will/wollen, muss/müssen er/sie sich zudem der Aufsicht des/der sachkundigen gesetzlichen Vertreter/s unterwerfen.

Wer benötigt keinen Sachkundenachweis?

1. derjenige, der auf Antrag von der Erlaubnis befreit worden ist (§ 34d Abs. 3 GewO);

2. derjenige, der als gebundener Versicherungsvermittler für ein Versicherungsunternehmen tätig ist, das für ihn die volle Haftung übernimmt (§ 34d Abs. 4 GewO). Das Versicherungsunternehmen hat allerdings für eine entsprechende Qualifizierung zu sorgen, ohne dass ihm die Art und Weise vorgeschrieben wird. Möglich sind zum Beispiel speziell zugeschnittene interne oder externe Schulungen.

3. derjenige, der von der Erlaubnis- und Registrierungspflicht befreit ist (§ 34d Abs. 9 GewO).

Wer ist für die Sachkundeprüfung zuständig?

Zuständig sind die Industrie- und Handelskammern. Die Prüfung orientiert sich am Abschluss Versicherungsfachmann/-frau des Berufsbildungswerkes der Deutschen Versicherungswirtschaft e. V. (BWV). Eine Teilnahme an einer bestimmten Ausbildung bzw. an einem bestimmten Vorbereitungslehrgang ist nicht vorgeschrieben. Die prüfenden IHKs geben auf ihren Internetseiten Hinweise zur vorbereitenden Materialien und Lehrgängen.

Was wird geprüft, und wie läuft die Prüfung ab?

Inhalte und Anforderungen der Prüfung ergeben sich aus der Anlage 1 zur Versicherungsvermittlungsverordnung (Vers-

VermV) und der Prüfungsordnung für die Sachkundeprüfung. Danach besteht die Prüfung aus einem schriftlichen Teil, in welchem versicherungsfachliche und rechtliche Kenntnisse geprüft werden, sowie aus einem praktischen Teil, der als simuliertes Kundengespräch durchgeführt wird.

Ansprechpartner und weiterführende Informationen

Über die Einzelheiten zum Inhalt und Ablauf der Sachkundeprüfung für Versicherungsvermittler und -berater informieren die zuständigen Industrie- und Handelskammern. Die Adressen sind auf der Homepage des DIHK veröffentlicht.

Deutscher Industrie- und Handelskammertag e. V.
Breite Straße 29
10178 Berlin

Tel.: (030) 203 08-0
Fax: (030) 203 08-1000
E-Mail: info@dihk.de
Internet: www.dihk.de

5.2 Vermittlung von Grundstücken und Darlehensverträgen

Die Voraussetzungen für die Vermittlung von Grundstückskaufverträgen und Darlehensverträgen sind in § 34c GewO (Makler, Bauträger, Baubetreuer) geregelt. Dessen Absatz 1 lautet:

Wer gewerbsmäßig
1. den Abschluss von Verträgen über Grundstücke, grundstücksgleiche Rechte, gewerbliche Räume oder Wohnräume vermitteln oder die Gelegenheit zum Abschluss solcher Verträge nachweisen,
2. den Abschluss von Darlehensverträgen vermitteln oder die Gelegenheit zum Abschluss solcher Verträge nachweisen,

3. Bauvorhaben

a) als Bauherr im eigenen Namen für eigene oder fremde Rechnung vorbereiten oder durchführen und dazu Vermögenswerte von Erwerbern, Mietern, Pächtern oder sonstigen Nutzungsberechtigten oder von Bewerbern um Erwerbs- oder Nutzungsrechte verwenden,

b) als Baubetreuer im fremden Namen für fremde Rechnung wirtschaftlich vorbereiten oder durchführen will, bedarf der Erlaubnis der zuständigen Behörde. Die Erlaubnis kann inhaltlich beschränkt und mit Auflagen verbunden werden, soweit dies zum Schutze der Allgemeinheit oder der Auftraggeber erforderlich ist; unter denselben Voraussetzungen ist auch die nachträgliche Aufnahme, Änderung und Ergänzung von Auflagen zulässig.

5.3 Vermittlung von Versicherungen

Die Voraussetzungen für die Vermittlung von Versicherungsverträgen sind in § 34d GewO (Versicherungsvermittler) geregelt. Dessen Absatz 1 lautet:

Wer gewerbsmäßig als Versicherungsmakler oder als Versicherungsvertreter den Abschluss von Versicherungsverträgen vermitteln will (Versicherungsvermittler), bedarf der Erlaubnis der zuständigen Industrie- und Handelskammer. Die Erlaubnis kann inhaltlich beschränkt und mit Auflagen verbunden werden, soweit dies zum Schutze der Allgemeinheit oder der Versicherungsnehmer erforderlich ist; unter denselben Voraussetzungen sind auch die nachträgliche Aufnahme, Änderung und Ergänzung von Auflagen zulässig. In der Erlaubnis ist anzugeben, ob sie einem Versicherungsmakler oder einem Versicherungsvertreter erteilt wird. Die einem Versicherungsmakler erteilte Erlaubnis beinhaltet die Befugnis, Dritte, die nicht Verbraucher sind, bei der Vereinbarung, Änderung oder Prüfung von Versicherungsverträgen gegen gesondertes Entgelt rechtlich zu bera-

ten; diese Befugnis zur Beratung erstreckt sich auch auf Beschäftigte von Unternehmen in den Fällen, in denen der Versicherungsmakler das Unternehmen berät. Bei der Wahrnehmung der Aufgaben nach den Sätzen 1 und 2 unterliegt die Industrie- und Handelskammer der Aufsicht der obersten Landesbehörde.

5.4 Versicherungsberater

Die Voraussetzungen für die Zulassung als Versicherungsberater finden sich in § 34e GewO (Versicherungsberater) geregelt:

(1) Wer gewerbsmäßig Dritte über Versicherungen beraten will, ohne von einem Versicherungsunternehmen einen wirtschaftlichen Vorteil zu erhalten oder von ihm in anderer Weise abhängig zu sein (Versicherungsberater), bedarf der Erlaubnis der zuständigen Industrie- und Handelskammer. Die Erlaubnis kann inhaltlich beschränkt und mit Auflagen verbunden werden, soweit dies zum Schutze der Allgemeinheit oder der Versicherungsnehmer erforderlich ist; unter denselben Voraussetzungen ist auch die nachträgliche Aufnahme, Änderung und Ergänzung von Auflagen zulässig. Die Erlaubnis beinhaltet die Befugnis, Dritte bei der Vereinbarung, Änderung oder Prüfung von Versicherungsverträgen oder bei der Wahrnehmung von Ansprüchen aus dem Versicherungsvertrag im Versicherungsfall rechtlich zu beraten und gegenüber dem Versicherungsunternehmen außergerichtlich zu vertreten. Bei der Wahrnehmung ihrer Aufgaben nach den Sätzen 1 und 2 unterliegt die Industrie und Handelskammer der Aufsicht der obersten Landesbehörde.

(2) § 34d Abs. 2 und 5 bis 8 und 11 sowie die auf Grund des § 34d Abs. 8 erlassenen Rechtsvorschriften gelten entsprechend.

(3) Versicherungsberater dürfen keine Provision von Versicherungsunternehmen entgegennehmen. Das Bundesministerium für Wirtschaft und Energie kann im Einvernehmen mit dem

*Bundesministerium der Justiz und für Verbraucherschutz durch
Rechtsverordnung mit Zustimmung des Bundesrates zum
Schutze der Allgemeinheit und der Versicherungsnehmer nähere
Vorschriften über das Provisionsannahmeverbot erlassen. In der
Rechtsverordnung nach Satz 2 kann insbesondere bestimmt
werden, dass die Einhaltung des Provisionsannahmeverbotes
auf Kosten des Versicherungsberaters regelmäßig oder aus be-
sonderem Anlass zu überprüfen und der Prüfungsbericht der
zuständigen Behörde vorzulegen ist, soweit es zur wirksamen
Überwachung erforderlich ist; hierbei können die Einzelheiten
der Prüfung, insbesondere deren Anlass, Zeitpunkt und Häufig-
keit, die Auswahl, Bestellung und Abberufung der Prüfer, deren
Rechte, Pflichten und Verantwortlichkeit, der Inhalt des Prüfbe-
richts, die Verpflichtungen des Versicherungsberaters gegenüber
dem Prüfer sowie das Verfahren bei Meinungsverschiedenheiten
zwischen dem Prüfer und dem Versicherungsberater, geregelt
werden. Zur Überwachung des Provisionsannahmeverbotes
kann in der Rechtsverordnung bestimmt werden, dass der Versicherungsberater über die Einnahmen aus seiner Tätigkeit Auf-
zeichnungen zu führen hat.*

5.5 Vermittlung von Finanzanlageprodukten

Die Voraussetzungen für die Vermittlung von Finanzanlage-
produkten sind in § 34f GewO (Finanzanlagenvermittler) geregelt. Dessen Absatz 1 lautet:

*Wer im Umfang der Bereichsausnahme des § 2 Absatz 6 Satz 1
Nummer 8 des Kreditwesengesetzes gewerbsmäßig zu*

*1. Anteilen oder Aktien an inländischen offenen Investmentver-
mögen, offenen EUInvestmentvermögen oder ausländischen offenen Investmentvermögen, die nach dem Kapitalanlagegesetzbuch vertrieben werden dürfen,*

2. *Anteilen oder Aktien an inländischen geschlossenen Investmentvermögen, geschlossenen EU-Investmentvermögen oder
ausländischen geschlossenen Investmentvermögen, die nach dem
Kapitalanlagegesetzbuch vertrieben werden dürfen,*

3. *Vermögensanlagen im Sinne des § 1 Absatz 2 des Vermö-
gensanlagengesetzes Anlagevermittlung im Sinne des § 1 Absatz
1a Nummer 1 des Kreditwesengesetzes oder Anlageberatung im
Sinne des § 1 Absatz 1a Nummer 1a des Kreditwesengesetzes
erbringen will (Finanzanlagenvermittler), bedarf der Erlaubnis
der zuständigen Behörde. Die Erlaubnis kann inhaltlich beschränkt oder mit Auflagen verbunden werden, soweit dies zum
Schutz der Allgemeinheit oder der Anleger erforderlich ist; unter
denselben Voraussetzungen sind auch die nachträgliche Aufnahme, Änderung und Ergänzung von Auflagen zulässig. Die
Erlaubnis nach Satz 1 kann auf die Anlageberatung zu und die
Vermittlung von Verträgen über den Erwerb von einzelnen Kategorien von Finanzanlagen nach Nummer 1, 2 oder 3 beschränkt werden.*

6 Anbindungen und Vertragsgestaltungen

6.1 Handelsvertreterverträge

Verträge sind eine selbstverständliche Notwendigkeit im Verhältnis zwischen Auftraggeber und Auftragnehmer, egal ob es sich bei dem Auftraggeber um eine Versicherung, einen Finanzvertrieb oder einen Kunden handelt. Sofern es um die beiden erstgenannten geht, verwenden diese üblicherweise Vertragsformulare, die sie als nicht verhandelbar bezeichnen. Je nach (insbesondere: Umsatz-) Stärke des Vertragspartners sind sie jedoch im Einzelfall durchaus bereit, über die eine oder andere Passage, Formulierung oder Kondition zu verhandeln.

Da das Lesen von Verträgen für Laien (und nicht nur für diese) zumeist mühselig und langweilig ist, die meisten Vermittler eh nichts von Jura verstehen und sich kaum in der Lage dazu sehen, die Qualität des ihnen vorgelegten Vertrags zu bewerten und Fußangeln zu erkennen, machen sich leider nur die wenigsten von ihnen die Mühe, die Vertragsentwürfe wirklich zu studieren. Das ist ein Fehler. Und diesen nutzen die großen Gesellschaften gern zu ihrem Vorteil aus. Und ich wage zu vermuten: Je strukturierter ein Vertrieb, desto größer die Gefahr von vertraglichen Nachteilen für den einzelnen Vermittler.

Zur Vorsicht rate ich hier insbesondere bei den einschlägig bekannten Strukturvertrieben, egal ob sie nun mit drei, vier oder inzwischen auch ganz viele Buchstaben firmieren. Warum? Weil Vermittler, die diese Unternehmen wieder verlassen wollen (und das sind sehr viele!), immer wieder erhebliche Probleme bekommen, sei es, weil Provisionszahlungen sofort gestoppt werden oder weil sich der Vermittler unversehens (weil zuvor nicht genügend beachtet) einer unverhältnismäßig langen Kündigungsfrist gegenübersieht, die ihn wirtschaftlich ruinieren kann. So verlängert sich häufig die Kündigungsfrist nicht nur mit der Dauer des Vertrags (das ist normal und auch im HGB so geregelt), sondern darüber hinaus auch mit dem beständigen Aufstieg eines Vermittlers innerhalb der Struktur. Beispiel: Gilt für den einfachen Handelsvertreter noch eine Frist von drei Monaten, so springt diese gleich auf zwölf Monate, sobald der Vermittler zum Teamleiter aufsteigt oder eine bestimmte Euro-Stufe im Punktesystem des sogenannten Karriereplans erreicht.

Sie sollten die Wichtigkeit des Themas Vertragsstudium und Vertragsverhandlung wirklich nicht unterschätzen. Denn Sie wären nicht der Erste, der nach ein paar Jahren oder vielleicht auch bereits nach einigen Monaten feststellt, dass das Unternehmen, bei dem Sie einen Vertrag unterschrieben haben, und Sie nicht wirklich gut zusammenpassen. Und wenn Sie erst dann bemerken, dass Sie eine zwölfmonatige Kündigungsfrist haben, die Sie dazu zwingt, weiter für das von Ihnen inzwischen ungeliebte Unternehmen zu arbeiten, und dieses sich weigert, Sie aus dem Vertrag zu lassen, dann können Sie schneller als Sie sich das jemals haben vorstellen können, wirtschaftlich am Ende sein, da Sie ja wegen Ihrer Vertragsbindung auch nicht für ein anderes Unternehmen im gleichen Sektor tätig werden dürfen.

Vorsicht ist auch immer dann geboten, wenn Sie Büromietverträge oder/und Bürodienstleistungsverträge abschließen. Ein Finanzberatungs- und Versicherungsunternehmen in Berlin hat dieses Thema zum Beispiel extrem hinterhältig gestaltet, nämlich so: Die beiden obersten Direktoren der Struktureinheit gründen eine GmbH, die das Bürogebäude anmietet. Diese GmbH vermietet die einzelnen Büros an die Vermittler. Gleichzeitig müssen die Vermittler auch einen Bürodienstleistungsvertrag abschließen, ohne dessen Abschluss sie den Mietvertrag nicht erhalten würden. Inhalt des Bürodienstleistungsvertrags sind die Zurverfügungstellung von technischen Hilfsmitteln wie Telefon, Faxgerät, Fotokopierer etc. sowie die Nutzung des Schulungszentrums (egal, ob der Einzelne dies tatsächlich nutzt oder nicht) und letztlich die Bezahlung der Angestellten der GmbH wie Hausmeister und Empfangsdamen.

Das absolut Krude bei diesem Vertrag ist jedoch eine Klausel, die das Vertragsende an das Vertragsende des Handelsvertretervertrags mit dem Strukturvertriebsunternehmen koppelt. Das heißt, die GmbH schließt ein ordentliches Kündigungsrecht des Bürodienstleistungsvertrags aus! Wirklich sehr clever, denn auf diese Weise lassen sich die Herren Direktoren die von ihnen für viel zu viel Geld umgebaute Immobilie schön von ihren jungen (und selbstverständlich auch ihren älteren) Vermittlern finanzieren, die praktisch nie verstehen, was sie da eigentlich unterschreiben. Auf diese Weise ist schon so manch argloser Vermittler, der in die Fänge dieser Herren geriet, arm geworden.

Man stelle sich das mal vor: Ein 20-jähriger Vermittler, der einen solchen Vertrag unterschreibt und nach zwei Jahren nach München ziehen möchte, um weiter für diesen Strukturvertrieb zu arbeiten, kann dann zwar sein Büro in Berlin kündigen, nicht aber den Bürodienstleistungsvertrag, weil der ja erst mit dem Ende des Handelsvertretervertrags enden soll. Würde dieser junge Vermittler bis zu seinem Rentenseintritt bei dem Finanzberatungs- und Versicherungsunternehmen bleiben, so müsste er nach dem Wortlaut dieses Vertrags mehr als 200 000 Euro an die GmbH zahlen, ohne auch nur eine einzige Gegenleistung dafür zu erhalten. Völlig absurd und natürlich auch rechtswidrig. Das AG Wedding gab dem Kläger (Ex-Handelsvertreter für das Unternehmen) in dieser Angelegenheit auch Recht, allerdings ist derzeit noch das Berufungsverfahren vor dem Landgericht Berlin anhängig.

Bislang geht die Rechnung der raffgierigen Herren Direktoren blendend auf, da bislang so gut wie keiner dieser Vermittler auf die Idee gekommen ist, den Vertrag dennoch zu kündigen und es auf einen Prozess ankommen zu lassen. Und an dieser Stelle ist unser Recht leider wirklich unbarmherzig, weil es den Rechtsunkundigen einfach nicht genügend schützt. Derjenige, der die angeblich nicht mögliche Kündigung dennoch ausspricht, hat zumindest eine Chance, sich vor Gericht sein Recht zu erstreiten. Derjenige hingegen, der gar nicht auf die Idee kommt, den Bürodienstleistungsvertrag zu kündigen, wird vor Gericht kaum eine Chance haben. Und wenn er dann in einer zwölfmonatigen Kündigungsfrist festhängt, können leicht mal 5000 Euro an Kosten für ihn anfallen, die die erwähnte GmbH auch regelmäßig gnadenlos eintreibt.

Also Vorsicht und am besten vor der Unterschrift unter einen Vertrag diesen von einem Rechtsanwalt prüfen lassen, auch wenn das vielleicht ein paar hundert Euro kostet. Und wenn Sie das Geld für einen Rechtsanwalt nicht ausgeben möchten, dann lesen Sie sich den Vertrag bitte unbedingt selbst in aller Ruhe durch (das sollten Sie so oder so machen) und wenden sich zusätzlich an den

BVK Bundesverband Deutscher Versicherungskaufleute e. V.
Kekuléstr. 12
53115 Bonn

Tel.: (0228) 228 050
E-Mail: bvk@bvk.de
Internet: www.bvk.de

Auch dieser verfügt über eine langjährige Erfahrung in der Prüfung von Handelsvertreterverträgen und prüft diese grundsätzlich kostenlos.

6.2 Maklerverträge

Wenn Sie als Makler tätig werden möchten, ist die Formulierung Ihrer Maklerverträge und -vollmachten von ganz besonderer Wichtigkeit. Fehler, die Sie an dieser Stelle machen, können Ihnen ansonsten unter Umständen auf die Füße fallen und Sie teuer zu stehen kommen.

Insbesondere, wenn Sie mit Maklervertrieben zusammenarbeiten, die selbst Makler sind, sollten Sie unbedingt darauf achten, keine von diesen Vertrieben vorgegebenen und oft auch »ge-

brandeten« (also mit deren Firmenlogo versehenen) Maklerver-
trags- bzw. -vollmachtsformulare zu verwenden, sondern Ihre
eigenen. Warum? Weil Sie sich ansonsten in dem Moment, in
dem Sie das Unternehmen verlassen und Ihre Kunden »mitnehmen« möchten, von diesen eine neue Maklervollmacht unterschreiben lassen müssen, weil die von den Maklervertrieben
verwendeten Vollmachten natürlich zum Vorteil dieser Unternehmen formuliert werden und die Versicherungsgesellschaften die mit Firmenlogo versehenen Vollmachten grundsätzlich
nicht als die des Einzelmaklers anerkennen.

Sie müssen nicht gleich einen Rechtsanwalt beauftragen, um
sich auf sicherem Terrain zu bewegen.

Ich empfehle Ihnen – nicht nur aus diesem Grund – die Mitgliedschaft im:

SdV
Schutzvereinigung deutscher Vermittler von Versicherungen
und anderen Finanzdienstleistungen e. V. (SdV)

Sonnenstr. 22
80331 München

Tel.: (0800) 738 87 48
E-Mail: info@sdv-onlin.de
Internet: www.sdv-online.de

Der Mitgliedsbeitrag beläuft sich auf sehr moderate 38,00 Euro
pro Jahr.

Der SdV bietet für seine Mitglieder einen sogenannten »Mak-
lervertragsgenerator«, mit dessen Hilfe Sie sich rechtssichere
Maklerverträge im Handumdrehen selbst produzieren und in-
dividualisieren können – nach meiner Kenntnis die kostengünstigste und gleichzeitig zuverlässige Variante, hier auf die
Schnelle zu einer wirklich guten Lösung zu kommen.

Als Zusatzvorteil bietet der SdV eine eigene, besonders kostengünstige Vermögensschadenhaftpflichtversicherung für Versi-

cherungsvermittler wie auch für Vermittler von Finanzanlage-
produkten an. Einzelheiten dazu finden Sie auf der Internetseite
des SdV.

6.3 Die AVAD

Die AVAD, die Auskunftsstelle über Versicherungs-/Bauspar-
kassenaußendienst und Versicherungsmakler in Deutschland
e. V., ist diejenige Stelle, die von sämtlichen Finanzdienstleis-
tern, Maklerpools und Versicherungen grundsätzlich kontaktiert wird, wenn es um die vertragliche Anbindung eines neuen
Vermittlers geht. Getragen wird sie von den Verbänden der
Versicherungsunternehmen, der Bausparkassen und der Versicherungsvermittler.

Aufgabe der AVAD ist es, das Vertrauen der Verbraucher in die
Redlichkeit und Zuverlässigkeit der sie beratenden Vermittler
im Bereich von Versicherungsunternehmen und Bausparkassen
zu schützen. Als Selbsthilfeeinrichtung der Versicherungs- und
Bausparkassenwirtschaft soll die 1948 gegründete AVAD dafür
sorgen, dass möglichst nur vertrauenswürdige und zuverlässige
Personen als Vermittler tätig werden. Damit soll auch verhin-
dert werden, dass Personen, die sich bei anderen Unternehmen
als unzuverlässig erwiesen haben, erneut die Versicherungs und
Bausparkassenwirtschaft belasten und diese und die Vermittler-
schaft in Misskredit bringen können.

Die am Auskunftsverfahren teilnehmenden Unternehmen melden der AVAD jede Aufnahme und Beendigung der Zusammenarbeit mit Vermittlern bzw. im Falle von Versicherungsmaklern die Zusage und den Widerruf der Courtage. Die
AVAD leitet auf Anfrage an den am Auskunftsverfahren teilnehmenden Unternehmen die entsprechenden Auskünfte weiter. Der Betroffene erhält bei Beendigung der Zusammenarbeit
oder bei Beendigung der Courtagezusage mit einem Unterneh-

men von diesem eine Kopie der an die AVAD gegebenen Auskunft, damit er die Angaben prüfen kann.

Wenn der Betroffene gegen einzelne Teile der Auskunft begründeten Einspruch entweder beim Unternehmen oder bei der AVAD einlegt, werden diese Teile der Auskunft bis zur Klärung gesperrt. Die übrige Auskunft bleibt hiervon unberührt. Erweisen sich die Einwände des Betroffenen als zutreffend, erfolgt insoweit eine Korrektur.

Immer dann, wenn es bei einem vorausgegangenen Vertragsverhältnis zu Problemen gekommen ist (wie zum Beispiel einer außerordentlichen Kündigung durch das Unternehmen aufgrund schwerwiegender Vertragsverletzungen, Zahlungsverzugs im Hinblick auf vom Unternehmen zurückgeforderte Salden o. Ä.), wird der Vermittler unweigerlich aufgrund dieses Informationsaustausches auch Probleme haben, mit einem neuen Vertriebsunternehmen einen Vertrag abzuschließen. Deshalb sollte gerade im Zusammenhang mit der Beendigung eines Vertragsverhältnisses an diese möglichen Konsequenzen gedacht werden.

Eine Selbstauskunft kann jeder Vermittler jederzeit kostenlos von der AVAD anfordern. Eine solche anzufordern ist für Sie insbesondere dann sinnvoll, wenn Sie mit Ihrem bisherigen Vertriebsunternehmen, mit dem Sie vertraglich verbunden gewesen sind, Probleme haben und Sie sichergehen möchten, dass die AVAD-Auskunft gegenüber einem neuen Unternehmen für Sie nicht nachteilig ist.

Auskunftsstelle über den Versicherungs-/Bausparkassenaußendienst und Versicherungsmakler in Deutschland e. V.

Normannenweg 2
20537 Hamburg

Tel.: (040) 251 92 10
Fax: (040) 254 34 02
E-Mail: avadinfo@avad.de
Internet: www.avad.de

6.4 Direktanbindungen und Maklerplattformen

Wenn Sie sich als Makler selbständig machen und sich dabei keinem Makler- oder Franchiseunternehmen anschließen, werden Sie vor der Frage stehen: Schließe ich nur Direktanbindungsverträge mit den diversen Gesellschaften, oder suche ich mir eine Maklerplattform, über die ich alle meine Geschäfte abwickele?

Direktanbindungen

Der Vorteil von unmittelbaren Vermittlungsverträgen mit den diversen Versicherungsgesellschaften und Banken hat in der Regel den Vorteil geringfügig höherer Provisionen und schnellerer Abrechnungen.

Dem gegenüber steht der Nachteil, dass die Gesellschaften für gute Provisionen regelmäßig auch ein bestimmtes Vertragsvolumen erwarten. Das wiederum wird dazu führen, dass Sie am Ende wahrscheinlich nur mit einer Handvoll Gesellschaften wirklich intensive Geschäftsbeziehungen unterhalten werden. Meistens werden es diejenigen sein, die Ihnen das Meiste zahlen und dabei vertretbar gut und verlässlich in der Abwicklung sind. Ihre Unabhängigkeit und Neutralität als Makler kann dadurch allerdings durchaus eingeschränkt werden, um nicht zu sagen: Schaden nehmen.

Maklerplattformen

Aus diesem Grund ziehe ich persönlich eine gute Maklerplattform den Direktanbindungen vor. Gute Maklerplattformen haben durch das Gesamtvolumen der über sie eingereichten Verträge oft die Möglichkeit, sogar bessere Provisionskonditionen für die bei ihnen angebundenen Makler auszuhandeln, als das einem Makler mit nur geringen Umsätzen möglich ist.

Außerdem haben Sie dort ein kostenloses Backoffice, das Ihnen mit Rat und Tat zur Seite stehen kann, reichhaltige Vertriebsunterstützung, bestenfalls sogar mit einer eigenen Internetseite für Sie und vielen kostenlosen Software-Anwendungen.

Eine gute Übersicht über die Maklerpools in Deutschland finden Sie bei cash online unter http://www.cash-online.de/wpcontent/uploads/2013/06/Maklerpools-2013-neu.pdf.

Eine interessante Studie zum Thema »Favorisierte Pools und Dienstleister 2015 aus Maklersicht« finden Sie in der Zeitschrift *asscompact*. Den Artikel können Sie sich im Internet als pdf-Datei unter folgender Adresse herunterladen: http://www. asscompact.de/sites/asscompact.de/files/AC%20Studie_Pools.pdf.

Ohne andere Maklerpools damit abqualifizieren zu wollen, erscheint mir persönlich die Fonds Finanz Maklerservice GmbH als einer der größten Maklerpools besonders empfehlenswert, nicht zuletzt, weil diese den bei ihnen angebundenen Maklern garantiert, dass diese ihre Kunden immer behalten können. Garantiert wird dies durch Vereinbarungen mit den über die Plattform vermittelten Gesellschaften, die sich dazu verpflichtet haben, die über die Fonds Finanz vermittelten Verträge eines Vermittlers direkt auf diesen persönlich umzuschlüsseln, wenn dieser die Fonds-Finanz-Plattform verlassen sollte.

Wörtlich heißt es hierzu auf der Homepage der Fonds Finanz:

»Denn sie garantiert jedem Vertriebspartner über ein in Deutschland einmaliges System Zugriff auf seine Bestände. Abgesichert wird diese Garantie durch einen Wirtschaftsprüfer als dritte Instanz. So hat der Vermittler auch dann Zugriff, wenn die Kooperation zwischen ihm und der Fonds Finanz beendet sein sollte. Das gilt auch für den Fall, dass der Vermittler Teile seines Bestandes oder den Gesamtbestand direkt verwalten möchte. Grundsätzlich ist es unerheblich, wer die Zusammenarbeit beendet und aus welchem Grund. Die Sicherheit gilt somit selbst dann, wenn sich Maklerpool und Vermittler möglicherweise nicht im Guten getrennt haben.«[5]

Highlights der Fonds Finanz sind folgende Punkte:

- elektronischer Beratungsprozess inkl. elektronischer Unterschrift für LV, PKV und Nachbearbeitungen,
- E-Learning-Plattform,
- Weiterbildungsmöglichkeiten,
- Vergleichsrechner,
- Kompetenzteams in jeder Sparte,
- kostenfreies CRM.

7 Die Selbständigkeit – Segen und Fluch

Nachdem Sie Ihre Entscheidung gefällt haben, Ihr berufliches Glück als Versicherungsvertreter, Handelsvertreter oder Makler zu suchen, gilt es, diesen Weg so gut und so genau wie möglich vorzubereiten. Schon viele Vermittler sind daran gescheitert, dass sie mit ihrer Freiheit als Selbständige nicht wirklich klargekommen sind. Ich erinnere mich an eine junge Kollegin, die mehrere Jahre als Angestellte bei einer Bank gearbeitet hatte. Zufälligerweise war sie sogar meine Ansprechpartnerin bei meiner Bank gewesen. Im Vorstellungsgespräch klagte sie, dass sie in ihrem aktuellen Job sehr viele Überstunden machen müsse, ihre Arbeitsergebnisse täglich kontrolliert würden und sie dabei viel zu wenig Geld verdiene. Ihre Hoffnung war, sich als selbständige Handelsvertreterin unter dem Dach des großen Finanzdienstleistungsunternehmens (der Beratungstochter einer großen Bank) nun ihre Arbeitszeit frei einteilen zu können, dadurch viel motivierter zu sein und so voll durchzustarten. Aus ihrer Sicht stand ihrem Erfolg somit nichts mehr im Wege, vorausgesetzt, wir würden ihr eine Chance und einen Vertrag geben.

Von der ausdrücklichen Warnung, sie brauche zwar keine Überstunden zu machen, es reiche, wenn sie 38 bis 40 Stunden pro Woche richtig arbeite, das sei dann aber auch wichtig, behielt sie offensichtlich nur den ersten Teil der Aussage (keine Überstunden) in Erinnerung. Und so tappte sie in die Falle, in die vor ihr schon so viele andere Vermittler getappt waren, die aus dem Angestelltenverhältnis in die Selbständigkeit gewechselt hatten.

Was passierte, war, dass sie zunächst zwar Kundentermine erhielt, die für sie von der Bank mit deren beratungsinteressierten Kunden vereinbart worden waren, sie aber nur relativ wenige dieser Bankkunden zu eigenen Kunden machen konnte, weil sie einfach nicht gut genug in der Beratung war. Und mangels erfolgreicher Umwandlungsquote nahm in der Folge auch die Anzahl der Termine ab, die sie erhielt.

Anstatt sich nun über eigene Akquisemöglichkeiten Gedanken zu machen, verwandte sie viel Zeit darauf, sich ihr Büro schön einzurichten, mit ihrer Tochter ein neues Auto auszusuchen, eine Geburtstagsfeier vorzubereiten etc. Alles im Grunde genommen keine ungewöhnlichen Sachen oder Aktionen, die zu kritisieren wären. Der entscheidende Punkt jedoch war, dass sie wahrscheinlich in der gesamten Zeit bis zu ihrem Verlassen des Unternehmens keine einzige Woche 40 Stunden gearbeitet hat.

Und so ist der Segen der Selbständigkeit für sehr viele Berater nach meiner Erfahrung auch gleichzeitig ihr Fluch. Denn der selbstverantwortliche Umgang mit der Freiheit der Selbständigkeit bedeutet eben nicht nur, sich seine Zeit frei einteilen zu können, sondern vielmehr auch die Notwendigkeit, dies tatsächlich auch zu tun, und zwar konsequent und ohne Selbstbetrug.

Das Erstaunliche, Faszinierende und gleichzeitig Erschreckende ist für mich immer wieder, dass Menschen, die sich für kleines Geld haben »ausbeuten« lassen, denen Tag ein Tag aus von Vorgesetzten gesagt worden ist, was sie zu tun haben und was nicht, denen bestimmte Verkaufszahlen aufgezwungen worden sind, die sie zu erfüllen hatten, die möglicherweise sogar um ihren Job bangen mussten, der ihnen noch nicht mal Spaß gemacht hat – dass diese Menschen nicht in der Lage sind, einfach das gleiche Arbeitspensum wie bisher in der Selbständigkeit sinnvoll einzusetzen. Hätte die oben erwähnte Kollegin von Anfang an konsequent 40 Stunden in der Woche nur für den Start in ihre Selbständigkeit gearbeitet, hätte sie zumindest eine deutlich bessere Chance gehabt, wirklich erfolgreich zu werden.

Auch die Themen Angst und Bequemlichkeit gehören zu den Produktivitätskillern. Die Angst vor dem Kunden – ganz schlecht. Wenn Sie unter einer derartigen Angst leiden sollten, empfehle ich Ihnen dringend, sich über einen anderen Beruf Gedanken zu machen. Das wird in jedem Fall sinnvoller als eine Psychotherapie zur Überwindung der Angst sein.

Die Bequemlichkeit ist meines Erachtens unser größter Feind. Schon Erich Kästner wusste: »*Es gibt nichts Gutes, außer man tut es.*« Das heißt leider nichts anderes als: Raus aus der Komfortzone! Nicht tausend Gründe dafür finden, warum heute kein guter Tag zum Telefonieren ist, oder warum Sie erst noch Ihre EXCEL-Telefonliste perfektionieren müssen, bevor Sie wirklich loslegen können. Betrügen Sie sich nicht selbst! Seien Sie ehrlich – nicht nur zu Ihren Kunden, sondern auch zu sich selbst! Machen Sie sich nicht vor, Sie hätten einen ganzen Tag gearbeitet, bloß, weil Sie sechs Stunden am Schreibtisch gesessen haben und sich mit allem Möglichen beschäftigt haben, nur nicht mit konkreten Kunden!

Ich weiß wovon ich spreche; denn auch ich habe meinen inneren Schweinehund, der schon so oft so heftig zugebissen hat, dass es mir quasi völlig unmöglich war, mich aus seinem Würgegriff zu befreien und meine Komfortzone zu verlassen. Ich weiß also sehr gut, dass die Theorie die eine Seite und die Praxis die andere Seite ist.

Aber es hilft halt nichts: Ohne kundenbezogene Aktivitäten werden Sie auf Dauer kein Geld verdienen. Bei einem großen Strukturvertrieb gibt es jeden Freitagnachmittag den sogenannten »Aktivtag«. Ich habe zwar nie verstanden, wieso man eine zeitliche Aktivität von ein paar Stunden »Tag« nennt, aber das sei mal dahingestellt. Das Bemerkenswerte an diesem integralen Bestandteil der Mitarbeiterprägung war, dass freitagnachmittags, also zu einer Zeit, in der die meisten Arbeitnehmer und wahrscheinlich auch Selbständigen bereits auf das Wochenende programmiert sind, hier nochmal alle Kollegen und Kolleginnen zusammenkommen, einen kurzen motivierenden Vortrag hören (so billig und »struckimässig« der auch meistens ist) und dann aufgefordert sind, nochmal zwei, drei Stunden zu telefonieren, um neue Termine zu vereinbaren. Diese Kombination aus Motivation und sozialem Druck führt am Ende dazu, dass der einzelne Berater im Zweifel jedenfalls mehr Termine macht, als er vereinbaren würde, wenn es diese regelmäßige Veranstaltung nicht gäbe.

Gerade für viele junge Berater ist diese Art der Führung ein guter Weg, sie an eine Selbstdisziplin heranzuführen, die vielen Selbständigen schwerfällt oder schlicht fehlt. Sein eigener Chef zu sein, bedeutet eben nicht nur die Freiheit, selbst Entscheidungen treffen zu können, sondern ganz klar auch die Eigenverpflichtung, diese Entscheidungen umzusetzen und die sich selbst gesteckten Ziele auch durch ein Höchstmaß an Konsequenz zu erreichen. Und gerade hier liegt meines Erachtens eine der größten Fallen der Selbständigkeit. Deshalb möchte ich Ihnen an dieser Stelle folgende Empfehlungen für Ihren Weg in die Selbständigkeit mitgeben:

- **Richten Sie sich Ihre Arbeitswoche so ein, dass Sie im Schnitt tatsächlich acht Stunden pro Tag arbeiten!**
- **Geben Sie sich keinen Illusionen hin!**
  Am Anfang Ihrer beruflichen Tätigkeit werden Sie sicher eher zehn bis zwölf Stunden täglich arbeiten müssen, um Ihr Unternehmen erfolgreich aufzubauen. Das Gute daran: Alles, was Sie am Anfang an Energie und Enthusiasmus in Ihren Unternehmensaufbau investieren, wird sich später für Sie auszahlen – auch in der Weise, dass Sie später mit deutlich weniger Arbeit immer noch gut verdienen können, ohne sich »totarbeiten« zu müssen – ganz einfach, weil Sie sich Bestände aufbauen, von denen Sie später lange profitieren können.
- **Versuchen Sie, sich pro Tag drei bis vier Kundentermine zu legen!**
  Erfahrungsgemäß werden 40 % der Kundentermine eh abgesagt bzw. verschoben. Unter Umständen werden Sie mehr Termine benötigen, um genügend Geld zu verdienen, vielleicht reichen Ihnen aber auch zwei Termine (Ich wünsche es Ihnen!). Doch hüten Sie sich hier vor Selbstbetrug.

- **Strukturieren Sie Ihre Tage klar und das möglichst dauerhaft!**
Wenn Sie also morgens schwimmen gehen oder abends
Fußball spielen möchten, gönnen Sie sich das ruhig – das
Leben besteht schließlich nicht nur aus Arbeit. Aber sehen
Sie zu, dass Sie sich nicht unbedingt an vier Arbeitstagen in
der Woche abends private Dinge vornehmen; denn viele
Kunden können eben nur nach der Arbeit Beratungstermi-
ne wahrnehmen, so dass viele dieser Termine oft in die
Abendstunden fallen. Strukturieren bedeutet auch, sich
Zeitblöcke zum Telefonieren zu legen, gerade am Anfang
Ihrer beruflichen Tätigkeit, wenn Sie noch nicht sonderlich
viele Kunden haben.

- **Planen Sie auch ausreichend Zeit für Vor- und Nachberei-
tungen von Terminen ein!**
Gestresst von einem Termin in den nächsten zu hetzen,
wird Sie nicht erfolgreicher machen. Also lieber die Termine etwas auseinanderziehen.

- **Planen Sie auch Pausen ein!**
Mir persönlich geht es oft so, dass ich stundenlang ohne
jede Pause durcharbeite und mich regelrecht zu Pausen
zwingen muss. Raucher haben es da regelmäßig einfacher,
weil sie bereits ihre Sucht nach draußen drängt, um eine Zi-
garette zu rauchen. Statt zu rauchen, können Sie auch einfach eine Runde »um den Block« gehen und dabei frische
Luft tanken. Wichtig ist, einfach zwischendurch mal wirklich abzuschalten und nicht an die Arbeit zu denken.

- **Nehmen Sie sich genügend Zeit fürs Mittagessen, und lassen Sie in dieser Zeit Ihr Handy im Büro!**
Ich weiß, das fällt heutzutage sehr schwer. Aber Sie werden
sehen, es ist sehr erholsam, mal eine Stunde nicht erreichbar zu sein und nicht ständig nach neuen Mails zu schauen.
Wenn Sie essen, sollten Sie nur genau das tun: essen und
sonst nichts (außer natürlich sich mit Ihren Kollegen zu unterhalten, sofern Sie mit diesen ausgehen). Ich versichere

Ihnen: Sie werden schnell die Erfahrung machen, dass Sie Ihr Essen so ganz anders, nämlich viel bewusster, wahrnehmen werden, es viel mehr genießen können und sich auf diese Weise auch viel besser entspannen bzw. erholen können.

- **Richten Sie sich konsequent ein Controlling ein, mit dem Sie Ihre Telefon-, Termin- und Abschlussquoten sowie Ihre Provisionsflüsse messen!**
  Sie sind Kaufmann, und als solcher sollten Sie jederzeit in der Lage sein, sich einen Überblick über Ihren Finanzen und Ihre Gewinnsituation zu verschaffen. Hierzu später noch mehr.

- **Hüten Sie sich vor Selbstbetrug!**
  Diese Gefahr lauert gerade bei ungeliebten Tätigkeiten wie dem Telefonieren. Siehe dazu das entsprechende Kapitel 15.4.

8 Vom Entschluss zum Start – Hürden und Fallstricke im Behördendschungel

Vor den erfolgreichen Berufsstart hat der Gesetzgeber erstmal einen Wust an bürokratischen Hürden gesetzt, die es zu überwinden gilt, damit Sie mit Ihrem Unternehmen keine Bruchlandung erleiden.

Bevor Sie Ihren ersten Kunden beraten, sollten Sie also all diejenigen Dinge erledigt haben, die Ihnen der Gesetzgeber auferlegt hat und die für Sie schwerwiegende finanzielle Konsequenzen haben können, wenn Sie sie nicht genügend beachten. Hier ein Überblick:

8.1 Selbständiger, Scheinselbständiger oder arbeitnehmerähnlicher Selbständiger?

Diese drei Begriffe sind von entscheidender Bedeutung, wenn es um die Einordnung Ihrer tatsächlichen Tätigkeit geht. Die beiden letzteren Begriffe werden von juristischen Laien regelmäßig miteinander verwechselt, weshalb ich nachfolgend gerade auf den letzten besonders eingehen möchte.

Je nach Vertrags- und tatsächlicher Arbeitssituation kann es sein, dass Sie unter einem der oben genannten Begriffe einzuordnen sind.

Der Selbständige

Der »Prototyp« eines Selbständigen im Bereich Finanzberatung ist ein Versicherungsmakler mit eigenem Büro, mehreren für ihn tätigen angestellten Assistent(inn)en sowie angestellten oder als Handelsvertreter für ihn tätigen Untervermittlern. Er betreibt also ein eigenes Geschäft, ist niemandem Rechenschaft schuldig, und untermauert seine Selbständigkeit dadurch, dass er zugleich Arbeitgeber ist.

Der Scheinselbständige

Immer dann, wenn die vertragliche Situation eines Handelsvertreters (wie auch die von beispielsweise sogenannten Beratern, die nach dem schriftlichen Vertrag Dienste als Selbständige verrichten) nicht ganz eindeutig ist, werden häufig die Arbeitsgerichte, von den – meist gerade gekündigten – Handelsvertretern/Beratern/Vermittlern angerufen, um darüber zu entscheiden, ob der Kläger nicht tatsächlich ein Angestellter ist.

Sofern das Gericht die Meinung des Klägers teilt, stellt es im Urteil fest, dass es im Rahmen seiner tatsächlichen und rechtlichen Würdigung des Sachverhalts zu dem Schluss gelangt, dass der nach dem Vertragstext Selbständige tatsächlich als Angestellter zu qualifizieren ist. Diese Angestellten nennt man Scheinselbständige, weil sie eben nur Selbständige zu sein scheinen, es tatsächlich aber nicht sind. Die Entscheidung hierüber ist stets Einzelfall bezogen und meistens recht schwierig, weil auf der einen Seite der schriftliche Vertrag und damit das, was die Parteien vereinbart haben bzw. tatsächlich haben vereinbaren wollen, auszulegen ist und auf der anderen Seite die tatsächliche Betriebsorganisation und die tatsächlichen Arbeitsabläufe zu bewerten sind. Dabei spielen Stichworte wie Anwesenheitspflicht, Weisungsgebundenheit, Einbindung in die Arbeitsorganisation des Auftraggebers, Urlaubseinteilung u. v. a. m. eine Rolle.

Sie werden hoffentlich nicht in die Situation kommen, wegen einer solchen Frage einen Arbeitsgerichtsprozess führen zu müssen; denn das kostet immer Nerven, Geld (selbst wenn Sie den Prozess in der ersten Instanz gewinnen!) und Zeit. Ein Grund mehr, sich die Verträge, die Sie in Ihrem Arbeitsleben schließen, genau durchzulesen und nicht einfach darauf zu vertrauen, dass das schon so alles in Ordnung ist und Sie das Kleingedruckte eh nicht verstehen oder gar ändern können. Im Übrigen ist dies auch ein Argument dafür, unbedingt immer für sich selbst eine umfassende Rechtsschutzversicherung abzuschließen.

Der arbeitnehmerähnliche Selbständige

Während der Begriff des Scheinselbständigen ein Begriff aus dem Arbeitsrecht ist, findet sich der Begriff des arbeitnehmerähnlichen Selbständigen im Sozialrecht. Der arbeitnehmerähnliche Selbständige ist immer ein Selbständiger im Sinne des Arbeitsrechts. Die gesetzliche Rentenversicherung erkennt ihn jedoch unter bestimmten Umständen nicht als »echten« Selbständigen an, sondern behandelt ihn sozialversicherungsrechtlich wie einen Arbeitnehmer, und zwar dann, wenn er vom äußeren Erscheinungsbild seiner Tätigkeit – sozialversicherungsrechtlich – einem Arbeitnehmer ähnlicher ist als einem Selbständigen.

Geregelt ist dies im **Sozialgesetzbuch (SGB) Sechstes Buch (VI)** – Gesetzliche Rentenversicherung, und zwar im **§ 2 Selbstständig Tätige,** der wie folgt lautet:

Versicherungspflichtig sind selbstständig tätige

...

9. Personen, die

a) im Zusammenhang mit ihrer selbstständigen Tätigkeit regelmäßig keinen versicherungspflichtigen Arbeitnehmer beschäftigen und

b) auf Dauer und im Wesentlichen nur für einen Auftraggeber tätig sind; bei Gesellschaftern gelten als Auftraggeber die Auftraggeber der Gesellschaft.

Berufsanfänger können sich immerhin »*für einen Zeitraum von drei Jahren nach erstmaliger Aufnahme einer selbstständigen Tätigkeit*« von der o. g. Versicherungspflicht befreien lassen. Geregelt ist dies in § 6 Abs. 1 a) Ziff. 1 SGB VI.

Gemäß Abs. 2 der vorgenannten Bestimmung erfolgt die Befreiung *auf Antrag des Versicherten.*

8.2 Rentenversicherungspflicht

Allgemeines

Was bedeutet das nun ganz konkret für Sie?

1. Grundsätzlich müssen Sie Ihre Beiträge zur gesetzlichen Rentenversicherung in voller Höhe selbst aufbringen – anders als ein echter Arbeitnehmer aber nicht nur die 50 %, die der Arbeitnehmer üblicherweise zu tragen hat, sondern die kompletten 18,7 % (Stand 2016) bezogen auf Ihren Gewinn.

2. Ihrer Rentenversicherungspflicht können Sie nur dadurch entgehen, dass Sie entweder jemanden anstellen, und das nicht auf Minijob-Basis, sondern als echten rentenversicherungspflichtigen Angestellten, das heißt mit einem monatlichen Gehalt von mehr als 450,00 Euro, oder dadurch, dass Sie gegenüber der Deutschen Rentenversicherung Bund nachweisen können, dass Sie Ihr Einkommen nicht überwiegend durch nur einen Auftraggeber verdienen.

Für einen echten Makler ist dies kein Problem, da seine Kunden ja die Versicherungsnehmer sind, denen er Verträge vermittelt.

Für einen Handelsvertreter jedoch, der für ein Finanzdienstleistungsunternehmen oder eine einzelne Versicherung tätig ist, sieht das anders aus. Denn dieser wird ja im Auftrag des Unternehmens tätig, selbst dann, wenn er im Außenverhältnis als Makler auftreten sollte. Er erhält seine Provisionen und seine Provisionsabrechnungen von dem Unternehmen, mit dem er seinen Handelsvertretervertrag geschlossen hat, und dies ist regelmäßig sein einziger Auftraggeber.

Diese Konstellation trifft also auf jeden Versicherungsvertreter mit Handelsvertretervertrag zu. Ebenso betrifft dies alle Mehrfachagenten, die für Unternehmen wie MLP, OVB, Swiss Life Select Deutschland etc. tätig sind. Doch auch Handelsvertreter, die im Außenverhältnis als Makler auftreten, wie etwa die Handelsvertreter der Firma DR. KLEIN & Co. AG, können sich ihrer Rentenversicherungspflicht nur durch einen echten Angestellten entziehen.

3. Wenn Sie aus dem System der gesetzlichen Rentenversicherung aussteigen möchten, sollten Sie dies gleich zu Beginn Ihrer selbständigen Tätigkeit beantragen. Dafür wenden Sie sich an die Deutsche Rentenversicherung Bund und lassen sich die entsprechenden Antragsformulare zusenden.

a) Wichtig: Vergessen Sie nicht, sich das Ablaufdatum Ihrer Befreiung so zu notieren, dass Sie auch wirklich daran denken, nach Ablauf der drei Befreiungsjahre die richtigen Schritte einzuleiten!

b) Die Deutsche Rentenversicherung Bund überprüft Selbständige immer häufiger und regelmäßig. Ich selbst werde regelmäßig alle drei Jahre überprüft und muss dann immer über den kompletten zurückliegenden Zeitraum Rechenschaft ablegen, und zwar durch Übersendung von eindeutigen Unterlagen, aus denen sich ergibt, dass ich tatsächlich echte Arbeitnehmer beschäftige.

c) Sofern die Deutsche Rentenversicherung Bund bei einer Überprüfung feststellt, dass Sie rentenversicherungspflichtig sind, kann sie die Beiträge grundsätzlich für die letzten fünf Jahre von Ihnen einfordern und eintreiben. Und glauben Sie mir: Die Rentenversicherung fackelt da auch nicht lang und betreibt recht schnell die Zwangsvollstreckung, wenn Sie nicht umgehend zahlen (können). Die 5-Jahre-Frist leitet sich aus § 23 Abs. 1 S. 2 SGB IV i. V. m. § 25 Abs. 1 SGB IV ab. Gemäß dem erstgenannten Paragraphen werden Beiträge in dem Monat fällig, in dem die Beschäftigung oder Tätigkeit ausgeübt worden ist.

§ 25 Abs. I SGB IV hat es wirklich in sich. Dieser lautet: *(1) Ansprüche auf Beiträge verjähren in vier Jahren nach Ablauf des Kalenderjahrs, in dem sie fällig geworden sind. Ansprüche auf vorsätzlich vorenthaltene Beiträge verjähren in dreißig Jahren nach Ablauf des Kalenderjahrs, in dem sie fällig geworden sind.*

Das bedeutet, dass immer dann, wenn Ihnen die Rentenversicherung nachweisen kann, dass Sie mit Vorsatz (= Wissen und Wollen der Tatbestandsverwirklichung) die Beitragszahlung unterlassen haben, Sie sogar 30 Jahre lang zur Kasse gebeten werden können. Was da an Beiträgen ggf. zusammenkommen kann, mag man sich gar nicht ausrechnen ...

Vor- und Nachteile der Pflichtmitgliedschaft

Bevor Sie allerdings die Mitgliedschaft in der gesetzlichen Rentenversicherung leichtfertig für sich verwerfen, weil Sie der Überzeugung sind, dass Sie dort im Hinblick auf Ihre Altersvorsorge doch nur gutes Geld schlechtem hinterherwerfen, möchte ich Sie über die Vor- und Nachteile informieren, die eine solche Mitgliedschaft für Sie hat bzw. haben kann:

Die Vorteile

1. Sie werden dazu gezwungen, tatsächlich bereits ab dem ersten Berufsjahr Ihrer Selbständigkeit etwas für Ihre eigene Altersvorsorge zu tun. Oft erlebe ich es, dass junge Berater, die am Anfang nicht so viel verdienen, diese eigene Vorsorge hinausschieben, bis sie aus ihrer Sicht genug verdienen. Das kann ein Fehler sein, der sich langfristig rächt. Aus dem ersten Jahr können dann nämlich auch schnell drei, vier, fünf Jahre werden. Und Hand aufs Herz: Würden Sie freiwillig fast 20 % Ihres Einkommens zu Beginn Ihrer beruflichen Tätigkeit für Ihre Altersvorsorge beiseite legen?

Diese Art der aufgezwungenen **Disziplinierung** hat deshalb durchaus Vorteile: Sie gewöhnen sich von Anfang an daran, selbst das zu tun, was Sie wahrscheinlich – und sinnvoller Weise – Ihren Kunden predigen werden: Verzicht auf Konsum heute zu Gunsten des Konsums von morgen. Und Sie bauen sich tatsächlich Ihre Altersvorsorge bereits früh auf.

2. Ein weiterer Vorteil der gesetzlichen Rentenversicherung ist die **Hinterbliebenenabsicherung**, die Sie dort standardmäßig erhalten.

3. Als weiterer Vorteil haben Sie bei der gesetzlichen Rentenversicherung einen Anspruch auf **Erwerbsminderungsrente**, allerdings erst nach fünf Jahren Beitragszahlung und nur dann, wenn Sie Ihre Beitragszahlung ohne Unterbrechung fortsetzen.

4. Schließlich bietet Ihnen die Mitgliedschaft einen Riesenvorteil, den ich nicht zu geringschätzen würde: die **Finanzierung von Reha-Maßnahmen**. Denn gerade in diesem Bereich knausern viele privaten Krankenversicherungen. Mein Tarif bei meiner Krankenversicherung sieht beispielsweise bei Kuren und Reha-Maßnahmen lediglich folgende Leistungen vor: 22,00 Euro für therapeutische Maßnahmen und zusätzlich 20,00 Euro Tagegeld. Wenn Sie sich klarmachen, dass ein Tag in der Reha-Klinik schnell mal 250–500 Euro kosten kann und eine komplette Physiotherapie mit Fango und manueller Therapie locker die 50 Euro-Marke übersteigt, dann wissen Sie, worüber ich hier spreche: erhebliche finanzielle Belastungen, die in einem solchen Fall als Nicht-Mitglied der gesetzlichen Rentenversicherung auf Sie zukommen können.

5. Last but not least erwerben Sie sich einen Anspruch auf einen **Zuschuss zu Ihrer privaten Krankenversicherung** (nicht auch für die Pflegeversicherung!). Dieser beläuft sich auf die Hälfte des sich aus Ihrer Rente ergebenden fiktiven Beitragssatzes zur gesetzlichen Krankenversicherung (maximiert auf Ihren tatsächlichen PKV-Beitrag).

Hierzu ein Beispiel:

Sie haben sich einen Rentenanspruch von 250 Euro pro Monat erworben und haben einen PKV-Beitrag von 450 Euro pro Monat. Der aktuelle (2016) Beitragssatz für die GKV beträgt 14,6 % (ohne die Zusatzbeiträge der jeweiligen Krankenkassen).

14,6 % von 250 Euro = 36,50 Euro
davon 50 % = 18,25 Euro

Zu Ihrer Rente von 250 Euro würden Sie also noch zusätzlich 18,25 Euro als Zuschuss für Ihre PKV erhalten.

Die Nachteile

Den Vorteilen stehen – wie sollte es auch anders sein? – einige gravierende Nachteile gegenüber, die Ihnen zum Teil sicher nicht neu sein werden, die ich der Vollständigkeit halber hier jedoch dennoch mit aufzähle:

1. Das **Demographieproblem** ist sicher das gravierendste Problem, das gegen die gesetzliche Rentenversicherung spricht. Obwohl dieses bereits seit vielen Jahren bekannt ist, weigern sich unsere unverantwortlichen Regierungen seit Jahrzehnten, hier von Gesetzes wegen die Weichen richtig zu stellen. Weil die nächste Wahl näher ist als das Rentenproblem in zwanzig, dreißig Jahren, ist es natürlich viel angenehmer und näherliegend, dem Wahlvolk Geschenke zu machen wie zum Beispiel die Mütterrente oder den vorzeitigen Renteneintritt mit 63 Jahren als den Bürgern klar die Wahrheit zu sagen, die da lautet: Die (gesetzliche) Rente ist keineswegs sicher. Und entweder müssen wir jetzt die aktuellen Beitragssätze für gesetzliche Renten- wie auch die gesetzliche Kranken- und Pflegeversicherung stark anheben, oder die zukünftigen Renten werden dramatisch reduziert werden, und die zukünftigen Beitragssätze für die GKV werden umso stärker ansteigen, wenn wir jetzt nicht sofort anfangen, Rücklagen zu bilden.

2. Sie müssen also mit an Sicherheit grenzender Wahrscheinlichkeit davon ausgehen, dass die gesetzliche Rentenversicherung ihre **heutigen Prognosen nicht wird erfüllen können.**

3. Selbst, wenn wir unterstellen, dass die gesetzliche Rentenversicherung ihre heutigen Prognosen einhält, wird bei einem Renditevergleich schnell klar, dass sie unter Investmentgesichtspunkten keine gute Wahl ist. Das verwundert natürlich auch nicht wirklich, wenn man sich klarmacht, dass nicht nur alles Geld, was in den großen Rententopf wandert, praktisch unverzinst gleich wieder entnommen wird, um die aktuellen Renten zahlen zu können, sondern darüber hinaus sogar jeden Monat erhebliche Steuergelder in die Rentenkasse fließen, damit das Rentenversicherungssystem nicht schon heute zusammenbricht. So betrugen im Jahr 2013 (aktuellere Daten sind auch im März 2016 noch nicht öffentlich zugänglich) die gesamten Bundeszuschüsse im Verhältnis zu den Ausgaben der Rentenversicherung für Renten sage und schreibe 27,3 %! (Quelle: http://www. deutsche-rentenversicherung.de/Allgemein/de/Navigation/ 6_Wir_ueber_uns/02_Fakten_und_Zahlen/02_kennzahlen_ finanzen_vermoegen/1_kennzahlen_rechengroe%C3%9Fen/ entwicklung_bundeszuschuss_node.html). Und das ist keine Ausnahme. Seit 1988 beträgt der Bundeszuschuss kontinuierlich jedes Jahr zwischen ca. 25 und 30 %!

Ich möchte das jedoch nicht als bloße Pauschalbehauptung im Raum stehen lassen, sondern Ihnen an Hand einer konkreten Berechnung nachweisen. Deshalb hier die aktuellen Parameter (2015 – alle pro Monat) und die sich daraus ergebenden Zahlungen:

- Beitragssatz: 18,7 %
- Mindestbeitrag: 84,15 Euro
- tatsächlich gezahlt: 100,00 Euro
- Durchschnittsbeitrag für einen Rentenpunkt 530,15 Euro

- tatsächliche Rentenpunkte pro Jahr:
  $1 : 530{,}15 \times 100 = 0{,}1886$
- Rente pro Rentenpunkt: 27,81 Euro
  daraus resultierende tatsächliche Rente:
  $27{,}81 \text{ Euro} \times 0{,}1886 = 5{,}24 \text{ Euro}$
- Rente bei 30 Jahren Beitragszahlung:
  $5{,}24 \text{ Euro} \times 30 = 157{,}20 \text{ Euro}$
- zuzüglich KV-Zuschuss:
  $157{,}20 \text{ Euro} \times 0{,}073 = 11{,}48 \text{ Euro}$
- **Gesamtzahlung: 168,68 Euro**

Für Ihren freiwilligen Rentenbeitrag von 100,00 Euro erhalten Sie also eine lebenslange Zahlung von ca. 168,68 Euro plus die oben genannten Vorteile. Wie sieht nun demgegenüber eine mögliche Rente bei einer alternativen Geldanlage aus?

- monatliche Sparrate: 100,00 Euro
- Verrentungskapital nach 30 Jahren bei einer *Nettorendite* (keine Abgeltungssteuer bei Ausschöpfung des Sparerfreibetrags!) in der Ansparphase von
  a) 1 %: 40.297,52 Euro
  b) 2 %: 49.209,09 Euro
  c) 3 %: 58.018,12 Euro
- Daraus resultierende monatliche Entnahmemöglichkeit bei einer Lebenserwartung von (realistischen) 92 Jahren (= 25 Jahre Kapitalverrentungsphase) und einer Verzinsung in der Rentenphase von 2 %
  a) 161,89 Euro
  b) 197,69 Euro
  c) 233,07 Euro

Wie wir sehen, ist bereits bei einer nur geringfügig höheren Rendite als 1 % ein Gleichstand erreicht. Sinnvollerweise werden Sie für die alternative Geldanlage eine Basisrentenversicherung wählen, nicht zuletzt auch, um wegen der steuerlichen Absetzbarkeit der gesetzlichen wie auch der Basisrente (nicht aber der Privaten Leibrente) nicht Äpfel mit Birnen zu vergleichen.

Auf diese Weise können Sie sich relativ einfach Ihren persönlichen Nutzen-Grenzwert ausrechnen, also diejenige Mehrrente, die Ihnen eine Anlage außerhalb der gesetzlichen Rentenversicherung bringen muss, damit diese Mehrrente die Vorteile der gesetzlichen Rentenversicherung überkompensiert. Ob die Argumente für die Mitgliedschaft in der Deutschen Rentenversicherung Bund die Nachteile auf- bzw. überwiegen, müssen Sie selbst für sich entscheiden.

Reduzierung der Beitragslast

Wenn Sie als echter Selbständiger von der DRV Bund anerkannt werden möchten und dafür jemanden anstellen müssen, haben Sie unter Umständen das Problem, dafür erstens kein Geld übrig zu haben und zweitens vielleicht nur ein kleines Büro zu haben, in dem Sie gar keinen Arbeitsplatz für eine(n) Angestellte(n) schaffen können.

In diesem Fall sehen Sie das Gehalt und die Sozialabgaben, die Sie für Ihre(n) Angestellte(n) zahlen, einfach als den Preis an, der es Ihnen ermöglicht, sich auf der anderen Seite Ihrer Versicherungspflicht zu entziehen. Und da Sie die Aufwendungen für Ihre(n) Angestellte(n) anders als Ihre Rentenversicherungsbeiträge zu 100 % als Betriebsausgabe geltend machen können, reduziert sich Ihre effektive finanzielle Belastung bereits auf diese Weise. Und wenn Sie dann vielleicht noch ein Familienmitglied beschäftigen, könnte die Rechnung unter dem Strich noch günstiger für Sie ausschauen.

Für die Beschäftigung von Familienangehörigen gilt dabei Folgendes: Ein abhängiges Beschäftigungsverhältnis wird von der Rechtsprechung (Bundessozialgericht) dann anerkannt, wenn folgende Voraussetzungen erfüllt sind:

- Der mitarbeitende Angehörige ist in den Betrieb eingegliedert.

- Der Angehörige unterliegt dem Weisungsrecht des Arbeitgebers, wobei dieses bei Verwandten abgeschwächt sein kann.

- Das vereinbarte Entgelt stellt einen angemessenen Gegenwert für die Arbeit dar und geht über einen freien Unterhalt oder eine Anerkennung für Gefälligkeiten hinaus.

- Das Entgelt wird dem Angehörigen zur freien Verfügung ausgezahlt.

- Es werden regulär die Lohnsteuer und die Sozialabgaben abgeführt und sämtliche Zahlungen als Betriebsausgaben verbucht, so dass die steuerliche und buchhalterische Behandlung des Entgelts für ein echtes Beschäftigungsverhältnis spricht.

- Für die Arbeit müsste, wenn diese nicht vom Angehörigen ausgeführt würde, eine fremde Arbeitskraft beschäftigt werden.

Wichtig ist es, vor Beginn zu klären, ob die vom Familienmitglied geleistete Arbeit sozialversicherungspflichtig ist oder nicht. Hierfür stellen die Gesetzlichen Krankenkassen Fragebögen zur Verfügung, die der Arbeitgeber bei derjenigen Krankenkasse einreichen muss, bei der er das Familienmitglied anmelden will bzw. bei der das Familienmitglied angemeldet werden möchte.

Nicht sozialversicherungspflichtige »familienhafte Mitarbeit« wird hingegen angenommen, wenn der Angehörige nur gelegentlich, unregelmäßig gegen Bezahlung aushilft und keine angemessene Bezahlung für die Arbeitsleistung gewährt wird.

Schlussfolgerung: Wenn Sie Ihrer Frau oder Ihrem Mann oder auch Ihrem Lebenspartner für ein Entgelt von beispielsweise 456,00 Euro brutto pro Monat Sekretariatsarbeiten übertragen und dabei eine wöchentliche Arbeitszeit von neun Stunden vereinbaren, dann lässt sich das mit einem unterstellten Stundensatz von 12,00 Euro sehr gut vertreten und darstellen.

Wichtig ist in diesem Fall, nicht nur einen schriftlichen Vertrag zu schließen und das Gehalt zu überweisen und nicht etwa in bar auszuzahlen, sondern nach Möglichkeit auch einen nachvollziehbaren Stundenplan für die Arbeitszeiten und auch über Urlaubszeiten zu fertigen (nicht vergessen: Jeder Arbeitnehmer hat nach § 3 Abs. 1 des Bundesurlaubsgesetzes Anspruch auf einen Mindesturlaub von 24 Werktagen im Jahr.).

Da Ihr Angehöriger frei sein muss darin, wie er sein Gehalt verwendet, steht es ihm selbstverständlich auch frei, dieses zum Beispiel für gemeinsame Anschaffungen oder den wöchentlichen Einkauf im Supermarkt zu verwenden. ☺

Somit könnte Ihre Brutto-/Netto-Rechnung für einen angestellten Partner bei einer eheähnlichen Lebensgemeinschaft unter dem Strich so aussehen, wobei ich unterstelle, dass der Partner bereits berufstätig ist und deshalb in Lohnsteuerklasse 6 einzustufen ist:

Gesamtkosten AG	
Bruttogehalt	456,00 €
Sozialabgaben	85,84 €
Beitrag Berufsgenossenschaft	38,64 €
Summe	**580,48 €**
Nettogehalt	**318,48 €**
Zu verst. Einkommen AG	36.000,00 €
Grenzsteuersatz inkl. Soli	36,19 %
ersparte Steuern	210,08 €
Nettokosten AN	**370,41 €**
Rückfluss Nettogehalt in gemeinsamen Haushalt	318,48 €
echte Nettokosten p. M.	**51,93 €**
echte Nettokosten p. J.	**623,12 €**

Für rund 50 Euro pro Monat Ruhe vor der gesetzlichen Rentenversicherung zu haben – gar nicht so schlecht, wenn man sich gegen diese entschieden hat, oder?

8.3 Arbeitslosenversicherung

Was viele Selbständige nicht wissen: Auch als Selbständiger haben Sie unter bestimmten Voraussetzungen die Möglichkeit, sich gegen Arbeitslosigkeit zu versichern.

Die **freiwillige Arbeitslosenversicherung für Selbständige** ist in § 28a (Versicherungspflichtverhältnis auf Antrag) SGB III geregelt.

Personenkreis

Der antragsberechtigte Personenkreis ist in Abs. 1 dieser Bestimmung geregelt:

Ein Versicherungspflichtverhältnis auf Antrag können Personen begründen, die

1. als Pflegeperson einen der Pflegestufe I bis III im Sinne des Elften Buches zugeordneten Angehörigen, der Leistungen aus der sozialen Pflegeversicherung nach dem Elften Buch oder Hilfe zur Pflege nach dem Zwölften Buch oder gleichartige Leistungen nach anderen Vorschriften bezieht, wenigstens 14 Stunden wöchentlich pflegen; bei Pflege mehrerer Angehöriger sind die Zeiten der Pflege zusammenzurechnen,

2. eine selbständige Tätigkeit mit einem Umfang von mindestens 15 Stunden wöchentlich aufnehmen und ausüben oder

3. eine Beschäftigung mit einem Umfang von mindestens 15 Stunden wöchentlich in einem Staat außerhalb eines Mitgliedstaates der Europäischen Union, eines Vertragsstaates des Europäischen Wirtschaftsraums oder der Schweiz aufnehmen und ausüben.

Gelegentliche Abweichungen von der in den Nummern 1 bis 3 genannten wöchentlichen Mindeststundenzahl bleiben unberücksichtigt, wenn sie von geringer Dauer sind.

Voraussetzung für die Versicherungspflicht

Die Voraussetzungen für die Versicherungspflicht sind in Abs. 2 geregelt:

Voraussetzung für die Versicherungspflicht ist, dass die antragstellende Person

1. innerhalb der letzten 24 Monate vor Aufnahme der Tätigkeit oder Beschäftigung mindestens zwölf Monate in einem Versicherungspflichtverhältnis gestanden hat,

2. eine Entgeltersatzleistung nach diesem Buch unmittelbar vor Aufnahme der Tätigkeit oder Beschäftigung bezogen hat oder

3. eine als Arbeitsbeschaffungsmaßnahme geförderte Beschäftigung, die ein Versicherungspflichtverhältnis nach den Vorschriften des Ersten Abschnitts oder den Bezug einer laufenden Entgeltersatzleistung nach diesem Buch unterbrochen hat, unmittelbar vor Aufnahme der Tätigkeit oder Beschäftigung ausgeübt hat und weder versicherungspflichtig (§§ 25, 26) noch versicherungsfrei (§§ 27, 28) ist; eine geringfügige Beschäftigung (§ 27 Absatz 2) schließt die Versicherungspflicht nicht aus. Die Begründung eines Versicherungspflichtverhältnisses auf Antrag nach Absatz 1 Nummer 2 ist ausgeschlossen, wenn die antragstellende Person bereits versicherungspflichtig nach Absatz 1 Nummer 2 war, die zu dieser Versicherungspflicht führende Tätigkeit zweimal unterbrochen hat und in den Unterbrechungszeiten einen Anspruch auf Arbeitslosengeld geltend gemacht hat.

Die freiwillige Weiterversicherung in der Arbeitslosenversicherung ist nicht möglich, wenn der oder die Antragsteller/in bereits anderweitig versicherungspflichtig ist (zum Beispiel als Arbeitnehmerin oder Arbeitnehmer, bei Kindererziehungszeiten oder Wehrpflicht) oder zu einem Personenkreis gehört, der grundsätzlich versicherungsfrei ist (zum Beispiel Beamter, Richter, Soldat).[6]

Antragstellung

Die Formalien der Antragstellung sind in Abs. 3 geregelt:

Der Antrag auf freiwillige Weiterversicherung in der Arbeitslosenversicherung wird bei der Arbeitsagentur am Wohnort gestellt, und zwar innerhalb der ersten drei Monate der Selbständigkeit. Sie müssen beispielsweise anhand einer Gewerbeanmeldung oder einer Bescheinigung des Steuerberaters nachweisen, dass Sie eine selbständige Tätigkeit ausüben, die mindestens 15 Stunden wöchentlich beansprucht.

Wer seit 2011 zweimal als Selbständiger Arbeitslosengeld bezogen hat, kann sich nicht als Selbständiger in der Arbeitslosenversicherung freiwillig versichern. Der Ausschlussgrund greift allerdings nur, wenn der Versicherte nach seinem Leistungsbezug nicht bereits wieder mindestens zwölf Monate in einem Versicherungspflichtverhältnis zur Bundesagentur für Arbeit (hierzu zählen auch Zeiten der freiwilligen Weiterversicherung) stand und deshalb keinen neuen Anspruch auf Arbeitslosengeld erworben hat.

Ruhen des Versicherungsverhältnisses

Das Ruhen des Versicherungsverhältnisses ist in Abs. 4 geregelt:

Die Versicherungspflicht nach Absatz 1 ruht, wenn während der Versicherungspflicht nach Absatz 1 eine weitere Versicherungspflicht (§§ 25, 26) oder Versicherungsfreiheit nach § 27 eintritt. Eine geringfügige Beschäftigung (§ 27 Absatz 2) führt nicht zum Ruhen der Versicherungspflicht nach Absatz 1.

Beendigung des Versicherungsverhältnisses

Die Beendigung des Versicherungsverhältnisses ist in Abs. 5 geregelt:

Das Versicherungspflichtverhältnis endet,

1. wenn die oder der Versicherte eine Entgeltersatzleistung nach § 3 Absatz 4 Nummer 1 bis 3 bezieht,

2. *mit Ablauf des Tages, an dem die Voraussetzungen nach Absatz 1 letztmals erfüllt waren,*

3. *wenn die oder der Versicherte mit der Beitragszahlung länger als drei Monate in Verzug ist, mit Ablauf des Tages, für den letztmals Beiträge gezahlt wurden,*

4. *in den Fällen des § 28,*

5. *durch Kündigung der oder des Versicherten; die Kündigung ist erstmals nach Ablauf von fünf Jahren zulässig; die Kündigungsfrist beträgt drei Monate zum Ende eines Kalendermonats.*

Beitragshöhe im Jahr 2016

Der Beitragssatz für das Jahr 2016 liegt bei 3 Prozent. Auf Basis der Bezugsgröße von 2 905 Euro pro Monat (West) und 2 520 Euro pro Monat (Ost) liegt der monatliche Beitrag zur Arbeitslosenversicherung für Selbständige bei **87,15 Euro (West)** bzw. **75,60 Euro (Ost)** pro Monat.

Eine **Sonderregelung** schafft § **345b SGB III** für Gründerinnen und Gründer. Sie zahlen ab dem Zeitpunkt der Gründung plus dem folgenden Kalenderjahr pro Monat nur die Hälfte: 2016 also 43,58 Euro (West) bzw. 37,80 Euro (Ost). Die Beiträge müssen an die Bundesagentur für Arbeit abgeführt werden.

Selbständige, die wiederholt ihre selbständige Tätigkeit zum Beispiel aus witterungsbedingten Gründen beenden und nach der Unterbrechung die gleiche selbständige Tätigkeit wieder neu aufnehmen, zahlen den vollen Beitrag, sofern bei ihnen die Startphase abgelaufen ist.

Eintritt der Arbeitslosigkeit

Wer mit seiner beruflichen Selbständigkeit scheitert, kann die Arbeitslosenversicherung in Anspruch nehmen, wenn die sonstigen Voraussetzungen für den Bezug von Arbeitslosengeld erfüllt sind. Sie können allerdings bis zu 165 Euro neben dem Arbeitslosengeld hinzuverdienen. Darüber hinausgehende Einnahmen werden vom Arbeitslosengeld abgezogen.

Denken Sie daran, dass Sie als Bezieher von Arbeitslosengeld dem Arbeitsmarkt zur Verfügung stehen und alle Möglichkeiten nutzen müssen, um Ihre Beschäftigungslosigkeit zu beenden (Eigenbemühungen). Sie müssen u. a. jede zumutbare Beschäftigung annehmen, in die Sie die Arbeitsagentur vermittelt.

Bezugsdauer des Arbeitslosengeldes

Die Dauer des Anspruchs auf Arbeitslosengeld hängt davon ab, wie lange Sie in den letzten zwei Jahren (Rahmenfrist) vor Eintritt der Arbeitslosigkeit in die Arbeitslosenversicherung eingezahlt haben.

Höhe des Arbeitslosengeldes

Bei Arbeitslosen, die in den letzten zwei Jahren vor der Arbeitslosmeldung als Selbständiger freiwillig weiterversichert waren, orientiert sich die Höhe des Arbeitslosengeldes an einem fiktiven Arbeitsentgelt. Die Höhe des fiktiven Arbeitsentgelts ist u. a. von der Beschäftigung, auf die sich die Vermittlungsbemühungen der Agentur für Arbeit für den Arbeitslosen richten, und der für die Ausübung dieser Beschäftigung erforderlichen Qualifikation abhängig.[8]

Restansprüche geltend machen?

Selbständige, die vor ihrer Selbständigkeit sozialversicherungspflichtig beschäftigt waren und bereits Arbeitslosengeld bezogen haben, haben gem. § 147 SGB III einen Restanspruch auf Arbeitslosengeld, wenn seit der erstmaligen Entstehung dieses Anspruchs noch keine vier Jahre vergangen sind. Dieser Restanspruch und der neu erworbene Anspruch durch die freiwillige Weiterversicherung werden zu einem dem Alter entsprechenden Gesamthöchstanspruch zusammengerechnet.

8.4 Gewerbeanmeldung

Merkwürdigerweise erst *nachdem* Sie Ihre gewerbliche Tätigkeit aufgenommen haben, also nicht schon vorher, müssen Sie diese bei Ihrem örtlichen Gewerbeaufsichtsamt anmelden. Die Kosten sind von Land zu Land und sogar von Stadt zu Stadt bzw. Gemeinde zu Gemeinde höchst unterschiedlich, die Unterschiede können mehrere hundert Prozent betragen.

In Berlin betragen fallen folgende Gebühren an:

- für die einfache Gewerbeanmeldung als natürliche Person: 26,00 Euro
- für die Anmeldung einer Tätigkeit gem. § 34c GewO: 92,03 Euro bis 1.738,39 Euro (in Abhängigkeit vom Umfang der beantragten Erlaubnis)
- für die Anmeldung einer Tätigkeit gem. § 34d GewO: 275,00 Euro für die Erlaubnis plus 25,00 Euro für die Eintragung
- für die Anmeldung einer Tätigkeit gem. § 34e GewO: 275,00 Euro für die Erlaubnis plus 25,00 Euro für die Eintragung
- für die Anmeldung einer Tätigkeit gem. § 34f GewO, je nach Umgang der beantragten vermittelbaren Produkte (gem. § 34f Abs. 1 Ziff. 1 bis 3): 250,00 Euro für die erste und 125,00 Euro für jede weitere Kategorie, max. also 500,00 Euro

8.5 IHK

In Deutschland gibt es 80 Industrie- und Handelskammern, die für unterschiedlich große Regionen zuständig sind. Sie übernehmen Aufgaben der Selbstverwaltung der regionalen Wirtschaft.

Die Industrie- und Handelskammern sind staatliche Zwangs-
verbände, das heißt, man kann sich ihrer Zwangsmitgliedschaft
und den daraus resultierenden Zwangsmitgliedschaftsbeiträgen
leider nicht entziehen. Über die Verfassungsmäßigkeit dieses
modernen Raubrittertums wurde bereits positiv entschieden, so
dass es sich nicht lohnen wird, sich weitere Gedanken darüber
zu machen, ob man sich um eine Mitgliedschaft in dieser Insti-
tution irgendwie drücken kann. Denn die Daten Ihrer Gewerbeanmeldung werden nicht nur an das Finanzamt, sondern
auch an die IHK weitergeleitet, die sich in der Regel bereits
nach wenigen Wochen bei Ihnen melden wird, weil sie ebenfalls
Geld von Ihnen haben möchte.

Immerhin: Dafür stellt Ihnen die IHK (jedenfalls die von Berlin) auf ihrer Internetseite sogar einen Online-Rechner zur Verfügung, mit dem Sie sich die auf Sie zukommende zusätzliche
Zahlungsverpflichtung selbst ausrechnen können:

Hier ein paar Berechnungsbeispiele für das Jahr 2015:

Umsatz 20 000 Euro: Beitrag 57,79 Euro

Umsatz 50 000 Euro: Beitrag 152,79 Euro

Umsatz 100 000 Euro: Beitrag 305,79 Euro

Für Berufsstarter gilt: Existenzgründer müssen in den ersten
beiden Jahren in der IHK gar keinen Beitrag und in den nächsten beiden Jahren keine Umlage bezahlen. Das gilt aber nur,
wenn Sie Einzelunternehmer und nicht in das Handels- oder
das Genossenschaftsregister eingetragen sind. Außerdem darf
Ihr Gewerbeertrag oder Gewinn aus Gewerbebetrieb
25 000,00 € nicht übersteigen. Diese Befreiung gilt aber dann
nicht, wenn Sie in den letzten fünf Jahren vor der Gründung
Einkünfte aus Gewerbebetrieb, Land und Forstwirtschaft oder
selbständiger Arbeit erzielt haben oder zu mehr als 10,00 % an
einer Kapitalgesellschaft beteiligt waren.[9]

8.6 Berufsgenossenschaft

Spätestens, wenn Sie einen Arbeitnehmer bei der Sozialversicherung (das heißt konkret: bei einer gesetzlichen Krankenkasse) angemeldet haben, werden Sie auch aufgefordert, einer Berufsgenossenschaft beizutreten.

Für Finanzdienstleister ist dies gem. § 136 Abs. SGB VII die VBG:

Verwaltungs-Berufsgenossenschaft (VBG) gesetzliche Unfallversicherung bundesunmittelbare Körperschaft des öffentlichen Rechts

Deelbögenkamp 4
22297 Hamburg

Tel.: (040) 5146-0
Fax: (040) 5146-2146
E-Mail: kundendialog@vbg.de
Internet: www.vbg.de

Von dieser erhalten Sie dann regelmäßig im vierten Quartal eines Jahres die Aufforderung zur Meldung der in Ihrem Unternehmen im letzten Jahr beschäftigten Arbeitnehmer (mit Meldung der Lohnsumme und der geleisteten Arbeitsstunden). Diese Meldung müssen Sie jeweils bis spätestens Anfang Februar des nächsten Jahres abgeben. Die Aufforderung für das Jahr 2015 erhalten Sie also beispielsweise im Oktober 2016 und haben dann bis Februar 2017 Zeit, Ihre Zahlen zu übermitteln.

Aufgrund Ihrer konkreten Zahlen wird dann Ihr Mitgliedsbeitrag jährlich neu festgesetzt. Der Beitrag berechnet sich nach dem Bruttoarbeitsentgelt der Versicherten, den aktuellen »Beitragsfüßen« und der Gefahrklasse, zu der das Unternehmen nach dem Gefahrtarif der VBG veranlagt ist.

Die VBG erhebt einen einheitlichen Mindestbeitrag, wenn der regulär berechnete Beitrag niedriger als der Mindestbeitrag ist (§ 161 SGB VII). Dieser beläuft sich für das Jahr 2014 auf 48,00 Euro pro Jahr.

Anders als bei der IHK erhalten Sie hier sogar tatsächlich etwas für Ihr Geld, nämlich die gesetzlich vorgeschriebene Unfallversicherung für Ihre Arbeitnehmer. Auch Sie selbst können sich als freiwilliges Mitglied bei der Berufsgenossenschaft versichern. Dies ist durchaus überlegenswert, weshalb ich Ihnen empfehle, sich eingehend mit den Informationen zu beschäftigen, die Sie auf der Internetseite der VBG: http://www.vbg.de/DE/1_Mitgliedschaft_und_Beitrag/ 1_Mitgliedschaft/2_Freiwillige_Versicherung/freiwillige_versicherung_node.html als pdf-Broschüre herunterladen können.

Weitere Informationen über die Berufsgenossenschaft finden Sie auf der Internetseite des Spitzenverbands der Deutschen Gesetzlichen Unfallversicherung (DGUV): http://www.dguv. de/de/Berufsgenossenschaften-Unfallkassen-Landesverb%C3 %A4nde/index.jsp

8.7 Vermögensschadenhaftpflichtversicherung

Der Abschluss einer Berufshaftpflichtversicherung in Form einer Vermögensschadenhaftpflichtversicherung ist für die Vermittlungstätigkeit des Finanzberaters nicht nur eine naheliegende Selbstverständlichkeit, sondern darüber hinaus auch eine gesetzliche Zulassungsvoraussetzung, wie sich aus § 34e Abs. 2 i. V. m. § 34d Abs. 2 Nr. 3 GewO, §§ 8 ff. VersVermV ergibt. Entsprechend müssen Sie diese bereits bei Beantragung Ihrer Zulassung gem. §§ 34c, 34d und 34f GewO in einer Höhe einer Mindestversicherungssumme von 1 230 000 Euro für jeden Versicherungsfall und 1 850 000 Euro für alle Versicherungsfälle eines Jahres nachweisen.

Je nach Gesellschaft und Umfang (je nachdem, welche Tätigkeitsbereiche Sie ausüben und wie viele Mitarbeiter Sie beschäftigten) variiert die Prämie für eine solche Versicherung sehr stark. Hier eine paar Beispiele, jeweils basierend auf einem Provisions- bzw. Honorarumsatz von 40 000 Euro, keinen beschäftigten Außendienstmitarbeitern und günstigen Tarifen; die angegebenen Preisspannen ergeben sich durch optionale Deckungserweiterungen:

- § 34c GewO ohne Immobilienfinanzierung: 43 Euro bis 157 Euro
- § 34c GewO mit Immobilienfinanzierung: 144 Euro bis 333 Euro
- § 34d GewO: 324 Euro bis 524 Euro
- § 34e GewO: 351 Euro bis 545 Euro
- § 34f Ziff. 1 GewO: 349 Euro bis 530 Euro
- § 34f Ziff. 1 und 2 GewO: 621 Euro bis 830 Euro
- § 34f Ziff. 1, 2 und 3 GewO: 837 Euro bis 1 046 Euro
- § 34h I 1 Ziff. 1 GewO: 432 Euro bis 641 Euro
- § 34h I 1 Ziff. 1 und 2 GewO: 621 Euro bis 830 Euro
- § 34h I 1 Ziff. 1 GewO, 2 und 3: 837 Euro bis 1 046 Euro

Einen guten Vergleichsrechner (mit dem ich auch die o. g. Beispiele berechnet habe) finden Sie hier: http://vermittlerhaftpflicht. de/vergleichsrechner/

9 Ihr Geschäftsplan

Spätestens dann, wenn Sie bei einer Bank ein Geschäftskonto eröffnen möchten, werden Sie einen Geschäftsplan vorlegen müssen, um den Banker davon zu überzeugen, dass Sie als Person kreditwürdig sind. Das wird Ihnen nur gelingen, wenn Ihr Geschäftsmodell überzeugend ist und Ihre Planzahlen schlüssig sind.

Nicht nur, aber auch bereits aus diesem Grund ist es sinnvoll, dass Sie sich einen Plan machen, wie Sie strategisch vorgehen wollen und mit welchen Zahlen Sie sinnvollerweise kalkulieren. Ohne einen solchen Plan werden Sie ziellos agieren. Allerdings weiß ich aus Erfahrung auch, dass man sich endlos mit Plänen und Berechnungen beschäftigen kann, ohne auch nur einen Cent zu verdienen. Es nutzt also auch nichts, sich wochenlang hinter seinem Schreibtisch zu verkriechen, um seinen Geschäftserfolg bis ins letzte Detail zu planen und dabei darauf zu warten, dass sich der erste Kunde von selbst bei Ihnen meldet. Das wird im Zweifel nämlich nicht passieren.

Wie sollten Sie also vorgehen, um Ihr Unternehmen und Ihr erstes Jahr zu planen? Die meines Erachtens wichtigste Entscheidung, die Sie treffen sollten, ist die, ob Sie als Generalist oder Spezialist (siehe Kapitel 3) arbeiten möchten. Wenn Sie diese Entscheidung getroffen haben, gilt es, Ihre geschäftlichen Aktivitäten zu planen.

9.1 Ihre Einnahmenplanung

Wichtigste Empfehlung gleich zu Beginn: Bleiben Sie realistisch! Als ich bei MLP als Berater angefangen habe, führte der damalige Geschäftsstellenleiter nach wenigen Wochen ein Planungsgespräch mit mir, in welchem er mir ein Ziel vorgab, das ich in seinen Augen nach zwei, drei Jahren erreichen können sollte: 240 000 Euro Umsatzerlöse! Dann rechnete er mir vor, wie viele Abschlüsse mit wie vielen Kunden in welchen Bereichen ich würde vermitteln müssen, um dieses Ziel zu erreichen. Zu dem Zeitpunkt hatte ich gerade mal ca. 60 Kunden übertragen bekommen, von denen ca. 20 nicht erreichbar waren oder mit dem Unternehmen MLP nichts mehr zu tun haben wollten, ca. 30 weitere schon von zwei bis fünf (!) MLP-Beratern vor mir beraten worden waren und deshalb erstmal kein Interesse an einem Termin mit mir hatten, und somit noch ca. zehn Kunden übrig waren, mit denen eine Terminvereinbarung innerhalb der nächsten drei Monate zumindest möglich erschien. Mit anderen Worten: Es war eine völlig utopische Planung ins Blaue hinein, die jeglicher Grundlage entbehrte und völlige Zeitverschwendung war.

Deshalb mein dringender Rat:

Machen Sie sich nichts vor und reden Sie sich die Welt nicht schön! Und bleiben Sie wachsam und kritisch, wenn jemand anderes Ihnen vorrechnet, welche Umsätze Sie voraussichtlich erzielen werden!

Fragen Sie nach und lassen Sie sich jedes Detail so lange erklären, bis Sie es wirklich verstanden haben! Aus Erfahrung weiß ich, dass die meisten Menschen zu wenige Fragen stellen, sei es aus Desinteresse oder weil sie sich schlicht nicht trauen, insbesondere aus Sorge, sie könnten für dumm oder begriffsstutzig gehalten werden. Vergessen Sie das! Wenn Sie wirklich erfolgreich werden möchten, sollten Sie nie aufhören, Fragen zu stellen (siehe dazu ausführlich die Kapitel 28 und 29). Am besten erscheint es mir für den Anfang, dass Sie alle prognostizierten Umsätze, die man Ihnen in Aussicht stellt, einfach mal dritteln, zumindest aber halbieren.

Halten Sie sich bitte einfach vor Augen, dass nur etwa 5 % der Finanzberater ein Einkommen erzielen, das oberhalb von 60 000 Euro liegt. Nach einer Untersuchung der Internetseite www.gehaltsvergleich.com[10] verteilen sich die Quartile bei Finanzberatern deutschlandweit wie folgt, wobei die Betreiber der Seite allerdings darauf hinweisen, dass ihre Datenbasis für Finanzberater eher dünn ist:

1. Quartil: 2 059 Euro p. M.
2. Mittelwert: 3 746 Euro p. M.
3. Quartil: 8 750 Euro p. M.

Wenn Ihnen also jemand vorrechnet, dass Sie bereits in den ersten Jahren 60 000 Euro oder gar mehr verdienen können: Vergessen Sie's! Klar ist das möglich, aber der durchschnittliche Finanzberater wird dies nicht schaffen und – sorry, wenn ich an dieser Stelle Ihre möglicherweise vorhandene Euphorie dämpfe – das Gros der Finanzberater ist einfach durchschnittlich. Das ist ja genau das, was mit dem Wort Durchschnitt beschrieben wird: Es kann immer nur eine Minderheit von Menschen überdurchschnittliche Leistungen erbringen. Wenn die meisten Finanzberater ein Einkommen von 60 000 Euro erzielen würden, wäre dies halt der Durchschnitt und nur ein höheres Einkommen überdurchschnittlich. Leider ist das aber nicht so. Deshalb:

Wann immer Sie bei einem Vertriebsunternehmen als Handelsvertreter anfangen: Glauben Sie den Ihnen vorgelegten Zahlen nicht blind!!!

Ich habe es noch nie anders erlebt, als dass Ihnen im Vertrieb das Blaue vom Himmel vorgelogen bzw. vorgegaukelt wird. Als ich beispielsweise bei einer renommierten Finanzberatungsfirma begann, erläuterte mir der damalige Vorstandsvorsitzende an Hand einer sehr anschaulichen PowerPoint-Präsentation (PPP), dass ein durchschnittlicher (!) Berater im vierten Jahr seiner Beratungtätigkeit 168 000 Euro verdienen werde. Nach der PPP war dies quasi zwingend. Besonders überzeugend wirkte es durch die krumme Zahl. Es waren halt nicht 160 000 Euro oder 170 000 Euro, sondern ganz präzise diese 168 000 Euro.

Ich kann Ihnen versichern: Obwohl ich jahrelang zu den erfolgreichsten Beratern dieser Firma gehörte, habe ich diesen Wert nicht erreicht, weder im vierten, noch in einem späteren Jahr. Nach meiner Erinnerung haben etwa drei Berater pro Jahr (von insgesamt bis zu 200 Beratern) diesen Wert erreicht.

Wenn Sie Berufseinsteiger sind, empfehle ich Ihnen dringend, sich mit einem erfahrenen Kollegen zusammenzusetzen (siehe dazu ausführlich Kapitel 29.3), um mit diesem ein wirklich stimmiges und realistisches Planungsszenario zusammenzustellen, und zwar insbesondere auch eine pessimistische Betrachtungsvariante.

Ihre Umsatzplanung sollte immer drei Szenarien berücksichtigen:

1. das wahrscheinlichste Szenario,
2. das pessimistischste Szenario (»Worst-Case-Betrachtung«),
3. das optimistischste Szenario (»Best-Case-Betrachtung«).

Um sich hier halbwegs belastbaren Ergebnissen zu nähern, sollten Sie sich für jedes Szenario folgende Fragen beantworten:

- Wie viele Kunden werde ich akquirieren können?
- Wie viele Empfehlungen werde ich erhalten?
- Welche Versicherungsabschlüsse werde ich in welchen Sparten und mit welchen Prämien erhalten?
  - Faustformel für den Bereich LV/RV/BU zum Beispiel: 100 Euro p.M. über 30 Jahre = 36 000 Euro BWS
- Wieviel Geldanlange kann ich pro Kunde im Schnitt vermitteln?
- Mit welchem Finanzierungsvolumen kann ich im Schnitt pro Finanzierung bzw. pro Kunde kalkulieren?

9.2 Ihre Ausgabenplanung

Auf der Ausgabenseite sollten Sie im Prinzip genauso wie auf der Einnahmenseite vorgehen, wobei hier Ihre Schwankungen zwischen Worst-Case- und Best-Case-Betrachtung nicht so gravierend ausfallen dürften, weil der Großteil Ihrer Kosten vermutlich durch Ihre Fixkosten bestimmt wird.

Hier sollten Sie sich also folgende Fragen stellen:

- Wie hoch sind meine Fixkosten für Büromiete, Angestellte, Software, Büromaterialien etc. pro Monat?
- Wie hoch sind meine auf den Monat heruntergebrochenen Kosten für Versicherungsprämien, Mitgliedsbeiträge usw.?

10 Ihre private Finanzplanung

»*Private Finanzplanung*??? *Was soll das denn*?!« wird sich jetzt vielleicht die eine oder der andere unter Ihnen fragen. Schließlich sind *Sie* doch die Finanzexperten und wollen doch eigentlich nur ein paar Tipps bekommen, wie Sie Ihre Kunden noch besser beraten können, richtig? Also warum schreibe ich dann gleich ein ganzes Kapitel zu diesem Thema?

Ganz einfach: Wie auch in vielen anderen Branchen, so gilt auch hier das Sprichwort, dass der Schuster oft die schlechtesten Schuhe trägt oder der Jurist in eigenen Angelegenheiten sich selbst häufig am schlechtesten vertritt. Und so habe ich auch im Bereich der Finanzberatung schon so viel erlebt, was schlecht oder schieflaufen kann, dass ich es für sinnvoll erachte, Sie an diesen Erfahrungen durch Warnhinweise teilhaben zu lassen.

10.1 Die eigene Altersvorsorge

Bei diesem Thema möchte ich keine Eulen nach Athen tragen, sondern Sie einfach nur ermahnen, in Ihrer eigenen Finanzplanung auch bereits am Anfang Ihrer selbständigen Tätigkeit Ihre eigene Altersvorsorge nicht zu vernachlässigen. Sie wissen ja: In Bezug auf Geldanlage und Rendite (sprich: Zinseszins) ist die Zeit Ihre Freundin.

10.2 Die eigene Krankenversicherung

Hier werden Sie am Anfang als junger Mensch möglicherweise eine günstige Versicherung bevorzugen und dabei vor allem daran denken, wie viel Geld Sie im Vergleich zum Mindestsatz in der GKV sparen können.

Die Mindesteinnahmegrenze für Existenzgründer liegt bei 1.417,50 Euro und ist damit geringer als bei langjährigen Selbständigen. Der Mindestbeitrag für freiwillig GKV-versicherte Existenzgründer liegt 2016 bei 135,37 Euro (ohne KTG). Diesen günstigen Einstiegssatz erhalten Sie jedoch nur, wenn Sie sich aus einer Arbeitslosigkeit heraus selbständig machen und von der Bundesagentur für Arbeit einen Existenzgründerzuschuss oder Einstiegsgeld erhalten – und dann auch nur die ersten beiden Jahre.[11]

Ansonsten liegt der **Mindestbeitrag für Selbständige** (inkl. KTG) bei **318,10 Euro**.

Meine Empfehlungen:

1. Wenn Sie sich für einen Wechsel in die PKV entscheiden, versichern Sie sich gleich ordentlich, und setzen Sie nicht darauf, sich noch später besser versichern zu können! Sie wissen nie, was sich vor »später« noch alles ereignet.

2. Vereinbaren Sie besser einen höheren SB als an den Leistungen zu sparen! Ich weiß nur zu gut, dass gerade junge Menschen, die völlig gesund sind, dazu neigen, die Wichtigkeit eines umfassenden Krankenversicherungsschutzes zu unterschätzen. Begehen Sie nicht den gleichen Fehler!

3. Legen Sie so bald wie möglich diejenige Differenz, die Sie in der PKV gegenüber den Beiträgen bei der GKV sparen, langfristig zur Seite, damit das Thema »hohe Beiträge der PKV im Alter« für Sie keine Relevanz haben wird!

10.3 Das Finanzamt

Ganz einfach auf den Punkt gebracht, wird man wohl sagen können: Das Finanzamt lässt nicht mit sich spaßen. Deshalb sollten Sie gleich vom ersten Tag an folgende Punkte berücksichtigen:

• Besorgen Sie sich ein DATEV-Heft! Dieses können Sie über Ihren Steuerberater beziehen. Sie werden es auch in Ihrer Beratung gut verwenden können.
• Bilden Sie Steuerrücklagen!

Sie werden mit den unterschiedlichsten Steuerarten zu tun bekommen, auf die Sie sich rechtzeitig einstellen und mit deren rechtlichen Grundlagen Sie sich auch gleich zu Beginn Ihrer Tätigkeit beschäftigen sollten, egal ob als Autodidakt oder durch intensive Befragung eines Steuerberaters.

Die Einkommensteuer

Viele Unternehmensgründer verdrängen den Gedanken an die irgendwann fällige Einkommensteuer immer wieder gern. Zu welchen Konsequenzen dies führen kann, soll folgendes Beispiel verdeutlichen:

Finanzberater Müller ist Single und beginnt seine gewerbliche Tätigkeit am 1.4.2013. Da er glaubt, im ersten Jahr sowieso keinen großen Gewinn zu erwirtschaften, bildet er keine Steuerrücklage für die Einkommensteuer. Tatsächlich erzielt er in dem Jahr einen Gewinn von 30 000 Euro.

Im Jahr 2014 erzielte er einen Gewinn von 45 000 Euro und im Jahr 2015 einen Gewinn von 60 000 Euro.

Die Steuererklärung für 2013 hat Herr Müller grundsätzlich bis zum 31. Mai abzugeben. Da dieser im Jahr 2014 jedoch auf einen Samstag fällt, verlängert sich die Frist ausnahmsweise auf den 2. Juni 2014. Herr Müller möchte seine Steuerzahlung jedoch möglichst lange hinausschieben und bittet deshalb sein Finanzamt um die maximal mögliche Fristverlängerung bis zum 30. September 2014, wobei er als Grund hierfür seine chronische Arbeitsüberlastung, eine längere Erkrankung und/oder gerade nicht auffindbare Belege angibt. Das reicht in der Regel, um eine solche Fristverlängerung zu erhalten.

Da im September für Herrn Müller das Jahresendgeschäft beginnt, entschließt er sich dazu, eine weitere Fristverlängerung »herauszuschlagen«. Dies gelingt ihm, indem er sich eine Steuerberaterin sucht und dem Finanzamt anzeigt, dass diese ihn nunmehr vertritt. Auf diese Weise gewinnt er eine weitere Fristverlängerung bis zum 31. Dezember 2014.

Theoretisch – wenn etwa die Steuerberaterin auch noch krank würde – ließe sich sogar eine letzte Fristverlängerung bis zum 28. Februar 2015 hinbekommen.

Die Steuerberaterin von Herrn Müller erstellt nun die Einkommensteuererklärung für das Jahr 2013 und übersendet sie dem Finanzamt am 31. Dezember 2014.

Da das Finanzamt gerade selbst überlastet ist, erhält Herr Müller erst im Juli 2015 seinen Steuerbescheid. Dieser enthält die Festsetzung für

• die Gewerbesteuer 2013,
• die Einkommensteuer + Solidaritätszuschlag 2013,
• die Vorauszahlungen für die Gewerbesteuer 2014 und 2015,
• und die Vorauszahlungen für die Einkommensteuer + Soli für die Jahre 2014 und 2015.

Plötzlich muss Herr Müller also nicht nur für ein Jahr, sondern für zweieinhalb Jahre Steuern nachzahlen, und die nächste Vorauszahlung ist auch schon in Sicht. Da das Finanzamt noch nichts von seinen höheren Einnahmen in den beiden Folgejahren weiß, hat er noch Glück im Unglück. Pi mal Daumen muss Herr Müller nun jedoch im August 2015 Steuern in Höhe von 13 000 Euro auf einen Schlag bezahlen!

Wenn er diese nicht hat, kann er um Stundung und Ratenzahlung bitten, erhält aber, wenn der Sachbearbeiter beim Finanzamt seinen schlechten Tag hat, ein Schreiben, in dem sich folgender Textbaustein findet:

»*Nach der ständigen Rechtsprechung bedeutet die Einziehung von Steuern am Fälligkeitstag nur dann eine erhebliche Härte, wenn der Steuerschuldner sich auf diese Zahlung nicht rechtzeitig vorbereiten konnte, oder wenn er durch die Steuerzahlung <u>ohne eigenes Verschulden</u> in ernsthafte Zahlungsschwierigkeiten geraten würde. Dabei ist von dem Steuerschuldner zu verlangen, dass er alle ihm zumutbaren Anstrengungen unternimmt, um seiner Zahlungspflicht zum Fälligkeitstag nachzukommen. Ist ihm die voraussichtliche Höhe der Steuerschuld seit längerer Zeit bekannt oder musste er mit der Zahlung einer bestimmten Steuerschuld seit längerer Zeit rechnen, so kann und muss von ihm verlangt werden, rechtzeitig dafür zu sorgen, dass ihm Mittel für die Zahlung der Steuerschuld zum Fälligkeitstag zur Verfügung stehen. Besitzt er zum Fälligkeitstag keine ausreichenden flüssigen Mittel, so sind ihm zur Beschaffung der Mittel größere Anstrengungen zuzumuten, als wenn ein Zahlungstermin verhältnismäßig kurzfristig und unvorhergesehen auf ihn zukommt. Als zumutbar hat die Rechtsprechung stets auch die Aufnahme eines Kredits, notfalls unter Belastung des Vermögens, angesehen.*«[12]

Deshalb: Rechnen Sie nicht mit der Kulanz Ihres Finanzamts, sondern legen Sie unbedingt rechtzeitig genügend Geld für Ihre Steuerzahlungen zurück! Bei einem Finanzberater werden Finanzämter wahrscheinlich noch weniger Verständnis für fehlende Geldmittel zur Begleichung von Steuerschulden haben als bei »Otto Normalverbraucher«. In Deutschland gilt halt in Bezug auf Zahlungsverpflichtungen ganz allgemein der eherne Grundsatz: Geld hat man zu haben.

Umsatzsteuer

So lange Sie Ihre Einnahmen ausschließlich aus Ihren eigenen Vermittlungsprovisionen generieren, können Sie sich gem. § 19 UStG unter Hinweis auf diesen Umstand von Ihrer grundsätzlichen Umsatzsteuerpflicht befreien lassen.

Wichtig: Um von der Verpflichtung zur Abgabe der Umsatz-
steuererklärung befreit zu werden, müssen Sie Ihr Finanzamt
anschreiben und den entsprechenden Antrag stellen; ansonsten
bleiben Sie weiter verpflichtet, jedes Jahr eine Erklärung abzugeben, auch wenn diese jedes Mal auf 0,00 Euro umsatzsteuer-
pflichtige Umsätze lautet.

Sobald Sie jedoch in einer Vertriebsorganisation tätig sind bzw.
selbst eine solche betreiben, in welcher Sie an den Umsätzen anderer Kollegen mitverdienen (also typischerweise im Strukturvertrieb), sind Sie einer nicht zu unterschätzenden Gefahr ausgesetzt, nämlich der, dass Sie die Umsatzsteuerpflicht doch ganz
unvermittelt wieder trifft, und zwar spätestens dann, wenn es zu
einer Umsatzsteuerprüfung durch das Finanzamt kommt.

Gemäß BMF-Schreiben vom 23. Juni 2009 zum Betreff »Um-
satzsteuerliche Behandlung von Vermittlungsleistungen der in
§ 4 Nr. 8 und § 4 Nr. 11 UStG bezeichneten Art – Konsequenzen aus dem BFH-Urteil vom 30. Oktober 2008, V R 44/07« gilt
seit dem 1.1.2010 Folgendes:

Nach dem BFH-Urteil reicht allein die Tätigkeit als Bausparkas-
sen- und Versicherungsvertreter oder Versicherungsmakler im
handelsrechtlichen Sinne für eine Umsatzsteuerbefreiung bei
mittelbaren Vermittlungsleistungen nicht mehr aus. Aus diesem Grund ist die Umsatzsteuerfreiheit bei nicht selbst ab-
schließenden Bausparkassen- und Versicherungsvertretern
sowie Versicherungsmaklern inzwischen an weitere Voraussetzungen geknüpft.

Bis zum 31.12.2009 genügte bei Verwendung von Standardver-
trägen und standardisierten Vorgängen für die Umsatzsteuerbefreiung, dass alle betroffenen Handelsvertreter durch die einmalige Prüfung und Genehmigung der Standardverträge und
standardisierten Vorgänge mittelbar auf eine der Vertragsparteien einwirken können, um sich von der Umsatzsteuerpflicht
zu befreien.

Mittelbar beteiligte selbständige Handelsvertreter und Versicherungsmakler, die aus dem Vermittlungsgeschäft anderer Handelsvertreter oder Versicherungsmakler Vergütungen (sogenannte Differenzprovisionen) erhalten, sind mit diesen Einnahmen seit dem 1. Januar 2010 nur dann umsatzsteuerfrei, wenn eine Einwirkungsmöglichkeit auf das Vermittlungsgeschäft besteht.

In dem o. g. Schreiben des BMF heißt es hierzu:

»Auch die Betreuung, Überwachung oder Schulung von nachgeordneten selbständigen Vermittlern kann zur berufstypischen Tätigkeit eines Bausparkassenvertreters, Versicherungsvertreters oder Versicherungsmaklers gemäß § 4 Nr. 11 UStG oder zu Vermittlungsleistungen der in § 4 Nr. 8 UStG bezeichneten Art gehören. Dies setzt aber voraus, dass der Unternehmer, der die Leistungen der Betreuung, Überwachung oder Schulung übernimmt, durch Prüfung eines jeden Vertragsangebots zumindest mittelbar auf eine der Vertragsparteien einwirken kann. Dabei ist auf die Möglichkeit abzustellen, eine solche Prüfung im Einzelfall durchzuführen.«

Die Provisionen aus selbst abgeschlossenen Bauspar- und Versicherungsverträgen sind hiervon nicht betroffen und unverändert umsatzsteuerfrei, wie dies auch bei Provisionsteilungen zwischen zwei Abschlussvermittlern sowie bei Untervermittlern i. d. R. der Fall ist.

Was bedeutet das nun ganz konkret für Ihre tägliche Arbeit als übergeordneter Vermittler? Sie können Ihrer Umsatzsteuerpflicht für die Differenzprovision, die Sie auf die Vermittlung Ihrer Ihnen untergeordneten Vermittler erhalten, nur dadurch entgehen, dass Sie jederzeit gegenüber dem Finanzamt Ihren eigenen Anteil und insbesondere Ihre Einflussmöglichkeit auf den Abschluss des jeweiligen konkreten Vertrags nachweisen können. Hierfür empfehle ich Ihnen folgende Vorgehensweise:

1. Der vermittelnde Makler schickt dem jeweils übergeordneten Partner eine Mail mit etwa folgendem Wortlaut:

   »Sehr geehrte Frau Müller,

   beigefügt erhalten Sie den im Betreff genannten Antrag zur Kenntnis, welcher durch mich aufgenommen wurde. Bitte überprüfen Sie den Antrag auf Vollständigkeit und Richtigkeit. Sollten Sie keine Beanstandungen haben, so wird dieser Antrag am nächsten Werktag an die Gesellschaft weitergeleitet werden.

   Mit freundlichen Grüßen
   Hans Meier«

2. Frau Müller schaut sich den Antrag daraufhin tatsächlich an und überprüft diesen auf Vollständigkeit und Richtigkeit – das kann meines Erachtens nie schaden – und schreibt daraufhin, sofern alles okay ist, an Herrn Meier zurück:

   »Sehr geehrter Herr Meier,

   ich habe den im Betreff genannten Antrag überprüft und dabei keine Beanstandungen feststellen können. Sie können ihn also gern an die Gesellschaft zur weiteren Bearbeitung einreichen.

   Mit freundlichen Grüßen
   Martina Müller«

Im Falle einer tatsächlichen Beanstandung (zum Beispiel wegen einer fehlenden Unterschrift oder einer fehlenden Angabe bei den Gesundheitsangaben o.Ä.) ist die Mail natürlich entsprechend abzuändern. Sinnvollerweise sollte man sich beide Mails jeweils ausdrucken bzw. als PDF-Dateien abspeichern, damit man im Falle einer Umsatzsteuerprüfung tatsächlich einen Nachweis zur Hand hat. Das reine Archivieren der E-Mails in Outlook erscheint mir demgegenüber eher zu unsicher.

Auf diese einfache Weise lässt sich der Eigenbeitrag des übergeordneten Strukturvermittlers gegenüber dem Finanzamt nachweisen und eine Umsatzsteuerpflicht vermeiden – meines Erachtens *nur* auf diese Weise, es sei denn der übergeordnete
Strukturvermittler kann seinen Arbeitsanteil am Zustandekom-
men des Vertrags auf andere Art und Weise nachweisen, etwa
durch Dokumentation seiner eigenen Anwesenheit beim Beratungsgespräch.

Sie sehen: Auch bei diesem Thema steckt der Teufel wieder im
Detail.

Die Gewerbesteuer

Die Gewerbesteuer trifft alle Gewerbetreibenden als zusätzliche
Steuer. Ihre Höhe hängt neben dem gewerblich erzielten Umsatz auch von dem sogenannten Hebesatz ab, den jede Kommu-
ne selbst bestimmen kann. Auf die Einzelheiten möchte ich an
dieser Stelle nicht eingehen, möchte Sie aber schon mal insoweit beruhigen, als ich Ihnen versichern kann, dass diese zusätzliche Steuer halb so wild ist, weil sie Ihre Einkommensteuer-
last in etwa gleicher Höhe reduziert. Es ist also wieder viel büro-
kratischer Aufwand, bei dem es letztlich ganz überwiegend
darum geht, wer Anspruch auf Ihre Steuern hat. Im Ergebnis ist
dies jedoch eine zu vernachlässigende Größe.

10.4 Der Steuerberater

Solange Ihre Einnahmen noch gering sind, werden Sie sich vielleicht überlegen, auf einen Steuerberater zu verzichten und Ihre
Einnahmen- / Überschuss-Rechnung sowie Ihre Einkommen-
steuer-, Gewerbesteuer- und gegebenenfalls Umsatzsteuererklä-
rung lieber selbst zu erstellen. Um sich in die Materie einzuarbeiten und auf diese Weise auch seine Kunden versierter beraten zu können, die früher oder später auch mit einfachen steu-

erlichen Fragen auf Sie zukommen werden, halte ich das für eine gar nicht so schlechte Idee. Ich selbst bin jahrelang so verfahren und habe mit Hilfe eines entsprechenden Softwareprogramms (Lexware Buchhalter) meine komplette Buchhaltung selbst gemacht. Wenn ich jedoch im Nachhinein betrachte, wie viele Wochenenden ich pro Jahr damit zugebracht habe, nicht nur Belege zu buchen, sondern überhaupt die richtigen Buchungsziffern zu finden bzw. die korrekten Buchungssätze zu definieren, so kann ich Ihnen nur raten: Lassen Sie es! Der Aufwand steht in keinem Verhältnis zum Ertrag (sprich: den ersparten Aufwendungen für einen Steuerberater).

Wenn Sie Geld sparen wollen und Spaß daran haben, Ihre Einkommensteuererklärung selbst zu erstellen, empfehle ich Ihnen:

- Sortieren Sie mindestens einmal im Monat, besser jedoch wöchentlich, Ihre Belege über Ihre Einnahmen und Ausgaben in einem Aktenordner!
- Übergeben Sie diese Aktenordner nach Ablauf eines Jahres so schnell wie möglich an Ihren Steuerberater und lassen Sie diesen Ihre Einnahmen-Überschuss-Rechnung erstellen!
- Kaufen Sie sich ein einfaches Steuerprogramm wie zum Beispiel »Taxman« oder »WISO Steuer«! Probieren Sie ruhig verschiedene aus, um dasjenige zu finden, das Ihnen am besten gefällt, und bleiben Sie dann bei diesem Programm!

Auf diese Weise kommen Sie schnell mit den Programmfunktionen zurecht, müssen sich im nächsten Jahr an kein neues Programm gewöhnen und können die Daten des Vorjahres regelmäßig sehr einfach übernehmen. Auf diese Weise wird die Steuererklärung wirklich zum Kinderspiel.

Ihr Steuerberater könnte aufgrund der Erfassung Ihrer Belege Ihre Steuererklärungen ebenfalls mit wenigen Mausklicks für Sie erstellen. Aber da sich die Gebühren von Steuerberatern ähnlich wie die von Rechtsanwälten zum einen nach der Höhe des Gegenstandswerts (hier also: Ihren Einkünften) richten und zum anderen nach den unterschiedlichen Tätigkeiten, die er für Sie verrichtet, kann er Ihnen für diese paar zusätzliche Mausklicks gleich eine deutlich höhere Rechnung ausstellen.

Die aufgewendete Zeit spielt für die Rechnungshöhe nämlich nur eine untergeordnete Höhe. Wenn Ihnen die Rechnung Ihres Steuerberaters zu hoch vorkommen sollte, rate ich Ihnen dazu, ihn darauf anzusprechen und sich die Rechnung erläutern zu lassen. Da die Steuerberatervergütungsordnung (StbVV) wie bei Ärzten und Rechtsanwälten Gebührentatbestände mit Ermessensspielräumen vorsieht, lassen sich die Bruchteile, mit denen die Eurobeträge erhöht oder reduziert werden, im Einzelfall durchaus auch mal verhandeln.

Eine versierte Steuerberaterin bzw. einen versierten Steuerberater zu haben, kann sich wirklich lohnen – spätestens dann, wenn es zu einer Steuerprüfung kommt. Wenn Sie also noch keine(n) kennen sollten, empfehle ich Ihnen, sich genügend Zeit für die Auswahl zu nehmen.

- Vereinbaren Sie Termine für unverbindliche Kennenlerngespräche mit mindestens drei Steuerberatern!
  Wichtig: Machen Sie bereits bei der Terminvereinbarung deutlich, dass es Ihnen um eine langfristige Zusammenarbeit geht und Sie erst dabei sind, sich einen Steuerberater zu suchen. So vermeiden Sie zum einen, wegen der einen oder anderen fachlichen Auskunft am Ende doch noch eine Rechnung zu erhalten. Und gleichzeitig lassen Sie keinen Zweifel daran, dass Sie noch keine Entscheidung für ihre bzw. seine Mandatierung getroffen haben.
- Schildern Sie jeweils Ihre Situation, stellen allen zwei, drei vorbereitete fachliche Fragen und sprechen auch die Kosten der zukünftigen Beratung an!

- Vergleichen Sie anschließend, wer von den dreien Ihnen am kompetentesten erscheint!
- Achten Sie auch auf Ihr Bauchgefühl und Äußerlichkeiten!
  – Wie sind Sie empfangen worden? Freundlich zuvorkommend oder eher unpersönlich und distanziert?
  – Vermittelt das Büro einen aufgeräumten Eindruck, oder haben Sie eher das Gefühl, jemandem gegenüberzusitzen, der zu gestresst ist, um Ordnung zu halten?
  – Schaut der/die Steuerberater/in bereits nach kurzer Zeit auf die Uhr, oder begegnet er/sie Ihnen mit genügender Ruhe und Aufmerksamkeit?

Aus Erfahrung weiß ich, dass die Auswahl eines guten Steuerberaters ähnlich schwierig ist wie die eines guten Rechtsanwalts. Denn woran will man die Qualität eines Steuerberaters messen? An niedrigen Steuerzahlungen? Am guten Gefühl? An der jederzeitigen Erreichbarkeit?

Und wenn Ihnen ein Steuerberater empfohlen wird: Fragen Sie nach, warum er Ihnen denn ganz konkret empfohlen worden ist! Sympathie allein reicht leider nicht. Wie wichtig nicht nur die sorgfältige Auswahl, sondern auch die regelmäßige Überprüfung der gewissenhaften Arbeit des Steuerberaters ist, hat einer meiner Berater schmerzlich selbst erleben müssen.

Sein Steuerberater entwickelte sich über die Jahre zu einer derart unzuverlässigen Persönlichkeit, dass er Steuererklärungen für meinen Kollegen gar nicht erst beim Finanzamt einreichte. Hiervor erfuhr sein Mandat jedoch erst durch die Pfändung seiner Konten durch das Finanzamt; denn auch alle Mahnschreiben waren nur direkt an den Steuerberater gegangen. Dies mag ein Extremfall sein, zeigt aber, wie wichtig es ist, seinem Steuerberater auch nicht einfach blind zu vertrauen. Auch insofern halte ich die oben genannte Vorgehensweise der Aufgabenaufteilung zwischen Steuerberater und Mandat für durchaus vorteilhaft. Den geplanten Immobilienerwerb kann sich mein Berater jetzt übrigens für die nächsten drei Jahre aus dem Kopf schlagen, weil er den entsprechenden negativen Schufa-Eintrag leider erst nach drei Jahren löschen lassen kann. Da hilft dann auch die Vermögensschadenhaftpflichtversicherung des Steuerberaters kaum noch weiter.

10.5 Der Rechtsanwalt

Immer dann, wenn es um die Gestaltung von Verträgen oder auch »nur« um die Unterzeichnung eines Handelsvertretervertrags geht, kann ich jedem Nicht-Juristen (und das dürfte wohl die absolute Mehrheit der Finanzberater sein) nur dazu raten, die Hilfe eines Anwalts in Anspruch zu nehmen.

Denn zwar ist der Spruch *»Unwissenheit schützt vor Strafe nicht.«* Quatsch (vgl. § 17 StGB Verbotsirrtum: *»Fehlt dem Täter bei Begehung der Tat die Einsicht, Unrecht zu tun, so handelt er ohne Schuld, wenn er diesen Irrtum nicht vermeiden konnte. Konnte der Täter den Irrtum vermeiden, so kann die Strafe nach § 49 Abs. 1 gemildert werden.«*). Allerdings schützt das Zivilrecht die Unwissenheit juristischer Laien in der Regel nicht bzw. nur in sehr begrenzten Ausnahmefällen. Zu den fatalen hieraus möglichen negativen Konsequenzen hatte ich bereits oben im Kapitel 6.1 ein Beispiel aus der Praxis geschildert.

Sie brauchen übrigens für derlei Prüfungen nicht immer gleich einen »Spezialisten« zu kontaktieren. Es reicht, wenn Sie Ausschau nach den Schwerpunktgebieten der Rechtsanwälte halten und sich möglichst einen Anwalt (respektive eine Anwältin) auswählen, der Zivilrecht, Wirtschaftsrecht oder Vertragsrecht als seinen Tätigkeitsschwerpunkt aufführt. Wenn Ihnen die Suche zu mühselig ist, können Sie auch bei der örtlichen Rechtsanwaltskammer anrufen und sich eine Liste von Anwälten schicken lassen, die Ihre Suchkriterien erfüllen.

Leider übernehmen Rechtsschutzversicherungen nicht die Kosten für derartige Rechtsberatungen. Und Sie sollten auch unbedingt vor der Beauftragung des Rechtsanwalts mit diesem die Kostenfrage klären und hier auch ruhig Preisvergleiche zwischen verschiedenen Kanzleien durchführen; denn auch hier kann es zu großen Preisunterschieden kommen, je nachdem, welchen Gegenstandswert der Rechtsanwalt zu Grunde legt. Auch Stundensätze von mehreren hundert Euro sind durchaus nicht unüblich. Im Bereich der Überprüfung von Handelsvertreterverträgen sind derartige Honorarvereinbarungen meines Erachtens jedoch übertrieben und nicht angemessen.

Eine langfristige Beziehung zu einem Rechtsanwalt hat zudem den Vorteil, dass Sie bei diesem dann auch mal zwischendurch die eine oder andere Frage loswerden können, ohne dafür immer gleich eine Rechnung zu erhalten.

Übrigens kann ich Ihnen auch den Abschluss einer Rechtsschutzversicherung für Selbständige nur dringend ans Herz legen; denn Sie wären nicht erste Vermittler, der irgendwann mal einen Prozess gegen das Vertriebsunternehmen führen will oder muss, für das er jahrelang gearbeitet hat ...

10.6 Das eigene Haushaltsbudget

Die Aufstellung bzw. Erfassung des eigenen Haushaltsbudgets sollte eigentlich für jeden Erwerbstätigen eine Selbstverständlichkeit sein, ist es jedoch leider allzu häufig nicht. Und Finanzberater stellen da keine Ausnahme dar.

Ihr ganz simples Ziel sollte sein, nicht mehr Geld auszugeben als Sie einnehmen und dabei auch genügend Geld für die eigene Altersvorsorge einzuplanen (siehe Kapitel 10.1). Unter Umständen reicht dafür eine simple EXCEL-Liste, aber es kann auch durchaus sinnvoll sein, ein Finanzberatungsprogramm hierfür zur Hilfe zu nehmen. Wenn Sie es sowieso nutzen wollen, warum dann erst bei den Kunden damit anfangen? Wenn Sie es selbst täglich für sich nutzen, wird Ihnen der Umgang im Beratungsalltag mit Ihren Kunden nur umso leichter fallen.

Empfehlenswert sind meines Erachtens folgende Programme:

- Lexware FinanzManager 2016 (bei Amazon ca. 39 Euro in der Grund- bzw. 59 Euro in der Deluxe-Version),
- Moneyplex 12 Pro (bei Amazon ca. 47 Euro),
- Quicken (bei Amazon ca. 23 Euro in der Grund- bzw. 35 Euro in der Deluxe-Version),
- WISO Mein Geld Professional 2016 (bei Amazon ca. 65 Euro).

11 Das Büro

Die erste Frage, die sich Ihnen möglicherweise stellen wird, ist: Brauche ich überhaupt ein externes Büro, oder reicht nicht auch ein Home-Office aus? Meine Antwort hierauf ist wieder die eines typischen Juristen: Kommt ganz drauf an. Und worauf? Nun, zum einen natürlich darauf, ob Sie finanziell überhaupt dazu in der Lage sind, sich ein externes Büro zu leisten. Wenn Sie jung und Berufsstarter sind, werden Sie in der Regel nicht alleine starten, sondern als Mitarbeiter einer Versicherung oder Handelsvertreter einer Vertriebsorganisation. In diesen Fällen wird Ihnen meistens ein Büro zu mehr oder weniger günstigen Konditionen angeboten werden.

Wenn Sie als Makler ein eigenes Büro beziehen möchten, werden sich Ihnen in der Regel zwei Alternativen anbieten: entweder in Bürogemeinschaft mit jemandem, der einer Berufsgruppe angehört, die gut zu Ihrer passt (zum Beispiel Steuerberater, Rechtsanwalt, Immobilienmakler oder Bausparkassenvertreter), oder Sie starten als Einzelkämpfer in einem eigenen Büro.

11.1 Der Standort

Wichtig: Sie sollten sich immer genau überlegen, welcher Standort für Sie der optimale ist. Hier eine falsche Entscheidung zu treffen, kann Sie teuer zu stehen kommen – und wenn es auch nur die mit einem Umzug verbundenen Kosten sind.

Sogenannte 1-A-Lagen, also in der Regel die teuersten Standorte, werden für die meisten Vermittler, jedenfalls zunächst, zu teuer sein. Ob es so erstrebenswert ist, an der beliebten Fußgängerzone in der Altstadt ein Büro zu haben, wage ich auch etwas zu bezweifeln. Denn dort gibt es oft das Problem, dass nicht genügend Parkplätze zur Verfügung stehen oder (bzw. sogar: obwohl) diese der Parkraumbewirtschaftung unterliegen. Auch hat nicht jeder Kunde Lust, sich in das Getümmel zu stürzen, das im Zentrum naturgemäß größer ist als in sogenannten B-Lagen.

Ein Büro in einer Nebenstraße nicht zu weit vom Zentrum entfernt mit genügend Parkplätzen und möglichst auch einer guten Anbindung an den öffentlichen Nahverkehr (also nicht weiter als 500 Meter von der nächsten Bushaltestellte bzw. S- oder U-Bahnstation entfernt) dürfte in den allermeisten Fällen deutlich besser als Standort geeignet sein.

11.2 Das Objekt

Hilfreich ist völlig unabhängig von der Adresse ein repräsentatives Gebäude. Ein Büro in einer Altbauwohnung in einem Stadtrandbezirk mag noch so schön und professionell eingerichtet sein – wenn das Gebäude verwahrlost aussieht, außen bereits der Putz runtergekommen ist oder der Besucher von einem Graffiti an der Eingangstür und einem verdreckten Hausflur empfangen wird, dann haben Sie beim ersten Eindruck bereits verloren. Und der erste Eindruck – das werden wir auch noch im Zusammenhang mit dem Beratungsgespräch sehen – ist ganz entscheidend für die Frage, ob ein Interessent Lust hat, IHR Kunde zu werden (oder doch lieber Kunde eines Mitbewerbers).

Eine interessante Alternative sind in größeren Städten auch die Bürozentren von Firmen wie Regus oder Satellite Office, um hier nur zwei von vielen zu nennen. In diesen Zentren können Sie sich langfristig, aber auch monats- oder sogar nur tage- oder stundenweise professionell ausgestattete Büroräume mieten. Sie erhalten auf diese Weise oft eine 1-A-Adresse, ein kostengünstiges, geschultes Sekretariat, Empfangsbereich und alles, was Sie sonst noch so von einem professionellen Büroservice erwarten können.

Der große Vorteil dieser Variante: Sie brauchen hier keinen langfristigen Mietvertrag abzuschließen, sind sehr flexibel und vermitteln Ihren Kunden gleich von Anfang an ein hohes Maß an Professionalität. Wenn Sie während üblicher Bürozeiten nicht zu erreichen sind, springt bei Ihrem Telefonanschluss eben kein Anrufbeantworter an, sondern eine freundliche Sekretärin, die sich mit dem Namen Ihrer Firma meldet, nimmt das Gespräch entgegen und leitet die Information an Sie weiter. Der Anrufer hat somit ein gutes Gefühl, weil er nicht auf einen Anrufbeantworter sprechen muss, sondern immer gleich einen Gesprächspartner hat, dem er seine Rückrufbitte persönlich mitteilen kann. Erstaunlich viele Menschen widersetzen sich nämlich auch ca. 40 Jahre nach Einführung dieser Geräte (bzw. nunmehr nur noch Telefonfunktion) erstaunlich hartnäckig der »Nachrichten nach dem Pieps«.

11.3 Die Ausstattung

Die Ausstattung Ihres Büros wird natürlich sehr stark davon abhängen, wie Ihre vertragliche Situation gestaltet ist, insbesondere, ob Sie im Rahmen einer größeren Vertriebseinheit ein Büro zugewiesen bekommen, oder ob Sie es selbst anmieten. Je unabhängiger Sie sind, desto individueller werden Sie auch Ihr Büro einrichten können.

Meine generelle Empfehlung lautet schlicht: Richten Sie Ihr Büro mit Bedacht, Liebe und Sorgfalt ein! – Sie werden merken, es lohnt sich. Allein schon, weil SIE sich dann dort viel wohler fühlen werden.

Möbel

Grundsätzlich empfehle ich, bei der Büroausstattung in möglichst sämtlichen Bereichen auf eine hochwertige Ausstattung zu achten, da Sie mit Ihrem Büro natürlich auch repräsentieren und sich Ihre Kunden in einem wertig und stilvoll eingerichteten Büro in der Regel auch gleich deutlich wohler fühlen werden als in einem Ambiente der Marke »Sperrmüll«. Dabei muss gute Qualität nicht teuer sein. Oft lohnt es sich, den Kleinanzeigenteil der lokalen Presse zu durchforsten oder Internetplattformen wie Ebay-Kleinanzeigen. Dort können Sie häufig echte Qualitätsmöbel für wirklich sehr wenig Geld finden.

Wichtig ist vor allem, dass die Einrichtung nicht wie zusammengewürfeltes Stückwerk ausschaut, sondern einen geschlossenen Gesamteindruck vermittelt.

Neben einem nicht zu kleinen Schreibtisch empfiehlt sich ein möglichst runder Beratungstisch. Rund hat den Vorteil, dass auch bei einem Kundenpaar die Platzierung noch recht locker ausfallen kann, während es bei einem rechteckigen Tisch oft so sein wird, dass sich Berater und Kunden einander frontal gegenübersitzen, was unter kommunikationspsychologischen Gründen immer als eher nachteilig angesehen wird.

Ich empfehle, in jedem Fall einen Tisch zu wählen, an dem zur Not auch vier Personen sitzen können, ohne sich völlig eingequetscht zu fühlen. Der Durchmesser sollte daher eher mehr als 1 Meter betragen.

Für die Aufbewahrung von Kundenakten, Büro- und Werbematerial werden Sie einen entsprechenden Schrank benötigen. Ob Sie hierfür einen Schrank im Kleiderschrankformat bevorzugen oder eher einen im Sideboard-Format, ist letztlich Geschmackssache. Letztere haben zwei Vorteile: Erstens: Sie müssen sich im Hinblick auf das geringere Fassungsvermögen gleich von Anfang an selbst disziplinieren, nicht zu viel unnötigen Kram unterzubringen (Sie werden sich wundern, was sich da in zwei, drei Jahren so ansammelt, wenn Sie dann mal ans Ausmisten gehen …). Zweitens: Sie gewinnen eine zusätzliche Abstellfläche beispielsweise für eine schöne Vase.

Beim Schreibtischsessel sollten Sie vor allem darauf achten, dass dieser insbesondere unter ergonomischen Aspekten von einer wirklich hohen Qualität ist. Ähnlich wie bei der Auswahl einer Matratze fürs Bett sollten Sie sich hier vergegenwärtigen, dass Sie einen ganz erheblichen Teil Ihrer täglichen Arbeitszeit auf diesem Sitzutensil verbringen werden – erst recht, wenn Ihre Kundentermine überwiegend in Ihrem Büro stattfinden. Deshalb sollten Sie hier nicht geizen, sondern lieber gleich mehrere hundert Euro investieren. Hier zu sparen, hieße, am falschen Ende zu sparen.

Auch Ihren Kunden sollten Sie etwas Sitzkomfort gönnen und bei der Auswahl der Stühle ebenfalls darauf achten, dass diese nicht nur gut aussehen, sondern auch bequem sind.

Bilder und Kalender

Auch hier gilt die alte Regel: Weniger ist oft mehr. Und vor allem gilt hier: Qualität vor Quantität. Also bitte nicht der Wandkalender aus der Apotheke oder von der XY-Versicherung, sondern einer, der wirklich Ihren Geschmack trifft und gleichzeitig geschmackvoll ins Büro passt. Ein Kunde schenkte mir mal einen relativ großen, sehr breit geschnittenen Kalender (Format ca. 1,20 m × 50 cm), der ein Jahr lang der Blickfang in meinem Büro war und auf den mich auch viele Kunden ansprachen. Es lohnt sich hier also durchaus, mal etwas tiefer in die Tasche zu greifen. Doch auch für 25 Euro erhalten Sie mitunter schon ganz respektable Wandkalender.

Wenn Sie Bilder aufhängen möchten, dann sollten Sie darauf achten, dass es nicht billige Poster in billigen Plastikrahmen sind. Wenn schon die Poster vielleicht billig sind, so sollten es die Rahmen zumindest nicht sein. Deutlich eindrucksvoller wirken natürlich Originale, seien es großformatige Acryl- oder Ölbilder auf Leinwand oder Fotografien, Zeichnungen o. Ä. Hier lohnt sich durchaus mal ein Blick in die eine oder andere

Galerie. So gibt es in manchen Städten (und natürlich auch im Internet) Galerien, die Bilder junger Künstler zu durchaus annehmbaren Preisen (weit unter 1000 Euro) anbieten. Sie müssen natürlich auch nicht gleich ein paar hundert Euro für ein Bild ausgeben. Aber Sie sollten ein Bild wählen, das Ihnen richtig gut gefällt und zum Stil Ihres Büros passt.

Technik

Notebook

Die technische Ausstattung wird geprägt sein von PC, Laptop bzw. Notebook, Smartphone etc.

Im Hinblick auf die Durchführung von Online-Beratungsgesprächen (siehe hierzu Kapitel 20) empfiehlt sich die Anschaffung eines Notebooks mit beschreibbarem Bildschirm. Da heutzutage das Notebook den PC weitestgehend verdrängt hat und damit auch die großen Monitore, empfehle ich eine Bildschirmdiagonale nicht unter 13 Zoll, besser gleich 15 Zoll, zu wählen. Gerade auch beim Einsatz am Beratungstisch ist ein größerer Bildschirm immer empfehlenswert, damit der Kunde auch aus einer Entfernung von 60-80 cm noch gut mitlesen kann.

Ich persönliche habe gute Erfahrungen mit einem Sony Vaio Notebook gemacht, aber auch andere Firmen wie beispielsweise Microsoft mit seiner »Surface«-Serie bieten gute Alternativen. Schauen Sie einfach, was Ihnen am besten gefällt. Meine Empfehlung in diesem Zusammenhang: Achten Sie nicht nur auf Aussehen, Haptik und Geschwindigkeit, sondern auch auf eine genügend große Festplatte! Denn Speicherkapazität ist etwas, wovon Sie bei Computern praktisch nie genug haben können.

Externe Festplatte/NAS

Zur externen Datensicherung empfehle ich Ihnen dringend eine sogenannte NAS-Station, die Sie bereits ab rund 100 Euro erhalten. Besonders gut sind diejenigen von Synology (zum Bei-

spiel DiskStation DS215j 2 Bay Desktop NAS Enclosure, bei
Amazon Bestseller Nr. 1 bei NAS-Systemen und für rund 155
Euro erhältlich). NAS steht für Network Attached Storage, also
eine bzw. mehrere in einem kleinen Gehäuse untergebrachte
Festplatten, die über WLAN mit dem Heimnetzwerk und auf
Wunsch auch mit dem Internet verbunden sind.

Während Sie externe Festplatten zur Datensicherung immer
per USB-Kabel mit dem PC bzw. Notebook verbinden müssen,
können die NAS-Systeme in ständiger Verbindung mit Ihrem
PC stehen und deshalb Ihre Daten auch kontinuierlich sichern.

Da Datensicherung gerade im beruflichen Bereich existenziell
sein kann, sollten Sie eine solche Anschaffung auch keinesfalls
auf die lange Bank schieben, sondern ein NAS-System am besten gleichzeitig mit Ihrem Notebook bzw. PC erwerben.

Als zusätzliches Synchronisationsprogramm empfehle ich
Ihnen »GoodSync«, das Sie sich über das Internet als Freeware
herunterladen können. Empfehlenswerter ist jedoch die Voll-
version »Pro«, die Sie für eine einmalige Lizenzgebühr von ca.
29,95 Euro erwerben können (https://www.goodsync.com/php/
pums/rfprepay.php?lic=goodsync&lang=de).

Taschenrechner

Des Weiteren empfehle ich für die schnelle Durchführung von
Berechnungen im Kundengespräch einen finanzmathematischen Taschenrechner wie den hp 10 B II. Diesen erhalten Sie
mittlerweile sogar zum Schleuderpreis von nur 27,90 Euro beispielsweise bei Amazon (vor zehn Jahren hat er noch ca. das
Dreifache gekostet!).

Mit diesem Taschenrechner können Sie Ihre Beratung perfektionieren und Ihre Kunden wahrscheinlich auch beeindrucken.
Wichtig ist aber, dass Sie sich wirklich intensiv mit der Bedie-
nungsanleitung beschäftigen und einen halben Arbeitstag für
die Einarbeitung einplanen, damit Sie seine wichtigsten Haupt-

funktionen wirklich beherrschen und im Kundentermin nicht »auf dem Schlauch stehen«.

Das herausragende Highlight dieses Rechners ist, dass Sie praktisch alle wichtigen Parameter berechnen können, die Sie für die Berechnung beispielsweise der Rentenlücke oder der erforderlichen Sparrate oder Rendite bei bekanntem Zielkapital benötigen. Hierfür müssen Sie im Wesentlichen lediglich den Umgang mit fünf wichtigsten Tasten beherrschen:

- Spar- oder Auszahlungsdauer (in Monaten oder Jahren),
- Zinssatz bzw. Rendite (tatsächlich, gewünscht oder erforderlich).
- anfängliches Vermögen (tatsächlich vorhanden oder erforderlich),
- Sparrate pro Monat (erforderlich oder tatsächlich) oder Rentenzahlung pro Monat (tatsächlich oder gewünscht),
- Endvermögen (tatsächlich oder gewünscht).

Immer dann, wenn Sie vier Parameter haben, können Sie den fünften berechnen. Innerhalb von wenigen Sekunden können Sie Ihren Kunden also Antworten auf Fragen liefern wie zum Beispiel:

- Wieviel Geld benötige ich zum Rentenbeginn, wenn ich bis zu meinem 90. Lebensjahr bei einer unterstellten Inflation von 2,5 % pro Monat 2 500 Euro netto zur Verfügung haben möchte?
- Wieviel Geld muss ich bis zu meinem Rentenbeginn pro Monat sparen, wenn ich bei einem aktuellen Vermögen von 50 000 Euro und einer Rendite von 4,5 % bei Renteneintritt 1 Mio. Euro zur Verfügung haben möchte?
- Wie sieht die Rechnung aus, wenn ich an meine Kinder noch 200 000 Euro vererben möchte?

- Wie sieht die Rechnung aus, wenn ich nur 3,5 % Rendite erziele?
- Wie sieht die Rechnung aus, wenn ich mit einer Inflationsrate von 3 % kalkuliere?
- Auf was für eine Rente kann ich kommen, wenn ich statt X Euro Y Euro pro Monat spare?

Kopfhörer

Ebenfalls wichtig für die Online-Beratung ist die Anschaffung eines sogenannten Headsets, also eines Kopfhörers mit Mikrofon, zum Anschluss an einen PC oder – vielleicht noch besser – ein Bluetooth-Headset für Ihr Mobiltelefon. Denn nur so haben Sie die Hände frei zum Schreiben und Blättern, wenn Sie ein telefonisches Beratungsgespräch mit Ihrem Kunden führen.

Software

Die Frage, welche Software Sie sich zulegen sollten, ist sicher insofern schwierig zu beantworten, als solche Fragen immer nur sehr subjektiv zu beantworten sind und es schwer ist, hier zuverlässige Empfehlungen abzugeben, die alle Leser zufriedenstellen.

Deshalb möchte ich mich an dieser Stelle auf allgemeine Hinweise und Überlegungen beschränken. Soweit ich einzelne Programme besonders empfehle, verstehen Sie dies bitte ausdrücklich nicht als Abwertung anderer gleichartiger Programme, sondern allein als die Weitergabe meiner positiven Erfahrungen mit genau diesen Programmen.

Bürosoftware

Da der Standard für Bürosoftware – jedenfalls im PC-Bereich – durch die Microsoft Office-Programme gesetzt ist, empfehle ich hier auch genau diesen Standard, also Word, Excel, Outlook und PowerPoint, einzusetzen.

Auch wenn so manche Vorgängerversion sicher schöner und
zum Teil ganz sicher auch intuitiver zu bedienen gewesen ist als
die aktuellen Office 365 Programme, ist es meines Erachtens
schon sinnvoll, sich für diese Office-Variante zu entscheiden,
da Sie bei dieser erstens ständig auf dem aktuellen Stand sind,
weil sämtliche Module automatisch durch Updates auf dem
neuesten Stand gehalten werden, und zweitens auch noch 1 TB
Speicherplatz in der Microsoft Cloud dazu erhalten. Wer sich
nicht scheut, seine Daten einem solchen externen Speicheran-
bieter anzuvertrauen, auch wenn dieser seine Server in den
U.S.A. stehen hat (mit den bekannten möglichen Konsequenzen der Spionage durch die NSA), der bekommt hier für wenig
Geld eine wirklich gute Paketlösung.

Wenn Sie lediglich *einen* Computer verwenden, reicht hierfür
die Einzelplatzlizenz. Wenn Sie mehrere Computer verwenden
(also beispielsweise den Büro-PC und ein Notebook oder für
mehrere Arbeitsplätze von Mitarbeitern weitere Lizenzen benötigen), bietet sich die Lizenz für bis zu fünf Geräte an.

Die »Office 365 Business Essentials« erhalten Sie bei Microsoft
(https://products.office.com/de-de/business/compare-office-
365-for-business-plans) bereits für 59,98 Euro pro Jahr. Dort ist
dann das Office-Paket allerdings nur online verfügbar, lässt sich
also nicht auf dem PC für ein zusätzliches netzunabhängiges
Arbeiten installieren. Dafür erhalten Sie in diesem Paket auch
noch eine E-Mail-Adresse mit einem Postfach, das 50 GB Da-
tenvolumen fassen kann, sowie die Möglichkeit von HD-Video-
konferenzen.

Die »Office 365 Business«-Version beinhaltet weder das E-
Mail-Postfach noch die Möglichkeit der HD-Videokonferen-
zen. Dafür bietet es zu einem Preis von 125,66 Euro pro Jahr die
Möglichkeit, sämtliche Office-Programme nicht nur auf dem
PC oder Notebook, sondern auch auf Tablets und Smartphones
zu installieren.

Die preiswerteste und wahrscheinlich auch am häufigsten erworbene Variante dürfte jedoch wohl »Office 365 Home« sein, das Microsoft auf seiner Internetseite (http://www.microsoftstore. com/store/msde/de_DE/pdp/Office-365-Home/productID.286 459200) zu einem Preis von 99,00 Euro anbietet – als 1-Jahres-Abbonnement für bis zu fünf PCs/Notebooks/Macs/Tablets/ Smartphones mit Vollversionen aller oben genannten Programme plus auch das ebenfalls sehr praktische OneNote.

Noch günstiger erhalten Sie das Programm sogar über externe Anbieter wie zum Beispiel Amazon. Dort wird es aktuell (Ende Nov. 2015) sogar zum absoluten Schnäppchenpreis von 69,99 Euro angeboten. In einer Sonderaktion wird es gerade sogar als Bündelprodukt mit dem »WISO steuer:Sparbuch 2016« zum selben Preis angeboten, ein nützliches Programm, das ansonsten (bei Amazon) bereits 30,68 Euro kostet. Wenn Ihnen eine Einzellizenz reicht, erhalten Sie das Ganze sogar für einen Preis von lediglich 49,99 Euro.

Kundenverwaltungsprogramme

Die Frage, ob Sie sich ein eigenes Kundenverwaltungsprogramm anschaffen, oder sich als Handelsvertreter mit den Lösungen zufriedengeben, die Ihnen jeweils von dem Vertriebsunternehmen bzw. der Maklerplattform angeboten werden, der Sie sich anschließen, ist gerade zu Anfang auch oft eine Frage des Budgets. Gute Kundenverwaltungsprogramme sind teuer, gerade im Vergleich zu weit komplexeren Programmen wie MS Office. So können Sie bereits in der Anschaffung mit einem Preis von mehreren hundert Euro plus einer monatlichen Updatepauschale von nochmal in der Regel mindestens 50 Euro rechnen.

Hier einige beispielhafte Programme (Anbieter in Klammern):

- aB-Agenta fx (http://www.artbase-software.de/seiten/kundenverwaltung.html)
- Agentura (http://www.asasoft.de/AGDetails.aspx)
- ASSFINET InfoAgent (http://www.assfinet.de/)
- AVERIS (http://genesis-software.de/averis/kundenverwaltung-auswertungen)
- CRM für Versicherungen (http://www.crm-sw.de/)
- i-Planner (http://www.i-planner.de/kundenverwaltung.html)
- IWM Finanzoffice (https://www.iwm-software.de/info/versicherungsmakler-kundenverwaltung/)
- KKmandant (http://www.kkmandant.de/)
- SALIA® – Makler- und Agentursystem (http://www.sql-ag.de/salia.html)
- TopSales Premium Maklerverwaltungsprogramm (http://www.teamtopsales.de/)

Maklerpools stellen ihren angebundenen Maklern regelmäßig kostenlos die unterschiedlichsten Programme, so in der Regel auch ein Kundenverwaltungsprogramm, zur Verfügung. Nachteil bei diesen Lösungen ist allerdings, dass diese Programme ausschließlich online bereitgestellt werden und dem Makler damit nur so lange zur Verfügung stehen, wie er bei dieser Maklerplattform tatsächlich angebunden ist. Egal also, ob er später mal vielleicht mit einer anderen Plattform zusammenarbeiten oder nur noch mit Direktanbindungen arbeiten möchte oder die bestehende Maklerplattform im schlimmsten Fall pleitegeht: Er wird auf diese Weise immer seine Daten verlieren. Insofern ist auf lange Sicht und unter Sicherheitsgesichtsaspekten eine eigene Offline-Lösung durchaus sinnvoll, wenn auch kostspielig.

Vergleichsrechner

Wenn Sie sich einer bestehenden Vertriebsorganisation anschließen, werden Ihnen die diversen Softwarepakete, mit denen die Vermittler der Organisation arbeiten, in der Regel für eine monatliche Softwarepauschale oder – wenn Sie Glück haben – auch kostenlos zur Verfügung gestellt.

Wenn Sie sich als Makler selbständig machen, werden Ihnen durch die diversen Maklerplattformen, denen Sie sich anschließen können, ebenfalls unterschiedlichste Vergleichsrechner kostenlos zur Verfügung gestellt (siehe Kapitel 6.4).

Mit folgenden Vergleichsrechnern sollten Sie sich meines Erachtens näher beschäftigen und dann Ihre Entscheidung treffen, mit welchen Sie zukünftig arbeiten möchten:

- **Franke & Bornberg:** LV, KV, BU: Nach meinen Erfahrungen im Bereich KV praktisch unbrauchbar und in den übrigen Bereichen immer wieder mit vielen technischen Fehlern behaftet, die leider oft nur nach einer extrem langen Zeit behoben werden. Auch die Zeitspanne von bis zu mehreren Wochen bis zu einer Reaktion auf Reklamationen und Fehlerhinweise ist alles andere als vorbildlich, weshalb ich die Software von F&B definitiv nicht weiterempfehlen kann.

- **VOLZ PSP PKV:** Sehr leicht zu bedienendes Programm mit sehr übersichtlichen Vergleichen (auch im Ausdruck) und einer vorbildlichen Schnittstelle zu MS Outlook. Das bedeutet, dass Kunden, die Sie in der Eingabemaske des Programms erfassen, auf Wunsch direkt in Ihre Outlook-Kontakte exportiert werden. Das Programm ist sowohl in einer Offline- als auch einer Online-Versionen verfügbar. Kostenlose Testversionen können Sie sich hier herunterladen: http://www.volzgruppe.de/produkte/volz-itsc-software/ downloads.html

Die erste bzw. Hauptlizenz für die Offline-Version kostet pro Monat 70,21 Euro, die Online-Version 46,41 Euro, wenn man sie allein bestellt, und 22,61 Euro, wenn sie zusätzlich zur Offline-Lizenz bestellt wird.

- **PremiumCircle:** Ein hervorragendes Vergleichsprogramm insbesondere für den Bereich der BU-Versicherungen, leider aber nur für Mitglieder erhältlich, die neben den Lizenzgebühren auch noch Provisionen abgeben sollen, indem sie sich durch ihre Mitgliedschaft dazu verpflichten, die entsprechenden Abschlüsse über Premium Circle abzuwickeln – eine Geschäftspraxis, die in meinen Augen, gelinde ausgedrückt, fragwürdig ist, weshalb ich auch diese Software nicht wirklich empfehlen kann.
  Weitere Informationen finden Sie hier: www.premiumcircle.de.

- **Levelnine:** Eine sehr gute Vergleichssoftware in den Bereichen BU und PKV. Preise für die Hauptlizenzen: BU 50,00 Euro pro Monat und PKV 75,00 Euro pro Monat.
  Weitere Informationen und Testversionen zum Download finden Sie unter www.levelnine.de.

- **VH3:** Eine relativ neue Softwareschmiede, die seit 2015 neben dem PKV-Vergleichsrechner auch einen BU-Vergleichsrechner anbietet. Die Software ist von der Optik her sehr stark an Levelnine angelehnt. Besonderheit des PKV-Moduls ist die Beratungssoftware, mit welcher dem Kunden mit Hilfe integrierter PowerPoint-Präsentationen die Systemunterschiede zwischen der GKV und der PKV eingehend erläutert werden können und dabei praktisch sämtliche Einwände, mit denen der Kunde früher oder später kommen könnte, bereits im Wege der vorweggenommenen Einwandbehandlung ausgeräumt werden können.
  Die Kosten pro Monat: KV-Modul 69,00 Euro, LV 99,00 Euro, beide zusammen 149,00 Euro.

Weitere Informationen und Testversionen zum Download finden Sie unter www.vh3.de

Die obige Auswahl betrachten Sie bitte als lediglich beispielhaft und keinesfalls abschließend.

Finanzberatungsprogramme

Wenn Sie Ihre Kunden wirklich umfänglich beraten möchten, benötigen Sie definitiv ein Finanzberatungsprogramm, das Ihnen möglichst auf jede im Beratungsgespräch möglicherweise auftauchende Berechnungs- oder Statistikfrage schnell eine Antwort liefert und mit dem Sie gleichzeitig Zugriff auf wichtige Kundendaten wie Einkommen, Sozialversicherungs- und Steuernummer etc. haben. Derartige Programme können Ihnen darüber hinaus insbesondere in der Altersvorsorgeberatung hervorragende Dienste erweisen, auch wenn ich grundsätzlich dazu rate, die Altersvorsorgeberatung im ersten Schritt mit dem Kunden zusammen auf einem Blatt Papier zu entwickeln, nicht zuletzt, um auf diese Weise Ihre Kompetenz auf diesem Gebiet unter Beweis zu stellen.

Zwei Programme kommen hier meines Erachtens besonders in Betracht:

1. **DR. KRIEBEL BERATUNGSRECHNER:**
   Bei diesem handelt es sich um ein ganz offensichtlich EXCEL-basiertes Programm, das vielfältige Berechnungsmöglichkeiten bietet und gleichzeitig mit dem sog. Einseitenplaner ein Beratungsmodul beinhaltet, mit Hilfe dessen man die Altersvorsorgeberatung mit dem Kunden zusammen tatsächlich sehr schön auf lediglich einer Seite entwickeln kann.
   Die sog. »Einmalige Installationsgebühr« (da sich das Programm per Mausklick selbständig installiert, ist dieser Begriff irreführend und man fragt sich, wofür man hier eigentlich tatsächlich bezahlt) dieses Programms beträgt

261,80 Euro. Hinzu kommt eine monatliche Update-Pauschale von 29,63 Euro.

Hier können Sie sich die Software herunterladen:
https://www.beratungsrechner.de/public/
671217_Downloads_Bestel-
lung/?mx=a75a16ac90505b282b053d41a63a3f0e

2. **FinanzPlaner PROFESSIONAL:**
   Die Firma FinanzPortal24 bietet eine Finanzplanungssoftware mit drei Ausbaustufen an BASIC, STANDARD UND PROFESSIONAL.

   - Die Basisversion verfügt bereits über 30 Berechnungsprogramme (bzw. Neudeutsch: Tools) und kostet für die Hauptlizenz einmalig 357,00 Euro sowie eine monatliche Updatepauschale von 20,11 Euro.
   - Die Standardversion bietet 35 Berechnungsprogramme, kostet einmalig 416,50 Euro sowie monatlich weitere 27,25 Euro.
   - Die Professional-Version bietet 51 Berechnungsprogramme und weitere Zusatzfunktionen für einmalig 499,80 Euro sowie monatlich weitere 35,58 Euro.

Ich habe beide Programme jahrelang getestet (wobei ich den DR. KRIEBEL BERATUNGSRECHNER früher und vom Finanzplaner nur die Professional-Version eingesetzt habe) und gebe danach ganz eindeutig dem Finanzplaner PRO den Vorzug. Trotz kleinerer Schwächen (etwa bei der falschen Bezeichnung der gewünschten monatlichen Rente im Alter in heutiger Kaufkraft als *»gewünschte Kaufkraft«*) ist dieses Programm in puncto (oder wohl besser: in punctis) Umfang, statistischen Infomaterialien, Vielseitigkeit und Komplexität bei gleichzeitiger guter Bedienbarkeit wegweisend und der Preis alles andere als überteuert. Der DR. KRIEBEL BERATUNGSRECHNER macht auf mich auch optisch einen eher altbackenen Eindruck.

Aber auch hier gilt der alte Grundsatz: Probieren geht über Studieren. Folgen Sie meinen Empfehlungen bitte nicht blind, sondern überprüfen Sie selbst durch Herunterladen und Ausprobieren der jeweiligen kostenlosen Testversionen, mit welcher Software Sie besser zurechtkommen und welche Ihnen vom Gesamteindruck am besten gefällt.

Schreibutensilien und Accessoires

Es sind oft die unscheinbaren Dinge, die die größte Aufmerksamkeit erregen können: Ein Füllfederhalter mit einer goldenen Feder, die handgefertigte Schreibtischunterlage aus Leder, der edle Locher oder der stilvolle Kugelschreiber für die Kunden. Gerade mit Letzterem können Sie sich positiv von Ihren Mitbewerbern absetzen. Denn wo haben Sie es schon mal erlebt, nicht einen dieser billigen 1- oder max. 2-Euro-Kugelschreiber mit Werbeaufdruck gereicht zu bekommen?

Dem Kunden ein wertvolles Schreibgerät zur Unterschrift unter einen Antrag zu überlassen, spiegelt auch die Wertschätzung für den Kunden wider. Deshalb sollten Sie diesen Wohlfühleffekt nicht unterschätzen. Er bringt Ihnen vielleicht keinen direkten zusätzlichen Abschluss. Wohl aber kann er zu einem runden, stimmigen Gesamtbild beitragen, das Sie in den Augen Ihrer Kunden als etwas Besonderes erscheinen lässt – als einen Menschen mit Stil.

DATEV-Heft

Als essenzielles Arbeitsmittel empfehle ich Ihnen das jährlich erscheinende DATEV-Heft, das Sie, wenn nicht über den Buchhandel, so doch über Ihren Steuerberater erwerben können. Es enthält in einem kleinen, dicken Buch mit extrem dünnen Seiten praktisch alles, was Sie jemals im Zusammenhang mit Steuertabellen, Steuergesetzen, Sozialversicherungsgrößen u.Ä. möglicherweise mal nachschlagen möchten. Besonders hilfreich sind meines Erachtens die Steuertabellen.

Sonstiges

Hierzu zählen beispielsweise Pflanzen. Die Wirkung von Pflanzen nicht nur auf das Raumklima, sondern auch auf das Wohlbefinden Ihrer Kunden sollten Sie nicht unterschätzen. Ein Büro mit einer schönen größeren Grünpflanze wirkt einfach lebendiger als eins ohne jegliche Pflanzen.

Eine individuelle Note ist sicher gut. Warnen möchte ich jedoch vor einer Wohnzimmeratmosphäre mit Springbrunnen, Couch und Fernseher. Ein Arbeitszimmer sollte Kunden auch den Eindruck vermitteln, dass es sich um genau ein solches auch handelt.

11.4 Feng Shui

»*Was hat denn so ein esoterisches Zeug wie Feng Shui in einem Buch über Finanzberatung zu suchen?*«, werden sich sicher viele von Ihnen fragen. Wenn Sie einem solchen Thema ähnlich aufgeschlossen gegenüberstehen wie im Bereich der Medizin der Homöopathie, dann sollten Sie dieses Kapitel einfach ignorieren und schnell weiterblättern.

Für alle anderen möchte ich an dieser Stelle einfach nur den Hinweis geben, dass diese alte Lehre aus China Ihnen unter Umständen helfen kann, Ihr Büro so einzurichten, dass Ihre Kunden, Ihre Mitarbeiter und vor allem Sie selbst sich wohler fühlen und Sie – möglicherweise bereits allein aufgrund dieses Umstands – höhere Umsätze erzielen werden.

In Wikipedia[13] findet sich folgende Definition für Feng Shui:

Fēng Shuǐ [fɤŋ ʂu̯eɪ] (chinesisch 風水 / 风水 ‚Wind und Wasser') ist eine daoistische Harmonielehre aus China. Ziel des Fēng Shuǐ ist die Harmonisierung des Menschen mit seiner Umgebung, die durch eine besondere Gestaltung der Wohn-

und Lebensräume erreicht werden soll. Der ältere Begriff für Feng Shui ist Kan Yu, eine Kurzform für den Begriff »den Himmel und die Erde beobachten«. Nach der traditionellen Vorstellung sollen mit Feng Shui »die Geister der Luft und des Wassers geneigt gemacht« werden können.

Konkret geht es im Feng Shui darum, Räume so zu gestalten, dass die Lebensenergie, das sogenannte Chi, frei fließen kann und störende Einflüsse eliminiert werden. Dies kann durch unterschiedlichste Mittel erreicht werden, sei es die Art und Weise, wie ein Teppichboden verlegt wird, Möbel im Raum platziert oder mehr oder weniger auffällige Hilfsmittel wie kleine Karten oder Brunnen benutzt werden, um lenkend auf den Fluss des Chi Einfluss zu nehmen.

Ich möchte hier nicht behaupten, dass Sie Kunden bei nur mittelmäßiger Beratung dennoch schnell und sicher zum Unterschreiben von Anträgen bewegen können. Aber es gibt nicht wenige Menschen, die über positive Erfahrungen und Veränderungen bei Anwendung von Prinzipien des Feng Shui berichten können. Die Literatur zu diesem Thema ist riesig. Bei Amazon finden sich am 30.11.2015 2989 Einträge allein in der Kategorie Bücher. Über sämtliche Kategorien sind es sogar 30696 Einträge!

Wenn Sie das Thema intensiver interessieren sollte und Sie Ihr Büro nicht gleich in einen Erlebnispark für Esoteriker umbauen möchten, empfehle ich Ihnen die Hinzuziehung eines seriösen Experten. In Berlin gibt es ein Ausbildungszentrum für Feng Shui Berater:

Feng Shui Center Berlin
Crellestraße 19-20
10827 Berlin

Tel.: (030) 211 17 71
E-Mail: impressum@fscb.de
Internet: www.feng-shui-center-berlin.de

Der Leiter dieses Instituts, Peter Fischer, ist ein absolut boden-
ständiger Mann, der in seinem Beruf aufgeht, seriös berät und
niemandem versucht, irgendetwas aufzuschwatzen. Er bildet
nicht nur aus, sondern berät auch Endkunden selbst und kann
auf Grund seines Netzwerkes auch Empfehlungen für Kolle-
g(inn)en in anderen Teilen Deutschlands aussprechen.

12 Professionalität

Professionalität sehe ich als eine der Grundvoraussetzungen für einen nachhaltigen Erfolg an. Das mag banal klingen, und wahrscheinlich werden Sie jetzt denken »*Na klar, ist doch selbstverständlich.*« Meine Erfahrung mit vielen Kolleginnen und Kollegen aus dem Vertrieb, aber auch aus der Vertriebsunterstützung (bzw. zu Neudeutsch: dem Backoffice) einiger Vertriebe haben mir gezeigt, dass es doch große Unterschiede in den Sichtweisen gibt, wenn es darum geht, diese Worthülse mit Leben zu füllen. Hierzu ein paar Beispiele in Frageform:

- Haben Sie einen klar durchstrukturierten Tag?
- Haben Sie ein ansprechendes, aufgeräumtes Büro?
- Haben Sie Ihre täglichen Arbeitsabläufe klar durchstrukturiert?
- Haben Sie einen Plan, wie Sie regelmäßig neue Kunden akquirieren?
- Haben Sie einen Gesprächsleitfaden, mit dem Sie Ihre Kundengespräche wirklich führen (anstatt sich vom Kunden führen zu lassen)?
- Haben Sie eine durchdachte Ablage sowohl für Papier als auch elektronisch?
- Beherrschen Sie die Office-Programme, mit denen Sie täglich arbeiten?
- Beherrschen Sie Ihre Beratungsprogramme, Vergleichsrechner etc.?
- Wissen Sie, wie Sie ein Beratungsgespräch führen, wenn die Technik mal versagt?
- Beherrschen Sie die deutsche Sprache, Grammatik und Rechtschreibung?
- Wissen Sie, wie man einen Geschäftsbrief strukturiert?

- Wie häufig putzen Sie sich Ihre Schuhe?
- Haben Sie Pfefferminz in der Schublade?
- Besitzen Sie einen finanzmathematischen Taschenrechner und können diesen auch bedienen? (siehe dazu Kapitel 11.3)
- Wie häufig duschen Sie?
- Wie häufig gehen Sie zum Frisör?
- Benutzen Sie ein Deo?
- Benutzen Sie ein billiges Rasierwasser oder ein Eau de Toilette in einer Dosierung, die nicht nur Ihren Büroraum, sondern gleich das ganze Gebäude einnebelt?

Sie merken es vielleicht: Professionalität hat viele Facetten. Sie können sie sowohl am Äußeren eines Menschen, seiner Kleidung, seinem Aussehen, seinem Geruch oder seinem Auftreten festmachen als auch an der Art und Weise, wie er seinen Arbeitsplatz eingerichtet hat, bis hin zu seinen sprachlichen Fähigkeiten und seiner Beratungskompetenz. Ihr Ziel sollte es sein, möglichst viele der oben genannten Fragen mit einem »Ja« beantworten zu können.

Letztlich ist es die Gesamtheit der diversen Punkte, die Sie in den Augen Ihrer Kunden professionell oder eben unprofessionell erscheinen lassen. Soll heißen: Es wird Ihnen nichts nutzen, wenn Sie sich mit einem teuren, wohlriechenden Eau de Toilette dezent einsprühen, Sie aber gleichzeitig abgetragene, ungeputzte Schuhe tragen und Ihr Büro wie das Ablagearchiv im Keller einer Behörde aussieht. In einem solchen Fall werden Ihre Kunden Sie dennoch nicht als professionell wahrnehmen. Auf der anderen Seite wird Ihnen Ihr gesamtes verkäuferisches und fachliches Know-how wahrscheinlich auch nicht viel nutzen, wenn Sie Ihren Kunden permanent mit üblem Mundgeruch oder nach Schweiß stinkend begegnen. Man möchte meinen, das sei doch total selbstverständlich. Doch ich erwähne es hier nicht ohne Grund; denn ich habe all das bereits im Kollegenkreis erlebt.

Als professionell würde ich daher einen Berater bezeichnen, der nicht nur von seiner Erscheinung und seinem Auftreten, sondern von seiner gesamten Persönlichkeit und Arbeitsstruktur her eine – echte und nicht bloß scheinbare – Kompetenz ausstrahlt, die ihm gegenüber einem Mitbewerber bereits vor dem ersten Beratungsgespräch einen Wettbewerbsvorteil verschafft, den er bei seinem ersten Gespräch mit dem Kunden locker ausbaut.

Zum Thema deutsche Sprache finden Sie weitere Ausführungen im Kapitel 16.

13 Kleidung

Bei diesem Thema scheiden sich die Geister, und es ist nicht ganz einfach, hier eine Empfehlung als unumstößliche Wahrheit zu präsentieren. Jedoch möchte ich an dieser Stelle einige Gedanken und Anregungen geben, die helfen sollen, hier zumindest eine sehr bewusste Entscheidung zu treffen.

Vorab ein Hinweis an die weiblichen Leser: Bitte wundern Sie sich nicht, dass sich dieses Kapitel nur an die männlichen Kollegen wendet. Hierfür gibt es zwei Gründe: Erstens habe ich in meinem Berufsleben eigentlich fast noch nie eine Beraterin erlebt, an deren Kleidung es etwas auszusetzen gegeben hätte. Frauen scheinen einfach grundsätzlich ein besseres Händchen für geschmackvolle Kleidung zu haben als Männer. Und zweitens sind die Erwartungen an und Zwänge bei Männern meistens deutlich größer.

Während gerade viele Einzelmakler eher den Charme des Freizeitdresses zelebrieren, sind es auf der anderen Seite gerade die Strukturvertriebe, die nicht nur Wert auf dunklen Anzug, weißes Hemd und Krawatte legen, sondern ihre Vermittler geradezu dazu verpflichten, sich dieser starren Bekleidungsregel zu unterwerfen. Was sind die Pros und Cons für die jeweiligen Alternativen?

Von den Maklern im Freizeitdress hört man häufig Sätze wie »*Ich will mich für meine Kunden doch nicht verkleiden.*« Oder: »*Meine Kunden würden es eher befremdlich finden, wenn ich im Anzug und Krawatte bei ihnen auftauchen würde.*«

Von den Führungskräften der Strukturvertriebler hört man als Begründung für ihre rigorosen Anpassungsforderungen oft Folgendes: »*Wir wollen nicht mit jedem Vermittler individuell darüber diskutieren, was eine angemessene Bekleidung ist. Dunkler Anzug, weißes Hemd und dezente Krawatte passt immer. Wenn wir beispielsweise auch blaue Hemden zulassen würden, riskieren wir, dass unsere Vermittler, die vor ein paar Wochen vielleicht noch bei Edeka hinter der Kasse gestanden haben, ein hellblaues Hawaiihemd für passend halten, nach dem Motto ›ist doch auch blau‹.«* Führung ohne Kompromisse und ein einheitliches Erscheinungsbild nach außen werden von Strukturvertrieben also ganz selbstverständlich als ein Mittel eingesetzt, um Neulinge gleich von Anfang »auf Spur« zu bringen und die Individualität allenfalls auf das Muster der Krawatte zu beschränken.

Auffallend dabei ist, dass es durchaus Kunden gibt, denen das eine wie das andere übel aufstößt. Ein Berater in verschlissener Cordhose, Freizeithemd über der Hose, das sich über den dicken Bauch spannt, sodass die Knöpfe beinah platzen, dazu Schuhe, die aussehen, als komme er gerade von seinem Zweitjob als Bauarbeiter – das ist nicht unbedingt die Kleidung, mit der man bei seinem Gegenüber punkten wird. Aber auch derart gekleidete Berater werden wahrscheinlich ihre Kunden finden – die Frage ist nur, welche, und ob es diejenigen sein werden, mit denen sich genügend Geld verdienen lässt.

Auf der anderen Seite gibt es auch genügend Kunden, die Beratern in weißen Hemden und dunklen Anzügen per se misstrauen, weil bereits die Meinung auf dem Vormarsch ist: »*Je dunkler der Anzug und je weißer das Hemd, desto unseriöser der Berater.*«

Die Deutsche Bank hat vor vielen Jahren mal einen Versuch gestartet, bei dem sie in Filialen nebeneinander Kundenberater in Freizeitbekleidung und Anzügen einsetzte und beobachtete, wie die Kunden auf diese beiden unterschiedlichen Kleidungstypen reagierten. Das erstaunliche Ergebnis: Nicht nur die Kunden, die selbst im Anzug die Bank betraten, steuerten zielstrebig auf die Berater in den Anzügen zu, sondern auch beispielsweise der Punk mit den abgerissenen Hosen und der Sicherheitsnadel im Ohr, der den Berater im Anzug dem im Freizeitdress vorzog.

Welche Erkenntnisse lassen sich daraus nun ziehen? Meine persönliche Empfehlung lautet: Finden Sie Ihren persönlichen Stil, aber verwechseln Sie individuellen Schlabberlook nicht mit Stil! Ein gehobener Freizeitdress ist in Ordnung, mit einem Anzug kann man grundsätzlich nichts verkehrt machen, aber letztlich ist Stil und Aussehen eine Frage der Persönlichkeit. Was nutzt ein Anzug, wenn er fünf Jahre alt und abgetragen ist und der Berater dazu ein paar ungepflegte Schuhe mit Kreppsohlen trägt? Gerade Frauen schauen sehr häufig gezielt auf das Schuhwerk ihres Gegenübers und bewerten dies selbstverständlich auch, wenn vielleicht auch nur unbewusst. Hier kann man also relativ einfach punkten – oder eben auch Minuspunkte sammeln.

Ein weiteres Problem scheint mir zu sein, dass gerade die Herren der Schöpfung im Zusammenhang mit Freizeitkleidung oft nicht sehr wählerisch sind und dazu neigen, den Begriff »gehoben« eher weit auszulegen (siehe mein Beispiel oben, das leider nicht erfunden ist!).

Wenn Sie sich unsicher sind: Kaufen Sie sich zwei Anzüge mit guten Hemden und edlen Krawatten, in denen Sie sich wohl fühlen. Es müssen keine weißen Hemden und keine schwarzen Anzüge sein, aber halt das, was man üblicherweise wohl mit dem Begriff »gediegen« umschreibt, also Farben, die zur Seriosität des Berufs passen. Und bei Figurproblemen gehen Sie bitte keine faulen Kompromisse ein, sondern lassen sich die Anzüge von einem Maß(konfektions)schneider anfertigen. Das kostet oft sogar nicht mehr als ein Anzug bekannter Marken. Ich zahle für einen solchen Anzug in der Regel um die 500 Euro. Und diesem sieht man durchaus an, dass es sich um eine Maßanfertigung handelt, was dem äußeren Auftreten zusätzliche Sicherheit und positive Resonanz verleihen kann.

Hier noch ein paar Tipps, die Ihnen helfen können, auf jeden Fall gut angezogen auszusehen:

- Im Anzug sehen Sie höchstwahrscheinlich besser aus als in – auch gehobener – Freizeitkleidung.

- Dezente Farben sind extravaganten Experimenten vorzuziehen.
- Die Krawatte sollte farblich idealerweise sowohl zum Farbton des Anzugs als auch zu dem des Oberhemds passen. Gerade hier gilt der Grundsatz: Haarscharf daneben ist auch daneben. Lassen Sie sich im Zweifel lieber von geschulten Verkäufer(inne)n beraten und geben Sie lieber ein paar Euro mehr aus, um eine Krawatte zu finden, die wirklich zum Anzug und zu Ihnen passt. Keinesfalls sollten Sie zu »lustigen« Motiven wie Schweinchen, Bärchen oder was auch immer Sie lustig finden mögen, greifen. Der Beruf des Finanzberaters ist ein seriöser, und so sollte auch Ihr äußeres Erscheinungsbild sein.
- Mit schwarzen Schnürschuhen (insbesondere Budapestern) können Sie kaum etwas falsch machen. Schwarz passt praktisch immer und ist insbesondere braunen Schuhen, die wirklich nur zu einer sehr eingeschränkten Farbauswahl von Anzügen passen, eindeutig vorzuziehen. Gummisohlen sind tabu und allenfalls bei heftigem Regen oder Schnee noch zu akzeptieren. Sie sehen im Vergleich zu Ledersohlen einfach stillos aus. Frauen achten bei Männern übrigens ganz besonders häufig auf das Schuhwerk. Was sie zu sehen bekommen, dürfte die meisten eher erschrecken. Leider haben noch immer die wenigsten Männer ein Gefühl für gute und elegante Schuhe.
  Die teuersten Schuhe helfen Ihnen jedoch nichts, wenn Sie sie nicht regelmäßig pflegen. Pflegen heißt konkret: Jeden Tag vor der Fahrt ins Büro bzw. zum Kunden mit der Bürste überbürsten und, wenn nötig, reinigen. Regelmäßig alle ein bis zwei Wochen mit Schuhcreme einreiben und polieren. Ihre Schuhe werden es Ihnen mit einer deutlich längeren Lebensdauer danken, und Sie können sich über die Gewissheit freuen, zu den 10 % der Männer zu zählen, die einen wirklich bewussten Kleidungsstil pflegen.

14 Marketing

14.1 Einheitliches Design

Einheitliches Design oder zu Neudeutsch »Corporate Design« bedeutet, ein ganzheitliches Werbekonzept für sämtliche Bereiche, die werbetechnisch von Bedeutung sind. Das fängt bei der Visitenkarte an, geht über die Gestaltung von Flyern, Imagebroschüren und Schaufenstern bis hin zum Internetauftritt.

Hier wird es sich für jeden Unternehmer, der sich selbständig macht und nicht (mehr) einem Finanzvertrieb angeschlossen ist, der das Marketing für ihn übernimmt, lohnen, eine Werbeagentur in seine Planung mit einzubeziehen bzw. dieser die Planung komplett zu übertragen. Denn je professioneller Ihr Außenauftritt gestaltet ist, desto mehr Vertrauensvorschuss werden Sie auch von Ihren potenziellen Kunden erhalten.

Da die Konkurrenz im Bereich der Werbeagenturen groß ist, dürfte es Ihnen nicht schwerfallen, eine günstige Agentur zu finden, die Ihren Ansprüchen gerecht wird. Wichtig: Lassen Sie sich Konzepte zeigen, die die Agentur bereits entwickelt hat, um ein Gefühl dafür zu bekommen, ob die Agentur wirklich zu Ihnen passt! Lieber also ein paar hundert Euro mehr zahlen und dafür die Gewissheit haben, wirklich gut aufgehoben zu sein und professionell bedient zu werden.

14.2 Die eigene Homepage

Nahezu unverzichtbar ist heute eine eigene Homepage, jedenfalls dann, wenn Sie als selbständiger Makler arbeiten. Hier sollten Sie sich, wenn Sie nicht nebenbei auch noch Experte in Web-Design sind, unbedingt professionelle Hilfe holen und nicht am falschen Ende sparen. Als Berufseinsteiger können Sie selbstverständlich auch auf die Baukastenangebote von Firmen wie 1&1 oder Strato zurückgreifen, die es dem Laien schon relativ leicht machen, bereits mit wenigen Mausklicks eine professionell aussehende Website zu erstellen.

Sobald Sie jedoch ein paar Euros übrighaben, sollten Sie dieses Geld sinnvollerweise in ein echtes Corporate Design stecken, das sich nicht nur auf Ihren Internetauftritt, sondern auch auf Ihren sonstigen Marktauftritt bezieht, also: Briefpapier, Außenwerbung, Werbemittel etc.

Bevor Sie sich eine Homepage basteln (lassen), sollten Sie sich allerdings sehr genau überlegen, wen Sie mit dieser konkret ansprechen möchten und wie Sie dies erreichen wollen. Denn es gibt wohl kaum etwas Langweiligeres auf einer Internetseite zu lesen als die häufig anzutreffende Floskel *»Herzlich willkommen auf meiner Homepage«*. Bei Internetauftritten ist es ähnlich wie im richtigen Leben: Für den ersten Eindruck gibt es keine zweite Chance. Angeblich sollen auch hier wieder die ersten fünf Sekunden darüber entscheiden, ob ein Besucher auf einer Seite verweilt oder weiterklickt.

Was bedeutet das nun konkret? Zunächst mal, dass Sie sich die üblichen Selbstbeweihräucherungen, was für »ein toller Hecht« Sie sind, sparen sollten. Oder hätten Sie, wenn Sie eine gute und verlässliche Autowerkstatt suchen würden, Lust darauf, sich durchzulesen, welchen tollen Lebenslauf der Inhaber der Werkstatt hat und welche Qualifikationen er erworben hat?

Die Herausforderung ist es, sich in einen Interessenten hineinzuversetzen, der auf der Suche nach einem Finanzberater oder auch nur auf der Suche nach einer Antwort auf eine bestimmte Frage auf Ihrer Seite landet. Wie schaffen Sie es, seine Aufmerksamkeit für sich zu wecken und ihn auf Ihrer Seite zu halten? Ganz sicher jedenfalls nicht durch lange Texte, die er sich erst durchlesen soll. Wir leben – leider – in einer derart schnelllebigen Zeit, dass sich kaum ein (insbesondere jüngerer) Mensch noch die Zeit nimmt, viele Informationen auf einer Seite genau durchzulesen. Informationen werden schnell ausgetauscht, sei es via WhatsApp oder Facebook Messenger oder SMS. In Zeiten, in denen wir mit einem Computer sprechen können (»Hallo Siri« oder »OK Google ...«) und in Nullkommanichts eine Antwort auf auch noch so komplizierte Fragen erhalten, in Zeiten also, in denen eine Schnelllebigkeit vorherrscht, die wir uns vor 20 Jahren noch nicht einmal vorzustellen gewagt hätten – in diesen Zeiten möchte man nicht erst umständlich irgendeine Homepage studieren, sondern so schnell wie möglich genau die Information finden, die man sucht.

Wenn Sie also Ihre Homepage nicht lediglich als Internet-Visitenkarte verstehen und aufbauen wollen, dann sollten Sie dem nächsten Unterkapitel besondere Aufmerksamkeit schenken.

14.3 Video-Marketing

Als ich das erste Mal auf dieses Thema aufmerksam wurde, war es eine Werbemail, die mich erreichte, und die sich von anderen Mails unterschied. Ich weiß schon gar nicht mehr genau, in welcher Weise der Absender meine Aufmerksamkeit auf sich zog, jedenfalls enthielt seine Mail relativ weit oben einen Link. Als ich diesen anklickte, landete ich auf einer Internetseite, auf der sofort ein Video startete, in dem der Absender der Mail sich lässig mit Notebook auf dem Schoß an einem Strand auf Mallorca präsentierte und über sein Seminar sprach, mit dem er mir als Zuschauer helfen wollte, erfolgreich Heerscharen von Kunden zu akquirieren.

Das Video beeindruckte mich so, dass ich mich zu dem Seminar anmeldete. Der Absender der Mail beeindruckte mich auch in der Folge. So erhielt ich nach der Anmeldung zu seinem Online-Seminar weitere Mails, jeweils zwei Tage bzw. einen Tag vor der Veranstaltung sowie am Tag des Seminars vormittags und nochmal eine Stunde vor Beginn. Das besonders Clevere war, dass er perfekt den Eindruck eines Live-Seminars erweckte, tatsächlich aber lediglich ein im Studio perfekt arrangiertes und aufgezeichnetes Videoseminar über einen Link zugänglich machte – was ich nur dadurch zufällig feststellte, dass ich einmal kurz die Internetverbindung verlor und beim Wiederverbinden nicht etwa in das laufende Seminar zurückkehrte, sondern die ganze Videoshow erneut startete.

Das ganze Video dauerte dann nicht, wie angekündigt, »60-70« Minuten, sondern sage und schreibe zweieinhalb Stunden. Darauf per E-Mail angesprochen, erhielt ich noch am selben Abend eine E-Mail mit seiner als Tondokument übermittelten Antwort. Das war ein weiterer Beleg für seine äußerst große Professionalität, die mich wirklich beeindruckt hat.

Ich habe seinen Video-Kurs gekauft – für 399 Euro. Und ich kann wirklich sagen: Er ist sein Geld wert. Denn von der Anschaffung der Hardware, über die Anleitung zum Schreiben eines Drehbuchs bis hin zu Hinweisen auf kostengünstige Bilder und Hintergrundmusik liefert er wirklich alles an Informationen, was ein unbedarfter Neuling auf diesem Gebiet wissen muss, um seine Internetseite mit Videos zu bestücken, die genau das erreichen, worum es letztlich geht: die Aufmerksamkeit des Internetsurfers zu erregen und ihn zum Verweilen auf der Seite zu veranlassen.

Da die Firma (www.web4winners.de) den Käufern auch noch eine 30-tägige Zufriedenheitsgarantie gibt, also das Recht, den Kauf rückabzuwickeln, wenn man nicht vollends zufrieden ist, kann ich allen interessierten Lesern nur empfehlen, diesen Kurs zu testen und zu schauen, ob er auch für Ihr Unternehmen eine Bereicherung darstellt.

Sinn des Video Marketings ist es, mit einem Höchstmaß an Zeit- und Kosteneffizienz potenzielle Kunden via Internet auf sich aufmerksam zu machen. Das fertige Produkt ist das, was ich im nächsten Unterkapitel erörtern werde: die sogenannte Landing Page.

14.4 Landing Pages

Als Landing Pages werden Internetseiten bezeichnet, deren alleiniger Zweck es ist, den Interessenten nach Eingabe eines Suchbegriffs auf diese Seite zu lotsen, auf der ihn nur sehr wenige, übersichtlich geordnete Informationen erwarten und insbesondere häufig und nach Möglichkeit ein Video (siehe dazu bereits das vorangegangene Unterkapitel).

Dreh- und Angelpunkt ist dabei das individuelle Skript, bei dem es im Kern immer darum geht, ein paar Fragen aufzuwerfen, die für den Besucher der Seite von Interesse sein können und diese dann so zu beantworten, dass er Sie für kompetent hält und sich deshalb mit Ihnen in Verbindung setzen möchte. Also beispielsweise zum Thema Berufsunfähigkeit: »*Die fünf häufigsten Fehler beim Abschluss von Berufsunfähigkeitsversicherungen*«. Es folgen fünf Aussagen zu diesem Thema, mit denen Sie weiteres Interesse wecken, indem Sie den jeweiligen Fehler benennen, ohne jedoch die erschöpfenden Antworten zu liefern, wie diese vermieden werden können bzw. werden die Antworten im Zweifel immer darauf hinauslaufen, dass sich der Kunde wegen der Einzelheiten an einen versierten Berater wenden soll. Und wer liegt da näher als ... SIE?!

Ich spare mir an dieser Stelle weitere Ausführungen, weil ich mich zum einen nicht mit fremden Federn schmücken möchte und dieses Thema ansonsten den Rahmen dieses Buches sprengen würde.

Landing Pages werden Ihnen in jedem Fall helfen können, Interessenten zu generieren. Gleichzeitig bieten sie den angenehmen Nebeneffekt, dort auch Werbung für andere Produkte und Unternehmen schalten zu können und mit jedem Klick auf solche Bannerwerbung ein paar Cent zusätzlich zu verdienen.

Wenn Sie sich mit der technischen Seite nicht so gern beschäftigen möchten, weil es Ihnen zu zeitaufwendig erscheint, sich in diese Materie einzuarbeiten, empfehle ich Ihnen, eine Kleinanzeige aufzugeben, in der Sie Ihr gewünschtes Projekt möglichst genau beschreiben und um Angebote von Spezialisten bitten. Das müssen keine teuren Experten sein, sondern vielleicht einfach nur internetbegeisterte Programmierer, die sich ihr Wissen selbst erarbeitet haben, Studenten o. Ä. Auch Internetportale wie »MyHammer« (www.my-hammer.de) eignen sich hervorragend für eine derartige Auftragsvergabe.

14.5 Printwerbung

Gegenüber der Werbung im Internet dürfte die Printwerbung immer mehr an Stellenwert verlieren und jedenfalls für den einzelnen Agenturbetreiber oder Makler sich allenfalls in Orten lohnen, die klein sind und in denen die Konkurrenz nicht erdrückend groß ist, also insbesondere in eher ländlichen Regionen und Kleinstädten. Ansonsten rate ich davon ab, hier viel Geld zu investieren. Dieses dürfte sich in den oben genannten Bereichen des Internets weitaus besser rentieren.

14.6 Visitenkarten

Die Visitenkarte wird vermutlich dasjenige Printmedium sein, das Sie am häufigsten aus der Hand geben werden. Deshalb hier ein paar Tipps für die Gestaltung derselben:

• Überfrachten Sie die Karte nicht mit Informationen! Neben dem Firmennamen und Ihrem Namen, Berufsbezeichnung bzw. akademischem Abschluss sind es die Telefonnummer(n), Fax-Nr., Internetdomain und E-Mail-Adresse – alles andere (wie zum Beispiel Öffnungszeiten) wird zu viel.

- Wenn Sie nur in Deutschland geschäftlich tätig werden (was für 99 % der Finanzberater zutreffen dürfte), sparen Sie sich die modische, aber völlig sinnfreie Telefonnummerdarstellung mit vorangestellter Landesvorwahl!

  Also nicht: +49 (0) 30 12345678,
  sondern schlicht: (030) 123 456 78

  Gehen Sie einfach davon aus, dass die Landesvorwahl von Deutschland hinreichend bekannt ist!

- Achten Sie auch darauf, genügend Leerzeichen zwischen die Ziffernblöcke zu setzen!

  Das ist ein Fehler, der leider allzu häufig gemacht wird und die Lesbarkeit deutlich erschwert.

  Also nicht: (030) 12345678, sondern (030) 123 456 78 oder (030) 12 34 56 78.

Wenn Sie etwas ganz Besonderes möchten, dann bietet es sich an, klappbare Visitenkarten zu wählen, deren Oberseite nur etwa halb so breit wie die Unterseite und dazu abtrennbar ist. Auf der Innenseite der halben Karte findet sich ein QR-Code zum Einscannen der kompletten Daten in Handy oder Tablet. Das sieht nicht nur schick aus, sondern ist auch sehr nützlich und kommt bei den Kunden nach meiner Erfahrung sehr gut an.

14.7 Kundenseminare

Egal ob Sie Einzelkämpfer sind, oder Handelsvertreter in einem größeren Finanzvertrieb: Kundenseminare sind eine hervorragende Möglichkeit der Akquise. Denn sie ermöglichen Ihnen, sich als Experte zu präsentieren und zu positionieren, ohne dass Sie den Teilnehmern irgendetwas verkaufen wollen. Auch wenn das natürlich letztlich das Ziel einer jeden solchen Veranstaltung ist, so ist es absolut wichtig, Kundenseminare so zu gestalten, dass sich die Gäste wohlfühlen, mit interessanten Informationen jenseits üblicher Beratungsgespräche versorgt werden und Sie für neue Interessenten nur sehr dezent und in ganz wenigen Sätzen auf Ihr Leistungsspektrum hinweisen.

Mögliche Seminarthemen

Die Palette möglicher Seminarthemen ist bunt und kann je nach individuellem Schwerpunkt von steuerlichen Aspekten bei der Altersvorsorge und Geldanlage bis zur Vorsorgevollmacht reichen.

Hier eine Auswahl:

- »Die fünf häufigsten Fehler im Zusammenhang mit dem Thema Altersvorsorge und wie Sie diese vermeiden«
- »Die fünf wichtigsten Steuersparmöglichkeiten für Ihre Geldanlagen«
- »Die Absicherung biometrischer Risiken in Zeiten von Burnout«
- »Erben und Schenken«
- »Patientenverfügung und Vorsorgevollmacht«

Gerade mit dem letztgenannten Thema können Sie sehr smart punkten und Termine einsammeln, ohne in irgendeiner Weise als Versicherungsvermittler wahrgenommen zu werden. Wenn Sie wissen möchten, wie das ganz konkret funktioniert, empfehle ich Ihnen die Seminare der Deutschen Vorsorgedatenbank AG (www.deutschevorsorgedatenbank.de), die hierfür ein wirklich gut durchdachtes Gesamtkonzept anbietet.

Seminarvorbereitung

Das A und O für ein gelungenes Seminar ist die Vorbereitung. Das bedeutet ganz konkret:

- Seminarvortrag schriftlich ausarbeiten,
- PowerPoint-Präsentation erstellen (siehe dazu Kapitel 15.2),

- Vortrag mindestens zweimal laut üben, am besten mindestens einmal vor einem oder mehreren Kollegen,

- Adressatenkreis eingrenzen,

- Raum organisieren,

- Einladungen verschicken. Ob Sie diese per E-Mail oder/und per Post versenden, ist oft auch eine Frage des Geldes. Es lohnt sich auf alle Fälle, beides auszuprobieren. Die Versendung per Post hat den Vorteil, dass Sie gleich ein Blatt für die Antwort beifügen können, in der Ihre Kunden auch bereits die Namen von Interessenten eintragen können. Dazu solche Daten in einer frei formulierten E-Mail mitzuteilen, werden sich Ihre Kunden womöglich nicht durchringen können. Die Einladungen sollten Sie ca. vier Wochen vor der Veranstaltung versenden. So haben Ihre Kunden in der Regel noch genügend Zeit, diese in ihren Terminplanungen zu berücksichtigen.

- In den Einladungen klar mitteilen, ob für diese ein Kostenbeitrag genommen wird und wie hoch dieser gegebenenfalls ist, oder der Eintritt frei ist. Nach meiner Erfahrung scheuen die meisten Finanzberater, für ihre Seminare Geld zu nehmen – und vergessen dabei, dass sie selbst regelmäßig zum Teil stattliche Beträge für Weiterbildungsseminare zahlen. Je nach echtem Nutzwert für die Kunden halte ich persönlich Kostenbeiträge von 5 bis 10 Euro für völlig legitim, insbesondere wenn – darauf sollten Sie dann auch hinweisen – Getränke und gegebenenfalls ein Imbiss gereicht werden.

- Antworten sammeln und gegebenenfalls Namensschilder vorbereiten.

- Anmeldebestätigungen versenden.

- Getränke und evtl. Essen bzw. Bewirtung organisieren. Die Frage, ob Getränke reichen oder auch eine Kleinigkeit zu essen angeboten werden sollte, ist wie so oft eine, die sich nicht allgemeingültig beantworten lässt und letztlich auch eine Geschmacksfrage ist. Meine Empfehlung lautet an dieser Stelle: Je umfangreicher und aufwendiger das Seminar, desto eher sollten Sie auch an eine Kleinigkeit zu essen denken, seien es einfach nur Laugenbrezeln oder eine kalte Vorspeisenplatte (die dann allerdings auch groß genug sein sollte, dass alle Gäste etwas davon bekommen können).

- Garderobe organisieren.
- Servicekräfte organisieren. Dies ist bei größeren Veranstaltungen (ab 20 Gästen) ein nicht zu unterschätzender Punkt. Nichts ist schlimmer, als wenn bei einem Seminar die Gäste orientierungslos umherschwirren, weil sie eine Möglichkeit suchen, ihren Mantel aufzuhängen oder die Toilette suchen oder nicht wissen, wo sie denn etwas zu trinken bekommen können.
- Nachtelefonieren. Spätestens zwei Wochen vor dem Seminar sollten Sie diejenigen Kunden, die sich bis dato noch nicht angemeldet haben, von denen Sie jedoch glauben, dass für diese das Seminar besonders hilfreich ist, persönlich anrufen bzw. von Ihrer Assistentin anrufen lassen, um noch einmal nachzuhaken und Interesse zu wecken.
- Technik vorbereiten und kontrollieren. Spätestens am Tag vor der Veranstaltung sollten Sie sämtliche von Ihnen benötige Technik (insbesondere dürften dies der Beamer und die Fernbedienung sowie alle erforderlichen Kabel sein) prüfen und sich für den Fall der Fälle auch mit Ersatzbatterien ausstatten.
- Für ausreichende Raumbelüftung sorgen.

Seminardurchführung

In der Regel empfiehlt es sich insbesondere für Anfänger, Seminare zu zweit durchzuführen. Dies hat zum einen den Vorteil, dass Sie sich gegenseitig Bälle zuspielen können und Ihnen Ihr

Partner helfen kann, wenn Sie einmal einen Hänger haben. Zum anderen ist es auch für die Zuhörer oft angenehm und abwechslungsreicher, zwei verschiedene Stimmen, Sprachstile und Gesichter zu erleben als nur die von einer Person.

An folgende Punkte sollten Sie sinnvollerweise immer denken:

- Die Power Point Präsentation sollte immer nur eine unterstützende Funktion haben. Das bedeutet insbesondere, dass Sie nicht einfach ablesen, was auf den Folien steht – das können Ihre Zuhörer im Zweifel auch selbst –, sondern Ihren Vortrag so gestalten, dass er lebendig und anschaulich rüberkommt und auf den begleitenden Folien wirklich nur diejenigen Fakten stichwortweise zu lesen sind, die dem Zuhörer als Orientierung dienen sollen bzw. diejenigen Schaubilder, Graphiken oder Zahlen, die für das Verständnis des Vortrags unerlässlich sind.
  Der häufigste Fehler bei Vorträgen sind meines Erachtens nämlich textüberladene PowerPoint-Folien, die die Seminarteilnehmer daran hindern, dem Vortragenden aufmerksam zuzuhören, weil ihre Aufmerksamkeit ständig zwischen Lesen und Zuhören hin- und herpendelt.
- Sprechen Sie laut und deutlich und nicht zu schnell!
- Erläutern Sie zu Anfang den Ablauf des Seminars!
  – Wie lange wird es dauern?
  – Wird es eine Pause geben?
  – Dürfen Fragen zwischendurch gestellt werden oder bitte erst am Ende?
- Hören Sie genau zu, wenn Fragen gestellt werden!
  Häufig kommt es nach meinen Erfahrungen zu Missverständnissen, insbesondere dann, wenn der Vortragende nervös ist. Wenn er dann eine Frage nur oberflächlich oder schlicht falsch beantwortet, kann es leicht passieren, dass er den Fragesteller verliert.

- Lassen Sie von jedem Seminarteilnehmer einen Feedback-Fragebogen ausfüllen!
  Für ein ehrliches Feedback ist es empfehlenswert, diesen in anonymisierter Form vorzulegen. Wenn Sie weitere Daten vom Kunden einsammeln möchten, insbesondere Namen und Kommunikationsdaten von möglichen Interessenten oder Bitten um Anruf zur Vereinbarung eines Beratungstermins, dann sollten Sie hierfür ein gesondertes Blatt bereithalten.
  Zur Art und Weise der Feedbackeinholung siehe auch Kapitel 19.1; die dort dargestellte Vorgehensweise sollten Sie sinnvollerweise auch hier schriftlich umsetzen.

Seminarnachbereitung

Gerade, weil Kundenseminare in der Regel nicht aus reiner Nächstenliebe, sondern zur Kundenbindung und Neukundengewinnung eingesetzt werden, ist es essenziell, dass Sie Ihr Seminar auch sehr sorgfältig nachbereiten. Sorgfältige Nachbereitung bedeutet:

- Holen Sie sich ehrliche Rückmeldungen und Bewertungen Ihrer Kollegen ein, soweit diese ebenfalls an dem Seminar teilgenommen haben!
- Werten Sie die Feedback-Fragebögen der Teilnehmer gründlich aus!
- Werten Sie die weiteren Fragebögen am nächsten Tag aus und rufen Sie diejenigen Kunden, die einen Terminwunsch geäußert haben, innerhalb von 48 Stunden nach dem Seminar an!
- Rufen Sie auch die anderen Seminarteilnehmer an, um mit ihnen über das Seminar und ein mögliches Termininteresse zu sprechen!

l4.8 Sponsoring

Eine sehr lohnende Form der Werbung kann auch das sogenannte Sponsoring sein. Eigentlich ist ein Sponsor (aus dem Lateinischen von *sponsor, -is,* m. für Bürge oder Pate) jemand, der
einen anderen – zumeist mit Geld – unterstützt. Häufig kommt
diese Art der Unterstützung im Sportbereich zum Tragen. Da
altruistische (also selbstlose, uneigennützige) Motive in der
heutigen Zeit der Marktwirtschaft jedoch eher die Ausnahme
als die Regel sind, hat sich auch im Bereich des Sponsorentums
die gängige Praxis herausgebildet, dass diese Art der finanziellen Unterstützung grundsätzlich mit einer Gegenleistung verbunden wird, und zwar nicht nur als unausgesprochene Erwartungshaltung nach dem Motto »*Eine Hand wäscht die andere.*«,
sondern auch mittels Verträgen, in denen die Gegenleistungen
für die »Spenden« klar geregelt sind. Mithin handelt es sich bei
diesen finanziellen Zuwendungen auch nicht um steuerlich ab-
zugsfähige Spenden, selbst wenn diese gemeinnützigen Verei-
nen zufließen, sondern vielmehr um Entgelte für Werbeaktivi-
täten der jeweiligen Vereine. Meistens haben diese Preistabel-
len, in denen ganz genau festgelegt ist, für welchen Betrag der
Sponsor welche konkrete Werbung erhält bzw. Werbemaßnah-
me durchführen kann.

Wie können Sie das nun für sich nutzen? Dazu ein Beispiel aus
der Praxis:

Ein Fußballverein aus der 4. Regionalliga West bietet ein Gesamtpaket mit folgenden Konditionen:

- Radiospots in der Halbzeit,
- Werbung in der Stadionzeitung 1/2 DIN A4 Seite für ein
  Jahr,
- Bericht im Stadtanzeiger und in Sport lokal der Westdeut-
  schen Allgemeinen Zeitung (WAZ) über neuen Sponsor aus
  der Region,

- Bandenwerbung in Höhe der Mittellinie von 6 × 1 Meter,
- Zugang zu der 1. Mannschaft und zu allen anderen Mannschaften,
- regelmäßige Sponsorentreffen,
- Werbung auf dem Sommerfest, der Weihnachtsfeier usw.,
- 2 VIP-Karten.

Der Sponsor erhält dieses Gesamtpaket für einen jährlichen Preis von 1 785 Euro. Dieser Preis ist allerdings wohl nur deshalb so günstig, weil der Verein jedes Jahr aufs Neue ums Überleben kämpft.

Zu diesen Kosten kommen noch folgende weitere hinzu:

- Erstellung der Bande: 1 500 Euro,
- Erstellung des Werbespots für die Stadiondurchsage: 200 Euro,
- Erstellung der Werbung für das Stadionmagazin DIN A4 mit Bildern: 360 Euro.

Sie können davon ausgehen, dass Sie häufig bereits bei Ihren ersten Gesprächen mit der Vereinsgeschäftsführung bzw. Vereinsmitgliedern Ihre ersten Netzwerk- oder sogar direkten Geschäftskontakte werden knüpfen können. Oft reicht es dabei, nur ein oder zwei Stichworte fallen zu lassen, um das Interesse des Gegenübers an einem persönlichen Beratungsgespräch zu wecken. Je unaufdringlicher Sie hier agieren, desto größer dürfte hier Ihr langfristiger Erfolg sein.

In dem oben genannten Beispiel beträgt der Investitionsaufwand 3 845 Euro bzw. wenn Sie vorsteuerabzugsberechtigt sein sollten, nur 3 231,09 Euro. Der Werbeeffekt und die breite Streuung dürften dafür sorgen, dass dies ein sehr lohnendes Investment ist. Sie können sich an Hand Ihrer Provisionssätze selbst relativ leicht ausrechnen, ab wie vielen Abschlüssen Sie in der Gewinnzone sein werden.

Selbstverständlich eignen sich für diese Art des Sponsorings nicht nur Fußballvereine, sondern auch beispielsweise Kampf-sport-, Schwimm-, Tennis- oder andere Vereine. Aufgrund der Popularität des Fußballsports dürfte bei Vereinen in dieser Sportart der Hebeleffekt aber wahrscheinlich am größten sein.

Nehmen Sie also einfach Kontakt zu unterschiedlichen Verei-nen in Ihrer Umgebung auf und informieren sich nicht nur über die einzelnen Vertragsangebote der Vereine, sondern auch über deren Mitgliederzahlen, um ein besseres Gefühl für Ihre Preis-/Nutzen-Relation zu bekommen.

15 Selbstorganisation

Die berufliche Selbstorganisation ist ein Thema, das man als so selbstverständlich und banal ansehen könnte, dass es sich nicht lohnt, groß darüber zu schreiben. Auf der anderen Seite gibt es immer wieder Kleinigkeiten, die einem den Alltag leichter machen können, über die man jedoch vielleicht gar nicht nachdenkt und deshalb sich das Leben am Ende doch unnötig schwerer macht, als es nötig wäre. Und viele Kleinigkeiten, die jede für sich genommen, vielleicht nur ein paar Sekunden Zeit sparen, können sich über ein Jahr mitunter doch bereits auf mehrere Stunden oder gar Tage an Zeitersparnis summieren. Deshalb möchte ich Ihnen nachfolgend ein paar Hinweise geben, von denen ich mir vorstellen kann, dass sie Ihnen eine Hilfe sein können.

15.1 Arbeiten mit Outlook

Als Standardanwendung des Microsoft Office Pakets ist Outlook sicher diejenige Anwendung, die Sie neben Word und Excel am häufigsten benutzen werden.

Kalender

Es gibt die unterschiedlichsten Möglichkeiten, wie Sie die Kalenderfunktionen von Outlook für sich nutzen können. So können Sie sich beispielsweise darauf beschränken, bei jeder Terminvereinbarung schlicht den Namen und die Telefonnummer desjenigen zu notieren, mit dem Sie einen Termin haben. Stattdessen können Sie aber auch beispielsweise Folgendes machen:

Sie notieren sich im Terminfeld neben Namen und Telefonnummer auch die E-Mail-Adresse und evtl. weitere Daten des Kunden sowie das Thema, um das es in dem Termin gehen soll.

Ein typischer Eintrag könnte beispielsweise so aussehen:

»KT Martina Mustermann, 0171/123 456 78, Martina.Muster mann@web.de; *3.4.1984, wg. BU u. Riester.«*

Dabei steht »KT« für Kennenlerntermin, »FT« für Folgetermin und »AT« für Abschlusstermin.

Sofern der Termin nicht bei Ihnen im Büro, sondern beim Kunden stattfindet, sollten Sie in der Zeile »Ort« die vollständige Adresse des Kunden notieren. So können Sie beispielsweise auch direkt aus dem Termin heraus durch Antippen des Ortes (auf einem Smartphone) die Navigationssoftware starten.

Des Weiteren bietet Ihnen Outlook die Möglichkeit, bei jedem Termin Notizen einzufügen. Auf diese Weise können Sie sich zu jedem Kunden nach jedem Termin, jedem Telefonat und jeder E-Mail die wesentlichen Ergebnisse festhalten, ohne dafür ein gesondertes Kundenverwaltungsprogramm zu bemühen.

Ich habe es mir beispielsweise zur Gewohnheit gemacht, ganz oben in dem Notizfeld zu notieren, was der jeweilige Kunde bevorzugt trinkt. Wenn Sie Ihren Kunden beim zweiten Gespräch nach der Begrüßung fragen können: *»Möchten Sie wieder einen Kaffee mit Milch und Zucker?«,* dann wird er dies mit Sicherheit mit großem Respekt für Ihr phänomenales Gedächtnis quittieren. Es sind oft halt die Kleinigkeiten, mit denen wir bei unseren Mitmenschen punkten können ...

Weiterer Vorteil neben der Gedächtnis- und Kontrollfunktion: Sie können jeden Termin auch in eine (zusätzliche) Aufgabe verwandeln. Das ist beispielsweise dann sinnvoll, wenn der Kunde nicht zum Termin erschienen ist oder ihn kurzfristig abgesagt hat, ohne sogleich einen neuen Termin mit Ihnen zu vereinbaren.

Hierzu klicken Sie den geschlossenen Termin im Kalender einmal an und ziehen ihn bei gedrückter STRG-Taste in den Bereich »Aufgaben«. Wenn Sie nun die Maus-Taste loslassen, öffnet sich eine neue Aufgabe, in der Sie sich nun beispielsweise eine Frist für die Wiedervorlage eintragen können. Großer Vorteil dieser Vorgehensweise ist, dass Sie erstens sämtliche Eintragungen zu dem Kunden auch bei den Aufgaben jederzeit zur Hand haben, wenn Sie den Kunden beispielsweise anrufen, ohne hierfür noch einmal alles neu eingeben zu müssen. Und auf der anderen Seite bleibt Ihnen Ihr Kalendertermin erhalten, so dass Sie diesen bei einer neuen Terminvereinbarung nur mit dem neuen Tag versehen müssen, oder ihn – wenn Sie den alten Termin in Ihrem Kalender stehen lassen möchten – (wiederum in geschlossenem Zustand) markieren, kopieren (am einfachsten mit der Tastenkombination STRG und C) und an dem gewünschten Tag einfügen (am einfachsten mit der Tastenkombination STRG und V).

Kontaktdaten

Sofern Sie über kein zusätzliches Kundenverwaltungsprogramm mit Schnittstelle zu Outlook verfügen, empfiehlt es sich, die Kontaktdaten in Outlook sorgfältig zu pflegen. Durch die Eingabe des Geburtsdatums erscheint der Hinweis auf den Geburtstag des Kunden anschließend auch im Kalender, was als Erinnerung zum rechtzeitigen Schreiben von Geburtstagskarten sehr sinnvoll ist.

E-Mails

Da ich davon ausgehe, dass das Schreiben von E-Mails für Sie kein Neuland sein wird, möchte ich Ihnen an dieser Stelle nur zwei Tipps geben. Und was den Umgang mit der inzwischen üblichen E-Mail-Flut angeht, möchte ich Sie an dieser Stelle noch auf später vertrösten, nämlich meine Ausführungen im Kapitel 28.7 zum Thema Fokus.

Signatur

Nutzen Sie die Möglichkeiten, die Ihnen Outlook bietet, für eine ansprechende Signatur. Diese sollte neben Ihren Adress- und Kommunikationsdaten möglichst auch die Angaben gemäß § 11 VersVermV enthalten. Darüber hinaus können Sie einen Link zum direkten Aufruf eines Stadtplans (etwa Google Maps) oder zu einer Seite, auf der Ihre Kundenbewertungen zu finden sind, einbinden.

Den bei vielen Beratern zu findenden Hinweis darauf, dass fehlgeleitete Mails bitte gelöscht werden mögen oder man die Umwelt schützen möge, indem man auf den Ausdruck der Mail verzichtet, halte ich für so überflüssig wie nervig. Wer druckt schon E-Mails aus? Und mit der Aufforderung zum Löschen wird man auch nichts bewirken können. Entweder der falsche Empfänger tut das sowieso, weil ihn die Mail nicht interessiert, oder er lässt es bleiben, woran der Absender leider auch nichts zu ändern vermag.

Entwürfe

Egal, um welches Thema es geht: Sie werden immer wieder auf Situationen stoßen, in denen es einfach nur lästig wäre, eine E-Mail, die Sie so ähnlich schon mal an einen anderen Kunden geschickt haben, nun erneut zu schreiben. Seien es Terminbestätigungen oder die Übersendung von Infomaterialien zu bestimmten Themenbereichen: Sie können sich für jeden Zweck und Anlass eine Mail vorformulieren, diese dann auch bereits mit bestimmten Anhängen versehen und sie dann in Ihrem »Entwürfe«-Ordner speichern und sinnvollerweise auch gleich mehrmals kopieren.

So brauchen Sie die entsprechende Mail bei Bedarf nur noch aus dem »Entwürfe«-Ordner herauszusuchen, die Anrede mit dem Namen Ihres Kunden und gegebenenfalls dem korrekten Datum des Termins zu ergänzen und dessen E-Mail-Adresse im

Adressfeld einzugeben und auf »Senden« zu klicken. Einfacher geht's wirklich nicht. Zusätzlicher Vorteil: Sie können sich genügend Zeit zum Formulieren der Mail nehmen und dadurch Rechtschreibfehler vermeiden.

Aufgaben

Um strukturiert zu arbeiten und keine Aufgabe zu vergessen bzw. aus den Augen zu verlieren, die noch unerledigt ist, gibt es in Outlook grundsätzlich zwei Möglichkeiten: Entweder Sie notieren sich, wie einige Kollegen dies tun, die Aufgaben direkt in Ihren Kalender und übertragen die unerledigten Aufgaben am Ende eines Tages dann immer rüber zum nächsten Tag, oder Sie benutzen schlicht die Aufgaben-Funktion des Programms.

Hilfreich erscheint es mir hier, die Aufgaben, soweit es sich um solche handelt, die Kunden betreffen, mit den wichtigen Informationen zum Kunden (siehe oben beim Thema Kalender) zu ergänzen. Das hat den Vorteil, dass Sie nicht zwischen verschiedenen Programmen oder auch nur Programmmodulen hin- und herschalten müssen, etwa, wenn Sie den Kunden anrufen möchten. Wenn Sie die Telefonnummer bereits in der Aufgabe mit notiert haben, brauchen Sie nicht mehr bei den Kontaktdaten nachzuschlagen.

15.2 PowerPoint-Präsentationen

PowerPoint-Präsentationen (PPP) sind ein Buch füllendes Thema für sich. Deshalb möchte ich mich an dieser Stelle nur auf wenige Hinweise beschränken.

- Vermeiden Sie den Fehler, den 99 % der Ersteller von PPP immer wieder machen: zu viel Text!
Insbesondere, wenn Sie Ihre PPP für einen Vortrag einsetzen und nicht nur als Druckstück bzw. Datei versenden

möchten, sollte sie nicht zu textlastig sein (vgl. oben Kapitel
14.7).

- Animationen sind eindrucksvoll, aber hier sollten Sie nicht
  übertreiben, da zu viel Animation auch vom Wesentlichen
  ablenken kann.
- Kurze Film(ausschnitt)e können zur Auflockerung hilfreich
  sein. Sie sollten dann allerdings auch immer dafür sorgen,
  dass der Ton über eine ausreichend starke Verstärkeranlage
  bzw. ausreichend laute Boxen abgespielt werden kann.
- Weniger ist mehr. Eine PPP von mehr als 30 Seiten ist eine
  Zumutung für jeden Seminarteilnehmer und kaum zu verarbeiten. Deshalb: Fassen Sie sich kurz!

15.3 Aktenverwaltung

In Zeiten von Clouds und Onlinespeicher ohne Grenzen für
sehr geringe Kosten (zum Beispiel bei Microsoft Office im Pro-
grammpaket enthalten: 1 TB Onlinespeicher) stellt sich die
Frage, wie sinnvoll es heute überhaupt noch ist, sämtliche Dokumente in Papier- und Aktenordnerform aufzubewahren.
Auch das ist selbstverständlich eine Geschmacksfrage. In Folgeterminen ist es zum Beispiel durchaus sinnvoll, die Aufzeich-
nungen über die vorangegangenen Gespräche in Papierform
zur Hand zu haben. Auf der anderen Seite blähen Kopien von
Anträgen, Versicherungspolicen und -bedingungen Akten leider sehr schnell auf, sodass Ihnen Ihre ersten Aktenschränke
möglicherweise schon nach ein oder zwei Jahren aus allen Näh-
ten platzen.

Aus diesem Grunde empfehle ich Ihnen, möglichst alle Dokumente elektronisch zu speichern. Zu beachten ist dabei allerdings die zehnjährige Aufbewahrungspflicht für alle Unterlagen
des Geschäftsbetriebs. Diese muss nicht zwingend in Papierform erfolgen. Wenn man jedoch die Originale zu entsorgen

beabsichtigt, verlangt der Gesetzgeber, dass Sie die Dokumente in fälschungssicherer Weise speichern. Dies dürfte mit den handelsüblichen günstigen Softwareprogrammen schwierig werden, da sich PDF-Dateien üblicherweise öffnen und bearbeiten lassen.

Wenn Sie an dieser Stelle also nicht groß Geld ausgeben wollen, dann sollten Sie zumindest wichtige Dokumente wie Beratungsdokumentationen vorerst doch noch in Papierform aufbewahren und die Antragsoriginale an die Gesellschaften oder – wenn Sie für einen Finanzvertrieb arbeiten – an die jeweilige Zentrale Ihres Finanzvertriebs schicken. Auf diese Weise schieben Sie den »schwarzen Peter« der Aufbewahrungspflicht dann nämlich genau an diese weiter.

15.4 Telefonieren

Ein ganz besonders »beliebtes« Thema ist das Telefonieren. Gerade am Anfang Ihrer beruflichen Tätigkeit, wenn Sie entweder noch gar keinen Kundenstamm haben oder einen übertragenen, den Sie gar nicht kennen, wird das Telefonieren zum Zwecke der Terminvereinbarung eine Ihrer Hauptaktivitäten sein.

Bei den meisten Vermittlern ist diese Tätigkeit nach meiner Erfahrung eine äußerst unbeliebte. Ich selbst habe mich immer wieder dabei erwischt, wie ich zunächst mal eine EXCEL-Tabelle angelegt, die Telefonnummern recherchiert und die Lesbarkeit jeder Telefonnummer (immer schön mit Klammern und Leerstellen) optimiert habe, bevor ich endlich zum Telefonhörer gegriffen und das erste Telefongespräch geführt habe. Und wenn ich »Glück« hatte, rief entweder noch ein guter Bekannter, Kollege oder Familienmitglied an, den bzw. das ich ja nicht einfach »abwürgen« durfte, oder ich erhielt eine »wichtige« E-Mail, um deren Beantwortung ich mich natürlich zunächst kümmern musste. Sie merken schon: Keine Ausrede ist so blöd, als dass sie einem Finanzberater nicht als Vorwand für seine Untätigkeit dienen könnte. Weitere beliebte Ausreden sind:

- *»Montags ist immer schlecht, da sind die Kunden noch so in der Wochenendstimmung und haben schon genug Schwierigkeiten, in die Arbeitswoche zu kommen, da wollen sie nicht auch noch von mir belästigt werden.«*

- *»Vormittags ist meistens schlecht, da ist die beste Zeit, um konzentriert zu arbeiten, und da will niemand bei seiner Arbeit gestört werden.«*

- *»Mittags erreicht man sowieso keinen, da machen die ja alle Mittagspause.«*

- *»Nachmittags ist auch schlecht, da sind die Leute kurz vorm Feierabend und wollen nach Hause. Oder sie stecken bereits im Stau oder sind in der U-Bahn.«*

- *»Abends geht zwar grundsätzlich, aber da habe ich ja Beratungstermine, und nach 20 Uhr kann ich auch nirgendwo mehr anrufen.«*

- *»Freitags ist auch immer schlecht, da sind die Leute ja immer schon in Wochenendstimmung und haben keine Lust auf Werbeanrufe.«*

- *»Am Wochenende kann ich auf keinen Fall jemand anrufen, da fühlen sich die Leute doch so richtig belästigt. Schließlich haben sie Wochenende. Ich übrigens auch.«*

So lustig sich das alles anhören mag: Keine dieser Ausreden ist erfunden. Alle habe ich schon gehört. Und für jede habe ich Verständnis; denn auch ich habe nie Lust auf dieses Telefonieren zur Terminvereinbarung gehabt. Aber leider nutzt es nichts, ein toller Berater zu sein, wenn es keiner merkt, und es merkt deswegen keiner, weil Ihr Büro leer ist, und Ihr Büro ist leer, weil Sie keine Termine vereinbart haben. Aber es führt halt bei den meisten Vermittlern kein Weg daran vorbei, solange Sie für sich noch keine Strategie entwickelt haben, die Ihnen Initiativkunden oder Empfehlungskunden beschert. Deshalb hier kurz und knapp meine Tipps für erfolgreiche Termintelefonate:

- Schreiben Sie sich Ihren Telefonleitfaden auf!
  Der Telefonleitfaden sollte auch die üblichen Szenarien von Einwänden berücksichtigen und für jede Standardsituation eine passende Formulierung beinhalten.

- Lernen Sie Ihren Text auswendig und machen Sie ein paar Probetelefonate mit Freunden, Bekannten oder Familienangehörigen!
  Kaum etwas ist nämlich furchtbarer, als dass ein Kunde merkt, dass Sie krampfhaft von Ihrem Zettel ablesen. Bei manchen Callcentern erlebt man das, und die Mitarbeiter tun mir immer ziemlich leid.

- Reservieren Sie sich feste Zeitblöcke zu unterschiedlichen Zeiten in Ihrem Kalender für das Telefonieren! Der jeweilige Zeitblock sollte mindestens eine, besser 1 ½ oder zwei Stunden umfassen.

- Außer Sonntag ist jeder Tag zum Telefonieren geeignet, und jede Zeit zwischen 9 und 21 Uhr.
  Wenn ein Kunde/Interessent es als Belästigung empfindet, von Ihnen nach 20 Uhr angerufen zu werden, wird er es Ihnen schon sagen. Um dem Angerufenen insoweit gleich den Wind aus den Segeln zu nehmen, können Sie ihm aber auch gleich zu Beginn des Telefonats sagen: »*Ich hoffe, ich rufe nicht zu spät oder ungelegen an …*« Nach meiner Erfahrung gibt es erstaunlich (und erfreulich) viele Menschen, die zwischen 20 und 21 Uhr nicht vor dem Fernseher sitzen und daher auch keineswegs ungehalten sind über einen Anruf in dieser Zeit. Auch hier gilt wieder: Die höchsten Barrieren bauen wir uns selbst in unseren Köpfen auf.

- Sorgen Sie für eine störungsfreie Umgebung. Wenn Sie Ihre Telefonate grundsätzlich vom Festnetztelefon aus führen, dann schalten Sie Ihr Mobiltelefon auf Flugmodus!

- Räumen Sie Ihren Schreibtisch so auf, dass keine ablenkenden Unterlagen Ihre Konzentration beeinträchtigen können!
- Besser als die Freisprechfunktion des Telefons ist es, über ein gutes Headset zu telefonieren. Ihre Gesprächspartner werden es Ihnen danken, weil die Akustik dann wirklich besser ist.
- Stellen Sie sich eine Flasche Wasser und ein Glas auf den Tisch, damit Sie jederzeit in der Lage sind, Ihre Stimmbänder zu »ölen«!
- Setzen Sie sich entspannt aufrecht hin, so dass Sie gut atmen können! Ein eingequetschter Bauch führt zu einer gequetscht klingenden Stimme. Wenn Sie ein kabelloses Headset benutzen, probieren Sie auch einfach mal, im Stehen zu telefonieren! Sie werden sehen: Sie wirken gleich viel entspannter.
- Denken Sie nicht groß über die Kundensituation und die möglichen Einwände eines Kunden gegen eine Terminvereinbarung nach, sondern beginnen Sie einfach!
- Verlieren Sie nie Ihr Ziel aus den Augen: Das Ziel eines Termintelefonats ist ausschließlich der Termin, sonst nichts!
- Hüten Sie sich davor, zu viel zu reden, und kommen Sie schnell auf den Punkt!
  Keinesfalls sollten Sie sich im Telefonat auch nur ansatzweise auf eine Beratung einlassen; denn in diesem Moment übernimmt der Interessent mit seinen Fragen die Gesprächsführung und wird häufig versuchen, von Ihnen bereits alle von ihm gewünschten Informationen telefonisch abzufragen, damit er sich den Termin sparen kann.
- Egal wie das Telefongespräch verläuft: Verabschieden Sie sich immer höflich und verbindlich!
- UND DAS WICHTIGSTE: LÄCHELN SIE!!!
  Ja, lächeln Sie bei Ihren Telefonaten! Ihr Gesprächspartner wird Ihr Lächeln hören können und im besten Fall Ihnen

auch widerspiegeln. Fragen Sie mich bitte nicht, wie das funktioniert, aber es funktioniert ganz sicher.

15.5 Provisionscontrolling

Selbstverständlich gehört auch die Kontrolle Ihrer Einnahmen zu einer Ihrer wichtigsten Aufgaben, die Sie mindestens einmal im Monat, besser jedoch wöchentlich durchführen sollten und für die Sie sich durchaus eine Stunde Zeit reservieren sollten.

Sofern Sie nicht mit einem Kundenverwaltungsprogramm mit entsprechendem Zusatzmodul verfügen sollten, empfehle ich Ihnen die Anlage einer schlichten EXCEL-Tabelle, die die wichtigsten Parameter enthalten sollte, also etwa:

* Datum der Antragseinreichung,
* Kundenname,
* Sparte,
* Gesellschaft,
* Startdatum,
* Enddatum,
* provisionsrelevanter Beitrag,
* daraus resultierende Bewertungssumme,
* daraus resultierende Bruttoprovision,
* gegebenenfalls abzüglich Stornoreserve und Vertrauensschadenversicherung,
* daraus resultierende Nettoprovision,
* Datum des Provisionsflusses,
* Höhe der geflossenen Provision.

Je nachdem, wie ausgefeilt Ihre Tabelle und die darin hinterlegten Formeln sind, kann Ihnen diese auch helfen, einen Überblick zu behalten über diejenigen Geschäfte, die Sie aktuell in der »Pipeline« haben. Das sollten dann allerdings auch nur diejenigen Anträge bzw. Konzepte sein, deren Abschlüsse Sie als sicher einplanen.

15.6 Urlaubsplanung

Urlaub? Für einen Selbständigen? Muss der nicht erstmal zehn Jahre arbeiten, bis er sich Urlaub leisten kann? Nein, muss er nicht. Urlaub ist wichtig. Erholung ist wichtig. Und deshalb empfehle ich Ihnen: Nehmen Sie sich jedes Jahr mindestens einmal eine Auszeit von mindestens zwei Wochen, besser mehr. Letztlich ist nämlich auch Urlaub nur eine Frage der Organisation (klar, wenn es um Reisen geht: auch des Geldbeutels).

Egal ob Sie verreisen oder zu Hause Urlaub machen:

• Planen Sie nicht nur Ihren Urlaub möglichst langfristig im Voraus, sondern auch Ihre Bürotermine!
  Ganz wichtig ist dabei, dass Sie dafür sorgen, dass Sie bereits unmittelbar nach Ihrem Urlaub einen normal gefüllten Terminkalender haben. Viele Berater begehen den Fehler, dass sie vor ihrem Urlaub meinen, noch besonders viel auf die Schnelle abarbeiten zu müssen, Dinge die nicht liegenbleiben dürfen, Termine, die nochmal schnell Umsatz bringen etc. Wenn Sie auch so verfahren, führt das im schlimmsten Fall dazu, dass Sie am ersten Urlaubstag einfach tot umfallen bzw. – wie es einem Freund von mir tatsächlich passiert ist – Sie in der ersten Nacht einen Herzinfarkt erleiden und nicht mehr aufwachen. Das Herzinfarktrisiko steigt nämlich dramatisch an, wenn Sie vor Ihrem Urlaub ein Tempo wie ein ICE vorlegen, um dann am ersten Urlaubstag nicht langsam zu entschleunigen, sondern quasi aus voller Fahrt und mit voller Wucht bildlich gesprochen gegen den ruhenden Rammbock des Urlaubs prallen.
  Deshalb sollten Sie dafür sorgen, dass Sie vor Ihrem Urlaub sich eher weniger Termine legen und dafür auch bereits genügend Termine für die Zeit nach Ihrem Urlaub. Planen Sie auch unbedingt einen freien Tag zwischen letztem Arbeitstag und Fahrt bzw. Flug in den Urlaub ein. Wenn Sie nach

einem langen Arbeitstag – und der letzte Arbeitstag vor dem Urlaub ist praktisch immer ein sehr langer Arbeitstag! – auch noch Koffer packen und zu Hause letzte Vorbereitungen vor der Abreise treffen müssen, tun Sie sich, Ihrer Gesundheit und gegebenenfalls Ihren Angehörigen wahrlich keinen Gefallen.

Termine nach dem Urlaub sind insbesondere auch dafür wichtig, dass Sie nicht erst eine Anlaufphase von mehreren Wochen haben, in der Sie erst noch Termine vereinbaren müssen. Auf diese Weise kann ein Zwei-Wochen-Urlaub (wegen Terminlosigkeit) schnell zu einem Vier-Wochen-Urlaub werden, ohne dass Sie das Gefühl haben, dadurch erholter zu sein. Im Gegenteil wird Sie der Gedanke an die fehlenden Einnahmen aufgrund der verlorenen Zeit eher stressen und frustrieren.

• Setzen Sie Ihre Prioritäten richtig, und organisieren Sie sich so, dass Sie während dieser Zeit alles Geschäftliche wirklich vergessen können und für Ihre Kunden nicht – oder nur im wirklichen Notfall – erreichbar sind!
Selbst wenn das Haus eines Kunden abbrennen sollte: Sie können es eh nicht ändern. Und im Zweifel wird sich der Kunde entweder noch ein paar Tage bis zu Ihrer Rückkehr gedulden können, oder Sie haben bereits vorher dafür gesorgt, dass ein Kollege Sie vertritt. Bei Einzelkämpfern ist das natürlich schon etwas schwieriger.

• Denken Sie daran, in Outlook (unter »Extras«/«Abwesenheitsassistent«) die entsprechenden Infos über die Dauer Ihrer Abwesenheit und gegebenenfalls die Kontaktinformationen Ihrer Vertretung einzustellen und den Abwesenheitsassistenten auch tatsächlich zu aktivieren!
Hierzu gehört auch der Hinweis, ob Mails weitergeleitet werden oder nicht und ob Sie Ihre Mails während Ihrer Abwesenheit sporadisch lesen bzw. ab wann der Absender einer Mail mit einer Antwort rechnen kann (im Zweifel

nicht gleich am ersten Tag nach Ihrem Urlaub, sondern erst ein paar Tage später, weil Sie sich erstmal durch 200 Mails durcharbeiten müssen ...).

- Denken Sie auch daran, Ihren Anrufbeantworter passend zu Ihrer Abwesenheit zu besprechen!

Ansonsten kann es Ihnen passieren, dass Sie während Ihres Urlaubs Kunden an Kollegen bzw. Mitbewerber verlieren. Ich habe es nämlich schon häufig erlebt, dass Berater aus Faulheit oder Nachlässigkeit auf ihrem Anrufbeantworter nur die Standardansage haben, dass sie den Anrufer zurückrufen werden. Wenn jedoch der Hinweis auf die urlaubsbedingte Abwesenheit fehlt und der in Aussicht gestellte bzw. versprochene Rückruf ausbleibt, besteht die Gefahr, dass sich der Anrufer nach spätestens zwei, drei Tagen an jemand anderen wendet. Auf diese Weise dann vielleicht 2000 Euro Provision an einen Kollegen zu verlieren, tut natürlich weh.

16 Schreiben

»Deutsche Sprache – schwere Sprache.« Wie wahr. Wenn ich mir anschaue, was da so jeden Tag in Mails – oder schlimmer noch in SMS- oder WhatsApp-Nachrichten – von Menschen, die der deutschen Sprache doch eigentlich mächtig sein sollten, so geschrieben wird, sträuben sich mir die Nackenhaare.

Mir ist klar, dass sich der eine oder andere Leser fragen wird, ob dies wirklich ein Thema für ein solches Buch ist. Wahrscheinlich wird sich auch die Mehrheit der Leser nicht angesprochen fühlen und der Überzeugung sein, »selbstverständlich« Deutsch zu können. Und mir ist auch bewusst, dass gerade jüngere Menschen auf Rechtschreib- und Grammatikregeln im Allgemeinen keinen gesteigerten Wert mehr legen, ganz nach dem Motto: »*Was soll der Aufwand? Hauptsache der andere versteht, was ich ihm sagen will.*« Aber Tatsache ist: Es gibt sie noch immer, die Menschen (und damit auch die potenziellen Kunden), die die deutsche Sprache wirklich beherrschen und denen es durchaus übel aufstoßen kann, wenn sie eine völlig schludrig verfasste E-Mail erhalten, die nur so von Rechtschreib- und Grammatikfehlern strotzt. Auch das ist letztlich ein Aspekt von Professionalität.

Deshalb meine Empfehlungen an Sie:

- Begehen Sie nicht den gleichen Fehler, sondern geben Sie sich Mühe, die Regeln der deutschen Rechtschreibung und Grammatik anzuwenden, wenn Sie schreiben!

- Und wenn Sie die Regeln noch nicht wirklich sicher beherrschen sollten: Beschäftigen Sie sich damit und lernen Sie korrektes Deutsch! Auch hierfür gibt es hervorragende Bücher, und kein Mensch ist zu alt, um nicht an seinen Schwächen noch arbeiten zu können.

- Formulieren Sie Mails an Ihre Kunden mit der gleichen Sorgfalt, die Sie (hoffentlich) auch auf einen Brief verwenden (würden)!

- Konkret: Sprechen Sie Ihre Kunden nicht mit »*Hallo Frau Müller*« an, es sei denn Frau Müller hat Sie selbst bereits auf diese Weise schriftlich angesprochen! Ansonsten ist die korrekte Anrede noch immer »Sehr geehrte Frau Müller«.

- Schreiben Sie respektvoll, höflich und freundlich, selbst wenn Sie das Gefühl haben sollten, dass der Kunde es nicht verdient hat! Merke: Beim Streit mit einem Kunden können Sie in den meisten Fällen nur verlieren, wenn Sie Ihre Emotionen zeigen.
  Lesen Sie sich jede Mail, die Sie schreiben – jedenfalls, wenn diese an Kunden oder Geschäftspartner gerichtet ist – noch einmal durch, bevor Sie sie absenden!

- Bereits auf diese Weise sollte sich ein Gutteil orthographischer Fehler, die auch Menschen mit guten Deutschkenntnissen unterlaufen können, finden und korrigieren lassen.

17 Akquise

Das Thema Akquise ist für einen Finanzberater und/oder Versicherungsvermittler sicher mit das wichtigste, wenn es darum geht, sich eine Existenz aufzubauen. Denn die Kunden fliegen einem schließlich nicht wie gebratene Tauben ins Maul, sondern wollen erstmal »erobert« werden.

Im Idealfall werden Sie bereits nach kurzer Zeit gar nicht mehr selbst akquirieren müssen, weil Sie einen so guten Job machen, dass Ihre Kunden Sie beständig weiterempfehlen und Sie sich nur darum kümmern müssen, die vielen Neukunden »abzuarbeiten«.

Wenn es jedoch nicht so gut für Sie läuft (und ganz ehrlich: das ist der wahrscheinlichere Fall), dann sollten Sie dafür gewappnet sein. Aus dem bunten Strauß der zahlreichen Möglichkeiten, die sich Ihnen insoweit bieten, möchte ich nachfolgend diejenigen hervorheben und behandeln, die aus meiner Sicht die größte Praxisrelevanz haben.

17.1 Der 20-Sekunden-(Selbst-)Verkauf (»Elevator-Pitch«)

Haben Sie schon mal probiert, beispielsweise auf einer Party einem Gast, den Sie gerade kennenlernen, in nicht mehr als 20 bis 30 Sekunden zu erzählen, was Sie beruflich machen, und zwar auf eine Weise, die beim anderen Interesse weckt, mehr von Ihnen zu erfahren und sich eventuell beruflich an Sie zu wenden? Das ist anspruchsvoller als man meinen könnte. Denn wer möchte schon sagen: »*Ich verkaufe Versicherungen.*«? Oder: »*Ich bin Versicherungsmakler.*« Klar, so kann man es natürlich auch ausdrücken. Aber weckt man damit Interesse? Ich bezweifele das.

Es ist deshalb kein Wunder, wenn bei Trainingsveranstaltungen immer wieder gern der sogenannte »Elevator-Pitch« angeführt wird, bei dem es darum geht, während einer gedachten Aufzugsfahrt von 20 Sekunden sich seinem Gesprächspartner so überzeugend zu präsentieren (bzw. zu verkaufen), dass dieser am Ende der 20 Sekunden unbedingt die Visitenkarte des »Pitchenden« haben möchte.

Meine Empfehlung: Überlegen Sie sich einen treffsicheren, vielleicht auch einen ein Schmunzeln hervorrufenden Text, der tatsächlich in der Lage ist, Sie von der breiten Masse abzuheben und der gleichzeitig nicht altbacken klingt, einen, mit dem Sie auf alle Fälle Ihrem Gegenüber in Erinnerung bleiben. Und: Schreiben Sie ihn sich auf eine kleine Karteikarte oder als Notiz in Ihr Smartphone oder was auch immer und: Lernen Sie Ihren Spruch auswendig! Denn nur dann, wenn Sie ihn wirklich im Schlaf aufsagen können, wird er Ihnen dann, wenn es drauf ankommt, auch wirklich präsent sein und locker über die Lippen kommen. Und weil dieser Spruch wirklich individuell sein sollte, sage ich Ihnen an dieser Stelle ausnahmsweise auch nicht, wie ich selbst es mache. Nehmen Sie sich einfach mal die Zeit, setzen sich eine Stunde hin und überlegen Sie in Ruhe. Und feilen wirklich an jedem Wort so lange, bis Sie das Gefühl haben, dass Ihr Text wirklich »rund« ist. Sprechen Sie ihn Angehörigen, Freunden und Kollegen vor, um sich deren Meinung einzuholen und Ihren Text auf diese Weise eventuell noch weiter zu verbessern. Sie werden sehen: Diese investierte Zeit wird sich auszahlen.

17.2 Kaltakquise

Als ein sehr erfolgreicher Kollege, der als junger Vermittler bei einer Versicherung begonnen hatte, an seinem ersten Arbeitstag seinen Chef fragte, was denn mit den ihm versprochenen

Kunden sei, legte dieser gutväterlich seinen Arm um den damals noch sehr jungen Kollegen und sagte ihm: »*Komm mal mit, ich zeig sie Dir.*« Dann fuhr er mit ihm in die oberste Etage des Hochhauses, in dem die Versicherung ihren Sitz hatte, und betrat mit ihm das Dach. Mit einer weit ausladenden Bewegung wies er in alle Himmelsrichtungen nach unten und erklärte dem baff erstaunten Neuling: »*Hier schau, das alles sind Deine Kunden. Du musst einfach nur rausgehen und sie ansprechen.*«

Der Kollege verstand, ließ sich das nicht zweimal sagen und wurde einer der erfolgreichsten Vermittler dieser Gesellschaft, indem er genau das tat, was ihm sein Chef empfohlen hatte. Er war zwar nicht wie ein Staubsaugervertreter von Haus zu Haus gezogen und hatte an jeder Tür geklingelt. Doch er war von Geschäft zu Geschäft gezogen und sammelte betriebsbezogene Versicherungen ein wie Gartenbesitzer die Äpfel ihres Apfelbaums im Herbst.

Dazu bedarf es vor allem Mut, Selbstvertrauen und den unerschütterlichen Glauben daran, dass jedes »Nein« die Chance auf ein »Ja« bereits statistisch erheblich erhöht.

Ein anderer Kollege, der gerade seine Bankausbildung begonnen hatte, versuchte sich sehr erfolgreich in der Kaltakquise, indem er sich auf die Steuerberater konzentrierte. Er nahm das Telefonbuch bzw. die »Gelben Seiten« und schrieb *alle* Steuerberater in seiner Stadt an. Dabei ging er strategisch so vor, dass er jeden Tag genau zehn Steuerberater anschrieb. Warum? Damit er auch genügend Zeit hatte, anschließend die Steuerberater anzurufen und auch Termine zu vereinbaren, was natürlich schwierig geworden wäre, wenn er gleich alle dreihundert auf einmal angeschrieben hätte.

Das Besondere dabei war, dass er jedem Steuerberater einen, wenn auch nur kurzen, persönlichen Brief (auf dem Briefpapier der Bank) schrieb – per Hand! Selbstverständlich beschriftete er konsequenterweise auch die Briefumschläge handschriftlich.

Die Aufmerksamkeit war ihm damit gesichert. Ein paar Tage später rief er dann in dem jeweiligen Büro an. Dreimal dürfen Sie raten, ob er zum Steuerberater durchgestellt wurde. Wer erhält heute noch einen handgeschriebenen Brief? Gut, diese Geschichte ist nun auch schon 20 Jahre her, aber gerade in Zeiten von E-Mails, WhatsApp & Co., also Zeiten, in denen selbst ein FAX schon als antiquiert gilt, wird ein handgeschriebener Brief für umso mehr Aufmerksamkeit sorgen.

Der Kollege berichtete, dass er in ca. 40 % der Fälle einen Termin bekam. Aber auch den Steuerberatern, mit denen er nicht gleich einen Termin vereinbaren konnte, blieb er in positiver Erinnerung, was dazu führte, dass er oftmals noch Jahre später von dieser ersten Akquiseaktion profitiert hat.

Kaltakquise kann also durchaus Spaß machen und muss keineswegs ein öder Klinkenputzer-Job sein. Lassen Sie Ihrer Kreativität freien Lauf! Es müssen nicht immer die Steuerberater und Immobilienmakler sein, die Sie sich als Zielpersonen aussuchen. Auch mit anderen Zielgruppen lässt sich Geld verdienen. Ideal ist es natürlich, wenn es Ihnen gelingt, für sich eine Marktnische zu finden. Umso sinnvoller ist es, sich gerade zu Beginn seiner Selbständigkeit über mögliche Spezialisierungen Gedanken zu machen.

Meine Empfehlung gerade für die Berufseinsteiger unter Ihnen – und ich bin mir der Tatsache bewusst, dass ich mich jetzt wiederhole – ist: Denken Sie daran, der Arbeitstag hat acht Stunden. Ja, Sie lesen richtig. Ich predige hier nicht, dass nur ein echter Unternehmer ist, wer täglich 12-14 Stunden arbeitet. Oft werden zwar durchaus zehn bis zwölf Stunden Arbeitszeit pro Tag nötig sein. Aber gerade am Anfang, wenn der Terminkalender noch nicht überquillt, draußen aber die Sonne verführerisch zum Eisbecher, ins Schwimmbad oder ins Gartenlokal lockt, ist die Versuchung groß, sich nicht in einen Arbeitsrhythmus zu zwängen, der für einen Angestellten, der ja in der Regel gar nicht die Freiheit hat zu entscheiden, ob er weniger arbeiten möchte, völlig selbstverständlich ist. Nutzen Sie deshalb gerade am Anfang Ihrer Tätigkeit Ihre Zeit und arbeiten Sie wirklich konsequent acht Stunden (oder auch mehr) täglich!

.7.3 Vernetzung

'ersönliche Vernetzung

Die persönliche Vernetzung ist gerade für Berufseinsteiger oft die wichtigste Art der Vernetzung. Doch hierbei ist auch Vorsicht geboten. Warum? Weil es ansonsten leicht passieren kann, dass Sie nach einem Jahr keine Freunde mehr haben und auch Ihre Verwandtschaft stinksauer auf Sie ist.

Gerade in Strukturvertrieben ist das sogenannte Kontaktheft oft das Erste, was neuen Beratern in die Hand gedrückt wird. Es ist ein Heft, in das die neuen Vermittler nach Kategorien (Verwandte, Freunde, Bekannte, Arbeitskollegen, Geschäftskontakte) getrennt sämtliche Kontaktpersonen notieren sollen, die ihnen einfallen. Nicht alle dieser Kontaktpersonen sollen dann direkt auf eine Beratung angesprochen werden. Gerade bei Geschäftskontakten bietet es sich auch eher an, diese als Multiplikatoren, also potenzielle Empfehlungsgeber, zu nutzen.

Dennoch ist der Ansatz der Strukturvertriebe regelmäßig, dass der neue, zumeist junge Vermittler, gezielt sämtliche Freunde und Bekannte anspricht, damit diese zunächst von einem erfahreneren Berater beraten werden und der Neuling an den Umsätzen zu einem eher kleinen Teil beteiligt wird. Gleichzeitig sollen im Rahmen dieser Beratung die Bekannten nach Möglichkeit ihrerseits für eine Vermittlertätigkeit geworben werden – das ist schließlich das Ur-Prinzip eines Strukturvertriebs.

Das Problem bei dieser Vorgehensweise ist, dass der junge Vermittler sich gar nicht selbst als seriöser und kompetenter Finanzberater positionieren kann, sondern sich blind auf den Berater verlassen muss, der ihn geworben hat und der die Beratung seiner Bekannten tatsächlich durchführt. Leider habe ich es wiederholt erlebt, dass sehr junge Menschen, die von Strukturvertrieben als Vermittler geworben wurden, bereits nach relativ kurzer Zeit wieder das Weite gesucht haben, ihre Freunde verloren haben und dann am Ende noch wegen dubioser Forderungen (siehe Kapitel 6.1) verklagt wurden.

Daher mein Rat: Nutzen Sie durchaus den Ansatz des persönlichen Netzwerks für sich, aber hüten Sie sich davor, Ihre Bekannten zu Ihren ersten »Opfern« zu machen! Sammeln Sie Erfahrungen in der Beratung, und informieren Sie Ihre Netzwerkkontakte ganz allgemein über Ihre neue Tätigkeit, aber bedrängen Sie sie nicht, sich von Ihnen beraten zu lassen. Sie werden sehen: Viele dieser Kontakte werden Sie früher oder später von sich aus ansprechen, und das wird sich für Sie deutlich besser anfühlen, weil dann klar ist: Ihre Bekannten möchten etwas von Ihnen und nicht umgekehrt Sie von diesen.

Soziale Medien

Soziale Medien, oder zu Neudeutsch »Social Media«, gehören inzwischen zur Selbstverständlichkeit sowohl in Bezug auf die Präsentation von Unternehmen als auch zur Vernetzung derselben. Doch lohnt es sich wirklich, hier viel Arbeit in die eigene Präsentation zu stecken? Nach meinen Erfahrungen jedenfalls in Bezug auf »social networking«, wie das Vernetzen über soziale Netzwerke üblicherweise genannt wird, nicht.

Facebook

Ich selbst habe mehrere Jahre lang eine Unternehmensseite auf Facebook gepflegt. Aber ganz ehrlich: Würden Sie, wenn Sie einen Finanzberater suchen, diesen über Facebook suchen? Wohl eher nicht, oder? Den größten Teil meiner »Likes« habe ich mir teuer erkauft, indem ich für das Hervorheben bestimmter Einträge innerhalb eines bestimmten Zeitraums bezahlt habe – an Facebook. Mit Hilfe ihrer Algorithmen kann Facebook ziemlich genau berechnen, wo und wie lange ein Text angezeigt werden muss, um eine bestimmte Anzahl von »Likes« zu erhalten. Ein wirklich geniales Geschäftsmodell – für Facebook.

Irgendwie erinnert mich das an die Zeit der Goldgräber in den USA. Damals gab es zwar einige wenige, die mit ihren Goldfunden reich wurden. Aber bekanntermaßen waren es nicht die Goldgräber, die unter dem Strich das große Geschäft gemacht haben, sondern die Verkäufer, die ihnen die Ausrüstung verkauft haben: Schaufeln, Siebe, Zelte, Kochgeschirr usw. Deshalb: Wenn Sie auf diese Weise Ihre Bekanntheit steigern wollen und dafür Geld ausgeben, dann sollten Sie sich zumindest gleichzeitig immer ein paar Facebook-Aktien kaufen, um sich die Gewinne, die das Unternehmen mit Ihrem Geld macht, zumindest teilweise zurückzuholen ... ☺

Gerade die jungen Leute, also Ihre Kunden von morgen, kehren sowieso inzwischen bereits Facebook vielfach den Rücken, weil sie für sich neue, interessantere Medien gefunden haben wie Instagram, Snapchat oder WhatsApp.[14]

In Deutschland ist das Durchschnittsalter der Facebook-Nutzer in den letzten Jahren auf rund 38,7 Jahre angestiegen. In den USA verläuft diese Entwicklung sogar noch weit drastischer. Dies ist ein Grund dafür, dass Jugendliche nach angesagten Facebook-Alternativen für den persönlichen Kontakt zu Freunden Ausschau halten und Facebook nur noch als eine Art digitale Infrastruktur nutzen, um in Kontakt mit Eltern, Lehrern oder Vereinen zu bleiben. Ein weiterer wichtiger Grund zum Wechsel der sozialen Plattform ist das Recht auf das »digitale Vergessen«. Gerade jüngere Internetnutzer achten zunehmend darauf, dass ihre Einträge nicht über einen längeren Zeitraum wie bei Facebook sichtbar und gespeichert bleiben und es die Möglichkeit zum finalen und definitivem Löschen gibt.[15]

Wenn Sie also mit der Jugend mithalten möchten, dann sollten Sie folgende neue Dienste bzw. Apps im Auge behalten, ohne dass ich auf diese an dieser Stelle näher eingehen möchte:

- Instagram
- Pinterest
- Secret
- Snapchat
- Tap Talk
- Tellio
- We Heart It

YouTube

YouTube ist inzwischen zur am zweithäufigsten genutzten Suchmaschine nach Google avanciert. Auf YouTube präsent zu sein, zahlt sich also grundsätzlich aus – vorausgesetzt, Ihre Videos finden genügend Beachtung und erhalten dadurch auch genügend Klicks.

Auch über den Umgang mit YouTube und Google AdWords gibt es umfangreiche Literatur, auf die ich an dieser Stelle gern verweisen möchte, da eine genaue Anleitung zu diesem Thema ganz einfach den Rahmen dieses Buches sprengen würde.

XING

Als Vernetzungsportal für Berufstätige ist XING sicher eine gute Wahl, wenn es darum geht, beispielsweise mit ehemaligen Kollegen in Kontakt zu bleiben oder von Personalvermittlern oder auch Firmen direkt gefunden zu werden. Möchten Sie also auf sich aufmerksam machen, ohne gleich eine Stellenanzeige zu schalten, ist XING sicher eine gute Wahl.

Wenn Sie allerdings hoffen, dass sich irgendein Mensch wegen einer Finanzberatung oder Versicherung an Sie wenden wird, weil er Sie auf XING gesehen hat, muss ich leider sagen: Vergessen Sie's! Das wird nicht passieren. Dafür präsentieren sich dort einfach zu viele Mitbewerber.

Wichtig ist, dass Sie die Möglichkeiten, die dieses Portal Ihnen bietet, auch wirklich ausschöpfen und nicht nur mal eben schnell Ihre Basisdaten dort eintragen. Um den Rahmen dieses Buches nicht zu sprengen, empfehle ich Ihnen, einfach mit den Stichwörtern »xing richtig nutzen« im Internet zu recherchieren. Sie werden staunen, wie viele hilfreiche Anleitungen und Tipps Sie dort finden werden.

LinkedIn

Dieses Portal sehe ich ähnlich wie XING. Sie können es nutzen, um sich zu präsentieren und sich mit allen möglichen Menschen zu vernetzen.

Aber eine bloße Verlinkung ist halt noch keine echte Vernetzung, und deshalb werden die Kontakte, die Sie auf diesen Plattformen knüpfen, so lange »kalte« Kontakte für Sie bleiben, wie Sie nicht einen wirklich regelmäßigen Austausch mit diesen Personen betreiben.

Ich möchte Sie an dieser Stelle nicht davon abhalten, das zu tun. Allerdings würde ich mir auch gut überlegen, ob Sie wirklich viel Zeit in diese Art der Kommunikationspflege investieren wollen, oder die doch leider immer begrenzte Zeit eines Tages lieber anderweitig verwenden möchten.

17.4 Adresskäufe (»Leads«)

Das Arbeiten mit gekauften Adressen, sogenannte Leads (Englisch für Hinweis oder Spur), kann sich lohnen, wenn man hierbei wirklich stringent vorgeht.

Die Adressverkäufer generieren ihre Adressen insbesondere über Internetvergleichsplattformen, auf denen Verbrauchern Konditions- und/oder Preisvergleiche für Darlehen oder Versicherungen tatsächlich angeboten oder auch nur versprochen

werden. Häufig werden die Hinweise auf die möglichen Adress-
verkäufe sehr geschickt so versteckt, dass sie der unbedarfte
Verbraucher überhaupt nicht wahrnimmt. Dies führt mitunter
zu unschönen Telefonaten, dann nämlich, wenn der angerufene
Interessent überrascht ist, von einem Versicherungsvertreter
oder -makler angerufen zu werden und sich über die Tatsache
empört, dass seine Daten ohne sein Wissen »einfach weiterge-
geben« wurden.

Internetportale wie zum Beispiel vergleich.de, finanzen.de, fi-
nancescout24.de u. v. a. gestalten ihre Vergleichsrechnerseiten
häufig so, dass Interessenten mit einem Klick auf Buttons wie
»jetzt vergleichen« ihre Zustimmung zu den Allgemeinen Ge-
schäftsbedingungen des Seitenbetreibers und damit auch zur
Weitergabe ihrer Daten an Versicherungsvermittler geben – zumeist leider, ohne sich darüber im Klaren zu sein, weil die entsprechenden Hinweise im Kleinstgedruckten versteckt werden.
Ob die Art und Weise der Information der Verbraucher über
die Weitergabe ihrer Daten in der weit verbreiteten Praxis einer
rechtlichen Überprüfung standhält, wage ich bei dem einen
oder anderen Anbieter durchaus zu bezweifeln.

Der große Vorteil, den der Adresskauf Branchenneulingen bzw.
solchen Berater, die einfach noch nicht über einen genügend
großen Kundenstamm verfügen, bietet, liegt darin, dass Sie hier
gezielt Menschen ansprechen können, die ihr konkretes Interesse an einer bestimmten Versicherungsart bereits durch ihre
Internetrecherche bezeugt haben. Anders als bei der Kaltakquise müssen Sie bei diesen Verbrauchern also nicht erst das Interesse an einer bestimmten Absicherung wecken, sondern können davon ausgehen, dass dieses tatsächlich schon besteht. Ansonsten hätte sich der Interessent ja nicht über die von ihm genutzte Plattform nach einem Versicherungsvergleich erkundigt.

Auch hier bestätigen Ausnahmen freilich wieder die Regel, das
heißt, dass es mitunter auch vorkommt, dass ein angerufener

vermeintlicher Interessent vorgibt, sich nur ganz allgemein habe informieren wollen, ohne an einem konkreten Abschluss interessiert zu sein. Und dies kann in dem einen oder anderen Fall ja auch durchaus der Wahrheit entsprechen.

ertragsbedingungen

Wie immer, wenn es um den Abschluss von Verträgen geht, sollte man auch bei seiner Entscheidung für einen Adressverkäufer dessen Vertragsmodalitäten genau studieren, bevor man einen solchen Vertrag unterschreibt. Auf folgende Punkte empfehle ich hierbei, besonders zu achten:

- Verlangt der Anbieter eine Anmeldegebühr?
- Werden jährliche Fixkosten berechnet, die auch dann zu zahlen sind, wenn gar keine Adressen gekauft werden?
- Fordert der Anbieter ein SEPA-Firmenlastschriftmandat, oder begnügt er sich mit einem SEPA-Basismandat?
  Der Unterschied ist durchaus von gewichtiger Bedeutung. Während das SEPA-Firmenlastschriftmandat dem früheren Abbuchungsauftrag entspricht, ist das SEPA-Basismandat vergleichbar mit der früheren Einzugsermächtigung. Besser ist für Sie als Vermittler auf jeden Fall das Basismandat. Denn erstens brauchen Sie hierfür kein Konto bei einer Geschäftsbank, sondern können hierfür auch ein privates Girokonto verwenden bzw. das Konto bei einer Bank, die es ausdrücklich ablehnt, Geschäftskonten zu führen. Zweitens haben Sie beim Basismandat die Möglichkeit, zu Unrecht abgebuchte Lastschriften innerhalb von acht Wochen zurückbuchen zu lassen. Beim Firmenmandat geht dies nicht. Wie beim Abbuchungsauftrag, der von seinem Wesen her einer Überweisung gleichkommt, erteilen Sie hier nämlich keine Ermächtigung zum Einzug, sondern weisen Ihre Bank an, eine Zahlung zu leisten. Deshalb müssen Sie die SEPA-Basismandate

auch immer auf einem Formular von Ihrer Bank gegenzeichnen lassen, bevor Sie diese dem Verwender (in diesem Fall
also dem Adressverkäufer) zusenden.

Die meisten Firmen bestehen zu ihrer Sicherheit auf dem
SEPA-Firmenmandat. Ich habe dies immer abgelehnt, weil ich
erstens dieses mir mit einer solchen Forderung entgegenge-
brachte Misstrauen in meine Zahlungsmoral nicht schätze und
zweitens gern meinerseits die Kontrolle über die Zahlungsströ-
me behalten möchte, die über meine Konten fließen.

- Wie vermittlerfreundlich sind die Reklamationsmöglichkei-
  ten geregelt (Reklamationsgründe, etwaige Bearbeitungs-
  oder Strafkosten, wenn eine Reklamation nicht anerkannt
  wird u. Ä.)?
- Wie transparent sind die Quellen, aus denen die Adressen
  stammen? Werden diese bei jeder Lieferung offengelegt?
- Wie genau lässt sich das Liefergebiet eingrenzen? Dies ist
  insbesondere in Großstädten wie Berlin, Hamburg oder
  München von Bedeutung bzw. überall dort, wo es wirtschaftlich attraktivere und unattraktivere Wohngebiete gibt.

Die Anbieter

Der Markt an Anbietern für Adressen ist recht groß, und es
lohnt sich durchaus, verschiedene Adressverkäufer zu testen,
um sich seine eigene Meinung zu bilden, mit welchem bzw.
welchen man langfristig gern zusammenarbeiten möchte.

Hier eine exemplarische Aufzählung etablierter Adressverkäufer:

- Abakus24
- Finanzen.de
- Inovexx
- Lead-Butler
- Lead-Production
- TOPScout
- Value Leads

Größter Anbieter und mir persönlich am sympathischsten ist Finanzen.de, der deutschlandweit pro Jahr rund 300 000 Adressen verkauft.

finanzen.de Vermittlungsgesellschaft
für Verbraucherverträge AG

Schlesische Straße 29-30
10997 Berlin

Tel.: (030) 319 861 910
Fax: (030) 319 861 911
E-Mail: kontakt@finanzen.de
Internet: www.finanzen.de

Hier hat der Käufer neben dem üblichen Kauf von Leads auch die Möglichkeit, Adressen über eine Auktion zu erwerben. Vorteil hierbei: Der Bieter sieht – anders als bei dem üblichen Kaufverfahren – vorher das Alter des Interessenten. Dies ist insbesondere im Bereich von BU-Absicherung und Altersvorsorge natürlich von besonderer Bedeutung. Die Adressen in den Auktionen werden regelmäßig zu deutlich niedrigeren Mindestgeboten offeriert. Dafür haben sie den Nachteil, immer älter zu sein (nach Angaben von finanzen.de in der Regel ca. vier Stunden). Es handelt sich also immer um solche Adressen, die nicht bereits anderweitig – im Rahmen der üblichen Abnahmeverträge – verkauft worden sind.

Es gibt allerdings auch Kunden, die die Erfahrung gemacht haben, dass die Leads in den Auktionen nicht nur älter, sondern auch ansonsten deutlich »schlechter« sind. Da diese Aussage mir gegenüber von einem sehr großen Leadabnehmer auf Grund dessen statistischer Auswertungen gemacht worden ist, spricht dies für die Stichhaltigkeit dieser Aussage. Auf der anderen Seite leuchtet mir nicht wirklich ein, worin bei einer Adresse ein messbarer Unterschied zwischen »guten« und »schlechten« Leads bestehen soll. Es kann aber natürlich sein, dass Anfragen, die über bestimmte Internetseiten kommen, erfahrungsgemäß häufig weniger qualifiziert sind (im Sinne von Abschlussbereitschaft des Interessenten) als diejenigen, die über andere Internetseiten kommen. Und wenn in die Auktionen überwiegend diejenigen Leads kommen, die von den weniger attraktiven Seiten stammen, kann dies den Erfahrungssatz des oben genannten Käufers natürlich bestätigen.

Ich selbst habe viele Leads über die Börse von finanzen.de gekauft und dabei die Erfahrung gemacht, dass die Palette der Ursprungsplattformen durchaus sehr groß ist.

Weitere Vorteile bei finanzen.de: Sie können Ihren Kunden mit einem Mausklick eine Bitte um Bewertung zusenden und auch Ihrerseits die Qualität der Leads bewerten und so dem Anbieter ein Feedback geben, das dieser wiederum für die Optimierung seiner Einkaufsprozesse nutzt.

Arbeiten mit Leads

An dieser Stelle habe ich eine gute und eine schlechte Nachricht für Sie. Die schlechte zuerst: Sie werden aller Voraussicht nach einige hundert Euro »in den Sand setzen«, wenn Sie damit beginnen, mit gekauften Adressen zu arbeiten. Warum? Weil es Ihnen ganz einfach an Erfahrung fehlt und Sie hier das sprichwörtliche Lehrgeld werden zahlen müssen. Die gute Nachricht: Auf Dauer werden Sie sich durch die kontinuierliche Arbeit mit Leads einen soliden Kundenstamm aufbauen und Ihr Einkommen sichern können. Und damit Ihr Lehrgeld möglichst niedrig ausfällt, möchte ich Ihnen nachfolgend Tipps geben, wie Sie möglichst schnell in diesem Bereich erfolgreich werden.

Ihre Investitionskalkulation

Sie sollten sich bewusst sein, dass Sie fast immer zunächst relativ viel Geld in die Hand nehmen müssen, bevor Sie einen Geldrückfluss über Provisionen erzielen werden. Das heißt, Sie sollten hier vorsichtig kalkulieren und nicht zu schnell die Flinte ins Korn werfen. Meine Empfehlung: Kalkulieren Sie mit drei- bis fünftausend Euro Investment. Denn Sie werden am Anfang nicht nur den einen oder anderen Lead »verbrennen«, weil es Ihnen noch an Erfahrung fehlt, sondern Sie sollten auch den alten Spruch »*Gut Ding will Weile haben.*« berücksichtigen. Vom ersten Kontakt bis zum Abschluss und dann noch später dem Provisionsfluss vergehen oft mehrere Monate. Und Sie sollten genügend finanziellen Spielraum haben, um diese Zeit gelassen und ohne Existenzängste zu überstehen.

Ihr Controlling

Wie ich kürzlich bei einem Telefonat mit der Key Account Managerin von finanzen.de erfahren habe, führen maximal 10 % selbst ihrer erfolgreichen Kunden ein Controlling über ihre Adresskäufe. Mich persönlich wundert das, weil jeder Kaufmann doch daran interessiert sein sollte zu wissen, ob sich ein Investment für ihn lohnt und wie das konkrete Kosten-Nutzen-Verhältnis aussieht. Hierfür reicht es nicht, die oben im Kapitel 15.5 beschriebenen Kontrolllisten zu führen. Vielmehr ist hierfür eine eigene EXCEL-Tabelle (bzw. ein zusätzliches Tabellenblatt innerhalb einer Gesamt-Controlling-Datei) sinnvoll, die an den Besonderheiten der Adresskäufe ausgerichtet ist. Wichtig ist hierbei nicht nur ein Überblick über das Investment nach Abzug der erfolgreich reklamierten Leads und der Erfolgsquote in Prozent, sondern vor allem auch die Erfassung der jeweils geflossenen Provisionen inklusive der Cross-Selling-Geschäfte, u.U. Bestandsprovisionen und Empfehlungsgeschäfte. Da das Erfassen von Bestandsprovisionen allerdings mit erheblichem Zusatzaufwand verbunden ist, habe ich dies in meiner Tabelle außer Acht gelassen.

In Abbildung 1 sehen Sie einen möglichen Aufbau für eine derartige Tabelle.

Adreßkauf-Controlling Finanzen.de 2014

	Datum	Sparte	BU	PKV-Voll	PKV-Zus.	PHV	Hunde-halter	RSV	Unfall	WGB	Gewerbe-Sach	Alters-vorsorge	RV Schicht 3	Rie-ster	Rü-rup	Geld-anlage	Name	Rekl.
40	25.12.2014	Rürup													1		Müller	1
41	29.12.2014	Rürup													1		Meier	1
42	31.12.2014	0											1				Schulze	1
43		0																
44	Summen		12	0	0	0	0	0	0	0	1	6	1	4	7	5		30

45	Leads gesamt	56
46	Reklamationen gesamt	30
47	in %	83%
48	davon anerkannte Rekl. gesamt	26
49	in %	87%
50	Quote anerk. Rekl. gesamt	72%
51	Quote offene Termine	0%
52	Netto-Leads	10
53	Umwandlungsquote vor Rekl.	8%
54	Umwandlungsquote nach Rekl.	30%
55	Terminumwandlungsquote	75%
56	Ø Preis pro Lead nach Reklamation	78,07 €

58	Gewinn absolut	6.681,33 €
59	entspricht Gewinn pro Monat	668,13 €
60	Gewinn pro Netto-Lead	668,13 €
61	Gewinn pro umgew. Lead	2.227,11 €
62	Gewinn pro investiertem EUR in Leads	8,11 €
63	Verträge pro umgewandeltem Lead	0,3
64	Neukunden aus Leads	3
65	Neuverträge gesamt	3

	Name	Rekl.	Rekl. Grund	anerk.	nicht anerk.	Betrag brutto	nach Rekl.	inkl. Gebühr	Notizen	offen	Bera-tung	verein-bart	statt-gef.	Ab-schluß	Neu-kunde	Alters-vorsorge	Abschl. BU	Ab...
40	Müller	1	nicht erreicht	1		63,91 €	0,00 €	0,00 €										
41	Meier					68,00 €	68,00 €	68,00 €		1								
42	Schulze	1	Tel. falsch	1		70,77 €	0,00 €	0,00 €										
43							0,00 €											
44		30		26	4	2.119,77 €	780,65 €	780,65 €		1	1	4	4	3	3	1	2	

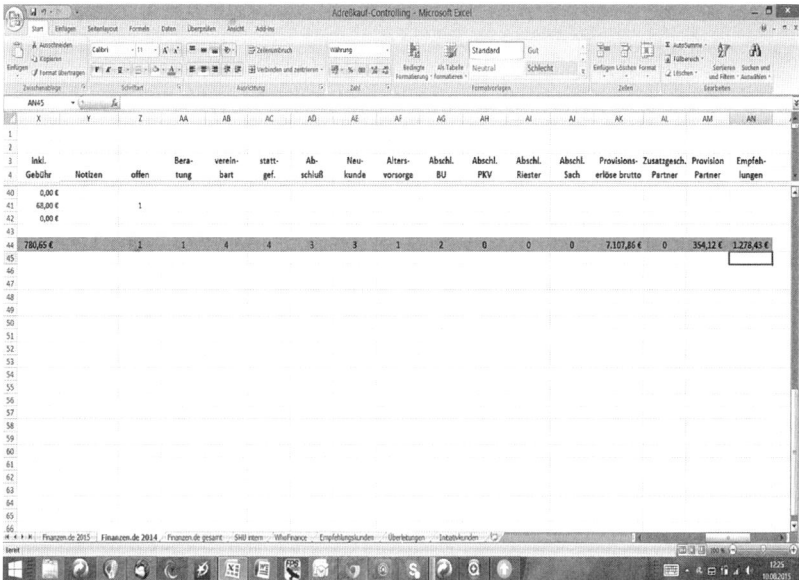

Abbildung 1: Beispiel für eine Controlling-Tabelle

Wie Sie erkennen können, enthält die Tabelle sehr viele Spalten, was Sie selbstverständlich nicht so übernehmen müssen. Ich persönlich habe halt immer gern einen sehr detaillierten Überblick über die diversen Sparten. Aber Sie können eine solche Tabelle natürlich auch deutlich »schlanker« gestalten.

Am Wichtigsten ist die im dargestellten Beispiel enthaltene Zelle P62. In dieser wird nämlich der Gewinn pro investiertem Euro (nach Reklamationen) ausgewiesen. Jeder Wert über 0 Euro ist für Sie – zumindest in finanzieller Hinsicht – bereits ein Erfolg. Jeder Wert oberhalb von 2,00 Euro ist meines Erachtens schon durchaus gut.

Letztlich wird es sich hierbei aber immer um eine subjektive Bewertung handeln, die in großem Maße auch vom zeitlichen Arbeitseinsatz abhängt, den Sie auch immer im Auge behalten sollten. Das heißt: Idealerweise würden Sie Ihre Controlling-Tabelle sogar noch um eine Spalte erweitern, in der Sie Ihren

Zeitaufwand für jeden einzelnen Interessenten erfassen, um
sich auf diese Weise auch einen Überblick darüber zu verschaffen, wie hoch Ihr Stundenlohn ist, den Sie mit Ihren einzelnen
Kunden erzielen.

Beispiel:

- Sie kaufen 100 Leads zum Preis von je 100,00 Euro brutto,
  investieren also zunächst 10 000 Euro. Ich unterstelle hierbei, dass Sie *nicht* umsatzsteuerpflichtig sind und dementsprechend auch die Umsatzsteuer voll zu bezahlen haben
  und dass es sich bei den Leads um solche aus dem Bereich
  LV/RV/BU handelt.
- Ihre Reklamationsquote liegt bei 70 %, wovon 90 % anerkannt werden. Damit bleiben (70 % – 10 % =) 63 % Kosten,
  die Ihnen rückerstattet werden.
- Auf diese Weise sinkt Ihr effektives Investment nach Reklamationen auf (10 000 Euro – 63 % =) 3 700 Euro.
- Von den verbleibenden 30 Interessenten schaffen Sie es, mit
  zwei von drei einen Termin zu vereinbaren, also insgesamt
  20 Termine.
- Für die erste Kontaktaufnahme, weitere erfolglose Telefonate und Mails, Ihr Controlling sowie die Reklamationsbear-
  beitung der 70 reklamierten Leads benötigen Sie im Schnitt
  10 Minuten, mithin insgesamt 700 Minuten bzw. rund
  zwölf Stunden.
- Für das Telefonieren, Nachtelefonieren und E-Mails-Schrei-
  ben sowie Ihr Controlling wenden Sie für die weiteren 30
  Leads im Schnitt 15 Minuten auf, insgesamt also 450 Minuten bzw. rund acht Stunden.
- Sehr vorsichtig gerechnet kommen Sie nur mit jedem zweiten Interessenten von denjenigen, die Sie an Ihren Tisch bekommen, auch zum Abschluss. Sie gewinnen unter dem
  Strich also aus 100 Leads nur zehn Kunden – wie gesagt:
  vorsichtig, um nicht zu sagen pessimistisch kalkuliert.

- Für die Beratung der zehn Interessenten, mit denen Sie *nicht* zum Abschluss kommen, kalkuliere ich einen Beratungsaufwand (Beratungsgespräch sowie Vor- und Nachbereitung der Termine inklusive Angebotserstellung) von fünf Stunden, insgesamt folglich 50 Stunden.

- Für die Beratung der zehn Interessenten, die Sie erfolgreich zu Kunden umwandeln, kalkuliere ich einen insgesamt höheren Beratungsaufwand, der auch die Zeit für die Antragsbearbeitung, Nachfragen und Nachbearbeitung etc. berücksichtigt und setze hier einen zeitlichen Aufwand von durchschnittlich zehn Stunden pro Kunde und somit einen Gesamtaufwand von 100 Stunden an.

- Mit den zehn Kunden erzielen Sie eine durchschnittliche Provision von 1 250 Euro. Insgesamt verdienen Sie somit 12 500 Euro. Hierbei lasse ich allerdings Folgeprovisionen, die Sie nach Ablauf eines Jahres durch weitere Geschäfte mit diesen Kunden verdienen, Bestandsprovisionen und Provisionen durch Empfehlungsgeschäft, das Sie durch Empfehlungen dieser Kunden generieren, außer Acht.

- Nach Abzug Ihres Investments für die Adressen in Höhe von 3 700 Euro verbleibt Ihnen demzufolge ein Vorsteuergewinn (bei Außerachtlassung Ihrer sonstigen Kosten für Miete, Software, Auto, Angestellte etc.) von (12 500 Euro – 3 700 Euro =) 8 800 Euro.

- Pro 1,00 Euro Investment für Leads erzielen Sie auf diese Weise einen Gewinn (nicht Umsatz!) in Höhe von (8 800 Euro: 3 700 Euro =) 2,38 Euro.

- Ihr zeitlicher Gesamtaufwand berechnet sich wie folgt:

Erste Kontaktaufnahme 70 Leads	12 Std.
Kontaktaufwand für die weiteren 30 Leads	8 Std.
Beratung der 10 Interessenten ohne Abschluss	50 Std.
Beratung der 10 Interessenten mit Abschluss	100 Std.
Summe	170 Std.

- Verteilt auf den Zeitaufwand von 170 Stunden bedeutet dies für Sie einen Bruttostundenlohn von (8 800 Euro: 170 =) 51,76 €, was meines Erachtens in unserer Branche bereits ein sehr respektabler Stundensatz ist.
- Bei Zugrundelegung einer 40-Stunden-Woche und zwei Monaten im Jahr für Urlaub, Feiertage und Krankheit würden Sie auf diese Weise bereits einen jährlichen Gewinn (wie gesagt: vor Abzug Ihrer weiteren Kosten) von 82 816,00 Euro erzielen.

Bitte beachten Sie, dass es sich hierbei um ein sehr schematisches Beispiel mit Zahlen handelt, die je nach Sparte deutlich höher – ich habe mit einzelnen Leads auch schon über 10 000 Euro an Provisionseinnahmen erzielt – oder niedriger liegen können. Es soll lediglich der Illustration und dazu dienen, Ihre Sensibilität für das Thema Kosten-Nutzen-Analyse zu schärfen.

Mein Abschließender Rat:
Beginnen Sie mit dem Kauf von Adressen erst dann, wenn Sie sich ein geeignetes Controlling-Programm eingerichtet haben!

Ihre ersten Schritte beim Telefonieren

Schnelligkeit zählt

Das Wichtigste für Ihren Erfolg im Umgang mit Adresskäufen ist Schnelligkeit. Bedenken Sie bitte, dass Verbraucher sich heute oft auf verschiedenen Portalen nach Vergleichen erkundigen und dort ihre Daten hinterlassen. Das heißt, dass Sie regelmäßig leider davon ausgehen müssen, mit diversen anderen Leadkäufern in Konkurrenz zu stehen.

Deshalb gilt: Sobald Sie die Benachrichtigung über einen erfolgreichen Adresskauf erhalten haben, greifen Sie zum Telefonhörer und rufen den Interessenten an! Trinken Sie nicht erst Ihren Kaffee aus, gehen Sie nicht erst noch auf die Toilette, schauen Sie nicht erst nach der Post, schreiben Sie nicht erst die Mail zu

Ende, mit der Sie eigentlich gerade beschäftigt waren, und unterbrechen Sie auch die Tarifberechnung, die Sie vielleicht gerade durchgeführt haben! Warum? Weil in diesem Geschäft unter Umständen bereits wenige Minuten darüber entscheiden können, ob Sie der Erste oder nur der Zweite oder gar Dritte sind, der den Interessenten anruft. Dementsprechend entscheiden unter Umständen auch nur wenige Minuten über Ihren Erfolg oder Misserfolg mit diesem Interessenten. Einer internationalen Studie zum Leadmanagement zufolge lassen sich Leads mehr als zwanzigmal erfolgreicher in Erfolge umwandeln, wenn der Kontakt innerhalb der ersten fünf Minuten erfolgt.[16]

Der Interessent erhält vom Anbieter in der Regel unmittelbar nach bzw. zeitgleich mit der Lieferung an Sie eine Mail mit Ihren Kontaktdaten und dem Hinweis, dass Sie ihn kontaktieren werden. Gleichzeitig erhalten Sie neben den Adress- und Kommunikationsdaten des Interessenten in der Regel auch die Information über sein Geburtsdatum und darüber, ob er bereits einen Vergleich über die von ihm genutzte Vergleichsplattform erstellt hat und welchen Tarif er sich gegebenenfalls bereits ausgesucht hat.

Dies kann sowohl von Vor- als auch von Nachteil sein, je nach Sicht bzw. Situation. Vorteil: Sie haben bereits einen Anknüpfungspunkt und erkennen möglicherweise sofort die Schwachstelle des Tarifs (bei PHV beispielsweise: keine Absicherung des Forderungsausfallrisikos; bei der BU: Absicherung nur bis zum 60. Lebensjahr). Nachteil: Der Interessent hat die meiste Arbeit schon erledigt und will (erst recht) gar nicht mehr groß beraten werden. Für solche Situationen werden Sie jedoch mit der Zeit selbst Ihre beste Strategie finden.

Sie sollten Ihrerseits möglichst mit dem Leadanbieter vereinbaren bzw. in Ihrem Konto als Einstellung markieren, dass Sie nicht nur eine Benachrichtigung per E-Mail erhalten, sondern zusätzlich auch per SMS. So haben Sie die größtmögliche Sicherheit, dass Ihnen kein Interessent »durch die Lappen geht«.

Der erste Kontakt mit dem Interessenten

Sie haben die Nummer des Interessenten gewählt, und er meldet sich. Was nun? Typische Juristenantwort: Kommt ganz drauf an. Wenn es sich um eine Anfrage wegen einer **Sachversicherung** handelt, haben Sie nach meinen Erfahrungen in den seltensten Fällen eine Chance, mit dem Interessenten für dieses Thema einen Termin zu vereinbaren. Denn genau deshalb hat er ja den Weg über das Internet gewählt. Er möchte nicht, dass ihm ein Versicherungsvertreter »ein Ohr abkaut«, sondern möchte schlicht möglichst ohne viel Aufwand eine günstige Versicherung. Deshalb empfehle ich Ihnen, bei dem Thema Sachversicherung Ihre Energie gar nicht erst groß darauf zu verwenden (um nicht zu sagen: zu verschwenden), den Kunden davon zu überzeugen, wie wichtig es ist, einen Termin für ein persönliches Beratungsgespräch zu vereinbaren. Stattdessen sollten Sie sich kurz vorstellen und direkt auf sein Thema zu sprechen kommen.

Das Wichtigste dabei ist, dass Sie bei dem Angerufenen durch Ihre Freundlichkeit, Ihr Lächeln und Ihre gute Laune das Interesse an einem Telefongespräch mit Ihnen wecken. Das ist gar nicht so schwer, will aber durchaus geübt sein. Und deshalb empfehle ich Ihnen:

- Schreiben Sie sich einen Gesprächsleitfaden für Ihre Lead-Telefonate!
- *Primärziel* des Lead-Telefonats sollte – jedenfalls in den Bereichen der Altersvorsorge, BU-Absicherung, Risikolebensversicherung sowie der Kranken- und Pflegezusatzversicherung – immer die *Terminvereinbarung* sein.
- Fallen Sie nicht gleich mit der Tür ins Haus, sondern stellen Sie dem Interessenten möglichst viele Fragen, und zwar solche, die ihm das Gefühl geben, dass er Ihre Hilfe wirklich braucht! Es gilt die Regel: Wer fragt, der führt.

- Keinesfalls dürfen Sie sich vom Kunden bei den oben genannten Bereichen in ein Beratungsgespräch verwickeln lassen!
  Warum? Weil Sie dann in aller Regel nicht mehr in der
  Lage sein werden, mit ihm einen Termin zu vereinbaren.
  Denn warum sollte er mit Ihnen einen Termin vereinbaren,
  wenn Sie ihn doch schon weitgehend am Telefon beraten
  haben?

- Integrieren Sie in diesen Leitfaden unterschiedliche Ge-
  sprächsverläufe und Einwände (dazu unten noch mehr)!

- Üben Sie die Telefonate mit Kollegen, Familienangehörigen
  und/oder Freunden bzw. mittels Videoaufnahmen, und analysieren Sie sie kritisch!

- Lernen Sie Ihre »Sprachspur« auswendig, so dass Sie Ihren
  Leitfaden nur in den ersten Wochen als Gedankenstütze
  parat haben, aber keinesfalls vom Zettel ablesen müssen!

Ihr Telefonleitfaden könnte also etwa so aussehen:

Interessent: *»Müller.«*

Berater: *»Schönen guten Tag Herr Müller. Mein Name ist
Meier, Hans Meier, von der Firma XY. Spreche
ich mit Herrn Heinz Müller persönlich?«*

Interessent: *»Ja, worum geht's denn?«*

Berater: *»Herr Müller, mir sind gerade Ihre Daten im Zusammenhang mit Ihrer Internetanfrage wegen
einer Hausratversicherung übermittelt worden.
Kurz zu Ihrer Information: Die Firma XY ist
einer der größten Makler im Bereich Versicherungen, und ich bin Spezialist für den Bereich Sachversicherungen und Ihnen gern dabei behilflich,
den passenden Tarif für Sie aus dem großen
Markt herauszufiltern. Passt es gerade bei Ihnen,
oder rufe ich völlig ungelegen an?«*

Anmerkung: Die Frage, ob es gerade passt, ist schlicht ein Gebot der Höflichkeit, auch wenn es vielleicht öfter dazu führt, dass ein Interessent, der keine Lust auf ein Telefonat hat, diese Frage zum willkommenen Gesprächsausstieg nutzt. Auf der anderen Seite hat es aber auch keinen Sinn, den Interessenten mit einem Redeschwall zu überfallen, nur um dann zwei Minuten später vorgehalten zu bekommen, dass er gerade gar keine Zeit hat zu telefonieren. Ich frage mich in solchen Fällen zwar auch immer, warum er dann überhaupt das Gespräch angenommen hat, aber die Antwort auf diese Frage wird wohl eines der ewigen Mysterien bleiben ... ☺ Zur entsprechenden Reaktion hierauf siehe weiter unten Kapitel 21.6 zum Thema »Einwandbehandlung«.

Interessent: »*Ja, ich wollte mich da mal ganz allgemein informieren, was sowas kostet.*«

Berater: »*Das ist eine gute Idee von Ihnen; denn das Angebot an Versicherungen und Tarifen ist ja wirklich groß. Und die Höhe der Prämie hängt von vielen Faktoren ab wie zum Beispiel Ihrer Wohnungsgröße und dem Umfang Ihres gewünschten Versicherungsschutzes. Und da gibt es eine Menge von Kriterien, die im Schadensfall für Sie sehr wichtig sein können. Darf ich mal kurz fragen, wie Sie Ihre übrigen Versicherungsangelegenheiten wie Privathaftpflicht oder Berufsunfähigkeitsabsicherung bislang für sich geregelt haben?*«

Anmerkung: Durch die Frage nach anderen Versicherungen machen Sie bereits deutlich, dass Sie dem Interessenten auch für andere Themen zur Verfügung stehen und über den Weitblick verfügen, diese ebenfalls zu berücksichtigen und sich nach seiner Gesamtsituation zu erkundigen, ohne ihm dabei das Gefühl zu geben, Sie wollten ihm »doch nur was verkaufen«.

Interessent: *»Äh, die hab' ich gar nicht.«*

Berater: *»Okay. Was halten Sie denn davon, wenn wir uns einfach mal zusammensetzen und uns erstmal darüber unterhalten, was genau Sie eigentlich brauchen und ich dann für Sie einen unabhängigen Vergleich erstelle?«*

Interessent: *»Hört sich gut an.«*

Berater: *»Wann würde es Ihnen denn am besten passen?«*

Anmerkung: Häufig wird in diesem Zusammenhang gelehrt, dem Kunden immer gleich zwei Alternativen anzubieten (also etwa »Mittwochvormittag oder Donnerstagnachmittag«), um damit gar nicht erst irgendeinen Zweifel daran aufkommen zu lassen, dass ein Termin vereinbart wird und es nur noch eine Frage des Wann und nicht mehr des Ob ist. Ich halte das für ein eher billiges Kommunikationsmittel, auf das ein seriöser Berater verzichten können sollte. Sie werden sehen: Sie kommen auch ohne diesen Schnickschnack zu Ihrem Termin.

Telefonische Einwandbehandlung

Sie werden im Laufe Ihres Beraterlebens mit vielen Ein- und Vorwänden (siehe ausführlich dazu Kapitel 21.6) zu tun haben, auf die Sie sich bereits jetzt vorbereiten können. Hier eine Auswahl der häufigsten, denen Sie bei Ihrer ersten telefonischen Kontaktaufnahme begegnen werden:

Interessent: *»Ich habe gerade überhaupt keine Zeit.«*

Berater: *»Das ist überhaupt kein Problem, Herr Müller. Wann würde es Ihnen denn am besten passen?«*

Anmerkung: Das hat zwei Vorteile: Erstens bringt Sie jeder weitere Kontakt einem Abschluss näher, weil nach psychologischen Untersuchungen nach sieben Kontakten ein Gefühl der Vertrautheit entsteht, welches Sie für sich nutzen können. Zweitens können Sie bei Ihrem zweiten Telefonat auf das erste Bezug nehmen und es ganz anders eröffnen, etwa so: »*Schönen guten Tag Herr Müller. Hans Meier von der Firma XY hier. Wir hatten ja gestern bereits kurz miteinander telefoniert und vereinbart, dass ich Sie heute nochmal anrufe ...*«

Interessent: »*Ich wollte eigentlich nur einen Online-Vergleich.*«

Berater: »*Das verstehe ich gut. Das Internet bietet da ja auch eine Menge Möglichkeiten, und wahrscheinlich wurde Ihnen auf der Internetseite, über die Sie Informationen angefordert haben, auch suggeriert, dass Sie einen Vergleich zugeschickt bekommen, oder? Das ist leider eine weit verbreitete Praxis. Aber ganz ehrlich: Die Vergleiche, die Sie über das Internet erhalten können, sind so oberflächlich, dass Sie damit im Zweifel nicht glücklich werden. Das hängt unter anderem damit zusammen, dass dort längst nicht alle wichtigen Punkte abgefragt werden, die für Sie im Schadensfall von Bedeutung sein können. Deshalb mache ich es immer so, dass ich mich mit meinen Kunden zunächst zusammensetze, um ganz genau herauszufiltern, was an Schutz für sie wirklich wichtig ist und worauf sie vielleicht verzichten können. Denn es wäre doch kaum etwas blöder als dass ich Ihnen jetzt auf die Schnelle ein super günstiges Angebot zumaile, Sie einen Vertrag ab-*

*schließen, nur um dann bei einem Schaden in
vielleicht zwei Jahren festzustellen, dass genau
dieser nicht versichert ist, weil wir im Vorfeld
nicht darüber gesprochen haben, oder? Deshalb
sollten wir einen Termin vereinbaren, bei dem wir
über die diversen Tarifdetails ausführlich sprechen können. Wann würde es Ihnen denn am
besten passen?*

Interessent: **»Können Sie mir nicht erstmal was zuschicken?«**

Berater: *»Das würde ich ja gern, aber ich wüsste wirklich
nicht, was ich Ihnen da zuschicken soll. Denn ich
weiß doch noch gar nicht, was genau für Sie wirklich wichtig ist. Stellen Sie sich vor, Sie wollten
sich ein neues Auto kaufen. Dann würden Sie sich
doch sicher auch nicht von zwanzig verschiedenen
Herstellern Prospekte zuschicken lassen und diese
dann erst tagelang zu Hause durcharbeiten, bevor
Sie sich vor Ort beraten lassen, oder? Ich weiß,
der Vergleich hinkt etwas, aber der Punkt ist einfach, dass vieles, was bei Versicherungen wirklich
wichtig und zu beachten ist, einfach erklärungs-
bedürftig ist. Und genau das biete ich Ihnen an.
Auf diese Weise werden Sie sehr viel schneller in
der Lage sein, für sich die richtige Wahl und Entscheidung zu treffen.*

7.5 Empfehlungen

Auch Empfehlungen gehören selbstverständlich in den Bereich
der Kundengewinnung. Da diese jedoch in der Regel erst nach
einem erfolgreichen Beratungsgespräch ausgesprochen werden,
widme ich diesem Thema ein eigenes Kapitel im Anschluss an
das Thema Beratungsgespräch weiter hinten im Buch (Kapitel
25).

18 Gesetzliche Grundlagen der Beratung

Durch das am 22. Mai 2007 in Kraft getretene Gesetz zur Neuregelung des Versicherungsvermittlerrechts (BGBl. Teil I Nr. 63, S. 3231) sind die Beratungs- und Dokumentationspflichten von Beratern wie Vermittlern deutlich verschärft und der Verbraucherschutz auf diese Weise deutlich gestärkt worden.

Da diese Pflichten von so außerordentlich großer Bedeutung sind, folgt hier der komplette Text des durch das oben genannte Gesetz eingefügten Paragraphen im Versicherungsvertragsgesetz (VVG) in der Fassung des Gesetzes vom 23. November 2007 (BGBl. I S. 2631), das zuletzt durch Artikel 8 Absatz 21 des Gesetzes vom 17. Juli 2015 (BGBl. I S. 1245) geändert worden ist.

18.1 Beratungsgrundlage

§ 60 Beratungsgrundlage des Versicherungsvermittlers

(1) Der Versicherungsvermittler hat den Versicherungsnehmer, soweit nach der Schwierigkeit, die angebotene Versicherung zu beurteilen, oder der Person des Versicherungsnehmers und dessen Situation hierfür Anlass besteht, nach seinen Wünschen und Bedürfnissen zu befragen und, auch unter Berücksichtigung eines angemessenen Verhältnisses zwischen Beratungsaufwand und der vom Versicherungsnehmer zu zahlenden Prämien, zu beraten sowie die Gründe für jeden zu einer bestimmten Versicherung erteilten Rat anzugeben. Er hat dies unter Berücksichtigung der Komplexität des angebotenen Versicherungsvertrags nach § 62 zu dokumentieren.

(2) Der Versicherungsnehmer kann auf die Beratung oder die Dokumentation nach Absatz 1 durch eine gesonderte schriftliche Erklärung verzichten, in der er vom Versicherungsvermittler

ausdrücklich darauf hingewiesen wird, dass sich ein Verzicht nachteilig auf die Möglichkeit des Versicherungsnehmers auswirken kann, gegen den Versicherungsvermittler einen Schadensersatzanspruch nach § 63 geltend zu machen.

18.2 Beratungs- und Dokumentationspflichten

§ 61 Beratungs- und Dokumentationspflichten des Versicherungsvermittlers

(1) Der Versicherungsvermittler hat den Versicherungsnehmer, soweit nach der Schwierigkeit, die angebotene Versicherung zu beurteilen, oder der Person des Versicherungsnehmers und dessen Situation hierfür Anlass besteht, nach seinen Wünschen und Bedürfnissen zu befragen und, auch unter Berücksichtigung eines angemessenen Verhältnisses zwischen Beratungsaufwand und der vom Versicherungsnehmer zu zahlenden Prämien, zu beraten sowie die Gründe für jeden zu einer bestimmten Versicherung erteilten Rat anzugeben. Er hat dies unter Berücksichtigung der Komplexität des angebotenen Versicherungsvertrags nach § 62 zu dokumentieren.

(2) Der Versicherungsnehmer kann auf die Beratung oder die Dokumentation nach Absatz 1 durch eine gesonderte schriftliche Erklärung verzichten, in der er vom Versicherungsvermittler ausdrücklich darauf hingewiesen wird, dass sich ein Verzicht nachteilig auf die Möglichkeit des Versicherungsnehmers auswirken kann, gegen den Versicherungsvermittler einen Schadensersatzanspruch nach § 63 geltend zu machen.

Die Dokumentation (auch als Negativdokumentation, wenn sich der Kunde gegen eine Antragstellung entscheidet!) sollte deshalb stets folgende Punkte beinhalten:

- Anlass der Beratung,
- rechtliche Einordnung des Beraters (Vertreter, Mehrfachagent oder Makler),

• Kundenwünsche,

• sofern von den Kundenwünschen abweichend: objektiver Kundenbedarf,

• Risikobewertung/Komplexität,

• in Betracht kommende Versicherungsarten,

• Auswahlkriterien,

• Rat und Begründung für diesen,

• Kundenentscheidung.

8.3 Zeitpunkt

§ 62 Zeitpunkt und Form der Information

(1) Dem Versicherungsnehmer sind die Informationen nach § 60 Abs. 2 vor Abgabe seiner Vertragserklärung, die Informationen nach § 61 Abs. 1 vor dem Abschluss des Vertrags klar und verständlich in Textform zu übermitteln.

(2) Die Informationen nach Absatz 1 dürfen mündlich übermittelt werden, wenn der Versicherungsnehmer dies wünscht oder wenn und soweit der Versicherer vorläufige Deckung gewährt. In diesen Fällen sind die Informationen unverzüglich nach Vertragsschluss, spätestens mit dem Versicherungsschein dem Versicherungsnehmer in Textform zu übermitteln; dies gilt nicht für Verträge über vorläufige Deckung bei Pflichtversicherungen.

8.4 Schadensersatzpflicht

§ 63 Schadensersatzpflicht

Der Versicherungsvermittler ist zum Ersatz des Schadens verpflichtet, der dem Versicherungsnehmer durch die Verletzung einer Pflicht nach § 60 oder § 61 entsteht. Dies gilt nicht, wenn der Versicherungsvermittler die Pflichtverletzung nicht zu vertreten hat.

18.5 Versicherungsberater

§ 68 Versicherungsberater

Die für Versicherungsmakler geltenden Vorschriften des § 60 Abs. 1 Satz 1, des § 61 Abs. 1 und der §§ 62 bis 65 und 67 sind auf Versicherungsberater entsprechend anzuwenden.

19 Das Beratungsgespräch

19.1 Beziehungen aufbauen – die ersten Kontakte zu Ihren Kunden

Sehr hilfreich für den Einstieg in Ihr erstes Beratungsgespräch ist es, bereits vorher eine Beziehung zu Ihrem Kunden aufgebaut zu haben. Wie soll das gehen? Ganz einfach: Indem Sie jede Möglichkeit eines Kontaktes (im Sinne einer Kontaktpflege) mit ihm nutzen, die sich Ihnen bietet. Untersuchungen haben ergeben, dass ab dem 7. Kontakt (gleich welcher Art) – manche sagen auch bereits ab dem 5. Kontakt – zwei Menschen das Gefühl haben, sich zu kennen. Und auf diese Weise wird der Umgang ab diesem Zeitpunkt in der Regel ein offenerer, möglicherweise freundlicherer, fast immer jedoch ein verbindlicherer sein.

Beispiel: Wenn Sie mit einem neuen Interessenten nur ein einziges Telefonat führen, in welchem Sie den Termin vereinbaren, ist die Wahrscheinlichkeit relativ groß, dass er erstens gar nicht zum Termin erscheint und zweitens, wenn doch, Ihren Namen bereits wieder vergessen hat.

Meine Vorgehensweise ist deshalb immer folgende:

- den Interessenten anrufen und einen Termin vereinbaren;
- den Termin schriftlich per E-Mail bestätigen;
- wenn der Termin länger als zwei Wochen in der Zukunft liegt: ein bis zwei Tage vor dem Termin noch einmal eine Terminerinnerung per E-Mail oder SMS senden (»*Ich freue mich auf unser Kennenlerngespräch morgen um .... in der ...straße X.*«);
- den Interessenten nach Möglichkeit vor dem Termin noch einmal anrufen, unter Umständen einfach unter einem Vorwand (»*Könnten Sie mir bitte Ihr Geburtsdatum mitteilen,*

*damit ich Sie hier in unserer Datenbank schon mal erfassen
kann?«);*

- unmittelbar nach dem Termin die Terminbestätigung für
den nächsten Termin übersenden;
- in weiteren Mails gegebenenfalls weiterführende Informationen übersenden.

Nicht immer klappt das natürlich mit den sieben Kontakten vor
dem ersten Termin. Ich versuche jedoch, die Kontaktanzahl
ganz bewusst möglichst hoch zu halten.

19.2 Im Büro oder beim Kunden?

Auch dies ist eine Frage, die weitestgehend dem persönlichen
Geschmack überlassen bleibt. Ich kenne Berater, für die es absolut selbstverständlich ist, zum Kunden zu fahren, um ihn zu
Hause oder gegebenenfalls in dessen Büro zu beraten. Insbesondere die Kollegen, die nur für eine Versicherung arbeiten, kennen dies oft auch gar nicht anders. Aber ich kenne auch einen
Vorstandsvorsitzenden einer Beratungsgesellschaft, der pro
Woche oft mehrere hundert Kilometer mit dem Auto zurück-
legt, um seine Kunden zu besuchen und zu beraten. Häufigstes
Argument für diese Vorgehensweise: *»Ich bin da, wo der Kunde
sich am wohlsten fühlt, wo er am ehesten aus sich herausgeht und
vor allem dort, wo er seine ganzen Unterlagen hat. Und ich be-
komme einen besseren Eindruck von den Lebensverhältnissen des
Kunden.«*

Ich habe selbst eine Zeitlang diese Art der Beratung zumindest
für meine Erstgespräche ausprobiert. Es gibt halt Finanzdienstleistungsunternehmen, für deren Kunden es selbstverständlich
ist, dass der Berater zu ihnen nach Hause kommt – genauso wie
der Versicherungsvertreter. Wer allerdings wie ich in Berlin
lebt und arbeitet und die Dimensionen dieser Stadt kennt, der

weiß, dass man allein durch die Hin- und Herfahrerei zu Kunden in den unterschiedlichsten Stadtbezirken locker mehrere Stunden am Tag auf der Straße zubringen kann – in meinen Augen absolut sinnlos verschwendete Zeit, die einen nicht nur Geld für den Sprit kostet, sondern letztlich auch wertvolle Arbeitszeit. Es sind übrigens oft gerade eher die Geringverdiener, zu denen man dann diese Wege auf sich nimmt.

Wenn Sie also nicht gerade ein Cabrio Ihr Eigen nennen und es deshalb so schön finden, zu Ihren Kunden zu fahren, weil Sie dann während der Fahrt viel frische Luft (trifft in Berlin im Stau nicht so unbedingt zu) und Sonne tanken können, dann empfehle ich Ihnen, sich gut zu überlegen, ob Sie sich das wirklich antun wollen.

Meine Erfahrungen mit Gesprächsterminen bei Kunden sind folgende:

- Man kann gar nicht früh genug losfahren, weil man im Zweifel

  – im Stau stecken bleibt,
  – sich verfährt oder/und
  – keinen Parkplatz findet.

- Es passiert immer wieder mal, dass ein Kunde Sie versetzt und Sie vergeblich bei ihm klingeln. Wenn Sie dann zwei Stunden und 40 km »durch die Weltgeschichte gegurkt« sind, weil Ihnen vielleicht nur noch eine Unterschrift fehlte, dann wird es Ihnen schon einiges an Gelassenheit abverlangen, den nächsten Kunden mit einem strahlenden Lächeln zu begrüßen.

- Es ist richtig, dass sich der Kunde zu Hause am wohlsten fühlt. Aber ist es Ihnen wirklich wichtig, dass sich der Kunde »wie zu Hause« fühlt? Das heißt nämlich auch, dass oft der Fernseher läuft und Sie den Kunden erstmal bitten müssen, diesen auszuschalten – eine sehr unangenehme Situation, wenn der Kunde nicht von selbst darauf kommt. Sie machen ihm dann nämlich Vorschriften in seinen eigenen vier Wänden. Das mag niemand.

Es ist auch die Frage, ob Sie unbedingt in einer Situation beraten möchten, wo kleine, spielende, lärmende Kinder um Sie herumscharwenzeln oder die Ehefrau gerade mit Essenkochen beschäftigt ist.

Auch ist fraglich, ob Sie wirklich gern auf dem Sofa Platz nehmen, auf dem sich ganz offensichtlich auch bereits die Hauskatze ausgiebig gewälzt und ihre Haare hinterlassen hat.

Und möchten Sie wirklich nach einem einzigen Beratungsgespräch Ihren neuen Anzug in die Reinigung bringen müssen, weil Sie dummerweise in einem Raucherhaushalt beraten haben, in dem beide Eheleute Sie eingequalmt haben, während Sie versucht haben, als Nichtraucher gute Miene zu bösem Spiel zu machen?

Wie alle anderen in diesem Buch geschilderten Situationen sind auch dies keine von mir ausgedachten Beispiele, sondern wirklich persönlich erlebte Situationen.

- Wenn Sie Pech haben, wird Ihr Kunde auch nicht auf die Idee kommen, Ihnen etwas zu trinken anzubieten. Und Sie werden möglicherweise länger zögern, ihn um ein Glas Wasser zu bitten, als Ihnen eigentlich lieb ist.

- Auch was das Thema Unterlagen betrifft, ist dies für mich kein überzeugendes Argument für einen Termin beim Kunden. Klar, der eine oder andere Kunde wird das eine oder andere Dokument vielleicht vergessen, zum Termin in Ihrem Büro mitzubringen. Aber in Zeiten von FAX und E-Mail lassen sich solche Dokumente relativ schnell nachsenden. Und ganz ehrlich: Beim Kunden zu sitzen und sich zu langweilen, während er umständlich in diversen Ordnern nach seiner Steuer-ID sucht, ist auch nicht besonders amüsant. Denn die Unterlagen in seiner Wohnung zu haben, heißt ja noch lange nicht, dass der Kunde sie auch tatsächlich schnell griffbereit hat.

- Und last but not least: Der Erkenntnisgewinn, den ich aus
der bewussten Wahrnehmung der Wohnungen meiner
Kunden habe ziehen können, war für mich immer gleich
Null. Was soll es mir für meine Beratung bringen, wenn ich
sehe: Der Kunde lebt in einer 40 qm großen Wohnung, ist
Sozialhilfeempfänger, hat einen großen Hund, eine Katze
und einen Fernseher mit 2 Meter Bildschirmdiagonale und
ansonsten geschmacklose Kitschbilder an der Wand und
Plastikblumen in einer verstaubten Vase?

Bei den Strukturvertrieben wird man Ihnen jetzt sagen:
»*Na, dann haben Sie doch schon mal allerhand Anknüp-
fungspunkte und können beispielsweise seinen Fernseher be-
wundern und sich mit ihm als Smalltalk über Technik unterhalten. Und so können Sie bei dem Kunden schon mal Sym-
pathiepunkte sammeln.*«

Ich empfehle Ihnen hingegen sich die Frage zu stellen: Interessiert Sie das wirklich? Wollen Sie sich mit dem Kunden
wirklich darüber unterhalten, was er für einen tollen Fernseher hat, während Sie vielleicht eher die Frage beschäftigt:
»*Wie kann sich eigentlich ein Hartz-IV-Empfänger ein solches Monstrum leisten? Ich selbst habe nur einen zehn Jahre
alten 32-Zoller …*«

Bitte verstehen Sie mich hier richtig: Ich unterhalte mich
sogar recht gern über Technik mit meinen Kunden. Aber
ich unterhalte mich mit meinen Kunden darüber, wenn es
sich ergibt und mir der Sinn danach steht und nicht, weil
ich händeringend nach einem Aufhänger für ein Smalltalk-
Thema suche. Und ich muss wahrlich nicht die Wohnung
eines Kunden sehen, um ihn gut und bedarfsgerecht beraten
zu können. Nach meiner Erfahrung habe ich also keinen
einzigen Euro mehr dadurch verdient, dass ich für eine Beratung zu einem Kunden nach Hause gefahren bin.

Die entscheidende Frage sollte daher meines Erachtens immer
sein: Wie groß ist der Aufwand, den ich für einen bestimmten

Zweck bzw. ein bestimmtes Ziel betreibe, und steht dieser noch in einem vernünftigen Verhältnis hierzu? Wie gesagt: Unterschiedliche Persönlichkeiten kommen hier zu ganz unterschiedlichen Bewertungen, und das ist auch gut so, ansonsten wäre die Welt ja auch deutlich weniger farbig.

Sie sehen allerdings schon: Ich bin auf Grund meiner ganz persönlichen Erfahrungen kein Freund von Hausbesuchen.

Was spricht nun also für eine Beratung in Ihrem Büro? Es sind folgende Punkte, die mich am Ende dazu bewegt haben, jedes Ansinnen einen Interessenten, ihn zu Hause zu aufzusuchen, grundsätzlich abzulehnen:

- Als Makler bin ich kein Versicherungsvertreter und möchte auch nicht mit einem solchen verwechselt werden. Versicherungsvertreter kommen zum Kunden nach Hause – ich nicht.

- Der Kunde kommt auch nicht auf die Idee, seinen Rechtsanwalt oder Steuerberater zu bitten, ihn zu Hause zu besuchen. Vielmehr ist es für ihn eine Selbstverständlichkeit, dass er Vertreter dieser beiden Berufsgruppen in deren Büros aufsucht.

- Auf diese Weise positioniere ich mich bereits ganz anders, und dem Kunden ist bereits nach unserer Terminvereinbarung klar, dass ihm in meinem Büro eine echte Dienstleistung geboten wird.

- In meinem Büro bin ich der Hausherr und mache ich die Regeln – in aller Freundlichkeit und Höflichkeit zwar, aber es ist eben doch klar, wer hier bei wem zu Gast ist. Und dazu gehört selbstverständlich auch, dass in meinem Büro nicht geraucht wird.

- In meinem Büro steht mir die komplette Hardware zur Verfügung, die ich benötige: Drucker, Fax-Gerät etc. Das erleichtert mir enorm die Arbeit und gibt mir Sicherheit.

- Durch ein geschmackvoll eingerichtetes Büro und/oder ein repräsentatives Bürogebäude kann ich den Kunden unter Umständen schon beeindrucken und positiv einstimmen. Und wenn es den Kunden interessiert, wird er mich auf meine Bilder ansprechen oder auf die Gitarre, die dort steht, und über die er möglicherweise wissen möchte, ob die da nur zu Dekozwecken steht oder ob ich selbst Gitarre spiele. Sie sehen: Sie können den Spieß auch umdrehen und dem Kunden Ihrerseits »Gesprächsköder« auslegen. Dies sollte allerdings tunlichst nicht als Mittel zum Zweck geschehen (soll heißen: Ich lege tatsächlich mitunter statt einer Raucherpause eine Musikpause ein.).

- Ich kann den Kunden positiv beeindrucken, indem ich ihn mit Getränken bewirte, ihm oder ihr aus dem oder in den Mantel helfe, den Weg zur Toilette zeige usw. Das mögen alles lauter unscheinbare Kleinigkeiten sein, es sind jedoch tatsächlich Handlungs- und Präsentationsmöglichkeiten, die ich in der Wohnung des Kunden nicht habe und mit denen ich folglich auch nicht beim Kunden punkten kann.

- Und vor allem: Ich spare wahnsinnig viel Zeit! Da ich im Schnitt 60 % meines Jahresumsatzes in den letzten vier Monaten des Jahres erziele, habe ich da also auch Tage mit fünf oder sechs Beratungsterminen. Wenn es Schlag auf Schlag gehen soll, funktioniert das selbstverständlich nur dann, wenn die Kunden zu *Ihnen* kommen und nicht *Sie* zu den Kunden.

Mein Tipp zum Schluss: Probieren Sie es einfach aus! Vereinbaren Sie die Hälfte Ihrer ersten 20 Termine als Termine beim Kunden und die andere Hälfte in Ihrem Büro (vorausgesetzt natürlich, Sie verfügen über ein ansprechendes solches). Machen Sie sich Notizen über Ihre Termine und werten diese dann kritisch aus. Treffen Sie dann einfach eine ganz bewusste Entscheidung, wo Sie in Zukunft lieber beraten möchten: beim Kunden oder in Ihrem Büro.

19.3 Mit PC oder auf Papier?

Die Frage, ob Sie besser mit Notebook am Beratungstisch oder
mit einem leeren Blatt Papier oder einem sogenannten Beratungsleitfaden in Papierform (siehe dazu ausführlich Unterkapitel 19.7 ff.) Ihre Kunden beraten, ist eine sehr subjektive. Die
Beratung per Computer hat sicher den Vorteil, dass Sie alle re-
levanten Daten des Kunden sofort speichern und sich doppelte
Arbeit ersparen können, die Sie ansonsten haben, wenn Sie den
Kunden zunächst ohne Computer beraten. Möglicherweise
werden die farbigen Bildchen mancher Programme auch den
einen oder anderen Kunden faszinieren.

Ich persönlich bevorzuge dennoch die Beratung per Papier in
Form des Beratungsleitfadens. Dies schließt nicht aus, dass der
Kunde von mir zwischen den Terminen eine Computerauswer-
tung zugeschickt bekommt. Folgende Vorteile geben für mich
den Ausschlag für die Beratung mit Papier:

1. Sie können Ihre Kompetenz als Berater viel besser unter
   Beweis stellen.

2. Der Kunde kann Ihnen besser folgen, weil Sie ihm auf dem
   Papier jeden Rechenschritt erläutern müssen und der Computer nicht einfach im Hintergrund seine Berechnungen erledigt.
   Anmerkung hierzu: Einmal erzählte mir ein Kunde, der
   zuvor von einem Berater einer sehr großen deutschen Bank
   beraten worden war, dass er gar nicht verstanden habe, was
   der Berater da alles in seinen Computer getippt habe und
   dass er mit dem 20-seitigen Ausdruck, den er am Ende in
   die Hand gedrückt bekommen habe, auch nichts habe anfangen können. Bei meiner Papierberatung habe er nun
   erstmals alles verstanden. Ich glaube, so geht es vielen Kunden.

3. Sie machen sich unabhängig von der Technik und können sich selbst viel besser auf das Gespräch und damit auch auf Ihren Kunden konzentrieren.
Egal ob Sie plötzlich ein Problem mit der Bedienung eines Programms haben (und das kommt in der Praxis leider häufiger vor als einem lieb ist) oder ob schlicht Ihr Notebook keine Internetverbindung hat (bei Online-Software essenziell) oder Ihr Akku plötzlich »seinen Geist aufgibt«: In all diesen Situationen sind Sie schlicht aufgeschmissen, wenn Sie dann nicht in der Lage sind, auf die Papierberatung umzuschwenken.

19.4 Die Begrüßung – der erste Eindruck

»Für den ersten Eindruck gibt es keine zweite Chance.« Ich weiß nicht, von wem dieser Satz stammt, aber er bringt die Thematik treffgenau auf den Punkt. Manche Psychologen behaupten, dass die ersten fünf Minuten beim Kennenlernen entscheidend sind, andere sagen, es sei die erste Minute, und einige sprechen sogar von nur fünf bis zehn Sekunden. Wer auch immer recht haben mag: Fest steht, dass wir bereits in den ersten Sekunden über unsere Blicke, unsere Körpersprache und natürlich auch unsere Wortwahl und den Klang unserer Stimme Kontakt zu unserem Gegenüber herstellen und dabei bereits viel falsch oder richtig machen können.

Wenn ein Kunde die Geschäftsräume betreten hat, lasse ich ihn immer zunächst im Wartebereich Platz nehmen, selbst wenn er auf die Sekunde pünktlich zum Termin erscheinen sollte. Warum? Der Kunde soll erstmal richtig ankommen, vielleicht auch zur Ruhe kommen, wenn er sich abgehetzt hat, um es noch rechtzeitig zum Termin zu schaffen oder sich im Stau über andere Autofahrer geärgert hat. Er soll Zeit bekommen, sich auf die Atmosphäre des Büros »einzuschwingen« und seine

Gedanken zu ordnen. Wenn er pünktlich erscheint, werde ich ihn jedoch keinesfalls länger als drei Minuten warten lassen, ansonsten würde er mich ja für unpünktlich halten.

Was tun, wenn der Kunde »überpünktlich« erscheint, also nicht wirklich pünktlich, sondern deutlich zu früh? Das ist in gewisser Weise Geschmackssache. Es gibt Kollegen, die ihre Kunden nur ungern warten lassen und ein schlechtes Gefühl dabei hätten, wenn sie sie warten ließen. Bevor der Kunde ungeduldig auf die Uhr schaut, beginnen sie das Beratungsgespräch lieber früher und haben dann anschließend mehr Zeit vor dem nächsten Termin.

Ich handhabe dies anders und versuche, meine Termine sehr pünktlich beginnen zu lassen. Das heißt, ich hole meine Kunden regelmäßig pünktlich auf die Minute im Wartebereich ab (Ausnahmen siehe oben). Damit vermittele ich ihnen einerseits meine eigene Pünktlich- und Zuverlässigkeit und zum anderen auch die Wertschätzung, die sie verdienen, nämlich, dass ich sie nicht trotz Termins warten lasse. Auf der anderen Seite vermittele ich ihnen allerdings auch, dass ich einen genau getakteten Terminplan habe, der es mir nicht erlaubt, mich aus einer anderen Tätigkeit einfach rausreißen zu lassen, nur, weil der Kunde bereits da ist. Manche Kollegen bemängeln bei dieser Vorgehensweise meine dahinterstehende Disziplinierung des Kunden (nach dem Motto »*Kommen Sie einfach nicht so früh, dann müssen Sie auch nicht warten!*«). Deshalb möchte ich meine Vorgehensweise hier auch nicht als die ultimativ richtige, sondern als Anregung verstanden wissen.

Sollte der Kunde allerdings mehr als 15 Minuten zu früh erscheinen, versuche ich immer, ihn zunächst persönlich zu begrüßen (dazu gleich noch mehr) und ihm schon mal ein Getränk anzubieten, sofern dies noch nicht von der Assistenz erledigt worden ist. Sofern ich mich im Beratungsgespräch befinde, werde ich dieses dafür allerdings nicht unterbrechen, sondern lediglich einen Gang zum Kopiergerät dazu nutzen, den wartenden Kunden kurz zu begrüßen und ihn auf das noch andauernde aktuelle Beratungsgespräch hinzuweisen.

Bevor ich mein Büro verlasse, um den Kunden vom Empfang abzuholen, schaffe ich noch schnell Ordnung und lüfte das Büro, was insbesondere dann sinnvoll bzw. notwendig ist, wenn ich unmittelbar vorher ein anderes Beratungsgespräch abgeschlossen habe. Nichts ist so unangenehm für einen Kunden, wie in ein Büro mit abgestandener Luft einzutreten, zu wissen, dass er hier nun die nächsten 60-90 Minuten verbringen wird und sich nicht zu trauen, den Berater zu bitten, mal frische Luft hereinzulassen.

Des Weiteren ist es mir nicht nur wichtig, dass sich der *Kunde* sammelt. Auch ich selbst versuche, mich noch einmal zu sammeln und auf den bevorstehenden Termin einzustimmen und meine Gedanken zu sortieren. Ein Kollege verglich diese Situation mal mit der eines Kunstspringers, der auf den 10-Meter-Turm klettert, an den Rand des Sprungbretts tritt und sich vor seinem Sprung nochmal aufs Höchste konzentriert, bevor er springt. Hierzu gehört es auch für mich, an Tagen, an denen ich nicht so gut gelaunt bin, meine Gesichtsmuskulatur auf Vordermann zu bringen und zu lächeln – am besten vor einem Spiegel.

Dazu passt ein altes Sprichwort der Chinesen, das da lautet:

»Wer nicht lächeln kann, sollte keinen Laden aufmachen.«

Das halte ich für extrem wichtig. Ich habe schon einige Berater kennengelernt, die zwar durchaus kompetent waren und ihre Kunden gut beraten haben, bei denen man jedoch den Eindruck hatte, für sie sei das Leben eine einzige Last und als würden sie zum Lachen in den Keller gehen. Es geht überhaupt nicht darum, den Entertainer zu spielen, aber mit einem verbindlichen, offenen und von Sympathie und ehrlicher Wertschätzung getragenen Lächeln fällt es deutlich leichter, einen

Kunden zu gewinnen, als mit einer ernsthaften noch so guten Argumentationsrhetorik mit verbissener Miene.

Bei der ersten Begegnung mit einem Kunden steuere ich auf ihn zu, schau ihn an und frage: »*Herr Müller?*« In der Regel wird sich Herr Müller erheben. In diesem Moment strecke ich ihm meine Hand entgegen, lächele ihn an, schaue ihm dabei in die Augen und sage: »*Peter Scherbening. Schön, dass Sie da sind.*« Was zunächst so banal anmuten mag, dass sich manch ein Leser fragen wird, warum ich überhaupt ein Wort darüber verliere, hat es – wie ich selbst erst nach und nach gelernt habe – durchaus in sich. Und genau deshalb werde ich nun auf die diversen Aspekte dieser schlichten Begrüßung noch ausführlicher eingehen.

Der Gang auf den Kunden zu vermittelt diesem bereits einen ersten Eindruck von mir. Schlendere ich zu ihm? Ist mein Gang unsicher? Ist er vielleicht eine Spur zu forsch oder hektisch? Ich versuche mit meinem Gang gelassene Zielstrebigkeit zu vermitteln. Der Kunde soll von dem ersten Moment, in welchem er mich wahrnimmt, das Gefühl haben, dass er jemandem gegenübersitzen wird, der selbstbewusst und kompetent und dabei aber nicht aufdringlich ist.

Der erste Augenkontakt verbunden mit einem offenen Lächeln ist besonders wichtig. Erst als ich einmal in irgendeinem Artikel las, dass ca. drei Sekunden die optimale Zeitspanne seien, seinem Gegenüber in die Augen zu schauen (darüber hinaus würde ein längerer Augenkontakt in den meisten Fällen als unangenehmes Anstarren empfunden), wurde ich mir darüber bewusst, dass ich meine Kunden gerade bei der Begrüßung immer nur sehr flüchtig angeschaut hatte.

Seit ich hierüber gelesen habe, konzentriere ich mich darauf, diese Regel zu beherzigen. Denn nur über den Augenkontakt stellen wir in den ersten entscheidenden Sekunden einen wirklich intensiven Kontakt zu unserem Gegenüber her. Und eigentlich ist es doch ganz leicht, einen Menschen, der gekommen ist, um sich von uns beraten zu lassen, frohen Mutes in die Augen zu schauen, oder?

Warum spreche ich den Kunden fragend mit seinem Namen an? Die Frage drängt sich insbesondere dann auf, wenn es außer Herrn Müller weit und breit keinen anderen unbekannten Menschen im Empfangsbereich oder Wartezimmer gibt. Die Antwort ist schlicht: Jeder Mensch hört gern seinen Namen. Außerdem lässt sich oft – jedenfalls in größeren Büros – nicht ausschließen, dass Herr Müller gerade auf der Toilette ist, und ich gerade Herrn Meier begrüße, der auf meinen Kollegen wartet. Deshalb ziehe ich hier die Frageform der Aussageform (»Ich grüße Sie, Herr Müller.«) eindeutig vor.

Das unscheinbare »*Schön, dass Sie da sind.*« vermag unbewusst eine magische Wirkung zu entfalten. Das ist wissenschaftlich nicht gesichert und insoweit eine Behauptung ins Blaue hinein von mir. Fest steht jedoch, dass es eine positive, persönliche Aussage ist, mit der ich dem Kunden meine ganz besondere Sympathie versichere. Genauso wie ich ihn hier begrüße, werde ich ihn später auch verabschieden, dann mit den Worten: »*Schön, dass Sie da waren.*« Wenn Sie den Kunden zwei Minuten später fragen würden, was Sie zur Begrüßung zu ihm gesagt haben, wird er sich wahrscheinlich nicht mehr an Ihre Worte erinnern. Woran er sich allerdings diffus erinnern wird, ist, dass er sich bei der Begrüßung wohlgefühlt hat. Und was kann uns Besseres passieren, als dass sich der Kunde bei uns wohlfühlt? (Ja ja, ich höre die Ungeduldigen schon wieder rufen: »*Dass er unterschreibt!*«)

Ob man auf dem Weg ins Büro die üblichen Smalltalk-Fragen stellt wie »*Haben Sie's gut gefunden?*«, »*Sind Sie mit dem Wagen oder öffentlichen Verkehrsmitteln gekommen?*« oder ähnliche Floskeln sei jedem selbst überlassen. Ich spare mir diese inzwischen meistens, weil es mich nicht wirklich interessiert und ich an dieser Stelle auch kein falsches Interesse heucheln möchte. Wenn mir nichts Besseres einfällt, gehe ich auch schon mal wortlos voran und sage nur so etwas wie »*Bitte folgen Sie mir unauffällig!*« – das natürlich mit einem freundlichen Lächeln.

Im Büro angekommen, frage ich zunächst, ob ich den Mantel abnehmen kann und helfe den Damen (aber durchaus auch mal den Herren) aus der Jacke, wenn es sich anbietet.

19.5 Die Platzwahl

Als Nächstes steht die Platzwahl an. In der Regel werden Sie sich Ihren Lieblingsplatz sichern, indem Sie dorthin bereits Ihre Schreibunterlagen legen. Grundsätzlich halte ich einen runden Besprechungstisch für deutlich vorteilhafter als einen rechteckigen Tisch. Warum? Weil die Platznahme dort sehr viel flexibler möglich ist. Ich pflege meinen Kunden zu sagen: »*Nehmen Sie Platz, wo immer Sie möchten!*« Dies suggeriert die absolut freie und uneingeschränkte Platzwahl. Ich habe es tatsächlich in all den Jahren meiner Beratungstätigkeit genau zweimal erlebt, dass sich Kunden dann auf »meinen« Platz gesetzt haben. Selbstverständlich lasse ich sie dann auch dort sitzen und weise sie nicht zurecht, dass dies doch mein Platz sei; denn auf diese Weise würde ich mein freigiebiges Angebot, das ich ihnen ja vor wenigen Sekunden noch gemacht habe, als unehrlich entlarven.

Diejenigen Kunden, die sich auf »meinen« Platz gesetzt haben, waren im Übrigen immer besonders selbstbewusste Menschen, die genau wussten, was sie wollten (also mit einem hohen Rotanteil – dazu mehr im Kapitel über das Struktogramm).

Was ich empfehle zu vermeiden, ist ein frontales Gegenübersetzen mit dem Kunden. Unbewusst wird dies als Konfrontationsstellung bzw. -haltung wahrgenommen. Da ich an meinem runden Tisch allerdings nur drei Stühle stehen habe, ist es die

Regel, dass die Kunden, wenn sie allein sind, den Platz einnehmen, der meinem gegenüberliegt. Deshalb ändere ich nach ein paar Minuten meinen Platz, und zwar dann, wenn ich anfange, im Beratungsleitfaden Notizen zu machen. Als Erklärung teile ich dem Kunden währenddessen immer mit, dass er mir so besser über die Schulter schauen könne und – nebenbei bemerkt – alles, was ich hier aufschreibe, im Original für seine Unterlagen bestimmt sei und ich mir nur eine Kopie davon anfertigen würde.

Bei Paaren achte ich darauf, dass ich nicht zwischen den beiden sitze, weil ich ansonsten bei der Ansprache ständig von dem einen zum anderen pendeln müsste. Und das hält auf Dauer meine Nackenmuskulatur nicht aus.

Nachdem sich die Kunden gesetzt haben, biete ich zunächst etwas zu trinken an. Auch über dieses Thema gehen sowohl grundsätzlich als auch in vielen Details die Meinungen zwischen diversen Kollegen und mir weit auseinander. Da gibt es die einen, die meinen, sie seien kein Schankbetrieb und sie würden schließlich bei ihrem Anwalt oder Psychotherapeuten auch nichts zu trinken angeboten bekommen. Dann gibt es diejenigen, die immer nur Kaffee oder Wasser anbieten. Ich bevorzuge, den Kunden neben Kaffee und Wasser auch Tee anbieten zu können und ihnen beim Wasser die Wahl zwischen »mit oder ohne« (Kohlensäure) zu lassen.

9.6 Getränke

Auch die Frage, ob Wasser und Gläser bereits auf dem Beratungstisch stehen sollten oder nicht, ist zum Teil heftig umstritten. Dafür spricht zum einen die Zeitersparnis (ich muss nicht nochmal extra Getränke bei der Assistentin bestellen oder selbst zur Küche laufen) und zum anderen die Vermittlung von Professionalität (ich habe bereits vorgesorgt).

Ich habe mich dennoch ganz bewusst gegen diese Vorgehensweise entschieden. Warum? Weil für mich in Bezug auf mein Büro das Gleiche gilt, was ich oben bereits über das Ankommen des Kunden im Wartebereich gesagt habe. Kennen Sie das nicht auch? Sie kommen in eine fremde Wohnung oder ein Büro zu Besuch: Was ist Ihr erster Reflex? Genau: Sie möchten sich erstmal in Ruhe umschauen und den Raum erkunden. Das geht aber nicht so richtig, wenn der Gastgeber Ihnen gegenübersitzt und Sie gleich in ein Gespräch verwickelt. Denn Sie wollen ja nicht unhöflich sein und ständig Ihren Blick schweifen lassen, während er mit Ihnen spricht, richtig? Genau deshalb verlasse ich **immer** mein Büro, nachdem sich die Kunden gesetzt haben. Ich möchte ihnen die Gelegenheit geben, sich erstmal ganz in Ruhe in meinem Büro umzuschauen, auch hier richtig anzukommen. Wenn der Kunde nichts trinken möchte, verlasse ich das Büro deshalb unter Hinweis darauf, dass ich mir selbst noch einen Kaffee oder ein Glas Wasser holen möchte. Wichtig für diese Vorgehensweise ist freilich, dass dann nicht bereits ein Glas Wasser auf meinem Schreibtisch steht …

19.7 Die ersten 15 Minuten des Beratungsgesprächs

Nachdem ich die Kunden mit Getränken versorgt habe, beginnt der aus meiner Sicht wichtigste Teil des Erstberatungsgesprächs. Er ist deshalb so wichtig, weil Sie hier die Möglichkeit haben, sich selbst zu positionieren und vor allem zu präsentieren, sprich: sich selbst und Ihr Unternehmen zu verkaufen. Gleichzeitig können Sie hier bereits die Weichen für die zukünftige Zusammenarbeit stellen, das Thema Empfehlungen ansprechen und ein Gefühl dafür bekommen, wie Ihr Kunde »tickt«, ob die Chemie zwischen Ihnen stimmt und es für Sie sinnvoll ist, viel Zeit in die Beratung zu stecken oder nicht.

Grundsätzlich unterscheide ich **zwei Beratungssituationen** im Erstgespräch:

1. Der Kunde kommt mit einem ganz konkreten Themenwunsch, beispielsweise dem Thema PKV oder Depot-Check.

2. Der Kunde ist ein sogenannter Empfehlungskunde (tatsächlich ist ja nicht er der Empfohlene, sondern Sie!), der zu Ihnen kommt, weil er mal seine gesamten Versicherungen oder seine Vorsorgesituation auf den Prüfstand stellen möchte.

Die Kunst besteht nach meiner Erfahrung nun darin, mit beidem Kundentypen im Ersttermin praktisch das gleiche Einführungsgespräch zu führen. Die meisten der weniger erfolgreichen Kollegen sind sich über folgende Punkte einig:

- *»Jeder Kunde ist anders, deshalb muss ich mich auf jeden Kunden individuell einstellen und führe auch immer unterschiedliche Gespräche mit den jeweiligen Kunden.«*

- *»Jede Beratungssituation unterscheidet sich von einer anderen. Es ist wichtig, genau auf die Bedürfnisse des Kunden einzugehen, und deshalb verbietet sich hier ein einheitliches bzw. standardisiertes Gespräch.«*

- *»Wenn ich den Kunden mit Themen langweile, die ihn nicht interessieren, dann bin ich ihn ganz schnell wieder los. Also konzentriere ich mich auf genau das, was er will bzw. das Thema, wegen dessen er zu mir gekommen ist.«*

Eine typische Gesprächssituation ist dann etwas Folgende:

Berater: *»Frau Müller, Sie hatten sich ja wegen einer Privaten Krankenversicherung an mich gewandt. Was kann ich denn da für Sie tun?«*

Kundin: *»Ja, also ich bin angestellt und aktuell noch in der GKV versichert, würde mich jetzt aber gern mal über die Preise in der PKV informieren. Ich habe gehört,* dass die am Anfang richtig günstig sein soll, aber im Alter dann meistens richtig teuer, deswegen bin ich da auch noch sehr unentschlossen und wollte mich erstmal grundsätzlich informieren.«

Berater: »Okay. Was halten Sie davon, wenn ich Ihnen zunächst mal die Unterschiede der beiden Versicherungssysteme erläutere?«

Kundin: »Oh ja, das finde ich gut.«

Und prompt sind die beiden mitten im Thema. Ein »Zurück auf Start« gibt es von hier aus nicht mehr. Der Berater wird mit der Kundin über das Thema PKV sprechen und im besten Fall mit ihr auch zu einem Abschluss kommen. Und im Zweifel wird er sich denken: »Siehste, hab' ich doch alles richtig gemacht!«

Die entscheidende Frage ist für mich dann jedoch: Wie geht es denn von hier aus weiter? Wie bekommt der Berater die Kundin denn nun dazu, sich auch mit ihren weiteren Finanz- und Versicherungsthemen an ihn zu wenden? Die am häufigsten gehörte Antwort ist dann: »Da die Kundin zufrieden mit meiner Beratung war, kommt sie auf alle Fälle früher oder später zu mir, wenn bei ihr etwas anliegt.« Aha. Und woher weiß die Kundin, dass bei ihr »etwas anliegt«? Und woher weiß der Berater, dass die Kundin in der Lage ist, ihren Beratungsbedarf eigenständig zu erkennen? Was, wenn sie sich mit dem Thema Berufsunfähigkeit noch gar nicht beschäftigt hat und sich mit diesem Thema erst an ihn wendet, wenn sie bereits eine Diagnose erhalten hat, die einen Abschluss dann unmöglich macht?

Genau aus diesem Grund vertrete ich die Ansicht, dass es das Sinnvollste ist, *allen* Kunden – ganz gleich, warum sie zu mir kommen – am Anfang im Einführungsgespräch immer das Gleiche zu erzählen. Und damit meine ich: zu 95 % exakt das Gleiche! Wie kann so etwas funktionieren? Ganz einfach: indem Sie sich einen Text ausarbeiten, der alles enthält, was aus Ihrer Sicht wichtig für die Grundzüge Ihrer weiteren Zusammenarbeit mit dem Kunden ist.

Folgende Punkte kommen hierfür in Betracht:

- Sprachspur zur Übergabe der Visitenkarte(n) – Dazu später noch mehr.

- Aufklärung über Ihre Vermittlereigenschaft (Pflichtangaben gem. § 11 der 14. Verordnung über die Versicherungsvermittlung und -beratung, kurz: Versicherungsvermittlerverordung, abgekürzt VersVermV) – Dies ist ein häufiger Fehler in Beratungsgesprächen, dass die Aufklärung hierüber unterlassen wird.

- Frage nach den Erwartungen des Kunden (an das heutige Gespräch, das Unternehmen sowie die langfristige Beratung durch den Berater) – Auf diese Weise machen Sie bereits deutlich, dass es Ihnen um eine langfristige Kundenbeziehung und nicht nur einen schnellen Abschluss geht.

- Frage nach bisherigen positiven und negativen Erfahrungen mit anderen Vermittlern – Auf diese Weise können Sie bereits viel über etwaiges Misstrauen gegenüber Versicherungsvermittlern oder auch Wettbewerber erfahren, die möglicherweise noch immer »im Spiel« sind.

- Information über Ihre eigenen Erwartungen (zum Beispiel Ehrlichkeit und Offenheit, Verbindlichkeit, Empfehlungen) – Auf diese Weise können Sie sich bereits sehr deutlich positionieren und beispielsweise auch deutlich machen, dass Sie nicht gewillt sind, sich ständig in den Vergleich mit den Angeboten konkurrierender Vermittler zu begeben. Außerdem können Sie hier bereits zum zweiten Mal das Thema Empfehlungen ansprechen. Warum zum zweiten Mal? Weil Sie es das erste Mal bereits bei der Übergabe der Visitenkarten angesprochen haben – dazu wie gesagt, später noch mehr.

- Informationen über das eigene Unternehmen (wie groß, wie lange am Markt, etwaige Alleinstellungsmerkmale – meine Empfehlung: hier eher zurückhalten mit Selbstbeweihräucherungen).

- Informationen über die eigene Person – Hier gehen die Meinungen weit auseinander. Während ich zu Anfang meiner Beratungstätigkeit gern darauf hingewiesen habe, dass ich Jurist bin und was ich schon so alles Tolles gemacht habe, habe ich nach ein paar Jahren völlig davon Abstand genommen, weil ich zu der Überzeugung gelangt bin, dass diese Informationen den Kunden nicht interessieren, insbesondere dann nicht, wenn er mit einem bestimmten Themenwunsch zu mir gekommen ist und nur darauf wartet, dass ich endlich zur Sache komme. Inzwischen genügt es mir, den Kunden durch meine Kompetenz zu beeindrucken und nicht durch irgendwelche akademische Grade oder Auszeichnungen, die ich erhalten habe. Diese findet er allerdings in der Signatur meiner E-Mails. Ausführlichere Informationen dazu finden Sie in dem Kapitel über die Arbeit mit Outlook (siehe Kapitel 15.1).

- Information über die Art und Weise der angebotenen Beratung – Hier können Sie dem Kunden kurz und knapp darstellen, wie Sie ihn ganzheitlich beraten möchten, was er alles an Service von Ihnen erwarten kann und geliefert bekommt, was der Sinn und Zweck von Folgeterminen (sogenannten »Check-up-Gesprächen«) ist und warum Sie mit ihm am Ende des Gesprächs einen neuen Termin vereinbaren möchten. Auf diese Weise zeigen Sie ihm auf, was sein Nutzen aus einer solchen Vorgehensweise ist und – ganz besonders wichtig – holen sich sein »Ja« zu dieser Vorgehensweise ab. Wenn er Ihnen sein »Ja« nicht bereit ist zu geben, wissen Sie immerhin, dass Sie an diesem Kunden wahrscheinlich nicht viel Freude haben werden und es sich nicht lohnen wird, mehr Zeit als unbedingt nötig in ihn zu investieren, es sei denn, dass der reine Produktverkauf Sie auch zufriedenstellt, ganz nach dem Motto »*Hauptsache, ich habe heute Geld verdient.*«

Möglicherweise denken Sie sich jetzt: »*Wahnsinn! Das alles soll ich einem Kunden erzählen, der nur wegen eines einzelnen Themas zu mir gekommen ist? Das funktioniert doch niemals, der ist doch schneller wieder draußen als ich gucken kann!*«

Glauben Sie mir bitte: Es funktioniert. Und es funktioniert sogar hervorragend! Das extremste Beispiel, von dem ich Ihnen in diesem Zusammenhang berichten kann, ist folgende Beratungssituation gewesen: Als ich für die comdirect private finance AG (die damalige Beratungstochter der comdirect bank AG, die es leider nicht mehr gibt) tätig war, führte die comdirect bank in Zusammenarbeit mit dem Sender n-tv den sogenannten »n-tv-Depotcheck« durch. Bei diesem konnten Fernsehzuschauer ihre Depotübersichten an die comdirect bank senden, die den Kunden daraufhin Optimierungsvorschläge nach Harry M. Markowitz[17] erstellte. Wenn der Kunde angekreuzt hatte, dass er an einem Beratungsgespräch interessiert sei, vereinbarte die comdirect bank einen Gesprächstermin mit dem Kunden, in welchem diesem die Analyse übergeben und erläutert werden sollte.

Die meisten Kollegen machten dann genau das, was sie meinten, dass der Kunde von ihnen erwartet, nämlich die Analyse zu übergeben und diese zu erläutern. Ich war jedoch der Überzeugung, dass diese Kunden für eine ganzheitliche Beratung genauso in Frage kamen wie alle anderen potentiellen Kunden. Ich habe immer im Kopf gehabt: »*Du, lieber Kunde, hast die Chance, von einem der besten Berater beraten zu werden. Und ich möchte Dir genau diese Chance geben und erläutern.*« Und mit diesem Gedanken im Kopf habe ich die ersten Minuten des Beratungsgesprächs genauso geführt, wie oben beschrieben. Und wenn mir der Kunde dann sein »Ja« gegeben hatte, fuhr ich fort wie immer: nämlich mit der Befragung des Kunden zu seiner aktuellen Situation und seinen Zielen und Wünschen (dazu später mehr). Die Krönung war dann für mich immer, wenn der Kunde am Ende ohne die auf dem Tisch liegende Analyse das Büro verließ – nicht etwa, weil er vergessen hatte, danach zu fragen, sondern vielmehr, weil ich ihm erläutert hatte, dass er von mir einen noch viel umfangreicheren und besseren Optimierungsvorschlag erhalten könne, den ich ihm zu unserem nächsten Termin vorbereiten würde.

Ihren Text sollten Sie selbstverständlich auswendig lernen. Die großen Vorteile, die Sie dann haben werden, sind folgende:

- Sie müssen im Gespräch nicht mehr nach den richtigen Worten suchen; denn Sie kennen sie ja bereits.
- Sie müssen sich hinterher nicht ärgern, die falschen Worte gewählt zu haben.
- Sie können sich voll und ganz auf Ihre Stimme, Ihre Intonation, Ihre bewussten Sprechpausen und die Reaktion Ihrer Kunden konzentrieren, weil Ihre Sprachspur irgendwann ganz nebenbei läuft.

Sie werden sehen: Es ist ein wunderbares Gefühl, sich völlig sicher im Gespräch bewegen zu können, weil Sie genau wissen, welchen Satz Sie als Nächstes aussprechen werden. Mitunter ist das dann zwar für sich selbst auch durchaus langweilig, aber das Interessante und Bemerkenswerte ist, dass es kein Kunde bemerken wird – vorausgesetzt natürlich, dass Sie Ihren Text so sicher beherrschen, dass er Ihnen absolut leicht von den Lippen kommt und Sie nicht mehr darüber nachdenken müssen, wie die nächste Textstelle lautet. Deshalb ganz wichtig: üben, üben, üben! Nehmen Sie ein Aufnahmegerät und sprechen sich Ihren Text laut vor! Hören Sie ihn sich anschließend kritisch an und überprüfen Sie, ob Sie sich wirklich natürlich anhören! Üben Sie im nächsten Schritt das Gespräch mit Ihren Verwandten, Ihren Kollegen etc.! Als sehr hilfreich hat sich hier auch das Videotraining erwiesen, bei dem Sie den zusätzlichen Vorteil der optischen Analyse Ihres Beratungsgesprächs haben.

Wichtig ist freilich auch, dass der Text zu Ihrer Persönlichkeit passt. Es lohnt sich wirklich, hier eine Menge Zeit zu investieren. Sie können das mit dem Erlernen eines Instruments, zum Beispiel einer Gitarre, vergleichen. Wenn Sie dabei nicht von Anfang an lernen, die Griffe korrekt und sauber zu greifen, werden Sie später immer Probleme haben und Ihr Spiel wird irgendwie stumpf oder gar schräg klingen. Je sorgfältiger Sie bei der Formulierung Ihres Textes vorgehen, desto leichter wird es Ihnen später fallen, diesen locker und voller Überzeugung zu sprechen. Das Faszinierende ist dabei nach meiner Erfahrung, dass kein Kunde je bei mir bemerkt hat, dass ich ihm etwas auswendig Gelerntes erzähle. Um das zu erreichen, hilft freilich nur eins – siehe oben: üben, üben, üben!

Ich habe lange überlegt, ob ich meinen eigenen Gesprächsleitfaden in diesem Buch offenlegen soll oder nicht. Auf der einen Seite sehe ich die Gefahr, dass Sie es sich dann zu leicht machen und einfach meinen Text 1:1 übernehmen. Auf der anderen Seite denke ich: Warum sollten Sie das Rad neu erfinden, wenn es doch bereits ein solches funktionierendes Rad gibt? Als ich bei der comdirect private finance AG die Einstiegsschulung besuchte, sagte unser damaliger Vorstandsvorsitzender: »*Macht es einfach wie die Erfolgreichen, dann werdet Ihr auch erfolgreich!*« So banal dieser Satz auch klingen mag, so viel Wahrheit liegt in ihm. Und da ich meinen Beratern in meinen Schulungen meine Texte auch nicht vorenthalten habe, habe ich mich dazu entschlossen, meine Sprachspur der ersten Minuten des Beratungsgesprächs Ihnen hier ebenfalls wortwörtlich vorzustellen. Jedes einzelne Wort, das ich hier verwende, ist wohl überlegt. Ich habe an diesem Gesprächsleitfaden mehrere Tage gearbeitet und ihn dann über Jahre immer wieder durch kleinere Formulierungsänderungen verbessert. Hier ist er:

»*Frau Müller, als ersten Akt bekommen Sie von mir meine Visitenkarte.*«

Ich nehme eine Visitenkarte aus dem Visitenkartenständer, nehme einen Kugelschreiber und sage wie beiläufig: »*Heute haben wir den ...*« und warte darauf, dass mir die Kundin das heutige Datum nennt. Auf diese Weise »aktiviere« ich sie, rege sie dazu an, mitzudenken und mir aktiv zuzuhören. Nachdem ich das Datum auf die Rückseite der Visitenkarte geschrieben habe, male ich ein Smiley darunter und sage: »*In der Hoffnung, dass Sie diesen Tag in guter Erinnerung behalten und mit meiner Beratung am Ende so zufrieden sind, dass Sie hier rausgehen können, wie Sie reingekommen sind: mit einem Lächeln.*« Es folgt noch meine Unterschrift, bevor ich die Karte der Kundin mit der um 180° verdrehten Schriftseite nach oben überreiche (nicht hinlege, sondern warte, dass sie sie auch wirklich in ihre Hand nimmt). Grund für das Verdrehen ist, dass der Kunde dann mit einer größeren Wahrscheinlichkeit wirklich einen Blick auf die Karte wirft. Das mag der eine oder andere als Sperenzchen abtun – aber Sie können es ja einfach mal ausprobieren, die Reaktionen Ihres Gegenübers beobachten und dann entscheiden, ob Sie dieses Handlungsdetail für sich übernehmen wollen oder nicht.

Weiter geht's wie folgt: »*Und wenn Sie am Ende wirklich zufrieden sein sollten, könnte es natürlich passieren, dass Sie mich mal weiterempfehlen möchten. Dann brauchen Sie natürlich noch eine Karte, die Sie weiterreichen können*« und überreiche ihr mit einem Lächeln und einem Augenzwinkern die zweite Karte.

Als Nächstes reiche ich der Kundin eines von zwei auf dem Tisch liegenden DIN A4-Blättern mit den Pflichtangaben gem. § 11 Vermittlerordnung (siehe Kapitel 27.1) und erkläre ihr:

»*Und jetzt kommt der formale Teil: Frau Müller, der Gesetzgeber verpflichtet mich dazu, Sie darüber aufzuklären, in welcher Eigenschaft ich Ihnen hier gegenübersitze, und das mache ich natürlich auch gern. Sie wissen wahrscheinlich: Es gibt Versicherungsvertreter, das sind diejenigen Vermittler, die nur für eine einzelne Gesellschaft tätig sind. Es gibt*

Mehrfachagenten, das sind praktisch Versicherungsvertreter mehrerer Gesellschafften. Und es gibt Makler. Das sind diejenigen Vermittler, die nicht im Lager einer oder mehrerer Versicherungsgesellschaften stehen, sondern im Lager des Kunden. Ich bin ein echter Makler mit der Erlaubnis zur Vermittlung von Darlehensverträgen, Immobilien, Versicherungen und – mit einer zusätzlichen Genehmigung – zur Vermittlung von Geldanlagen. Damit Sie das alles überprüfen können, gibt es zwei Vermittlerregister, in denen Sie das nachlesen können. Die Details dazu finden Sie auf diesem Blatt. Bitte seien Sie doch so gut und bestätigen Sie mir auf diesem Blatt«, und in diesem Moment schiebe ich ihr das zweite Exemplar zu, *»dass Sie diese Information erhalten haben. Das andere Blatt ist für Ihre Unterlagen bestimmt.«*

In 99 % der Fälle wird der Kunde das Blatt anstandslos unterschreiben. Wenn man so will, könnte man auch sagen, der Kunde gewöhnt sich schon zu einem sehr frühen Zeitpunkt daran – das Gespräch dauert bis dahin ja gerade mal vielleicht drei Minuten –, etwas bei Ihnen zu unterschreiben. In 1 % der Fälle zeigen sich die Kunden schon mal verwundert, dass sie gleich am Anfang etwas unterschreiben sollen. Wenn Sie dann erklären, dass der Gesetzgeber mit dieser Information den Kunden schützen möchte, und Sie sich nun aber auch schützen müssen, dass Sie im Fall der Fälle nachweisen können, Ihren Informationspflichten nachgekommen zu sein, wird auch das letzte Prozent der Kunden das Blatt unterschreiben.

Nun liegt mein »Beratungsleitfaden« auf dem Tisch. Dieses Wort sollten Sie übrigens niemals im Kundengespräch verwenden. Das würde für den Kunden eher befremdlich klingen. Einen authentischen kompletten Beratungsleitfaden in anonymisierter Form finden Sie am Ende des Buches.

»Frau Müller, ich weiß ja schon warum Sie heute hier sind. Mich würde allerdings dennoch interessieren, mit welchen

Erwartungen Sie heute zu mir gekommen sind – Erwartungen an unser heutiges Gespräch, an mich als Berater oder auch das Unternehmen XYZ. Wie möchten Sie beraten werden? Was für Erfahrungen – positive wie negative – haben Sie vielleicht bereits mit anderen Vermittlern gemacht?«

Vielen Kunden fällt es sehr schwer, hierauf zu antworten. Viele werden lediglich ihren Themenwunsch wiederholen, also zum Beispiel: *»Ja, wie gesagt, ich möchte mich zum Thema Private Krankenversicherung informieren und hoffe, dass Sie mir da ein gutes Angebot machen können.«* Wenn die Antwort so kurz ausfällt, füge ich Folgendes hinzu: *»Was gibt es darüber hinaus noch an Erwartungen bei Ihnen? Es gibt beispielsweise Kunden, die mir sagen ›Bevor ich hier etwas unterschreibe, will ich mir auf alle Fälle alles Kleingedruckte durchlesen.‹ Dann gibt es Kunden, die mir sagen: ›Ich hab' nicht so viel Zeit. Ich möchte hier keine Vorlesung von Ihnen erhalten, sondern einfach einen konkreten Vorschlag, den ich unterschreiben kann.‹ Und dann gibt es noch diejenigen Kunden, die mir sagen: ›Ich möchte hier zwar kein Studium betreiben, aber ich möchte schon genau verstehen, was ich hier am Ende unterschreibe und möchte meine Fragen loswerden können.‹ – Wo würden Sie sich da am ehesten einsortieren?«*

Die Fragestellung ist natürlich suggestiv, und so verwundert es nicht, dass hier 99 % der Kunden antworten werden: *»Am ehesten so wie im dritten Beispiel.«*

Wenn ich merke, dass ein Kunde eher ungeduldig auf die Frage nach seinen Erwartungen reagiert, erzähle ich ihm noch folgende (wiederum wahre) Geschichte:

»Wissen Sie, warum mich das so interessiert? Ich habe es kürzlich selbst erlebt, was passieren kann, wenn man nicht über die gegenseitigen Erwartungen spricht. Meine Frau hat mir zu Weihnachten einen Gutschein für einen zweistündigen Schlagzeug-Workshop geschenkt. Ich hatte mich riesig

*darüber gefreut, weil ich zwar schon Gitarre und Saxophon
spiele, aber noch nie an einem Schlagzeug gesessen habe.
Der Schlagzeuglehrer war sehr nett und hatte ein Blatt mit
Schlagzeugnoten für mich vorbereitet. Dann spielte er mir
ein paar Takte vor und ich spielte sie nach. Nach relativ
kurzer Zeit fing er jedoch an, mir alle möglichen Stile zu erklären und vorzuspielen. Und er spielte und spielte und
spielte. Am Ende war ich ziemlich frustriert, weil ich selbst
kaum zum Spielen gekommen war. Wäre das die erste von
vielen Stunden eines Schlagzeugkurses gewesen, hätte ich
diese zwei Stunden wahrscheinlich sogar ganz positiv bewertet. Aber ich war mit der Erwartungshaltung dorthin gekommen, dass ICH möglichst viel spielen kann und er mich
einfach ab und zu korrigiert und leitet. Hätte er mit mir
über meine Erwartungen gesprochen, hätte sich mein Frust-
erlebnis sicher vermeiden lassen. Verstehen Sie, was ich
meine?«*

Die Punkte, die mir der Kunde nennt, notiere ich alle
unter der Überschrift »Ihre Erwartungen« auf dem ersten
Blatt des Beratungsleitfadens und lese diese dann nochmal
laut vor. Dann erkläre ich:

*»Hier rechts ist ja noch etwas Platz, und der ist für meine
Erwartungen. Das sind standardmäßig drei:*

- *Ehrlichkeit und Offenheit – Sie können von mir eine ehrliche, seriöse Beratung erwarten und werden diese auch bekommen. Was ich von Ihnen dafür brauche, sind ehrliche
Informationen, okay?*

- *Verbindlichkeit – Damit meine ich Folgendes: Hier muss
niemand etwas unterschreiben. Ich bin gerne dazu bereit,
Sie so umfangreich zu beraten, wie Sie es sich wünschen
und stelle Ihnen meine Zeit kostenlos zur Verfügung.
Wenn Sie am Ende aber einen Antrag unterzeichnen,
dann möchte ich, dass es bei mir ist und nicht bei irgendjemand anderem. Das heißt, ich werde Ihnen keine Rech-*

nung über ein Beratungshonorar ausstellen, sondern ich finanziere mich über die Abschluss- und Bestandsprovisionen, die ich von den jeweiligen Gesellschaften erhalte.

Was ich vermeiden möchte, sind Situationen wie diese: Ein Interessent legt mir ein Angebot auf den Tisch und fragt mich, ob ich ihm ein besseres machen könne. In solchen Fällen frage ich dann immer: ›Und was ist, wenn ich Ihnen am Ende bestätige, dass das Angebot, was Sie mir hier vorlegen, das Beste ist, das Sie am Markt bekommen können?‹ Die Standardantwort ist dann meistens: ›Na, dann schließe ich bei dem Vermittler ab, der mir das Angebot zuerst unterbreitet hat.‹, und meine Erwiderung ist dann regelmäßig: ›Sehen Sie, und das ist genau die Situation, die ich vermeiden möchte. Ich hatte Ihnen ja gerade gesagt, dass ich Sie ehrlich und seriös beraten möchte und dies auch tun werde. Deshalb möchte ich auch gar nicht erst in eine Situation kommen, in der ich ein gutes Produkt schlechtmachen muss, nur um mit Ihnen ins Geschäft zu kommen.‹ Und ganz ehrlich: Ich möchte auch gar nicht, dass Sie am Ende deshalb bei mir einen Antrag unterschreiben und mich deshalb an Freunde weiterempfehlen, weil ich Ihnen ein 3,50 Euro günstigeres Angebot als ein Mitbewerber gemacht habe, sondern deshalb, weil Sie zu der Überzeugung gekommen sind: Der Scherbening ist ein guter Mann. Der ist kompetent, hat was drauf, ist für mich da, wenn ich ihn brauche und erzählt mir keinen vom Pferd. Mir geht es um eine langfristige Zusammenarbeit mit Ihnen und nicht um ein schnelles Geschäft, okay?

Und deshalb möchte ich an dieser Stelle auch gern noch kurz nachfragen: Lassen Sie sich auch noch von anderen Maklern oder Finanzberatern beraten oder haben dies vor? Das ist natürlich völlig legitim, ich möchte es halt einfach nur gern wissen – Stichwort Ehrlichkeit und Offenheit.

Sofern der Kunde dies bejaht, füge ich noch Folgendes hinzu: »*Das ist, wie gesagt, völlig in Ordnung für mich. Da ich aber kein Produktverkäufer, sondern ernsthafter Finanzberater bin, möchte ich vermeiden, dass Sie sich längerfristig zwischen mehreren Beratern hin- und hergerissen fühlen. Deshalb möchte ich, dass Sie vor unserem nächsten Termin eine Entscheidung darüber treffen, von wem Sie sich in Zukunft beraten lassen möchten. Das ist natürlich auch eine Frage der Chemie und des Bauchgefühls. Ist das für Sie so in Ordnung?*«

Falls der Kunde hier nicht mit einem klaren ›Ja‹ antwortet, ist nach meiner Erfahrung äußerste Vorsicht geboten. Mit Kunden, die sich hier alle Möglichkeiten offenhalten wollen, wird man in der Regel nicht glücklich werden und – wenn man dem nicht rechtzeitig einen Riegel vorschiebt – nur viel Zeit unnütz investieren, ohne dass es zu einem Abschluss kommen wird.

- »*Empfehlungen – Wenn Sie am Ende mit meiner Beratung wirklich zufrieden sein sollten, dann wünsche ich mir, dass Sie mich weiterempfehlen, am liebsten natürlich persönlich, aber auch über eine positive Bewertung auf der Bewertungsplattform www.whofinance.de freue ich mich. Ist das für Sie okay?*«

Das Thema »Empfehlungen« bereits zu diesem frühen Zeitpunkt anzusprechen, hat einen großen Vorteil: Sie müssen den Kunden nicht erst am Ende der Beratung auf dieses Thema stoßen, sondern können bereits vor Erbringung Ihrer Dienstleistung mit ihm eine Verabredung treffen, nämlich die, dass er Sie weiterempfiehlt, wenn er wirklich zufrieden mit Ihrer Beratung ist. Das ist doch ein wirklich fairer Deal, oder?

Hierauf können Sie zum Abschluss der Beratung nämlich sehr charmant wieder zurückkommen. Auf der anderen Seite ist auch klar: Ein Kunde, der Ihnen an dieser Stelle ein »Nein« gibt und Ihnen erklärt, dass er grundsätzlich niemanden empfiehlt – auch so etwas habe ich tatsächlich schon erlebt – wird kein Mensch sein, mit dem Sie bei Ihrer Beratung Freude haben werden. Wenn Sie dies bereits zu einem so frühen Zeitpunkt erfahren, können Sie auch noch früh genug entscheiden, ob Sie die Beratung mit diesem Interessenten überhaupt weiter fortsetzen wollen oder nicht (Ich wollte damals nicht und tat es dennoch – und habe die daraus folgende Zeitverschwendung bitter bereut!).

Nachdem ich mir das Ja des Kunden zu diesen drei Punkten abgeholt und diese notiert habe, sage ich »*Schön.*« und fahre fort:

»*Frau Müller, sind Sie damit einverstanden, wenn ich Ihnen ganz kurz darstelle, wer wir <Firma> eigentlich sind und wie wir hier so arbeiten?*«

Erst wenn ich hierzu ein ausdrückliches Ja erhalten habe, blättere ich das Blatt um zur nächsten Seite. Zögert ein Kunde an dieser Stelle oder zeigt sich ungeduldig, weiß ich bereits, dass er nicht mein Kunde wird, und jede weitere Minute Beratungsaufwand verschwendete Zeit ist, weil er definitiv nur an einem Produkt und gegebenenfalls einem Preisvergleich interessiert ist. Und an solchen Kunden bin ich halt nicht interessiert.

Unmittelbar nach dem Umblättern erkläre ich dem Kunden, dass ich mich nun neben ihn setze, damit er mir besser über die Schulter schauen kann und nicht alles, was ich notiere, nur über Kopf sehen kann – und tue dies dann auch im nächsten Moment.

Auf dem nächsten Blatt sieht der Kunde vorskizziert den Beratungskreislauf. Ich erläutere diesen wie folgt:

»*Unser Beratungsansatz ist ein ganzheitlicher. Ich weiß, dass das eine viel zu oft benutzte Worthülse ist, aber es entspricht halt meiner Überzeugung, und ich versuche mal, Ihnen deutlich zu machen, worum es dabei geht, einverstanden? – Wir beraten hier*

von A-Z, von A wie Altersvorsorge oder A wie alternative Invest-
mentprodukte, über I wie Immobilienfinanzierung, R wie Riester
oder Rürup bis Z wie Zahnzusatzversicherung – also alles, was
mit Vermögensaufbau zu tun hat, und alles, was mit Vermögens-
absicherung zu tun hat.

Und dabei ist unsere Vorgehensweise vergleichbar mit der eines
Arztes. Was bei diesem die Anamnese ist, ist bei uns die Analyse.
Darum geht es heute: Ihre Ziele, Ihre Wünsche, Ihre Prioritäten,
aber auch Fragen nach Ihrer aktuellen Vermögens- und Versicherungssituation. Mit all diesen Informationen versetzen Sie
mich in die Lage, Ihnen zum nächsten Mal (In diesem Moment
ziehe ich den Viertelkreis vom Stichwort Analyse zum Stichwort Konzept.) ein Konzept zu erstellen, vergleichbar der Diagnose beim Arzt. Das muss kein 20-Seiten-Pamphlet sein. Vielleicht stellen wir ja fest: Sie sind bereits bestens aufgestellt, und
müssen nur links oder rechts ein Schräubchen drehen, und alles
ist perfekt. Unter Umständen weise ich Sie jedoch auch auf die
eine oder andere Baustelle hin, an die Sie bislang vielleicht noch
gar nicht gedacht haben. Sie entscheiden dann, ob Sie sich näher
mit dem Thema befassen möchten oder nicht.

Erst wenn Sie sagen: ›Ja, das interessiert mich‹, kommen die verschiedenen Anbieter und Produkte ins Spiel. (In diesem Moment
ziehe ich den Viertelkreis vom Stichwort Konzept zum Stichwort Umsetzung.) Das heißt, ich werde Ihnen Vergleichsangebo-
te und Leistungsvergleiche erstellen, die ich um meine eigenen
Fachkenntnisse erweitern werde. Es kann also gut sein, dass ich
Ihnen bei dem einen Thema dazu raten werde, nicht das günstigste Produkt zu nehmen, sondern vielleicht nur das fünft Günstigste, weil erst dieses wirklich gut ist und Ihre Leistungsvorgaben
zuverlässig erfüllt, und bei einem anderen Thema Ihnen vielleicht
sagen werde: ›Nehmen Sie hier ruhig den günstigsten Tarif, er ist
nicht nur günstig, sondern auch richtig gut.‹

Wenn Sie dann meinen Konzeptvorschlag – vergleichbar mit dem
Einlösen des ärztlichen Rezepts in der Apotheke – umgesetzt

haben, ist die Sache für den Arzt, um mal in diesem Bild zu blei-
ben, meist beendet, das heißt, der wartet darauf, dass Sie sich
krank wiedermelden, weil sein Wartezimmer eh schon voll ist.
Das möchten wir hier gerne anders handhaben. Das heißt: Mir
liegt Ihre Gesundheit am Herzen, und ich möchte Sie gerne ge-
sund erhalten, getreu dem Motto ›Nichts ist so schnelllebig wie
das Leben selbst.‹ Alles Mögliche verändert sich. Ob Sie jetzt viel-
leicht angestellt sind und sich irgendwann mal selbständig ma-
chen wollen, oder von der Selbständigkeit zurück ins Angestell-
tenverhältnis wechseln möchten, ob Sie heiraten, Kinder bekom-
men oder sich wieder scheiden lassen oder vielleicht eine Erb-
schaft machen oder eine Gehaltserhöhung bekommen: Immer
wieder kann sich die Frage stellen: Stimmt das, was wir miteinan-
der besprochen haben, so noch für Sie, oder ist es nötig oder sinn-
voll, Ihre Verträge an die neue Situation anzupassen? Oder auch
Steuergesetze, die es ja in Deutschland leider zu Hauf gibt. Was
hat es da in den letzten Jahren nicht alles gegeben, was Auswir-
kungen auf bestehende Vermögen bzw. Neuanlagen gehabt hat:
angefangen mit dem Alterseinkünftegesetz 2004 über die Abgel-
tungssteuer 2008 bis zum Bürgerentlastungsgesetz 2011, um nur
ein paar zu nennen. Ständig lässt sich der Gesetzgeber neue Sa-
chen einfallen, die Auswirkungen auf Ihre Finanzplanung haben
können. Und damit Sie sich diese Informationen nicht immer
mühselig aus der Tagespresse oder dem Internet raussuchen müs-
sen, biete ich ein- bis zweimal jährlich sogenannte Check-up-Ge-
spräche an. In diesen geht es darum, Ihre bestehenden Verträge
zu überprüfen, auf dem neuesten Stand zu halten und über Neu-
igkeiten zu sprechen, die sich bei Ihnen ereignet haben.

Deshalb mache ich es in der Regel so, dass ich am Ende eines Ter-
mins einen neuen Termin vereinbare. Ob dieser dann in zwei
Wochen, zwei Monaten oder erst in einem dreiviertel Jahr ist,
hängt ganz davon ab, was voraussichtlich zu besprechen sein
wird. Vorteil aus meiner Sicht: Wir bleiben in Kontakt und Sie
verlieren nicht den Anschluss an wichtige Informationen. Denn

für mich gilt der Grundsatz: Der Kunde, der hier am Tisch sitzt, hat die absolute Priorität für mich. Und immer dann, wenn ich den Kontakt zu einem Kunden verliere und er auf meine Aufgabenliste rutscht, weiß ich nicht, wann ich die Zeit finden werde, ihn wieder zu kontaktieren.

Meine Frage an Sie an dieser Stelle: Wie sehen Sie das? Sehen Sie in dieser Form der dauerhaften Beratung auch einen Vorteil für sich, oder sagen Sie: ›Bei aller Liebe, Herr Scherbening, ich interessiere mich nur für das eine Thema, und im Übrigen lassen Sie mich bitte in Ruhe.‹ Was ja auch völlig in Ordnung ist.«

Ab da heißt es dann schweigen und genau zuhören, was der Kunde nun sagt. Ich vermeide an dieser Stelle jegliche Diskussionen, bin aber gewarnt, wenn hier ein Kunde zögert. Zu diesem Zeitpunkt sich das »Ja« des Kunden für eine dauerhafte Beratung und Betreuung abzuholen, ist meines Erachtens die entscheidende Weichenstellung für die weitere positive Zusammenarbeit. Wenn der Kunde diese konzeptionelle Beratung abnickt, ist es selbstverständlich, dass ich am Ende des Termins mit ihm einen neuen vereinbare und er mein Büro nicht mit einem unverbindlichen »*Ich melde mich bei Bedarf.*« verlassen wird.

Erst, wenn der Kunde mir sein Okay zu dieser Art der Beratung gegeben hat, zeichne ich den letzten Viertelkreispfeil vom Stichwort Check-up zum Thema Analyse. Erhalte ich kein klares Ja, zeichne ich hier nur eine gestrichelte Linie, um deutlich zu machen, dass der Kunde hier noch kein klares Einverständnis gegeben hat. Dann blättere ich um und fahre wie folgt fort:

»Auf dieser Seite sind zwei Aspekte unserer Beratungsphilosophie dargestellt, die ich Ihnen noch gern kurz erläutern möchte.« Ich schreibe nun »2 Aspekte«, unterstreiche dies und notiere darunter »1. Vernetzung«.

»Sie sehen hier rechts eine Reihe von Begriffen, die im weitesten Sinne etwas mit Geld zu tun haben: Vermögensaufbau, Immo-

bilie, Erben und Schenken, Altersvorsorge etc. Sehr häufig sind diese miteinander vernetzt, ohne dass sich ein Anleger hierüber bewusst ist. Am besten illustriert das vielleicht ein Beispiel, das ich vor ein paar Monaten erlebt habe. Da meldete sich auf Empfehlung eines guten Kunden von mir (Anmerkung: Durch Erwähnung des »guten Kunden« und seiner Empfehlung bringe ich ganz nebenbei wieder das Empfehlungsthema an, ohne groß darauf rumzureiten.) *eine Dame wegen einer Immobilienfinanzierung bei mir. Sie rief mich an und sagte: ›Herr Scherbening, ich habe gehört, dass Sie günstige Immobiliendarlehen anbieten. Ich habe die Möglichkeit, die Wohnung, in der ich zurzeit zur Miete wohne, zu kaufen. Ich habe 85 000 Euro gespart und möchte den Rest, etwa 135 000 Euro, finanzieren. Können Sie mir da ein günstiges Angebot machen?‹ In diesem Moment ziehe ich einen Strich vom Begriff »Immobilie« zum Begriff »Finanzierung«.*

Klar konnte ich. Aber hätte ich genau das gemacht, was die Kundin gewollt hat, hätte ich ihr nicht wirklich einen Gefallen getan. Warum? Die Kundin (Anmerkung: Man beachte, wie die Interessentin jetzt gerade zur Kundin aufgewertet wurde. Ich antizipiere hier also bereits ganz unterschwellig die Tatsache, dass sie meine Beratung so gut fand, dass sie meine Kundin geworden ist.) *interessierte sich ganz offensichtlich nur für Konditionen. Das heißt, sie rief bei Bank A und Bank B, beim Darlehensvermittler C und bei uns an und war darauf erpicht, den günstigsten Zinssatz für sich zu bekommen. Ich habe sie zunächst mal zum Gespräch eingeladen und sie gefragt, ob das eigentlich ihr ganzes Geld sei, was sie da investieren wolle. Darauf antwortete sie: ›Im Wesentlichen schon.‹ Damit gewann ihr beabsichtigter Immobilienerwerb die Qualität eines Vermögensaufbaus.«* In diesem Moment ziehe ich eine Linie vom Begriff »Immobilie« zum Wort »Vermögensaufbau«.

»Als Nächstes hab' ich sie gefragt, was sie beruflich macht. Antwort: Freiberuflerin, Architektin. Ich habe dann weiter gefragt, ob es auch schon mal vorkomme, dass sie vielleicht auch mal eine

Auftragsflaute habe oder Kunden in Zahlungsrückstand geraten. Als sie das bejahte, war mir klar, dass es nicht sinnvoll ist, dass die Kundin ihre ganze Kohle in einer Immobilie versenkt und dann vielleicht ein paar Monate später ihr Girokonto mit einem hohen Dispozins überziehen muss.

Dann fragte ich sie: ›Haben Sie eigentlich schon was für Ihre Altersvorsorge getan?‹ *Sie zögerte kurz und sagte dann:* ›Eigentlich soll das doch meine Altersvorsorge sein.‹« Nun ziehe ich eine weitere Linie vom Begriff »Immobilie« zum Begriff »Altersvorsorge«.

»*Darauf meinte ich dann:* ›Gut, nur Steine kann man nicht essen. Das wird nicht reichen.‹ *Schließlich hab' ich sie noch gefragt:* ›Haben Sie sich eigentlich schon mal überlegt, was Sie machen wollen, wenn Sie vielleicht mal länger krank werden, vielleicht sogar berufsunfähig? Wollen Sie dann Ihre Wohnung wieder verkaufen, oder wie stellen Sie sich das vor?‹ *Da war sie etwas pikiert und meinte nur:* ›Natürlich nicht, deswegen kauf' ich sie doch.‹ ›Okay‹, *sagte ich daraufhin,* ›dann sollten wir uns Gedanken darüber machen, wie Sie Ihre Immobilie gegen dieses Risiko absichern, das heißt, wie Sie nicht nur etwa Ihren Hausrat, sondern den Tilgungsprozess gegen Berufsunfähigkeit absichern.‹« In diesem Moment ziehe ich eine Linie vom Wort »Immobilie« zum Begriff »Absicherung«.

»*Genauso, wie es sinnvoll ist, sich Gedanken über die Absicherung der Altersvorsorge zu machen. Dazu fällt mir gerade noch so ein Beispiel ein von einem anderen Kunden. Der war Anfang 30 und sagte mir gleich zu Beginn des Beratungsgesprächs:* ›Herr Scherbening, ich möchte 500 Euro monatlich für meine Altersvorsorge sparen, aber bleiben Sie mir weg mit Versicherungen, die hasse ich wie die Pest!‹ *Ich sagte ihm:* ›Okay, kein Problem. Was schwebt Ihnen denn so vor?‹ *Darauf er:* ›Ein Aktienfondssparplan.‹ ›Okay‹, *sagte ich,* ›und was für eine Rendite möchten Sie erzielen?‹ *Seine Antwort:* ›6%.‹ ›Gut,‹ *sagte ich daraufhin.* ›Was würden Sie denn dazu sagen, wenn ich Ihnen 8,5% Rendite bringen könnte?‹ ›Das wär' natürlich geil‹, *meinte er.* ›Sehen Sie‹, *sagte ich dann, ›dafür habe ich hier meine Glaskugel.‹«* Dann nehme ich mit einem Augenzwinkern die Glaskugel, die auf meinem Tisch steht, senke meinen Kopf über sie, schaue tief hinein und sage:

»›Damit kann ich nämlich genau sehen, welcher Fonds sich wie entwickeln wird und welcher am besten für Sie geeignet ist. Und jetzt stellen Sie sich mal vor, Sie machen das, und nach einem Jahr stellen Sie fest: Verdammt, das waren ja gar keine 8,5 % – das waren ja glatte 11 %! Was werden Sie denken? Scherbening ist 'n toller Hecht?‹ Darauf er: ›Ja, wahrscheinlich schon.‹ ›Okay‹, sagte ich dann, ›lassen Sie uns das mal weiter durchspielen. Im zweiten Jahr sind es wieder keine 8,5 %, sondern 11,3 %, dann 11,7 %, 12,7 % und im 5. Jahr sogar 14,1 %. Was werden Sie dann denken: Der Scherbening ist 'ne echt coole Sau, stimmt's?‹ Er konnte sich ein zustimmendes Grinsen nicht verkneifen. ›Okay, und nun stellen Sie sich bitte mal vor, dass Ihnen in fünf Jahren das passiert, was meinem Vater mit 45 Jahren passiert ist: Schlaganfall! Was bedeutet das dann ganz konkret für Sie? Sie können nicht mehr arbeiten, verdienen kein Geld mehr und können auch keine weiteren Rücklagen für Ihre Altersvorsorge mehr bilden. Lassen Sie uns mal rechnen: Sie haben dann fünf Jahre lang jeden Monat 500 Euro gespart, das sind im Jahr 6 000 Euro bzw. in fünf Jahren 30 000 Euro. Jetzt lassen Sie das mal mit den tollen Renditen von mir aus 50 000 Euro sein, auch wenn das jetzt übertrieben ist, aber einfach nur mal, um eine runde Zahl zu haben. – Wie weit werden Sie damit kommen? Wie lange können Sie davon leben? Werden Sie dann immer noch denken: ›Der Scherbening ist wirklich 'n geiler Typ und hat mich echt super beraten.‹ Oder könnte es sein, dass Sie sich dann vielleicht doch die Frage stellen, ob Sie heute alles richtig gemacht haben mit ihren Geldanlageentscheidungen und ob es wirklich so eine gute Idee war, das Thema Versicherungen komplett außen vor zu lassen?‹ Sie können sich sicher vorstellen, dass er anschließend das Thema Versicherungen mit anderen Augen gesehen hat.«

Durch diese nur scheinbar ausufernde und vom eigentlichen Thema wegführenden Ausführungen habe ich mich gleichzeitig als Anlageberater ins Spiel gebracht und das Thema Berufsunfähigkeitsversicherung als existenziell wirklich wichtige Absicherung nochmal verankert. Das heißt: Egal, aus welchem Grund mich ein Kunde aufsucht – er erhält gleich in den ersten zehn Minuten unseres Kennenlerngesprächs einen Einblick in die Art und Weise meiner Beratung und die Themen, über die es sinnvoll sein wird zu sprechen.

»Um noch kurz das Beispiel der eben erwähnten Kundin zu Ende zu bringen: Lange Rede kurzer Sinn, am Ende habe ich ihr ein ganz anderes Konzept gestrickt als sie es sich vorgestellt hatte und dabei deutlich weniger Eigenkapital in die Finanzierung einberechnet, damit sie noch eine Liquiditätsreserve behielt und auch schon mal mit den anderen Themen starten konnte, die für sie wichtig waren, also ihre Altersvorsorge und ihre Berufsunfähigkeitsabsicherung. Und so sehe ich es halt immer als meine Aufgabe an, nicht immer gleich genau auf das zuzusteuern, was mir ein Kunde als Beratungsthema präsentiert, sondern immer auch ein bisschen über den Tellerrand hinauszuschauen, nachzufragen und zu überlegen, was könnte neben dem Thema, das mir ein Kunde nennt, vielleicht auch noch wichtig für ihn sein.

Zweiter Aspekt: Sie und Ihre aktuelle Situation.«

Dies schreibe ich genauso auf und unterstreiche dabei das Wort »aktuelle«. Sodann kreise ich der Reihe nach die vier links stehenden Begriffe »Beruf«, »Wohnen«, »Leben« und »Familie« ein, während ich fortfahre:

»Und die ist natürlich ganz besonders gekennzeichnet durch Ihre berufliche Situation: Was Sie machen, wie viel Sie verdienen, wo Sie noch hinmöchten. Dann durch Ihre Wohnsituation: ob zur Miete oder in der eigenen Immobilie. Freizeit und Hobbys mehr am Rande, soweit es um gefährliche oder teure Hobbys geht. Und Leben im Allgemeinen: Damit sind nicht nur Fragen nach dem

Familienstand gemeint, sondern auch Fragen beispielsweise zu
wahrscheinlichen Erbschaften, die wir in Ihre Finanzplanung mit
einbeziehen sollen, oder auf der anderen Seite vielleicht finanziel-
le Belastungen, die durch die Pflege eines Angehörigen entstehen
können, die wir dann auf der anderen Seite berücksichtigen soll-
ten. – Haben Sie bis hierhin noch Fragen?«

In 99 % der Fälle lautet die Antwort auf diese Frage »nein«.

Es gibt Kollegen, die ähnlich vorgehen wie ich und nach diesem
Intro einen neuen Termin mit dem Kunden vereinbaren, zu
dem er entweder alle seine Unterlagen mit ins Büro bringen
soll, oder zu dem sie zu ihm fahren, weil sie der Überzeugung
sind, auf diese Weise mehr über ihn erfahren zu können (durch
Einblick in seine Wohnsituation) und die Gewissheit haben, an
alle benötigten Unterlagen kommen zu können, die der Kunde
ansonsten vielleicht vergessen würde. Diese Vorgehensweise
hat sicher den großen Vorteil, den Kunden nicht zu überfordern und den Termin vergleichsweise kurz zu halten.

Gerade dann aber, wenn ein Kunde mit einem bestimmten Themenwunsch zu mir gekommen ist – wie im oben genannten Beispiel Frau Müller mit ihrem Wunsch, zum Thema PKV beraten
zu werden –, halte ich es für schwierig, den Kunden nun erstmal
wieder nach Hause zu schicken. Deshalb dauern meine Ersttter-
mine in der Regel auch zwei Stunden, mitunter auch länger.

Selbstverständlich kann man die Einleitung auch deutlich straf-
fen. Der Vorteil der oben genannten Variante liegt einfach
darin, dass der Kunde bereits für eine Vielzahl von Beratungs-
themen sensibilisiert wird und erkennt, dass Sie nicht einfach
ein Produktverkäufer sind, sondern jemand, der über wirkliche
Kompetenz verfügt, die er ihm zur Verfügung zu stellen bereit
ist.

9.8 Das weitere Beratungsgespräch – on den Wünschen und Zielen über die atenerhebung zum Konzept

ie Ziele- und Wünsche-Seite

Mit den Sätzen »*Schön. Dann kommen wir jetzt also endlich zu Ihnen. Frau Müller, meine erste Frage an Sie: Was machen Sie beruflich?*« leite ich über zur »Ziele & Wünsche«-Seite meines Beratungsleitfadens. Sodann folgen die weiteren Fragen zum Einkommen, zur Ausbildung, zur genauen Tätigkeit, zum Geburtsdatum, -ort, Familienstand, Kindern, Wohnsituation etc.

Kurze Zwischenbemerkung: Viele Kollegen scheuen sich, den Kunden so unverblümt und direkt nach seinem Einkommen zu fragen, weil es ihnen irgendwie aufdringlich vorkommt. Auch hier gilt wieder der häufig zutreffende Satz: Die Hürden im Kopf bauen wir uns selbst auf. Meine Empfehlung an dieser Stelle: Machen Sie sich keine Gedanken darüber, wie ein Kunde Ihre Fragen bewerten könnte, sondern fragen Sie einfach! Meine Erfahrung: Noch nie hat ein Kunde sich geweigert, mir hier eine Antwort zu geben. Wahrscheinlich hängt es auch mit dem vorbereitenden Gespräch zusammen. Zu dem Zeitpunkt, zu dem ich dem Kunden diese Frage stelle, ist diese Frage so selbstverständlich wie die nach seinem Geburtsdatum; denn ich habe ihm zuvor ja gründlich erläutert, warum ich ihm all diese Fragen stellen muss und werde (siehe oben die »Anamnese«).

Nachdem ich den Status quo erfasst habe, lasse ich den Kunden gedanklich in die Zukunft gleiten, indem ich ihn (je nach Alter in kürzeren oder längeren Zeiträumen) frage: »*Frau Müller, wo sehen Sie sich in zehn Jahren, beruflich, örtlich, privat?*« und lasse nun die Kundin erstmal reden und ihre Gedanken entwickeln. Dann lasse ich sie weiter in die Zukunft gehen und frage: »*Wenn Sie mal noch weiter in die Zukunft schauen: Wann möchten Sie die finanzielle Freiheit haben, Ihr Leben genießen zu können, ohne noch arbeiten zu müssen?«* Oder auch – wenn es die Kundensituation als angemessen erscheinen lässt – die Frage: *»Wenn Sie sich mal vorstellen, Sie stehen an der Schwelle zum Ruhestand: Was werden Sie sagen können, wenn Sie auf Ihr bisheriges Leben bis dahin zurückblicken? Was werden Sie erreicht haben? Werden Sie auf der Terrasse Ihres Hauses bei einem Glas Rotwein sitzen und auf ein erfülltes Berufsleben zurückschauen? Oder am Strand von Mallorca die Bauarbeiten an Ihrer Finca beaufsichtigen? Was sehen Sie, wenn Sie in Ihre Zukunft blicken?«*

Wichtig ist hier einfach, den Kunden wirklich zum Träumen zu bringen und ihn dazu zu animieren, eine Vision für sich zu entwickeln; denn Sie werden derjenige sein, der ihm dabei helfen wird, seine Vision zu verwirklichen!

Manche Kollegen betrachten die Ziele- und Wünsche-Seite als die wichtigste überhaupt, quasi als ihren Bestellschein. Äußert die Kundin hier den Wunsch nach einem Autokauf in sechs Jahren, einem Immobilienkauf in zehn Jahren und einer guten Rente im Alter, haben Sie schon drei mögliche Investmentziele, die Sie in Ihren Konzeptvorschlag einarbeiten können.

Die Datenaufnahme

Nachdem Sie Ihren Kunden haben träumen und sich seine Zukunft ausmalen lassen, ist es an der Zeit, in die Datenaufnahme einzusteigen. Eine mögliche Abfolge der Befragung finden Sie im Anhang in dem dort abgedruckten Beratungsleitfaden. Ein Tipp: Vermeiden Sie erläuternde Sätze wie: *»Hier sehen Sie ...«* oder *»Auf dieser Seite ist dargestellt ...«*! Denn was der Kunde mit seinen eigenen Augen sieht, brauchen Sie ihm nicht zu sagen – er ist schließlich nicht blind. Sollte er es ausnahmsweise doch sein, werden Sie ihm eh nichts zeigen wollen, sondern lediglich mit ihm sprechen ... ☺

Wenn der Kunde mit einem konkreten Anliegen gekommen ist, werde ich in der Regel die sogenannte Grundberatung, also die komplette Erstberatung an Hand meines Beratungsleitfadens nicht im ersten Termin komplett durchführen, weil er ja auf die Beratung zu seinem Thema wartet. In diesem Fall werde ich nur die wichtigsten Daten aufnehmen, die ich für genau dieses Thema benötige. Wenn ich allerdings das Gefühl habe, dass der Kunde bereit ist, sein aktuelles Thema noch zurückzustellen und offen für weitere Fragen bzw. interessiert an dem Fortgang meiner Analyse seiner Situation ist, versichere ich mich durch direkte Rückfrage, ob ich weitermachen soll oder wir nun zu seinem Thema kommen sollen. Wenn ich mit der Analyse fortfahre, komme ich auf der 11. Seite zur Seite »Vermögensstrategie«. Falls ich im ersten Termin nicht bis dahin komme, knüpfe ich im Folgetermin hier an.

Sinnvollerweise sollten Sie sich von allen Dokumenten, die der Kunde mitbringt und die für die weitere Beratung von Belang sein könnten, gleich Fotokopien anfertigen bzw. besser noch, diese Unterlagen gleich einscannen. Das spart Papier und Zeit, weil sie oft nur relativ wenige Informationen von einzelnen Blättern benötigen werden, wie zum Beispiel die Vertragsnummer, den Vertragsbeginn oder die aktuelle Prämie.

Sofern der Kunde Ihnen seine Versicherungspolicen etc. zur Verfügung stellt, erübrigt sich selbstverständlich die detaillierte Aufnahme dieser Daten im Beratungsleitfaden.

Wichtig ist, alle Unterlagen, die noch fehlen, auf der letzten Seite des Beratungsleitfadens genau zu notieren, damit der Kunde Ihnen diese möglichst schnell nach dem Termin zusenden kann. Dazu zählen regelmäßig insbesondere seine aktuelle Gehaltsabrechnung sowie seine aktuelle Renteninformation der Deutschen Rentenversicherung.

Bei Beamten ist es wichtig, dass Sie sich alle Details seiner Besoldungsgruppe (also zum Beispiel A14 Stufe 5) sowie das Jahr seiner Verbeamtung genau notieren, da Sie diese Daten für die Altersvorsorgeplanung benötigen werden.

Die Vermögensstrategie-Seite

Diese Seite ist in meinen Augen die zentrale Seite zur Vermittlung Ihrer Beratungskompetenz im Bereich der Altersvorsorge. Nur wenige Berater sind nach meinen Erfahrungen in der Lage, mit einem Taschenrechner wie dem hp 10 B II (siehe Kapitel Büroausstattung, 11.3) die Altersvorsorgelücke und erforderliche Sparrate eines Kunden zu berechnen. Sie können hierfür selbstverständlich auch ein Computerprogramm einsetzen. Ich selbst verwende zusätzlich auch noch das hervorragende Programm Finanzplaner Pro von Finanportal24 (www.finanzportal24.de), das ich jedem an wirklich fundierter Beratung interessierten Finanzberater nur wärmstens empfehlen kann (siehe Kapitel 11.3).

Es macht jedoch für die meisten Kunden einen ganz erheblichen Unterschied aus, ob sie lediglich am Ende des Gesprächs oder vor dem nächsten Termin ein 25-seitiges Pamphlet mit allen möglichen Zahlen übersandt bekommen, die sie letztlich gar nicht nachvollziehen können, oder ob der Berater mit ihnen Schritt für Schritt ihre Altersvorsorge durchrechnet und sie nach den Zahlen fragt, mit denen sie rechnen möchten und nicht der Berater (siehe Kapitel 19.3 und noch ausführlicher im Kapitel 21 »Die Perfektionierung der Beratung«).

Auch können Sie hier glänzen, indem Sie die Kundin fragen: *»Hat Ihnen schon mal jemand Ihre jährliche Renteninformation so erklärt, dass Sie sie wirklich verstehen und vielleicht sogar Ihrer Freundin/Ihrem Mann etc. erklären können?«* Die Antwort wird in 99,9 % der Fälle »nein« lauten. Auch auf diese Weise eröffnen Sie sich die Chance, Ihre Kunden mit fundamentalem Wissen zu überzeugen. Sie sollten es sich natürlich auch wirklich angeeignet und den Umgang mit dem Taschenrechner ausreichend geübt haben.

Hier also die Sprachspur meiner Beratung auf der Vermögens-
strategieseite:

*»Bei der Vermögensstrategie geht es darum, unterschiedliche As-
pekte zu beleuchten, die im Zusammenhang mit Ihrem Vermögensaufbau von großer Bedeutung sind.«* Während ich in den
Kasten auf der linken Seite unten »aktuelles Vermögen« schreibe, sage ich zur Kundin: *»Frau Müller, Sie verfügen heute bereits
über Vermögen. Was sehen Sie als Ihren größten Vermögenswert
an?«* Die meisten Kunden werden hier auf ihr Sparguthaben,
ihr Haus, ihr Auto oder Ähnliches verweisen, ganz lustige oder
verliebte Kunden vielleicht auch auf den anwesenden Partner
verweisen. Egal was die Kundin hier benennt (sofern sie nicht
bereits über ein wirklich erhebliches Vermögen im höheren
sechsstelligen Bereich verfügt), antworte ich: *»Ich dachte da
eher noch an etwas anderes, und zwar an das, was Sie jeden
Morgen sehen, wenn Sie in den Spiegel gucken: Sie selbst.
Warum? Schauen Sie: Die Kombination aus Ihrer Arbeitskraft
und Ihrer Gesundheit stellt den wahrscheinlich größten Vermögenswert für Sie dar ...«* In diesem Moment schreibe ich in den
oberen Bereich des Kastens »Arbeitskraft + Gesundheit = Einkommen«, und fahre fort: *» ... denn daraus generieren Sie Ihr
Einkommen.«* Das ist natürlich nicht völlig richtig und logisch,
da auch ein Arbeitsloser über diese beiden Summanden verfügt,
ohne dass als Summe ein Arbeitseinkommen herauskommt.
Aber das hat noch nie ein Kunde thematisiert ... ☺

*»Das nennt man auch Humankapital, und zwar im wohlverstan-
denen positiven Sinn Ihres eigenen Kapitals.«* Dieses Wort
schreibe ich in diesem Moment an den linken Rand des Kastens
von oben nach unten. *»Sollen wir mal kurz überschlagen, wie
viel das bei Ihnen ausmacht?«* Das »Ja« der Kundin sollten Sie
schon abwarten, bevor Sie fortfahren. Viele Jas sind einfach gut
für das Gefühl des Kunden. Ich schreibe nun das aktuelle Alter
(beispielsweise 32 Jahre) der Kundin links unterhalb des Zeitstrahls und das von ihr gewünschte Renteneintrittsalter (meis-

tens 67 Jahre) kurz vor das große Rechteck ebenfalls unterhalb des Zeitstrahls und verbinde diese mit einer Linie.

»Sie sind heute 32 und planen Ihren Rentenbeginn mit 67. Also haben Sie 35 Jahre vor sich, in denen Sie voraussichtlich ein Arbeitseinkommen erzielen können. Wenn wir nur mal Ihr aktuelles Einkommen von 3 500 Euro nehmen, dann sind das 3 500 Euro mal 12, also 42 000 Euro und das mal 35. Und das sind ...« An dieser Stelle empfiehlt es sich natürlich, den Taschenrechner zur Hand zu nehmen, um hier keinen Fehler zu machen. *» ... fast 1,5 Mio. Euro! – Hätten Sie das gedacht? Also herzlichen Glückwunsch schon mal zu Ihrer ersten Million.«*

»Nun lassen Sie uns mal schauen, wie Sie von hier ...« – in diesem Moment ziehe ich eine geschwungene Linie von der rechten oberen Kante des kleineren Rechtecks zur linken oberen des größeren Rechtecks – *»nach hier gelangen, also so viel Vermögen aufbauen, dass Sie ...«* – und dabei ziehe ich nun eine abfallende Kurve von der oberen rechten Ecke des größeren Rechtecks in Richtung Ende des Zeitstrahls – *»davon gut bis an das Ende Ihrer Tage leben können. Es geht also darum, Ihr Zielkapital zu berechnen, also wie viel Geld Sie bis zu Ihrem Rentenbeginn angespart haben müssen, um Ihr Ziel zu erreichen.«*

»Sie hatten mir ja bereits gesagt ...« – diese Zahl habe ich bereits in der Datenaufnahme abgefragt – *»dass Sie in Ihrem Ruhestand pro Monat in heutiger Kaufkraft netto 2 000 Euro zur Verfügung haben möchten.«* Und ich schreibe dabei neben das große Rechteck: »gewünscht pro Monat in heutiger Kaufkraft: 2 000 Euro«. *»Um 2 500 Euro netto als Zahlungseingang auf Ihrem Konto zu haben, müssen Sie aber vorher mehr bekommen; denn Sie müssen ja auch im Rentenalter – leider – noch fleißig Steuern zahlen.«*

Jetzt kommt mein DATEV-Heft (siehe Kapitel 10.3 und 11.3) zum Einsatz, an Hand dessen ich der Kundin nun ihre zu zahlenden Steuern erläutere und zeige. Bei 2 000 Euro gewünschter

Nettorente ist es besonders einfach, da bei einem zu versteuernden Einkommen von 30 000 Euro rund 6 000 Euro Steuern anfallen. Ich weiß, das ist an dieser Stelle nicht ganz korrekt, da das Bruttoeinkommen nicht mit dem zu versteuernden Einkommen gleichzusetzen ist. Der Einfachheit halber vernachlässige ich das jedoch an dieser Stelle.

»*Wir müssen also nochmal 25 % bzw. 500 Euro pro Monat für Steuern aufschlagen. Brutto benötigen Sie mithin 2 500 Euro.*« Gleichzeitig notiere ich diese Zahlen untereinander (»+ Steuern 500 Euro = brutto 2 500 Euro«).

»*Aber da gibt es jetzt noch etwas, was uns die Rechnung leider ordentlich verhagelt, und das ist die Inflation bzw. Geldentwertung. In 35 Jahren werden Sie für Ihre 2 500 Euro also längst nicht mehr das kaufen können, was Sie heute dafür bekommen. Von 1970 bis 2013 betrug die Inflationsrate 2,8 %. In den letzten Jahren war sie deutlich geringer. Allerdings ist auch immer zu beachten, wie diese ermittelt wird. Da fließen Kühlschränke und Motorradhelme genauso rein wie Petersilie oder Pizza. Die Frage ist nur immer: Stimmt dieser Warenkorb, der da offiziell immer angeführt wird, für Sie persönlich? Während Fernseher und Handys ja immer billiger werden, werden die Dinge, für die die Mehrzahl der Bundesbürger das meiste Geld ausgibt, nämlich Miete, Heizung, Strom und Lebensmittel immer teurer. Ein guter Indikator ist da übrigens der Big Mac. Der Preis für den Big Mac hat sich in 20 Jahren einfach verdoppelt. Das entspricht einem Preisanstieg von sage und schreibe 3,47 %! Meine Frage an Sie, Frau Müller: Mit welcher Inflationsrate möchten Sie für sich persönlich rechnen?*«

Frau Müller wird nun irgendeine Zahl nennen, und diese schreibe ich nun auf. Unterstellen wir, Frau Müller nennt als Zahl nun 3 %. »Okay, 3 %. *Dann lassen Sie uns mal schauen, was bei 3 % Inflationsrate aus Ihren 2.500 Euro wird, okay?*« Es folgt die Berechnung mit dem Taschenrechner. Dabei notiere ich

auch den ermittelten Faktor (in diesem Fall: 2,81) und sage:
»*Wow, das sind sage und schreibe 7 134,77 Euro.*« Gleichzeitig
notiere ich: »brutto nach Inflation: 7 134,77 Euro«. Wenn ich
mir sicher bin, keinen »blauen Typen« (siehe dazu mehr im Kapitel über das Struktogramm) vor mir zu haben, runde ich eine
solche Zahl auch schon mal ordentlich auf oder ab (hier also
»ca. 7 100 Euro«). Ansonsten schreibe ich die exakte Zahl auf,
um auf »Nummer Sicher« zu gehen.

»*Dann lassen Sie uns mal schauen, welche Rentenansprüche Sie
aktuell schon haben …*« Im besten und einfachsten Fall hat die
Kundin eine aktuelle Renteninformation dabei und bislang
keine weiteren Renten- oder Lebensversicherungen abgeschlossen. Nehmen wir an, aus ihrer Renteninformation ergibt sich
eine prognostizierte Altersrente in Höhe von 1 700 Euro. Dann
notiere ich diese Zahl neben das Stichwort »DRV-Bund Rente«
und erkläre der Kundin: »*Das Blöde ist, dass die Deutsche Rentenversicherung tatsächlich meint, was sie da schreibt. Wenn die
1 700 Euro schreibt, dann meint die 1 700 Euro und nicht 1 700
Euro plus Inflationsausgleich! In den letzten Jahren gab's zwar
alle paar Jahre wieder noch 'n Schnaps oben drauf, aber mal
ganz ehrlich: Glauben Sie, dass wenn Sie in Rente gehen und ein
Arbeitnehmer einen Rentner finanzieren muss, noch Spielraum
für Rentenerhöhungen ist?*« Die Frage ist rhetorisch, und deshalb wird die Antwort in der Regel auch entsprechend »nein«
lauten. Dementsprechend notiere ich als »Rentenlücke: ca. 5 400
Euro«. Das ist zugegebenermaßen ein sehr hoher Wert, der geeignet ist, die Kundin total abzuschrecken. Er ist jedoch in meinen Augen ein ehrlich ermittelter Wert, was in der Regel auch
von der Software des Finanzplaners Pro im Großen und Ganzen bestätigt wird. Wenn Sie Ihre Kunden nicht ganz so scho-
cken möchten – nach dem Motto: »Er kann ja eh nicht so viel
sparen wie er eigentlich müsste.« – dann rechnen Sie halt mit
einer niedrigeren Inflationsrate oder kalkulieren jährliche Rentenerhöhungen der gesetzlichen Rente in Höhe von 0,72 %
pro Jahr – dem Schnitt der letzten zehn Jahre (Stand 2015).

»*Nun ist noch die Frage zu klären, wie lange das Geld reichen soll. Wenn Sie erstmal Ihren 67. Geburtstag gefeiert haben, beträgt Ihre individuelle statistische Lebenserwartung je nach Sterbetafel, die Sie zugrunde legen, zwischen 86 und 100 Jahren, im Mittel also ca. 93 Jahre. Wieso so viel? Weil Sie zu diesem Zeitpunkt bereits all diejenigen überlebt haben werden, die vorher, also zwischen 0 und 67 gestorben sind. Deshalb wird die betrachtete Gruppe kleiner, und deshalb steigt die Lebenserwartung all derer, die es so weit gebracht haben. Einleuchtend?*« Standardantwort der Kunden: »*Ja.*«

»*Okay, Frau Müller, bis wann möchten Sie rechnen?*« Frau Müller: »*Ja, dann nehmen wir doch einfach mal die 93 Jahre.*«

»*Schön.*« Nun ziehe ich einen Pfeil vom Rentenbeginnalter 67 zum rechten Ende des Blattes und notiere dort die Zahl 93 sowie über dem Pfeil »26 Jahre«. »*Dann fehlt uns jetzt nur noch eine Zahl, um die Berechnung durchführen zu können und Ihr Zielkapital errechnen zu können, nämlich die Rendite in der Rentenphase. Bis zum Jahr 2008 hätte ich noch gesagt: Lassen Sie uns einfach mal einen Schnaps auf die Inflationsrate drauflegen, also mit vielleicht 3,5 % rechnen. Bei dem aktuellen Zinsniveau müsste ich Ihnen hier jedoch eigentlich vorschlagen, mit nicht mehr als 1 % zu rechnen. Aber da sich das hoffentlich nochmal ändern wird und ich Sie hier auch nicht völlig arm rechnen möchte, wäre mein Vorschlag, dass wir hier Ihre zu erwartende Rendite mit 3 % ansetzen, also genauso hoch wie die Inflation. Einverstanden?*« Frau Müller: »*Okay.*«

»*Um Ihre Nettorendite zu erhalten, müssen wir nun also die Inflation von 3 % von Ihrer Bruttorendite von 3 % abziehen und erhalten damit dann leider eine Rendite von 0 %.*« Diese Berechnung notiere ich entsprechend auf der Seite.

»*Okay, Frau Müller, nun haben wir alle Parameter zusammen, die wir für die Berechnung Ihres Zielkapitals benötigen. Und jetzt sind Sie dran …*« In diesem Moment schiebe ich ihr meinen eingeschalteten Taschenrechner rüber und fahre fort:

»Jetzt tippen Sie doch bitte mal die Werte ein, die wir gerade besprochen haben, also: Sie möchten für einen Zeitraum von 26 Jahren – tippen Sie jetzt bitte mal 26 und drücken dann die orangefarbene Taste und oben links die ›N-Taste‹; ›N‹ steht für die Anzahl der Jahre, und durch die orangene Taste wird die Anzahl der Monate angezeigt –, das sind 312 Monate, bei einer Nettorendite von 0 % – tippen Sie nun bitte ›0‹ und dann auf die zweite Taste oben links, das ist die für die Rendite – pro Monat einen Betrag von 5 400 Euro bekommen. Richtig?«

Frau Müller nickt, während sie angestrengt versucht, den Taschenrechner richtig zu bedienen. Lassen Sie sich von solchen Situationen nicht verunsichern. Sie fordern Ihre Kunden dabei zwar häufig sehr stark, weil diese ganze Materie ihnen wie Böhmische Dörfer vorkommen wird. Doch auf diese Weise sind Ihre Kunden auch voll bei Ihnen und äußerst konzentriert. Und sie haben am Ende die Gewissheit und das gute Gefühl, das Ergebnis auch tatsächlich selbst ausgerechnet und nicht einfach nur von Ihnen »serviert« bekommen zu haben.

»Okay, dann tippen Sie jetzt bitte die 5 400 und drücken dann oben die zweite Taste von rechts, ›PMT‹, das steht für ›per month‹, also pro Monat.«

Nachdem die Kundin dies getan hat, fahre ich fort: *»Heute sprechen wir nicht über Vererbung, das heißt, am Ende kann das Kapital aufgebraucht, also Null sein, in Ordnung?«* Nachdem Frau Müller dies bestätigt hat, bitte ich sie, zuletzt noch die 0 einzutippen und anschließend die Taste oben rechts (»FV« für final value) zu drücken.

»Und wenn Sie jetzt auf die obere mittlere Taste ›PV‹ drücken – ›PV‹ steht für present value –, dann erhalten Sie die Zahl, die Ihnen angibt, wieviel Geld Ihnen zum Rentenbeginn zur Verfügung stehen muss, damit Ihre Rechnung aufgeht, also Ihr Zielkapital. Machen Sie das doch jetzt bitte mal!«

Frau Müller wird auf die Taste drücken und erschrecken. Die Zahl lautet: –1 691 934,77 Euro. Das Minuszeichen hängt damit zusammen, dass das Anfangsvermögen immer wie eine Auszahlung aus einem Vermögen (oder Portemonnaie) und damit wie ein Zahlungsabfluss betrachtet wird.

»Ganz schön große Zahl, nicht wahr? Aber das Gute, Frau Müller, ist, dass Sie bereits heute hier bei mir sitzen und nicht erst mit Mitte oder gar Ende 40. Denn so haben Sie noch genügend Zeit vor sich, um dieses Ziel vielleicht nicht vollständig, aber doch zumindest näherungsweise zu erreichen ...«

Schwieriger wird es natürlich dann, wenn Ihr Kunde tatsächlich bereits viel älter ist und seine mögliche Ansparphase somit deutlich kürzer ausfällt. In einem solchen Fall versuche ich bereits vor Berechnung der erforderlichen Sparrate, ihn von seinem hohen Ziel herunterzuholen, um ihn nicht bereits dadurch zu verlieren, dass er dieses Ziel für so utopisch hält (was es dann im Zweifel auch tatsächlich ist), dass er jegliches Sparen als sinnlos erachtet.

Dann sage ich etwa Folgendes: *»Ganz schön große Zahl, nicht wahr? Aber wir haben ja noch ein paar Stellschrauben, um die etwas zu verkleinern: Wir können mit einer höheren gesetzlichen Rente rechnen – davon würde ich Ihnen allerdings wirklich abraten. Dann können wir mit einer geringeren Lebensdauer rechnen. Das ist natürlich auch nicht so wirklich schön. Dann können wir noch mit einer höheren Rendite in der Rentenphase rechnen, wenn Sie da optimistischer rangehen. Und schließlich können Sie sich dafür entscheiden, Ihre Wunschrente zu reduzieren. Sie haben die Wahl: Wo soll ich nochmal etwas verändern?«*

Die gleiche Frage werde ich auch dann stellen, wenn sich nach der weiteren Berechnung eine sehr hohe erforderliche Sparrate ergibt, die ich so noch nicht vorher habe sicher absehen können.

Um bei dem Beispiel der Kundin Müller zu bleiben: Ich trage die Zahl – je nach Kundentyp ganz genau oder gerundet auf 1,69 Mio. Euro – oben in den hohen Kasten unterhalb des Wortes »Zielkapital« ein und fahre dann wie folgt fort:
»Jetzt ist die große Frage: Wie kommen Sie von hier nach hier?«
Und dabei deute ich nochmal mit einem Stift auf die Linie von dem kleinen Rechteck zum großen. *»Mit welcher Rendite möchten Sie denn rechnen?«*

Sofern ein Kunde an dieser Stelle überhaupt keine Vorstellung äußern kann oder mag, sehe ich mich gefordert, ihm zunächst noch einen kleinen Vortrag über die Zusammenhänge von Anlagehorizont, Rendite und Risiko zu halten und ihm die grundsätzlich zur Verfügung stehenden Anlageformen (kapitalgebundene und fondsgebundene Rentenversicherungen, Hybridprodukte und Fondssparpläne) zu erläutern – dies allerdings nur so kurz und knapp, dass ich eine Prozentzahl von ihm erhalte. Wichtig ist auch hier wieder, den Kunden diese Zahl möglichst selbst und ohne Vorgabe benennen zu lassen; dann wird er immer wissen, dass es »seine« Zahl war, mit der wir gerechnet haben und nicht die des Beraters.

Nehmen wir an, Frau Müller interessiert sich für Aktien, weil ihr Vater damit schon erfolgreich war und nennt nun die Zahl 6 %. Dann bitte ich sie wie zuvor um die Eingabe der erforderlichen Parameter

- Anzahl der Jahre bis zum Rentenbeginn (N), hier also: 35,
- Rendite (I/YR): 6,
- Anfangsvermögen (PV): 0,
- Endwert (FV): die zuvor berechnete Zahl für das Zielkapital, hier folglich: 1 691 934,77 oder auch nur 1 690 000.

Nachdem die Kundin das erledigt hat, sage ich ihr: *»So, Frau Müller, jetzt kommt der große Moment der Wahrheit. Wenn Sie nun auf die Taste ›PMT‹ drücken, wird Ihnen die Sparrate angezeigt, die Sie ab sofort jeden Monat aufbringen müssen, um sich Ihre Rente von 2 000 Euro netto jeden Monat zu sichern.«*

Die Kundin drückt nun die entsprechende Taste und bekommt bei dem gerundeten Zielkapital eine erforderliche Sparrate von 1 186,21 Euro angezeigt. Zugegeben, keine erfreuliche Zahl. Aber es hat schließlich auch keinen Sinn, die Kunden in einer falschen Sicherheit zu wiegen. Dies ist genau die Situation, in der ich – wie oben bereits dargestellt – auch bei einer so jungen Kundin auf die Möglichkeiten der Reduzierung der erforderlichen Sparrate durch Veränderung der diversen Parameter zu sprechen komme.

Wie groß hier die Variationsmöglichkeiten sind, zeigen folgende Änderungen der Parameter bei der Beispielskundin:

- unterstellte Lebenserwartung unter Zugrundelegung der »Allgemeinen Sterbetafel« des Statistischen Bundesamtes (Stand 2010 – das ist die auch im Jahr 2016 aktuellste, die vom Statistischen Bundesamt bereitgestellt wird): 86 Jahre (folglich sieben Jahre weniger Rentenzahlung),
- Bruttorendite 0,5 % über der Inflation, hier also 3,5 %,
- um 300 Euro reduzierte Rente, hier also 1 700 Euro.

Und schon sinkt das erforderliche Zielkapital auf 369 695,02 Euro und die hierfür erforderliche Sparrate auf 259,48 Euro! Sie sehen, wenn Sie alle Möglichkeiten, die Ihnen die »Klaviatur der Altersvorsorgeplanung« bietet, kreativ nutzen, werden Sie in der Lage sein, das Gros Ihrer Kunden zu deren Zufriedenheit zu beraten, ohne sie völlig zu frustrieren. Und je mehr Erfahrungen Sie über die Zeit sammeln, desto schneller werden Sie in der Lage sein, die Weichen richtig zu stellen. Und selbstverständlich können Sie Ihre Beratung auch an der einen oder anderen Stelle einfach verkürzen, ohne dass das Ihre Berechnung insgesamt unseriös oder angreifbar macht. So können Sie beispielsweise gut auf die Berechnung der Nettorendite in der Rentenphase verzichten, wenn Sie eh der Ansicht sind, dass diese bei 0 % liegt. Wichtig ist nur, dass Sie die Berechnungen tatsächlich mit einem Taschenrechner durchführen, der hierfür geeignet ist (vgl. Kapitel 11.3) und die Zahlen im Gespräch mit dem Kunden ermitteln und ihm nicht einfach nur vorgeben.

Doch damit ist die Beratung auf dieser Seite noch nicht zu Ende. Was hier zunächst folgt, ist die Frage, wieviel Euro Frau Müller sich denn nun vorstellen kann, für ihre Altersvorsorge zu sparen. Und wenn diese Zahl sehr weit von der erforderlichen Sparrate abweichen sollte, kann man hier natürlich noch nachsetzen mit der Frage: »*Und wieviel maximal?*« Aber eine solche Frage ist meines Erachtens schon grenzwertig.

Die Sparrate, zu der die Kundin bereit ist, notiere ich an dieser Stelle und am Ende der Beratung auf der letzten Seite des Beratungsleitfadens (vgl. Anhang).

Dann fahre ich fort, indem ich, während ich einen Blitz über die vom linken zum rechten Rechteck verlaufende Kurve zeichne, erkläre: »*Jetzt sollten wir uns allerdings auch noch Gedanken darüber machen, was passiert, wenn hier irgendwo auf dem Weg der Blitz einschlägt – bildlich gesprochen. Das heißt, wir sollten uns noch über die existenziellen Gefahren Gedanken machen, die die Erreichung Ihres Sparziels zu Fall bringen könnten, als da wären ...*«

Und dann gehe ich die diversen Gefahren mit der Kundin durch und mache entweder einen Haken dahinter, wenn die Kundin bereits eine entsprechende Versicherung hat oder setze ein Minuszeichen in Klammern dahinter und einen Pfeil vor die jeweilige Gefahr, gegen die sich die Kundin noch nicht abgesichert hat. Wenn ich anhand der von der Kundin bereits mitgeteilten Angaben bzw. ihrer Unterlagen erkennen kann, dass der Schutz unzureichend ist (beispielsweise eine zu geringe BU-Rente oder eine solche mit zu kurzer Laufzeit, was sehr häufig vorkommt), dann strichele ich den Haken und setze dennoch einen Pfeil vor dieses Risiko, um damit deutlich zu machen, dass wir über dieses Thema noch ausführlicher sprechen sollten und hier ein Absicherungsbedarf für die Kundin besteht.

Als Gefahren notiere ich:
1. Private Haftung
2. Krankheit
3. Berufsunfähigkeit
4. Unfallfolgen
5. Pflegebedürftigkeit
6. Altersarmut

Sinnvoll ist es, hier auch bereits mit den Kunden durchzusprechen, mit welchen dieser Risikoabsicherungen sie sich näher befassen möchten. Bei dem Thema BU-Absicherung bleibe ich, wenn ein Kunde hier trotz fehlender oder eindeutig unzureichender Absicherung kein Interesse zeigt, hartnäckig – nicht nur des Umsatzes wegen, sondern vor allen Dingen aus meiner tiefen Überzeugung heraus, dass dies eine wirklich sinnvolle und absolut wichtige Versicherung ist – meines Erachtens nach den ersten beiden auch tatsächlich die drittwichtigste.

Im Übrigen sollten Sie zu jeder einzelnen Absicherungsart den Kunden ausdrücklich befragen, inwieweit er sich mit dem Thema näher beschäftigen und von Ihnen dazu Angebote bzw. Vergleiche erhalten möchte. Diese Befragungsergebnisse sollten Sie auch unbedingt im Beratungsprotokoll festhalten, insbesondere dann, wenn der Kunde sich nicht weiter zu diesen Themen beraten lassen will. Ansonsten lauert hier eine nicht zu unterschätzende Haftungsfalle!

Bei Themen wie Unfall- oder Pflegeversicherung werden Sie möglicherweise einen extra Termin vereinbaren müssen. Bei dem Thema BU sieht das nach meiner Erfahrung oft anders aus. Sofern der Kunde hier nicht völlig ahnungslos ist und erst eine ausführlichere Einführung in das Thema benötigt, können Sie mit ihm durchaus schon an dieser Stelle die wichtigsten Punkte klären, die für eine Angebotserstellung nötig sind:
* Höhe der monatlichen BU-Rente,
* Dauer der Absicherung und Rentenzahlung,
* mit oder ohne Beitrags- und Leistungsdynamik.

Auf diese Weise können Sie dann nämlich auch gleich auf der letzten Seite des Beratungsleitfadens den Auftrag des Kunden für ein entsprechendes BU-Angebot bzw. einen BU-Vergleich zum nächsten Termin notieren.

Immer dann allerdings, wenn aus steuerlichen Gründen (meines Erachtens erst ab einem Grenzsteuersatz von 35 % aufwärts) statt einer selbständigen Berufsunfähigkeitsversicherung (SBU) auch eine Rürup-BUZ in Frage kommt oder auch eine SBU in Form einer Direktversicherung, empfehle ich, diesem Thema auf alle Fälle einen eigenen Termin zu widmen, um dem Kunden die unterschiedlichen Varianten detailliert zu erläutern.

19.9 Der Aufgabenkatalog (»Bestellzettel«)

Durch Ihre Komplettberatung werden Sie so viele Themen angesprochen haben, dass Sie am Ende der Beratung in der Regel einen recht umfangreichen Aufgabenkatalog, von manchen Kollegen auch »Bestellzettel« genannt, zusammengetragen haben werden. Hier sollten Sie mit dem Kunden ganz klar besprechen, welche Themen er mit welcher Priorität behandelt wissen bzw. abarbeiten möchte. Ferner sollten Sie darauf achten, eindeutige Absprachen darüber zu treffen, wie die konkreten Angebote aussehen sollen. Das erspart Ihnen spätere Nachfragen und vermeidbare Überarbeitungen von Vergleichen bzw. Angeboten.

Hierzu ein paar Beispiele:

- Berufsunfähigkeitsversicherung:
  - welche Laufzeit?
  - welche Absicherungshöhe?
  - welche Leistungsdynamik?
  - welche Beitragsdynamik?
  - Nettozahlbeitrag kalkulieren oder mit Bruttobeitrag (siehe ausführlich dazu Kapitel 21.9)?

- Steuerlich absetzbare Altersvorsorgeprodukte:
  - mit Nettozahlbeitrag oder mit Bruttobeitrag kalkulieren (siehe ausführlich dazu Kapitel 21.9)?
- Hausratversicherung:
  - mit Einschluss von Fahrrädern oder ohne?
  - wenn »mit«: Wie hoch ist der Wiederbeschaffungswert?
  - mit Einschluss von Glasversicherung oder ohne?
  - Anteil der Wertsachen am gesamten Hausrat?
- Privathaftpflichtversicherung:
  - mit welcher Versicherungssumme?
  - mit Einschluss von Gefälligkeitsschäden?
  - mit Einschluss nicht deliktfähiger Kinder?
- Rechtsschutzversicherung
  - mit SB oder ohne?
  - mit welchen Teilbereichen: Privat-/Arbeits-/Miet-/Verkehrs-RS?
- Unfallversicherung
  - mit welcher Grundsumme und welcher Progression?
  - mit Unfallrente oder ohne?
  - wenn »mit«: in welcher Höhe?

19.10 Das Konzept & seine Umsetzung

Gesamtkonzept oder ein Thema nach dem anderen?

Ob Sie dem Kunden im nächsten Termin tatsächlich ein komplettes Deckungskonzept vorlegen oder die besprochenen Themen lieber der Reihe nach abarbeiten möchten und dafür dann möglicherweise noch mehrere Termine benötigen, sollten Sie unbedingt ausprobieren. Auch wenn Sie am Anfang der Beratung (vgl. Kapitel 19.7) dem Kunden zum nächsten Termin ein komplettes Konzept in Aussicht gestellt haben, wird sich nach meinen Erfahrungen kein Kunde mehr daran erinnern und Sie darauf ansprechen, wenn Sie ihm nicht bereits im nächsten Termin zu allen Themen Lösungsvorschläge vorlegen.

Ich habe beides ausprobiert und bin am Ende zu der Entscheidung gekommen, meinen Kunden keine Komplettlösungen mehr in einem Termin zu präsentieren. Warum?

Ein komplettes Konzept macht sehr viel Arbeit, insbesondere dann, wenn Sie es dem Kunden – wie von einigen Strukturvertrieben propagiert – auch noch in einer schönen PowerPoint-Präsentation präsentieren wollen. Es kann Kunden auch durchaus überfordern, wenn sie im Konzept-Termin ein Konzept mit zehn oder gar mehr neuen Anträgen präsentiert bekommen. Wenn Sie den Kunden an der Stelle »erschlagen«, kann es Ihnen auch passieren, dass er am Ende gar nichts unterschreibt, weil er sich nicht in der Lage dazu sieht, die vielen Informationen zu verarbeiten, andererseits aber möglicherweise sein Vertrauen zu Ihnen noch nicht groß genug ist, als dass er Ihnen die Anträge blind unterschreiben würde.

Mein persönliches Horror-Erlebnis war ein Kundenehepaar, dem ich noch bis 1:30 Uhr nachts ein super ausgefeiltes Konzept mit elf Anträgen erstellt hatte, welches ich ihnen am nächsten Morgen ziemlich unausgeschlafen präsentierte. Da ich ihre Unterschriften gern sofort unter die Anträge haben wollte, fragte ich nur, ob sie das Konzept überzeugen würde, beantwortete noch ein paar kurze Fragen und startete dann mit dem Unterschriftenmarathon. Die Kunden unterschrieben alles, aber ganz offensichtlich mit keinem so wirklich guten Bauchgefühl. Der Aufhänger, den sie am Ende dann für Ihren Widerruf sämtlicher (!!!) Anträge benutzten, war der Umstand, dass ich sie bei dem Hausrat-Antrag nicht auf die Antragsfrage hingewiesen hätte, ob sie Vorschäden hatten. Da sie solche gehabt hatten, erschien ihnen meine Vorgehensweise unseriös. Und ganz ehrlich: Aus heutiger Sicht teile ich die Einschätzung dieser Kunden, die dann anschließend leider auch nicht mehr meine Kunden waren.

Die Gefahr, auf diese Weise Kunden schlecht zu beraten, ist gerade bei den Strukturvertrieben groß, die ihre Kunden mit Versprechen ködern wie: »*Wir bringen Ihnen durch unsere Beratung finanzielle Vorteile von mindestens 5000 Euro in fünf Jahren.*« Die Berater, die ihren Kunden für diese Art der Beratung auch noch ein Honorar von 99 Euro berechnen, sind also dazu gezwungen, ihren Kunden immer ein komplettes Konzept vorzulegen, wenn sie ihr Versprechen einhalten wollen. Dass bei der Ermittlung der 5000 Euro finanzieller Vorteile der kreativen Phantasie des Beraters kaum Grenzen gesetzt sind, steht dabei noch auf einem ganz anderen Blatt ...

Ich habe mir dieses Erlebnis eine Lehre sein lassen und bin deshalb wieder dazu übergegangen, selbst dann, wenn ich zu sämtlichen Themen für mich bereits Lösungsvorschläge erarbeitet habe, diese dem Kunden immer nur Schritt für Schritt vorzustellen und zu erläutern, weil sich meines Erachtens nur so eine wirklich saubere und verlässliche Abarbeitung der diversen Themen sicherstellen lässt. Wenn es allerdings beispielsweise nur um einen Riester-Vertrag und eine Selbständige Berufsunfähigkeitsversicherung oder drei Sachversicherungen geht, können Sie diese Themen selbstverständlich auch in einem Termin abhandeln.

halt und Umfang des Konzepts

Was sollte das Konzept enthalten? Je nach Kundentypus wird es kürzer oder länger ausfallen, völlig unabhängig vom Umfang des Regelungsbedarfs. Wenn es sich um einen Kunden handelt, der Ihnen bereits großes Vertrauen entgegenbringt, wird es oft reichen, ihm ein einziges Angebot zu jedem Thema vorzulegen. Wenn es sich jedoch um einen besonders kritischen Kunden handelt oder einen, der Sie gerade deshalb aufgesucht hat, weil Sie Makler sind und es ihm darum geht, Angebote verschiedener Gesellschaften präsentiert zu bekommen, die er dann miteinander vergleichen will, werden Sie ihm anstelle eines konkreten Angebots mitunter einen Vergleich dreier Tarife vorlegen und ihm dann im Gespräch die jeweiligen Vor- und Nachteile erläutern und ihm Ihre konkrete Empfehlung aussprechen. Das ist zwar deutlich aufwendiger, wird Ihre Position als unabhängiger Berater jedoch deutlich stärken.

Ob Sie Ihr Konzept mit einer PowerPoint-Präsentation (PPP) unterstützen wollen, oder mit dem Kunden nur einen Papierstapel durchgehen, ist wiederum Geschmackssache. Mit einer PPP können Sie Ihre Kunden sehr wahrscheinlich deutlich mehr beeindrucken, dafür ist der Zeitaufwand, den Sie für diese brauchen, je nach Erfahrung und Geschick im Umgang mit dieser Software unter Umständen doch beträchtlich. Immer dann, wenn Sie wirklich ein komplettes Konzept in einem Termin vermitteln möchten, bietet die PPP entscheidende Vorteile, weil Sie in dieser insbesondere die Vorher-/Nachher-Situation schön darstellen können. Deshalb wird diese Form auch von diversen Strukturvertrieben eingesetzt, um sich das Honorar für den Nachweis zu sichern, dass man dem Kunden mit dem Konzept die angeblichen Vorteile von mindestens 5 000 Euro in fünf Jahren bringe. Egal, mit welchen Tricks dann gearbeitet wird, um diese 5 000 Euro schön zu rechnen (zum Beispiel indem einfach eine fiktive höhere Rendite bei einer Fondspolice im Vergleich zu der bestehenden kapitalbildenden Lebensversicherung mit Garantiezins unterstellt wird), wird man dem Kunden auf diese Weise regelmäßig das Gefühl geben, ein wirklich durchdachtes Konzept erarbeitet zu haben, egal ob es stimmt oder nicht.

Essenziell für ein echtes Gesamtkonzept ist meines Erachtens eine ausführliche Darstellung der Vorsorgesituation bzw. der prognostizierten Versorgungssituation im Rentenalter an Hand des Ausdrucks eines guten Finanzberatungsprogramms (siehe Kapitel 11.3). Dieser sollte regelmäßig auch einen Vergleich der drei Schichten der Altersversorgung enthalten, um dem Kunden anhand dessen die Vor- und Nachteile zu erläutern, die ihm die Anlage in den jeweiligen Schichten bietet.

19.11 Der Abschluss

Nachdem Sie dem Kunden Ihr Konzept erläutert haben und Sie ihm seine offenen Fragen beantwortet haben, kommt der Moment, auf den Sie möglicherweise mehrere Wochen hingearbeitet haben: das Ausfüllen der Anträge, die Sie bestenfalls bereits zusammen mit dem Konzept ausgedruckt und unterschriftsreif vorbereitet haben. Beim Ausfüllen der Anträge sollten Sie ganz besonders sorgfältig arbeiten, weil sich jeder Flüchtigkeitsfehler, den Sie hier begehen (vielleicht, weil Sie so freudig erregt über Ihren erfolgreichen Abschluss sind, vielleicht aber auch nur, weil draußen bereits der nächste Kunde wartet), sich bitter rächen kann (siehe dazu ausführlich Kapitel 26.3 zum Thema »Kaufreue und Sorgfalt bei der Antragsbearbeitung«).

Aus Gründen der Arbeitserleichterung scanne ich sämtliche Dokumente immer gleich ein, während ich sowieso bereits am Kopierer stehe, um die Kopien für den Kunden zu fertigen. Das dauert nur unwesentlich länger, spart aber Zeit.

Nachdem, das Beratungsprotokoll gefertigt worden ist, alle Unterlagen unterschrieben und für den Kunden kopiert sind, sollten Sie nochmal mit dem Kunden zusammen innehalten und ihn positiv bestärken, dass er eine (bzw. mehrere) richtig gute und wichtige Entscheidung(en) für sich getroffen hat. Wenn Sie dies noch verstärken möchten, können Sie ihn noch fragen, was er denn seiner Frau/ seinem Freund/ seinem Arbeitskollegen auf Nachfrage sagen würde, warum er jetzt diesen Abschluss getätigt hat. Auf diese subtile (um nicht zu sagen: manipulative) Weise animieren Sie Ihren Kunden dazu, dass er sich selbst seine Anträge nochmal »verkauft«, indem er all seine Erwägungen und Überlegungen, die seine Entscheidung positiv beeinflusst haben, noch einmal ins Gedächtnis ruft und sie damit verankert, während alle hemmenden, negativen oder irgendwie hinderlichen Überlegungen völlig ausgeblendet werden.

Noch ein Hinweis: *Auch wenn dies eher lebensfremd ist, verlangt das Gesetz, dass das Beratungsprotokoll immer <u>vor</u> der Antragstellung gefertigt wird (vgl. § 62 Abs. 1 VVG, siehe Kapitel 18.3)!*

19.12 Das Feedback

Feedback ist aus zweierlei Gründen wichtig. Zum einen, weil Sie es dafür nutzen können, den Kunden bei Zufriedenheit auf Empfehlungen anzusprechen – siehe im Einzelnen dazu Kapitel 25.

Zum anderen – und das halte ich persönlich für zumindest ebenso wichtig und wertvoll – ermöglicht Ihnen die gezielte Feedback-Frage eine fundierte Zufriedenheitsanalyse, die es Ihnen wiederum ermöglicht, jeden Tag noch besser zu werden.

Deshalb sollten Sie Ihre Kunden am Ende einer Beratung (die sich möglicherweise auch über drei Termine erstreckt) fragen, wie zufrieden sie mit Ihrer Beratung waren und ob Sie sämtliche Erwartungen erfüllen konnten. Zuspitzen sollten Sie diese dann sinnvollerweise mit der folgenden Frage:

»Auf einer Skala von 1 bis 10: Wie würden Sie da meine Beratung bewerten?«

Der Kunde wird nun mit einer Zahl antworten, die nur selten unter sechs liegen dürfte, aber oft eben auch nicht höher als acht. Deshalb ist es nun ganz wichtig, wie folgt weiter zu fragen:

»Was müsste ich verbessern, um von Ihnen eine 10 zu bekommen?«

Und dann: Kein weiteres Wort mehr von Ihnen!

Das ist nun das Wichtigste: Halten Sie die gegebenenfalls eintretende Stille aus, und lassen ab diesem Moment nur noch den Kunden reden. Und notieren Sie sorgfältig, was er Ihnen sagt! Zum einen macht das einen guten Eindruck auf den Kunden, weil er wahrnimmt, dass Sie Ihre Frage wirklich ernst meinen und an seiner ehrlichen Meinung interessiert sind. Und zum anderen haben Sie so die Gewähr, dass Sie nichts vergessen und – soweit Ihnen die Kritik einleuchtet – gleich einen Spickzettel für potentielle Veränderungen haben.

Ebenfalls wichtig: Vermeiden Sie, sich vor dem Kunden zu rechtfertigen und bedanken Sie sich schlicht für das ehrliche Feedback!

Mitunter werden Sie feststellen, dass Kunden Dinge stören, auf die Sie im Leben nicht kommen würden. Beispielsweise kritisierte mich einmal eine Kundin, um deren Feedback ich auf diese Weise gebeten hatte, dafür, dass ich mich während des Beratungsgesprächs zu oft an meinen Schreibtisch begeben hätte. Ich hatte das zwar nur getan, um Berechnungen für die Kundin durchzuführen, oder eine Internetrecherche zu machen – alles Arbeiten für die Kundin. Aber das war ihr letztlich egal. Sie störte einfach die durch diesen wiederholten Platzwechsel entstandene Unruhe. Diese Kritik nahm ich in der Folge zum Anlass, neue Kunden direkt auf derartige mögliche Störungen anzusprechen (»proaktiv«, wie man neudeutsch so unschön dazu sagt) und auf diese Weise eine vorweggenommene Einwandbehandlung vorzunehmen (regelmäßig mit einem positiven Feedback ...).

Sie werden sehen: Das Feedback Ihrer Kunden kann für Sie ein wirklich wertvolles Geschenk sein, das Sie grandios für sich nutzen können. Und Ihre Kunden werden Ihnen bereits für diese Art der Nachfrage ihren Respekt zollen.

19.13 Empfehlungen

Nach der Einholung des Feedbacks ist auch der richtige Zeitpunkt gekommen, den Kunden noch einmal auf das Thema »Empfehlungen« anzusprechen und dabei an den Beginn des ersten Gesprächs (bzw. des Beratungsgesprächs, sofern es sich ausnahmsweise tatsächlich noch um den ersten Termin handeln sollte) zu erinnern. Hier können Sie zum Beispiel überleitend sagen:

»Ganz herzlichen Dank für dieses Feedback, Frau Müller. Nun möchte ich zum Abschluss noch einmal ganz kurz auf den Anfang unseres Gesprächs zurückkommen. Sie hatten ja gesagt, dass Sie einverstanden sind, mich weiterzuempfehlen, wenn Sie wirklich zufrieden sind mit meiner Beratung. Deshalb würde ich nun gern von Ihnen erfahren, von wem Sie denn glauben, dass für ihn oder sie so eine Art der Beratung auch noch von Vorteil sein könnte.«

Ob Ihnen diese Vorgehensweise liegt oder zu aufdringlich ist, müssen Sie für sich entscheiden. Ich empfehle Ihnen aber, es auf alle Fälle auszuprobieren und immer wieder mit unterschiedlichen Formulierungen zu üben und so Ihren Stil zu finden. Ich habe selbst unzählige Seminare zu dem Thema »Empfehlungen generieren« besucht und bin für mich persönlich zu dem Schluss gekommen, dass diese Art der Kundenansprache für mich nichts ist, weil ich als Restaurantbetreiber meine zufriedenen Gäste auch nicht darauf ansprechen würde, für wen denn so eine phantastische Bewirtung wohl auch noch von Interesse sein könne. Deshalb habe ich mich in den letzten Jahren ganz bewusst darauf beschränkt, meine Kunden um die Abgabe eines positiven Feedbacks auf der Plattform von »WhoFinance« (vgl. Kapitel 19.7 und 25.3) zu bitten und ihnen im Anschluss an den Termin – regelmäßig noch am selben Tag – lediglich eine E-Mail mit Informationen zu dem Bewertungsportal zuzusenden, den Link für den direkten Zugang zur Eingabemaske einzubinden und die Kunden auch nochmal schriftlich um die Abgabe ihrer möglichst ausführlichen Bewertung zu bitten. Sie werden sehen: Empfehlungen von zufriedenen Kunden werden Sie auch so erhalten.

Wegen der grundsätzlichen Bedeutung des Themas habe ich diesem noch ein eigenes Kapitel gewidmet (Kapitel 25).

19.14 Der Folgetermin

Da Ihnen die meisten Ihrer Kunden bereits in den ersten 15 Minuten Ihres Beratungsgesprächs die Zustimmung zu Ihrer vorgeschlagenen Vorgehensweise, am Ende eines Termins einen Folgetermin zu vereinbaren, gegeben haben werden, sollten Sie diesen nun auch auf gar keinen Fall vergessen.

Lassen Sie sich, wenn es irgendwie geht, nicht auf ein »*Ich rufe Sie an.*« oder »*Ich melde mich bei Ihnen.*« oder ein »*Lassen Sie uns deswegen nochmal telefonieren.*« ein. Klar kann es im Einzelfall mal sein, dass ein Kunde einen Termin nicht sicher vereinbaren kann, weil er beispielsweise Schichtarbeiter ist und seinen Terminplan für die übernächste Woche oder den nächsten Monat oder gar in einem halben Jahr nicht kennt. Aber selbst das sind keine Gründe, keinen Termin zu vereinbaren. Deshalb mein Tipp:

- **Nehmen Sie Ihre Kunden in die Pflicht!**
- **Vereinbaren Sie grundsätzlich am Ende eines Termins einen neuen Termin für das Folgegespräch!**
- **Wenn sich ein Kunde nicht festlegen möchte, schlagen Sie ihm einen »Bleistifttermin« vor, also einen Termin, der unter Vorbehalt steht und den er noch bestätigen muss!** Der Vorteil bei einem solchen Termin ist, dass Sie ihn beide in Ihren Terminkalendern stehen haben und der Kunde sich rühren muss, wenn er den Termin nicht einhalten kann. Der Ball liegt also bildlich gesprochen in seiner Spielhälfte, und er ist am Zug, nicht Sie. Auf diese Weise erziehen Sie Ihre Kunden auch zu einer Ernsthaftigkeit und Verlässlichkeit, die Sie für die Qualität Ihrer Beratung meines Erachtens durchaus beanspruchen können.

- Senden Sie Ihrem Kunden immer auch eine Terminbestätigung per E-Mail!
Dies ist einerseits eine zusätzliche Serviceleistung von
Ihnen, und andererseits stellt eine solche Mail auch sicher,
dass es zu keinen Missverständnissen kommt und Sie sich
beide (hoffentlich) denselben Termin notiert haben.

- Sofern Sie den Termin mehrere Monate im Voraus vereinbart haben: Senden Sie dem Kunden zwei, drei Tage vor
dem Termin noch einmal eine Terminerinnerung per E-
Mail oder – besser noch – SMS!
Wenn Ihnen Ihr Bauchgefühl allerdings sagt, dass der
Kunde seinen Termin eh nicht wahrnehmen wird (will),
dann sollten Sie ihn besser anrufen, damit Sie nicht vergeblich auf ihn warten, sich ärgern (*»Ich hab's mir doch gleich
gedacht, dass der nicht kommt.«*) und ihm dann noch gegebenenfalls wegen einer neuen Terminvereinbarung tagelang
hinterher telefonieren müssen.

19.15 Die Verabschiedung

Zu einem guten Beratungsgespräch gehört auch eine gute Ver-
abschiedung. Auch dies wieder ein Detail, welches Sie möglicherweise für banal halten. Doch wie bereits oben bei dem
Thema Begrüßung dargestellt, können Sie es für sich nutzen,
um den positiven Eindruck, den Sie bis dahin (hoffentlich) erzielt haben, »rund« zu machen. Dazu gehört für mich, meine
Kunden bis zur Ausgangstür zu begleiten und sie mit den Worten zu verabschieden: *»Frau Müller, hat mir Spaß gemacht mit
Ihnen. Schön, dass Sie da waren. Ich wünsche Ihnen noch einen
erholsamen Feierabend.«*

Und in der Terminbestätigungsmail, die Frau Müller dann
unter Umständen bereits wenige Minuten später (wenn dann
nicht bereits der nächste Kunde wartet), jedenfalls aber noch

am selben Tag, von mir erhalten wird, wird der Satz stehen: »*Ich freue mich auf unser nächstes Gespräch am ...*«

Sie merken: Es ist die positive Botschaft, das Kompliment, der schöne Klang der Worte, die unbewusst positive Gefühle auslösen sollen. Den Satz »*Hat mir Spaß gemacht mit Ihnen.*« sage ich allerdings auch nur dann, wenn es wirklich so war; denn nervige Kunden (und auch die gibt es selbstverständlich) möchte ich nicht noch mit einem verlogenen Kompliment belohnen.

19.16 Die Nachbereitung

Zur Nachbereitung eines Termins gehören (für mich) neben dem Erstellen der besprochenen Angebote, dem Einreichen von Anträgen, der Zusendung von Unterlagen jeglicher Art auch Notizen über den jeweiligen Termin in Outlook (siehe Kapitel 15.1).

Je sorgfältiger Sie hier arbeiten, desto mehr unnötige und nervige Zusatzarbeit wird Ihnen erspart bleiben.

Dies gilt insbesondere für die Einreichung von Anträgen. Hier kann ich gar nicht nachdrücklich genug darauf hinweisen, dass jedes vergessene Kreuz in einem Antrag (von einer vergessenen Unterschrift ganz zu schweigen) nicht nur zu einem erheblichen Nachbearbeitungs- und damit auch Zeitaufwand führen kann, sondern vor allem auch zur Kaufreue des Kunden (siehe dazu eingehender Kapitel 26.3).

20 Online-Beratung

Unsere Welt verändert sich in einem exponentiell rasanten Tempo. Inzwischen befindet sich selbst Facebook auf einem »absteigenden Ast« – jedenfalls bei Jugendlichen.

Genauso verändert sich die Welt der Finanzberatung schneller, als manch alt eingesessenem Berater lieb sein wird. So selbstverständlich wie für die meisten Menschen inzwischen der Umgang mit dem Internet ist, so selbstverständlich werden viele Kunden in Zukunft eine Online-Beratung erwarten, weil sie sich den Weg zum Büro des Beraters und den hierfür erforderlichen Zeitaufwand lieber sparen möchten und ansonsten geneigt sein werden, lieber über eines der zahlreichen Online-Vergleichsportale ihren Abschluss zu tätigen, egal ob das nun objektiv eine schlechte Herangehensweise ist oder nicht.

Hierin liegt aber gleichzeitig auch eine große Chance für diejenigen unter Ihnen, die neuen Wegen in der Beratung gegenüber aufgeschlossen sind. Ich selbst bin dadurch zur Online-Beratung gekommen, dass ein Kunde mich seinem Bruder, der in Stuttgart wohnt, als Berater empfahl, und dieser mich wiederum gleich auch noch an einen Freund in Hannover weiterempfahl. Eine Beratung vor Ort kam bei diesen Entfernungen für mich nicht in Frage. Deshalb war ich praktisch dazu gezwungen, nach einem neuen Beratungsansatz für derartige Situationen zu suchen.

Sicher wird der eine oder andere von Ihnen schon mal am Telefon zumindest kürzere Beratungsgespräche mit Stammkunden geführt haben. Die Online-Beratung geht hier noch einen Schritt weiter, indem Sie in dieser Beratung Ihre Kunden auf Ihren Bildschirm schauen lassen und das, was Sie ansonsten auf einem Blatt Papier notieren würden, mit einem speziellen Stift auf Ihrem Bildschirm schreiben und das Ganze dann als PDF-Datei speichern und dem Kunden im Anschluss an das Beratungsgespräch zumailen.

Wichtig ist, einen solchen Beratungstermin genauso zu vereinbaren wie einen Büro- oder Vor-Ort-Termin, damit Sie den
Kunden mit der gleichen Intensität und Aufmerksamkeit beraten, wie Sie es bei ihm zu Hause bzw. in Ihrem Büro täten.

Sie brauchen auch nur eine relativ kleine Sonderausstattung,
um sich für diese Art von Beratung zu präparieren (siehe dazu
oben Kapitel 11.3).

Damit Ihr Kunde sich auf Ihren Bildschirm schalten kann, benötigen Sie eine Software, die Ihnen dies ermöglicht. Es gibt inzwischen sehr viele Programme auf dem Markt, wie zum Beispiel Mikogo, Supremo, Teamviewer oder UltraVNC.

Ich empfehle Ihnen Mikogo, weil Sie bei diesem Programm
Ihrem Kunden einfach nur eine Sitzungsnummer mitteilen
müssen, die es ihm ermöglicht, sich via Internet ohne zusätzliche Installation eines Programms auf seinem eigenen Rechner
bei Ihnen aufzuschalten. Das ist nämlich ansonsten gerade bei
weiblichen Kunden oft ein Hindernis. Der Kunde muss also lediglich in seinem Browser www.mikogo.com eingeben und
dann auf der sich öffnenden Eingabemaske die von Ihnen mit-
geteilte Sitzungsnummer. Einfacher geht's wirklich nicht.

Sie selbst müssen sich das (in der Grundversion für den privaten Gebrauch kostenlose) Programm zuvor auf Ihren Rechner
herunterladen. Die Bedienung ist wirklich denkbar einfach. Mit
wenigen Klicks können Sie die Steuerung auch an Ihren Kunden übergeben, wenn dies mal erforderlich sein sollte.

Sie können auch überlegen, ob Sie via Skype beraten möchten.
Der Vorteil hier ist, dass Sie und Ihr Kunde einander in die
Augen schauen können. Da Finanzberatungsgespräche jedoch
häufig durch schriftliche Notizen unterstützt werden, wäre hier
ein wiederholter Wechsel der Bildschirmansicht nötig, was ich
persönlich für umständlich und störend halte, weshalb ich dies
grundsätzlich nicht praktiziere. Auch hier gilt wieder der
Grundsatz: Probieren geht über Studieren.

Wichtig ist, dass Sie die Online-Beratung vor Ihrem ersten »Ernstfall« genauso wie Ihr Beratungsgespräch üben. Egal, ob es um das Schreiben auf dem Bildschirm und den anschließenden Wechsel in ein Beratungsprogramm geht, oder um den Start der Kommunikationssoftware: Sie sollten all das, was in einem Online-Beratungsgespräch von Relevanz ist, zuvor geübt haben, am besten mit einem Kollegen, zur Not auch mit einem Familienangehörigen oder Freund oder Bekannten.

21 Die Perfektionierung der Beratung

Manch ein Leser wird sich an dieser Stelle möglicherweise fragen: »*Was denn jetzt noch? Ich habe doch schon –zig Sachen gelesen, die ich beachten soll, um meine Kunden zu beraten. Reicht das denn jetzt nicht mal?*« Ich kann Ihnen versichern: Ja, für eine gute, erfolgreiche Beratung reicht das schon völlig. Aber wie heißt es doch so schön? »*Der Feind des Guten ist das Bessere.*« Und ist es nicht auch für Sie ein gutes Gefühl, wenn Sie erkennen, dass Sie jeden Tag erneut die Möglichkeit haben, noch besser und erfolgreicher zu werden? Deshalb hier nachfolgend noch weitere Tipps, wie Sie Ihre Beratung bzw. Beratungsabläufe noch weiter verbessern können.

21.1 Wer fragt, der führt

»*Wer fragt, der führt.*« ist wieder so ein Satz, der viel Wahrheit in sich trägt. Solange Sie Fragen stellen und Ihrem Kunden keine Vorträge halten, wird er Ihnen sehr wahrscheinlich aktiv folgen und konzentrierter beim Gespräch sein, als wenn Sie in Monologen schwelgen.

Auch die oft gehörte Regel, dass der Redeanteil des Beraters bei 20 % liegen solle und der des Kunden bei 80 %, zielt in diese Richtung. Ich halte dieses Verhältnis zwar in keiner Weise für realistisch und praktikabel – schließlich will der Kunde häufig ja auch vom Berater Informationen haben, was unweigerlich dazu führt, dass der Redeanteil des Beraters zunimmt. Dennoch weist auch diese Regel in die richtige Richtung, nämlich den Kunden nicht zuzutexten und sich dabei selbst in den Vordergrund zu spielen, sondern ihm das Gefühl zu geben, dass er wirklich im Mittelpunkt Ihrer Beratung steht und Sie ihm aufmerksam zuhören. Menschen mögen es, dass ihnen jemand wirklich zuhört und sich für sie interessiert. Allein dadurch erhalten Sie einen gewissen Vertrauensvorschuss und wirken in jedem Fall sympathischer als der Kollege, der seinen Kunden nur abschlussorientiert die nötigsten Fragen stellt und sich im Übrigen auf das Dozieren verlegt.

Vermeiden Sie jedoch nach Möglichkeit geschlossene Fragen und bringen Ihre Kunden stattdessen mit möglichst vielen W-Fragen (»*Wie stellen Sie sich Ihre Zukunft vor?*«, »*Wie haben Sie diesen Bereich für sich geregelt?*«, »*Welche Prioritäten möchten Sie hier setzen?*«* etc.) zum Reden.

21.2 Berater oder Moderater?

Es gibt Kollegen, die machen aus dieser Frage ein beratungsphilosophisches Konzept und glauben, damit den Stein der Weisen gefunden zu haben. Ich persönlich bin da etwas skeptisch.

Ausgangspunkt ist dabei die Überlegung, dass sich der Vermittler gegenüber dem Kunden als Moderator verkauft, also als jemand, der ihm selbstverständlich nichts aufschwatzen will, sondern ihm lediglich hilft, das zu finden, was er wirklich haben möchte. Umgesetzt wird dies dann durch eine Gesprächsführung, bei der jegliche Diskussion mit dem Kunden vermieden wird, so etwa nach dem Motto: »*Sie finden Riester blöd – kein Problem, dann machen wir halt was anderes, was Ihnen besser gefällt.*« Auf diese Weise werden nach und nach all diejenigen Optionen verworfen, die der Kunde nicht möchte. Letztlich führt bei dieser Art der »Moderation« nach meinem Verständnis der Kunde den Vermittler und nicht umgekehrt der Vermittler den Kunden; denn wenn jeder Einwand des Kunden dafür zum Anlass genommen wird, aus Gründen einer harmonischen Gesprächssituation jegliche Belehrung und Diskussion zu vermeiden – der Kunde soll sich schließlich wohlfühlen und zu nichts überredet fühlen –, dann bleibt meines Erachtens eine substantielle und seriöse Beratung auf der Strecke.

Um bei dem oben genannten Beispiel des Themas Riester zu bleiben: Es gibt Situationen, da ist es nicht nur für den Berater lukrativ, einen Riestervertrag zu vermitteln, sondern auch für den Kunden die – zumindest wirtschaftlich – eindeutig beste Option. Hierzu ein konkretes Beispiel aus meiner eigenen Beratererfahrung:

Einer meiner Kunden ist ein sehr erfolgreicher Musiker und Künstlervermittler mit einem Bruttoeinkommen über 200 000 Euro pro Jahr. Als Künstler ist er Mitglied in der Künstlersozialkasse. Damit scheidet eine betriebliche Altersvorsorge für ihn per se aus, und es bleiben als Varianten für seine private Altersvorsorge Riester, Rürup und Schicht-3-Lösungen. Bei seinem Grenzsteuersatz von 42 % zuzüglich Solidaritätszuschlag von 5,5 % und Kirchensteuer von 9 % kommt er auf einen effektiven Grenzsteuersatz von 48,09 %.

Als ich ihm einen Riestervertrag als ersten Baustein für seine Altersvorsorge vorschlug, winkte er gleich ab. Seine Begründung: »*Mein Steuerberater hat mir gesagt, das ist nichts für mich.*« Hätte ich es gemacht wie der Kollege des Strukturvertriebs, dann hätte ich geantwortet: »*Okay, Herr Müller, kein Problem, dann haben Sie ja noch zahlreiche weitere Möglichkeiten, Ihr Geld anzulegen. Wollen wir uns die jetzt mal anschauen?*« Und der Kunde hätte sicher gleich »*Ja gern.*« geantwortet und ein gutes Gefühl gehabt.

Die entscheidende Frage lautet aus meiner Sicht jedoch: Wollen Sie nur möglichst schnell zu (irgend)einem Abschluss kommen, oder wollen Sie Ihre Kunden wirklich ernsthaft beraten?

Im ersten Fall können Sie ohne weiteres den Schmusekurs eines Moderators fahren und dem Kunden das gute Gefühl vermitteln, dass Sie ihm wirklich überhaupt nichts aufschwatzen und ihn lediglich konsequent dabei begleiten, selbst auf die richtige und passende Lösung zu kommen.

Im zweiten Fall machen Sie sich und dem Kunden das Leben möglicherweise schwerer, aber dafür werden Sie auch konsequent Ihrem gesetzlichen Auftrag zur wirklichen Beratung des Kunden gerecht. Gleichzeitig können Sie sich als echter Fachmann profilieren und dann auch oft noch auf diese Weise zu einem bzw. mehreren deutlich lukrativeren Abschlüssen kommen (siehe dazu weiter hinten auch noch das Unterkapitel 21.9 »Brutto oder netto«).

Das Gesetz (siehe Kapitel 18.2) sieht eindeutig eine Beratungsverpflichtung vor, die meines Erachtens nicht durch eine gefällige Moderation ersetzt werden darf, die falsche Vorurteile des Kunden nicht korrigiert.

Dementsprechend war meine Antwort an den Kunden deshalb folgende: »*Das ist ja interessant. Können Sie mir sagen, warum Ihr Steuerberater meint, dass Riester nichts für Sie ist?*« Die Antwort war erwartungsgemäß »*Nein.*« Der Kunde hatte also seinem Steuerberater blind vertraut. Und für mich stellt sich in einem solchen Fall dann immer die Frage: Will ich es wirklich akzeptieren, dass ein Kunde in seinen Finanzangelegenheiten seinem (für dieses Gebiet) unqualifizierten Steuerberater mehr Glauben schenkt als mir? Sie können sich die Antwort denken …

Ich bat deshalb meinen Kunden, sich noch einmal mit seinem Steuerberater in Verbindung zu setzen und sich genau erklären zu lassen, was denn aus dessen Sicht gegen einen Riestervertrag spreche. Ich ahnte es natürlich schon: Allein die Tatsache, dass mein Kunde so viel Geld verdient und der Steuervorteil von Riester demgegenüber nur sehr klein ist, war – so stellte sich dann im nächsten Beratungstermin heraus – für den Steuerberater Grund genug, ihm davon abzuraten.

Ich fragte den Kunden deshalb: »*Herr Müller, angenommen Sie sehen jetzt gleich, wenn Sie hier rauskommen und zu Ihrem Auto gehen, einen Tausendeuroschein auf dem Gehweg liegen: Heben*

Sie den auf und stecken ihn ein, oder lassen Sie ihn liegen?« Die Frage war natürlich suggestiv und die Antwort damit vorprogrammiert. »*Klar hebe ich den auf*«, antwortete der Kunde. »*Sehen Sie*«, fuhr ich fort, »*und warum sollten Sie sich dann 1000 Euro Steuerrückzahlung entgehen lassen, bloß, weil Sie schon viel verdienen?! Ist doch irgendwie nicht schlüssig, oder?*«

Und dann legte ich ihm dezidiert dar, wie ich auf die 1 000 Euro komme (vgl. § 10a Abs. 2 S. 1 EStG):

Einzahlung brutto pro ₎ahr	1 946,00 Euro
+ Zulage	154,00 Euro
= steuerlich ansetzbare Sonderausgabe	2 100,00 Euro
fiktive Steuerersparnis bei Grenzsteuersatz von 48,09 %	1 009,89 Euro
abzüglich Zulage	154,00 Euro
= effektive Steuerrückzahlung bzw. -reduzierung	855,89 Euro
= Gesamtförderung	1 009,89 Euro

Das überzeugte auch meinen Kunden, und er schloss den von mir empfohlenen Riestervertrag (neben anderen) im dritten Termin ab.

21.3 Selbstbewusstsein, Angst und Körpersprache

Die herausragendsten fachlichen Qualifikationen und ausgefeiltesten Formulierungen werden Ihnen nicht helfen, wenn Sie sich im Kundengespräch unsicher oder unwohl fühlen. Denn leider wird dies der Kunde spüren.

Was also können Sie tun, um diejenige Sicherheit auszustrahlen, die Sie aktuell vielleicht noch nicht haben, aber gerne hätten? Hier sehe ich zwei Lösungsansätze. Der erste ist: Tun Sie so, als ob Sie bereits all das hätten, was Ihnen heute noch fehlt. Im Englischen gibt es dafür die Redensart

»Fake it, until you make it.«
(Spiel die Rolle so lange, bis sie Dir passt.)

Stellen Sie sich einfach vor, Sie sind schon so selbstbewusst, erfahren, routiniert, gelassen oder was auch immer Sie glauben, das Ihnen noch fehlt, und verhalten Sie sich so, als hätten Sie diese Stufe bereits erreicht. Das ist sicher nicht ganz einfach und auch eine Gratwanderung; denn es gilt auch zu vermeiden, dabei unglaubwürdig und nicht authentisch zu wirken und bei Ihren Kunden das Gefühl zu erzeugen, Sie seien lediglich ein Aufschneider.

Es geht hier also nicht darum, Ihren Kunden vorzugaukeln, Sie seien allwissend und hätten auf jede Fachfrage immer gleich eine Antwort, sondern vielmehr darum, dass Sie sich in einen Bewusstseinszustand versetzen, in dem Sie gelassen und selbstbewusst mit denjenigen Situationen umgehen, die Ihnen heute vielleicht noch Angst machen.

Bitte machen Sie sich in diesem Zusammenhang auch klar, was Angst eigentlich ist. Angst ist nichts Negatives, sondern steht für etwas, das Sie noch nicht können oder wissen. Deshalb ist es auch so wichtig für Ihren Weg zum nachhaltigen Erfolg, diejenigen Dinge zu tun, vor denen Sie die größte Angst haben, sei es das Halten eines Vortrags vor einer größeren Gruppe oder der offene Umgang mit den eigenen Unzulänglichkeiten.

Wenn Sie beispielsweise eine Kundenfrage nicht gleich beantworten können, von der Sie denken, dass Sie sie eigentlich beantworten können müssten, geißeln Sie sich nicht gleich selbst vor dem Kunden für Ihre Unwissenheit und erzählen ihm aber auch keinen Blödsinn in der Hoffnung, dass er es nicht bemerkt. Sondern sagen Sie ihm ganz ruhig und selbstbewusst: *»Sorry, da muss ich gerade passen. Bevor ich Ihnen da vielleicht irgendwelchen Unsinn erzähle, geben Sie mir bitte 24 Stunden Zeit. Ich prüfe das für Sie und liefere Ihnen die Antwort nach, okay?«* Damit ist das Thema durch. Seien Sie sich sicher: Kein

Kunde wird Sie wegen einer solchen Antwort komisch angucken oder an Ihrer Kompetenz zweifeln. Im Gegenteil werden Sie erleben, dass Sie durch diese Art von Ehrlichkeit eher an Ansehen gewinnen. Wichtig ist freilich, dass Sie die Antwort dann auch tatsächlich nachliefern.

Sie sollten allerdings darauf achten, dem Kunden nicht bei jeder Frage, die er stellt und auf die Sie keine Antwort wissen, gleich Ihre Recherche anzubieten. Oft stellen Kunden auch Fragen nur, weil sie ihnen gerade einfallen, ohne dass die Antwort auf diese Frage für sie wirklich irgendeine Relevanz hat. Bei dieser Art von eher akademischen Fragen empfehle ich Ihnen, dem Kunden eine halbwegs plausible Antwort zu geben, die ihn zufriedenstellt und rasch das Thema zu wechseln bzw. in der Beratung weiterzugehen.

Eine weitere gute Möglichkeit, Ihr Selbstvertrauen weiter zu stärken, ist die Beschäftigung mit dem Thema Körpersprache. Hierbei können Sie gleichzeitig zwei Fliegen mit einer Klappe schlagen. Denn zum einen können Sie hier lernen, über die bewusste Wahrnehmung und Änderung Ihrer eigenen Körperhaltung sozusagen vom Außen auf Ihr Innen einzuwirken, über Ihren Körper also Ihren Geist zu beeinflussen.

Und zum anderen können Sie dabei sehr viel über die nonverbalen Signale Ihrer Kunden lernen, so dass Sie diese in Zukunft deuten und schnell auf diese reagieren können.

Weitere Anregungen zum Themenbereich »Kundensignale richtig deuten« finden Sie im nächsten Kapitel in den Unterkapiteln »Neurolinguistisches Programmieren (NLP)« und »Struktogramm«.

21.4 Erst die Tatsachen, dann die Fragen

Eine einfache Technik, sich seinen Weg durch das Beratungsgespräch zu bahnen, ohne ständig mit dem Kunden diskutieren zu müssen, ist die in der Überschrift genannte Vorgehensweise. Auch hierzu wieder ein paar Beispiele:

Beispiel 1:

Ihr Kunde kommt mit dem Wunsch nach Abschluss einer Rentenversicherung zu Ihnen. Sie haben nun zwei Alternativen: Entweder Sie fragen ihn gleich zu Beginn, welche Sparrate er sich vorstellt, oder Sie lassen diese Frage ganz bewusst aus und informieren ihn zunächst, indem Sie mit ihm seine Altersvorsorgelücke und die daraus resultierende erforderliche Sparrate für ihn ermitteln, und ihn dann fragen, wie viel er bereit ist, dafür zu tun, dass er sein Ziel erreicht (vgl. Kapitel 19.8).

Was macht den Unterschied aus? In der ersten Alternative legt sich der Kunde bereits frühzeitig und ohne einen Schimmer zu haben, wie groß seine erforderliche Sparrate ist, mit einem Betrag fest. Diesen wird er unbewusst verteidigen, wenn Sie ihm eine höhere Zahl vorschlagen. Das wird also schwierig.

Im zweiten Fall hat der Kunde genügend Zeit, sich mit dem Gedanken vertraut zu machen, dass seine Lücke größer ist als er sich das vorgestellt hat – so ist es ja fast immer. Jetzt könnte ein kritischer Leser natürlich einwenden: »*Aber wenn der Kunde eben nur 100 Euro sparen kann und nicht mehr, warum soll ich dann so einen Aufwand betreiben? Die meisten sparen ja doch nur das, was sie sich wirklich leisten können. Schließlich wollen sie ja auch noch vor dem Rentenalter leben und konsumieren.*« Richtig – der zweite Teil der Aussage. Doch woher wissen wir, wie viel sich der Kunde tatsächlich leisten kann? Vielleicht ist er bei Kenntnis der Zahlen ja doch bereit, mehr zu sparen, als er sich zunächst überlegt hat. Das erlebe ich jedenfalls recht häufig. Deshalb mein Tipp: Immer nach der zweiten Alternative verfahren.

Beispiel 2:

Sie sprechen mit dem Kunden im Rahmen seiner Altersvorsorgeplanung über das Thema Inflation (vgl. Kapitel 19.8). Die übliche Vorgehensweise der meisten Vermittler ist, den Kunden an dieser Stelle zu fragen (wenn sie das Thema überhaupt ansprechen): *»Mit welcher Inflationsrate möchten Sie rechnen?«* Der Kunde wird Ihnen nun irgendeine Zahl nennen. In den meisten Fällen wird die Zahl viel zu niedrig sein (zum Beispiel 1 % oder 1,5 %). Wenn Sie ihm nun entgegnen: *»Also in den letzten 45 Jahren lag die Inflationsrate im Schnitt bei 2,82 %.«*, dann wird der Kunde dies zunächst mal als Ohrfeige empfinden (so etwa in der Art: *»Sie haben doch keine Ahnung. Ich bin hier der Experte!«*). Und dann wird er unterbewusst versuchen, seine Zahl zu verteidigen. Und plötzlich entsteht eine Jahrmarktsituation, in der Sie mit dem Kunden um die richtige Zahl schachern, um ihn an die Zahl heranzuführen, die Sie die ganze Zeit bereits im Kopf hatten, seien es 2, 2,5 oder 3 %. Es scheint eine Bagatelle zu sein. Aber sie kann die Atmosphäre Ihres Beratungsgesprächs durchaus vergiften oder zumindest für Irritationen sorgen.

Beispiel 3:

Bereits wenige Sekunden später lauert der nächste Fallstrick: Stichwort »Lebensdauer« bzw. die Frage *»Wie lange soll das Geld reichen?«* oder *»Bis zu welchem Lebensjahr möchten Sie rechnen?«* (vgl. Kapitel 19.8). Hier neigen Kunden dazu, ein Alter wie zum Beispiel 75 oder 80 Jahre anzugeben. Wenn Sie ihn dann belehren, dass seine statistische Lebenserwartung bei (zum Beispiel) 92 Jahren liegt, wird das Gleiche passieren wie schon bei der Inflationsrate.

Wie lässt sich das verhindern? Ganz einfach: Sie nennen dem Kunden zuerst die Fakten und fragen ihn dann, mit welcher Zahl er rechnen möchte. Also etwa so: *»Frau Müller, in den letzten 45 Jahren lag die Inflationsrate im Schnitt bei 2,82 %. Mit* *welcher Inflationsrate möchten Sie für sich rechnen?«* Sie können sich sicher sein: 90 % der Kunden werden sich nun irgendwo zwischen 2,5 und 3 % einsortieren. Das Gleiche bei der Altersfrage: *»Wenn Sie erstmal das 67. Lebensjahr erreicht haben, wird Ihre statistische Lebenserwartung bei rund 92 Jahren liegen. Warum? Weil Sie all diejenigen, die zwischen 0 und 67 gestorben sind, statistisch bereits hinter sich gelassen haben und damit die betrachtete Gruppe kleiner wird. Und die hat halt eine deutlich höhere Lebenserwartung. Wenn Sie mir jetzt natürlich sagen, dass Ihre Großeltern bereits über 90 Jahre alt geworden sind, sollten wir lieber noch ein bisschen drauflegen. Also: Bis wann möchten Sie planen?«* Auch hier werden Sie erleben, dass die meisten Kunden sich Ihren statistischen Vorgaben anschließen werden, weil sie Sie als Experten nicht anzweifeln werden.

Deshalb mein Rat: Egal um welche Zahlen es geht, mit denen Sie etwas für den Kunden berechnen wollen – nennen Sie ihm zuerst die Fakten, und stellen Sie ihm erst dann die Frage, mit welcher Zahl er rechnen möchte!

Das ist zwar in gewisser Weise manipulativ, aber ich denke, in einer Weise, die ethisch durchaus zu vertreten ist.

21.5 Anker setzen

Wer einen Anker setzt, gibt dem Schiff im wahrsten Sinne des Wortes Halt. Und aus der Ferne betrachtet bildet das ankernde Schiff auf unruhiger See einen Fixpunkt, an dem sich das Auge orientieren kann.

Genau dies ist auch der Sinn von Ankern im Verkaufsgespräch, das ich an dieser Stelle ganz bewusst so und nicht Beratungsgespräch nenne. Wozu dient diese Unterscheidung? Um Ihnen ganz deutlich vor Augen zu führen, dass das Setzen von Ankern etwas sehr Manipulatives haben kann und nicht nur etwas Suggestives. Das heißt, Sie können durch die gezielte Verwendung von Ankern diese auch missbrauchen, quasi als Taschenspielertrick.

Deshalb möchte ich Sie auch dazu ermahnen, Anker wirklich nur dort und insoweit einzusetzen, wo bzw. wie es mit einer seriösen Beratung wirklich vereinbar ist.

Hier ein paar Beispiele dazu:

- **Unterschreiben**: Sie erinnern sich? Im Kapitel 19.7 hatte ich bereits darauf hingewiesen, dass ich den Kunden das Informationsblatt über die Pflichtangaben gem. § 11 VersVermV auch deshalb gegenzeichnen lasse, damit er sich schon mal an das Unterschreiben »gewöhnt«. Ich habe auf diese Weise den Anker »*Unterschreiben ist hier etwas völlig Normales.*« gesetzt.

- **Empfehlungen**: Indem Sie dieses Thema möglichst oft scheinbar ganz nebenbei anreißen, verankern Sie es ebenfalls im Kopf des Kunden. Auch hier verweise ich wieder auf das oben genannte Kapitel und meine dort zu findenden wiederholten Erwähnungen des Wortes »Empfehlung«. Der große Vorteil bei dieser Technik ist, dass sie wirklich locker und unaufdringlich ist. Neudeutsch würde man dazu wohl »smart« sagen.

- **Zahlen vorgeben**: Dieser Komplex ist derjenige, der meines Erachtens am ehesten zu Manipulationen einlädt. Warum? Weil er so einfach funktioniert und sich so hinterhältig einsetzen lässt, dass man auf diese Weise Kunden wirklich zu deren Nachteil manipulieren kann.
Wie funktioniert das nun genau? Stellen Sie sich vor, Sie sind auf einem türkischen oder marokkanischen Bazar und interessieren sich für einen Teppich. Der Verkäufer nennt Ihnen einen Preis von beispielsweise 1 000 Euro. Sie wissen natürlich, dass dies nicht sein letzter Preis ist, und Sie fangen an zu verhandeln. Aber was wird die Grundlage Ihrer Verhandlung sein? Genau: die 1 000 Euro, die er Ihnen genannt hat.

Angenommen, der Teppich hat tatsächlich einen Wert von
nur 300 Euro. Würden Sie den Verkäufer auf diesen Preis
herunterhandeln können? Wahrscheinlich nicht, weil dieser
mit seinem ersten Preis einen Anker gesetzt hat. Hätte er als
ersten Preis 500 Euro genannt, wäre die Wahrscheinlichkeit,
ihn auf 350 Euro runterhandeln zu können, sehr viel höher.
Hierzu noch ein illustres Beispiel, das ich dem Buch *Die
Kunst des klaren Denkens* von Rolf Dobelli entnommen
habe:
Studenten und Immobilienprofis wurden durch ein Haus
geführt und anschließend gebeten, den Wert dieses Hauses
zu schätzen. Zuvor wurde ihnen ein zufällig generierter an-
geblicher »gelisteter Verkaufspreis« genannt. Wie zu erwarten: Die Studenten, also die Nichtprofis, ließen sich von
dem Anker beeinflussen. Je höher der angebliche Listenpreis
war, umso höher bewerteten sie auch den Wert des Hauses.
– Und die Immobilienprofis, urteilten diese unabhängig?
Nein! Sie ließen sich im gleichen Ausmaß durch den will-
kürlich gesetzten Anker beeinflussen. Je unbestimmbarer
der Wert eines Objekts – Immobilie, Firma, Kunstwerk –,
desto anfälliger sind selbst Profis für Anker. [18]
Wenn Sie also einen hohen Abschluss mit Ihrem Kunden
erzielen möchten, dann stellen Sie ihm die Frage, wie viel er
denn sparen *möchte*, keinesfalls, bevor Sie ihm nicht ausgerechnet haben, wie viel er bei Zugrundelegung der von ihm
gewählten Prämissen sparen *muss*, um sein Ziel zu erreichen! Siehe auch oben Kapitel 21.4 zum Thema »Erst die
Tatsachen, dann die Fragen«.
Wenn Sie aus irgendeinem Grund nicht dazu kommen, eine
solche Berechnung vorher durchzuführen, können Sie dem
Kunden auch mitteilen, wie viel Sparrate Ihre Kunden denn
im Schnitt so etwa für ihre Altersvorsorge aufwenden.
Wenn Sie hier allerdings utopisch hohe Zahlen nennen und
der Kunde beispielsweise wirklich nur 70 Euro sparen kann,
dann erwarten Sie bitte nicht, am Ende bei einer Sparrate
von 450 Euro zu landen.

Aber egal, ob es um das Thema BU-Absicherung, Unfallversicherung oder Sparbetrag geht: **Seien Sie derjenige, der die erste Zahl nennt; denn diese wird alsdann Grundlage Ihrer weiteren »Verhandlungen« sein!**

21.6 Einwandbehandlung

Die größte Herausforderung im Zusammenhang mit dem Thema Einwandbehandlung ist es, Einwände zunächst überhaupt als solche zu erkennen und diese von Vorwänden trennen zu können. Die Aussage: »*Einwände signalisieren Kaufbereitschaft*« stimmt vielleicht nicht in 100 % der Fälle, aber immerhin doch in den meisten.

Ein und derselbe Satz kann allerdings je nach Gesprächssituation und Kunde entweder Vorwand oder Einwand sein. Das macht die Unterscheidung mitunter so schwierig.

Vorwände

Der Vorwand zeichnet sich dadurch aus, dass der Kunde eine Begründung dafür vorschiebt, dass er jetzt noch nicht mit Ihnen ins Geschäft kommen möchte, Ihnen aber den tatsächlichen Grund hierfür entweder ganz bewusst nicht sagen mag oder aber sich vielleicht auch selbst gar nicht ganz klar darüber ist, was der wirkliche Grund ist, sondern einfach nur ein ungutes Gefühl hat und ihm sein Bauch »nein« sagt.

Vorwände sollten Sie deshalb immer hinterfragen, und zwar nicht einfach für sich im stillen Kämmerlein nach dem Termin, sondern ganz offensiv, indem Sie beim Kunden ganz gezielt nachfragen.

Deshalb hier ein paar Beispiele, wie Sie mit Vorwände umgehen können:

Kunde: »*Das muss ich erst noch mit meiner Frau/meinem Steuerberater/meinem Freund besprechen.*«

Berater: »*Was genau wollen Sie Ihren Steuerberater denn fragen?*«

Anmerkung: Es ist ja tatsächlich schon phänomenal und geradezu beleidigend für unseren Berufsstand, dass es noch immer Kunden gibt, die ihrem Steuerberater mehr Kompetenz in Sachen Finanzberatung zutrauen als ihrem Finanzberater, der dafür ausgebildet ist (der Steuerberater ist es nicht!).

Kunde: »*Können Sie mir da erstmal etwas Schriftliches zuschicken?*«

Berater: »*Was meinen Sie, was ich Ihnen zusenden sollte? Ich wüsste ehrlich gesagt nicht, was. Und was hätten Sie auch davon, wenn ich Sie mit –zig Seiten Papier ›zuballern‹ würde? Fragen Sie mich doch einfach, wenn Sie etwas noch nicht verstanden haben!*«

Kunde: »*Da muss ich mich erst noch ausführlicher drüber informieren.*«

Berater: »*Worüber möchten Sie sich denn noch gern genauer informieren? Und bei wem? Halten Sie mich nicht für kompetent genug, oder glauben Sie mir schlicht nicht, oder was ist der Grund dafür?*«

Anmerkung: Wenn der Kunde bzw. Interessent Ihnen dann sein Misstrauen aussprechen sollte, wenn vielleicht auch nur durch die Blume, dann sollten Sie auch den Mut haben, das Gespräch an der Stelle abzubrechen und dem Kunden klar zu sagen, dass Sie auf der Basis eines solchen Misstrauens in Sie auch gar kein Interesse daran haben, ihn weiter zu beraten.

Kunde: »*Das kann ich Ihnen heute noch nicht sagen, da muss ich erstmal eine Nacht drüber schlafen.*«

Berater: »Was meinen Sie denn, welchen Erkenntnisgewinn Ihnen die Nacht bringen wird? Halten Sie es nicht vielleicht auch für sinnvoller, dass Sie mir noch alle Ihre Fragen stellen, die vielleicht bei Ihnen noch offen sind?«

Natürlich besteht bei dieser Art des offensiven Umgangs mit den Kundenvorwänden die Gefahr, dass sich der Kunde unter Druck gesetzt fühlt und sich vielleicht noch mehr zurückzieht. Die Frage ist aber immer auch, wieviel Freude Sie an einem solchen Kunden haben bzw. hätten, wenn Sie sich mit ihm weiter durch eine Beratung quälen, die kaum noch Aussicht auf Erfolg verspricht. Manchmal ist es dann einfach besser, frühzeitig auszusteigen, als noch weitere wertvolle Energie auf einen solchen beratungsresistenten Kunden zu verschwenden.

Einwände

Einwände können Sie dem gegenüber als Anreize zu einer inhaltlichen Auseinandersetzung über Sachfragen verstehen. Diese wird der Kunde in der Regel nur dann stellen, wenn er wirklich interessiert ist an der Materie und dem Produkt. Deshalb sollten Sie auf Einwände auch niemals auf einer persönlichen Ebene reagieren oder den Kunden gar angreifen, sondern stattdessen immer schön sachlich bleiben und immer versuchen, ihm inhaltlich den Wind aus den Segeln zu nehmen.

Auch hierzu wieder ein paar Beispiele:

Kunde: »Mein Steuerberater hat gesagt, Riester ist nichts für mich.«

Berater (schlecht): »Sorry, Ihr Steuerberater hat keine Ahnung. Der mag ja was von Steuern verstehen, aber ganz sicher nichts von Riesterförderung.«

Berater (gut): »Das ist ja interessant. Was genau hat er Ihnen denn für Argumente genannt, warum Riester für Sie nichts sein soll?«

Anmerkung: siehe dazu ausführlich Kapitel 21.2.

Kunde: »*Also an eine Inflationsrate von 3 % glaube ich nicht. Man kann doch überall lesen, dass uns jetzt sogar eine Deflation droht.*«

Berater (schlecht): »*Sorry, aber das ist totaler Quatsch. In den Zeitungen wird ja heutzutage so viel dummes Zeug geschrieben. Am schlimmsten immer wieder von den Schreiberlingen der Stiftung Warentest.*«

Berater (gut): »*Ja, stimmt, so was habe ich kürzlich auch gelesen. Wollen wir uns das nochmal näher anschauen? Ein gutes Beispiel ist ja immer der Big Mac, mit dem ja auch die Kaufkraft unterschiedlichster Währungen immer wieder verglichen wird, weil er auf der ganzen Welt identisch zubereitet wird. Der hat vor zehn Jahren genau das Gleiche in DM gekostet, was er jetzt in Euro kostet. Wissen Sie, wieviel Prozent jährlicher Inflationsrate das entspricht? Ziemlich genau 7 %!*«

Kunde: »*Eine BU-Versicherung brauch' ich nicht. Meinen Bürojob könnte ich auch noch im Rollstuhl ausüben.*«

Berater (schlecht): »*Aha. Und woher wissen Sie das? Vielleicht bekommen Sie ja auch einen Schlaganfall und können sich dann nicht mehr nur nicht vernünftig bewegen, sondern auch nicht mehr klar denken. Also, sorry, aber das ist wirklich Blödsinn.*«

Berater (gut): »*Das ist eine interessante Überlegung, die Sie da anstellen. Und wissen Sie was? Damit befinden Sie sich in guter Gesellschaft mit ca. 50 % meiner Kunden, die in*

Bürojobs tätig sind. Aber das Dumme ist halt, dass Sie heute ja noch gar nicht wissen können, was da alles passieren kann. Ich will jetzt nicht den Teufel an die Wand malen, aber Tatsache ist einfach, dass jeder vierte Arbeitnehmer bzw. Selbständige vor Erreichen des Ruhestands berufsunfähig wird. Und es gibt eine Menge Krankheiten, die Sie ereilen können, an die Sie heute noch nicht denken. Wissen Sie, vor zwei Monaten hat sich bei mir eine junge Frau gemeldet, noch keine 30 Jahre alt. Die wollte unbedingt ganz schnell eine Berufsunfähigkeitsversicherung abschließen. Als ich sie fragte, warum es ihr damit so eilig sei, sagte sie mir, bei ihr sei letzte Woche Multiple Sklerose diagnostiziert worden! Sie wissen einfach nicht wie's kommt. Und deshalb kann ich Ihnen nur empfehlen, sich näher mit dem Thema zu befassen. Einverstanden?«

Einwände erkennen Sie folglich in der Regel daran, dass sie sach- bzw. themenbezogen sind, so dass Sie auch auf dieser Ebene antworten und dem Kunden mit Sachargumenten begegnen können, während es bei Vorwänden keinen Sinn hat, diesen mit Sachargumenten zu begegnen. Bei Vorwänden ist es immer sinnvoll, durch gezieltes Nachfragen herauszufinden, wo den Kunden der Schuh wirklich drückt, was also der eigentliche, der tatsächliche Grund für seine ablehnende Haltung ist.

Es gibt allerdings auch Kunden, die anscheinend nichts Besseres zu tun haben, als ihre Zeit bei Finanzberatern zu vertrödeln, die sie dann mit ihren Fragen nerven, ohne dass diese in irgendeiner Weise für ihre Entscheidungsfindung wichtig oder auch nur hilfreich wären, also Kunden, die Ihnen jede erdenkliche Frage stellen, nur um allwissend zu werden.

Wenn Sie bei so einen Kunden mal am Tisch sitzen sollten, heißt die Devise einfach nur: »Nichts wie raus hier!« bzw. wenn er bei Ihnen im Büro sitzen sollte: »Herr, erbarme Dich!« Ich habe das bei einigen solcher Kunden (Typ »Stiftung Warentest-Leser«) leider nicht gemacht. Obwohl ich mit den meisten am Ende doch noch ins Geschäft gekommen bin, weil ich die meisten ihrer Fragen tatsächlich beantwortet habe, kann ich Ihnen nur empfehlen, solche Beratungen abzubrechen, um ihre Nerven zu schonen. Oder Sie vollbringen das Kunststück, die Fragen der Kunden so abzubiegen und die Kunden ganz charmant so einzulullen, dass sie sich mit Ihren knappen Antworten zufriedengeben und aufhören, ihnen weitere lästige Fragen zu stellen.

21.7 Reden ist Silber, Schweigen ist Gold – das KISS-Prinzip

Auf Grund meiner eigenen Vorprägung als Jurist spreche ich aus Erfahrung, wenn es um das Risiko geht, das jeder Berater eingeht, wenn er seine Kunden nach bestem Wissen und Gewissen ausführlich und mit vielen fachlichen Erklärungen berät. Diese Art der Beratung hat gleich zwei entscheidende Nachteile, und in der Regel passt auf sie der Satz: »›Gut gemeint‹ ist das Gegenteil von ›gut gemacht‹.«

Konkret: Die meisten Kunden werden sich, wenn sie danach gefragt werden, dahingehend äußern, dass sie gern verstehen möchten, was sie unterschreiben und dass sie es gerne genau erklärt bekommen möchten. Die Gefahr, die hier lauert, ist, dass Sie die vorgeblichen Wünsche Ihres Kunden erfüllen möchten und ihn in der Folge mit Fachwissen überfrachten, das ihn eher verwirren und verunsichern wird. Die Folge: Er wird immer mehr Nachfragen stellen und sich am Ende möglicherweise überhaupt nicht mehr in der Lage sehen, eine Entscheidung zu treffen, weil ihm die ganze Materie viel zu kompliziert erscheint.

Deshalb sollte Ihr oberstes Ziel in der Beratung sein, dem Kunden nur genau so viel zu erzählen, wie er unbedingt wissen muss, um zu einer Entscheidung zu gelangen. Dabei sollten Sie am besten immer im Kopf haben, es ihm bildreich und mit so einfachen Worten wie möglich zu erklären, am besten wie einem Sechsjährigen.

Das mag sich merkwürdig anhören, und ich habe selbst relativ lange gebraucht, mir diese Denkweise anzugewöhnen (und offen gestanden, steht mir persönlich hier meine juristische Vorbildung eher als Hemmnis im Weg), aber das Entscheidende bei alledem war für mich die Erkenntnis, dass es dem Kunden – ganz egal, was er uns erzählt – tatsächlich doch gar nicht darauf ankommt, wie die vielfältigen fachlichen, steuerlichen, sozialversicherungsrechtlichen etc. Details unserer Vorschläge aussehen. Tatsächlich sitzt er doch nur bei uns, weil er eine Lösung für seine Probleme sucht, sei es eine Krankenversicherung, eine Altersvorsorge, einen Bausparvertrag oder ein Darlehen.

Und deshalb stellt es keineswegs eine schlechtere Beratung dar, wenn Sie dem Kunden viele Details, die für ihn von Relevanz sind, verschweigen, solange Sie diese – und das sollte sich von selbst verstehen – bei Ihrer Empfehlung dennoch (sozusagen im Hintergrund) berücksichtigen.

Auf diese Weise schlagen Sie sogar zwei Fliegen mit einer Klappe; denn erstens erleichtern Sie dem Kunden so, zu einer sinnvollen Entscheidung zu kommen, und zweitens sparen Sie sich eine Menge Zeit (und unter Umständen auch Nerven), wenn Sie sich auf diese Weise mit der Vermittlung von Fachwissen zurückhalten.

KISS steht übrigens – je nachdem, wo Sie beim Recherchieren fündig werden – entweder für »Keep It Simple, Stupid« oder »Keep It Short and Simple«, was mir persönlich als Übersetzung besser gefällt.

21.8 Konzeption schlägt Kondition

Mitunter fangen Kunden mit Ihnen Kostendiskussionen an. So kann es Ihnen passieren, dass ein Kunde von Ihnen ganz genau wissen will, wieviel Kosten bei der einen Rentenversicherung anfallen und wieviel bei der anderen. Als seriöser Berater könnten Sie nun geneigt sein, sich mit dem Kunden zusammen die Produktinformationsblätter der jeweiligen Angebote anzuschauen. Das aber würde mit Sicherheit nur zu weiteren Nachfragen des Kunden führen mit der Gefahr, dass Sie am Ende mit ihm nur über die hohen Kosten diskutieren würden, anstatt über den Nutzen des Produkts für den Kunden.

Deshalb bietet es sich in solchen Fällen an, sehr offensiv mit diesem Thema umzugehen, und zwar in etwa so:

»Lieber Herr Kunde, wir könnten uns jetzt natürlich die Produktinformationsblätter sämtlicher in Frage kommender Tarife und Gesellschaften zusammen anschauen und eine Liste erstellen, welche Gesellschaft in welchem Bereich welche Kosten veranschlagt. Aber ganz ehrlich: Das bringt Sie kein bisschen weiter. Warum? Weil es bei der Geldanlage einen ganz wesentlichen Grundsatz gibt. Und der lautet: ›Konzeption schlägt Kondition.‹ Was das konkret bedeutet, würde ich Ihnen gern mal an Hand eines praktischen Beispiels zeigen. Interessiert Sie das?«

Nun benötigen Sie einen finanzmathematischen Taschenrechner (siehe Kapitel 11.3) und ein Blatt Papier, auf dem Sie den Kunden gleich die entscheidenden Zahlen notieren lassen. Den Umgang mit dem Taschenrechner sollten Sie bei einer solchen Rechnung allerdings wirklich wie im Schlaf beherrschen.

»Angenommen, Sie haben ein relativ günstiges Produkt, bei dem Sie monatlich 100 Euro über einen Zeitraum von 30 Jahren sparen und eine Rendite von 4% erzielen. Was kommt da am Ende raus? Tippen Sie's doch bitte einfach mal selbst ein, damit Sie auch ganz sicher die richtigen Werte rausbekommen ...«

Anmerkung: Je nach Alter des Kunden können Sie auch einen kürzeren (weniger sinnvoll) oder längeren (umso beeindruckender) Anlagezeitraum wählen.

Und durch die Übertragung der Verantwortung für den Taschenrechner auf den Kunden aktivieren Sie zum einen seine Aufmerksamkeit zusätzlich – schließlich möchte er sich ja nicht blamieren und keinen Fehler bei der Eingabe machen –, und gleichzeitig wird er sich wahrscheinlich auch aufgewertet fühlen und ein gutes Gefühl haben, weil er ja nun tatsächlich die Kontrolle hat und Sie ihm nicht irgendwelche Zahlen manipulativ unterschieben können, auch wenn er wahrscheinlich gar nicht versteht, was er genau da gerade eigentlich macht.

Nun sollten Sie mit dem Kunden nacheinander folgende Zahlen in Ihren Taschenrechner eingeben bzw. ihn diese eingeben lassen (alle Angaben bezogen auf den hp 10 B II):

- 30 > rote Taste > »N«-Taste (Anlagezeitraum) – Es sollte dort nun die Zahl 360 zu sehen sein.
- 4 > »I/YR«-Taste (Zinssatz) – Es sollte dort nun die Zahl 4.00 zu sehen sein.
- 0 > »PV«-Taste (present value – Anfangsvermögen) – Es sollte dort nun die Zahl 0.00 zu sehen sein.
- 100 > »+/-«-Taste > »PMT«-Taste (per month – monatliche Rate). – Es sollte dort nun die Zahl -100.00 zu sehen sein.
- »FV«-Taste > (final value – Endwert) – Es sollte dort nun die Zahl 69,404.94 zu sehen sein.

Sofern Sie die ersten Zahlen doch selbst eingeben, so lassen Sie jedoch unbedingt den Kunden für sein »Aha«-Erlebnis zumindest die letzte Taste selbst drücken! Dann lassen Sie den Kunden diese Zahl aufschreiben und fahren wie folgt fort:

»Und jetzt, Herr Kunde, lassen Sie uns doch mal eine andere Anlage dagegenstellen, die zwar höhere Kosten hat, aber von

der Konzeption so viel besser aufgestellt ist, dass sie eine deut-
lich höhere Rendite erwarten lässt, okay?«

Der Kunde wird diese Vorgehensweise in der Regel abnicken,
so dass Sie ohne Weiteres fortsetzen können:

»Lassen Sie uns mal annehmen, dass die alternative Anlage 5 %
mehr Kosten hat, dafür aber 1 % mehr Rendite bringt, okay?«

Dann verändern Sie die oben genannten Werte entsprechend.
Als Tastendrucke sind nun nur die folgenden drei erforderlich:

- 5 > »I/YR«-Taste (Zinssatz) – Es sollte dort nun die Zahl
  5.00 zu sehen sein.

- 95 > »+/-«-Taste > »PMT«-Taste (per month – monatliche
  Rate). – Es sollte dort nun die Zahl -95.00 zu sehen sein. Sie
  erläutern ihm dabei, dass wegen der 5 % höheren Kosten
  nun statt 100 Euro ja nur noch 95 Euro in die Geldanlage
  »wandern«.

- »FV«-Taste > (final value – Endwert) – Es sollte dort nun
  die Zahl 79,064.57 zu sehen sein.

Auch diese drei Zahlen lassen Sie den Kunden notieren und fassen für ihn nochmal zusammen:

»Wir können also schon mal festhalten: Über den Zeitraum von
30 Jahren bekommen Sie bei einer um 1 % höheren Rendite
selbst bei 5 % mehr an Kosten ca. 10 000 Euro bzw. rund 14 %
mehr raus. Faszinierend, nicht wahr?«

Anmerkung: Um die 14 % nennen zu können, müssen Sie freilich zuvor den neuen Endwert durch den alten dividieren.

Um etwaigen Einwendungen des Kunden gleich zuvorzukom-
men, setzen Sie nun noch eins drauf:

»Jetzt lassen Sie uns mal unterstellen, dass die alternative Anla-
ge richtig unverschämt teuer ist, okay? Wir rechnen jetzt also
mal nicht mit 5 % Mehrkosten, sondern sogar mit 10 %, auch
wenn das mehr als unwahrscheinlich ist, in Ordnung?«

Ich habe noch nie einen Kunden erlebt, der an dieser Stelle nicht interessiert gewesen wäre, die neue Berechnung mitzuerleben. Es folgen somit die nächsten zwei Schritte:

- 90 > »+/-«-Taste > »PMT«-Taste (per month – monatliche Rate). – Es sollte dort nun die Zahl -90.00 zu sehen sein. Sie erläutern ihm dabei, dass wegen der 10 % höheren Kosten nun statt 100 Euro ja nur noch 90 Euro in die Geldanlage fließen.
- »FV«-Taste > (final value – Endwert) – Es sollte dort nun die Zahl 74,903.28 zu sehen sein.

Auch diese zwei Zahlen lassen Sie den Kunden notieren und fassen für ihn nochmal zusammen:

»Sie sehen: Selbst bei dreisten 10 % Mehrkosten würden Sie noch rund 5 000 Euro mehr rausbekommen. Das sind immer noch 8 % mehr. Verstehen Sie jetzt, was ich meine, wenn ich sage: ›Konzeption schlägt Kondition.‹?«

Wichtig ist dabei, dass Sie dem Kunden überzeugend klarmachen, dass er sich an dieser Stelle auf Ihre Fachkompetenz verlassen kann, bessere von mittelmäßigen Anlagekonzepten zu unterscheiden. Und das funktioniert selbstverständlich nur dann, wenn Sie nicht selbst mit Vergleichstabellen operieren, in denen lediglich die prognostizierten Ablaufleistungen miteinander verglichen werden, sondern wirklich etwas von der Materie verstehen.

21.9 Brutto oder netto?

Stellen Sie sich vor, Ihr Kunde hat sich dazu entschieden, monatlich 300 Euro für seine Altersvorsorge zu sparen. Er ist angestellt, ledig, kinderlos und verdient 70 000 Euro brutto pro Jahr. Was werden Sie tun? Angenommen, Sie haben sich dazu entschlossen, ihm einen Riester- und einen Rürupvertrag zu empfehlen. Mit welcher monatlichen Sparrate werden Sie die beiden Angebote berechnen? Naheliegende Antwort: 162,17 Euro in den Riester und den Rest in den Rürup. Aber was ist »der Rest«? Die Standardantwort fast aller Berater, denen ich diese Frage aus der Praxis gestellt habe, lautete: 137,83 Euro, oder maximal 140 Euro. Warum? Schlicht und ergreifend, weil die Summe aus 162,17 Euro und 137,83 Euro 300 Euro ist.

Doch was würden Sie davon halten, wenn der Kunde statt der 300 Euro einfach 450 Euro spart und Sie auf diese Weise einfach mal 50 % mehr Provision verdienen, während Sie dem Kunden gleichzeitig – im Hinblick auf seine Altersvorsorge – einen Gefallen tun?

Wie das funktioniert? Nun ganz einfach:

Der Kunde liegt bei seinem Einkommen auf jeden Fall im Grenzsteuerbereich im Spitzensteuersatz von 42 % zuzüglich 5,5 % Solidaritätszuschlag und gegebenenfalls auch 8 oder 9 % Kirchensteuer. Hier ist es natürlich wichtig, dass Sie in der Lage sind, dem Kunden den Unterschied zwischen seinem Durchschnittssteuersatz und seinem Grenzsteuersatz zu erläutern und selbst sicher mit diesen Zahlen agieren können.

Die Berechnung für den Kunden sieht nun so aus:

Riester:

Eigenbeitrag brutto vor Steuern pro Monat	**162,17 Euro**
dito pro Jahr	**1 946,00 Euro**
Berechnung der Zulagen übersteigenden Steuererstattung:	
eingezahlt inkl. Zulage pro Jahr	2.100,00 Euro
Grenzsteuersatz inkl. Soli	44,31 %
bezogen auf Einzahlungen theoretische Erstattung	930,51 Euro
abzüglich Zulage	154,00 Euro
= tatsächliche Steuererstattung	776,51 Euro

daraus resultierender Netto-Eigenbeitrag p. a.

(1.946 Euro – 776,51 Euro =)	1 169,49 Euro
dito pro Monat	**97,46 Euro**

Zwischenergebnis Riester:

Den Kunden kostet sein Riestervertrag ab dem ersten Einkommensteuerjahresausgleich keine 162,17 Euro mehr pro Monat, sondern bei Berücksichtigung seiner Steuererstattung lediglich 97,46 Euro. Wenn der Kunde kirchensteuerpflichtig ist (in 14 von 16 Ländern liegt der Steuersatz hierfür bei 9 %), beträgt der Netto-Beitrag sogar nur 91,58 Euro.

Rürup:

Eigenbeitrag brutto vor Steuern pro Monat	**313,77 Euro**[19]

Berechnung der Steuererstattung:

eingezahlt pro Jahr (305 Euro × 12 =)	3 765,24 Euro
davon 2015 absetzbar 80 % =	3 012,19 Euro
Grenzsteuersatz inkl. Soli: 44,31 %	
Steuererstattung für das Jahr 2015	1 334,70 Euro

daraus resultierender Netto-Eigenbeitrag p. a.

(3.765,24 Euro – 1.334,70 Euro =)	2 430,54 Euro
dito pro Monat	**202,54 Euro**

Zwischenergebnis Rürup:

Den Kunden kostet sein Rürupvertrag ab dem ersten Einkommensteuerjahresausgleich keine 313,77 Euro mehr pro Monat, sondern bei Berücksichtigung seiner Steuererstattung lediglich 202,54 Euro. Wenn der Kunde kirchensteuerpflichtig ist, beträgt der Netto-Beitrag sogar nur 194,11 Euro. Und über die nächsten 10 Jahre sinkt sein monatlicher Netto-Betrag auf am Ende nur noch 174,74 Euro (bzw. bei Kirchensteuerpflicht 164,20 Euro).

Ergebnis:

Ich hoffe, Sie haben meinen Berechnungen gut folgen können. Merken Sie was? Die hier errechnete Netto-Prämie für den Rürupvertrag in Höhe von 202,54 Euro plus die Netto-Prämie des Riestervertrags in Höhe von 97,46 Euro ergeben exakt 300,00 Euro. Und nun addieren Sie doch mal schnell die Bruttoprämien ... Haben Sie's? Sie sehen: Ich habe Ihnen nicht zu viel versprochen, eher zu wenig; denn wir landen hier bei einer Brutto-Sparrate, die nicht nur 50 % höher ist, sondern sogar 59 %!

Sie können also fast 60 % mehr verdienen, wenn Sie Ihre Kundenberatung von Anfang an auf die Netto-Prämie ausrichten. Hierfür reicht eine simple Frage:

»Wie viel Euro möchten Sie netto pro Monat sparen, also der Betrag, den Sie in Ihrem Portemonnaie spüren?«

Das ist die alles entscheidende Schlüsselfrage. Klar kann es Ihnen passieren, dass ein Kunde am Ende einwendet, dass er den genannten Betrag doch nur als Brutto-Prämie sparen möchte. Es sind jedoch überraschend viele Kunden, die sich auf diese Weise von mir zu einem höheren Sparbetrag führen lassen, ganz einfach, weil ihnen die Berechnung einleuchtet und sie ja wissen, dass sie mehr sparen müssen als sie mir als Zahl genannt haben – das jedenfalls ist mein Resümee aus 14 Jahren Erfahrung als Finanzberater in mehr als 90 % der Kundenvorsorgesituationen.

Deshalb meine dringende Empfehlung an Sie: Üben Sie diese Art der Berechnung! Sie wird Sie in den Augen Ihrer Kunden noch kompetenter erscheinen lassen und Sie dabei auf eine sehr smarte Art und Weise Ihrem Ziel näherbringen, dem Kunden nicht nur etwas Gutes zu tun, sondern auch gutes Geld mit ihm zu verdienen.

Und noch ein Hinweis in diesem Zusammenhang: Ich diskutiere mit meinen Kunden auch Sparraten oberhalb von 1 000 Euro, soll heißen: Bloß weil ich mich an sich schon über eine hohe Sparrate freuen könnte, bedeutet das nicht, dass ich mich bei einem solchen Kunden schneller zufriedengebe als bei einem, der lediglich 100 Euro sparen möchte. Gerade dann, wenn ich weiß, dass der Kunde über genügend freie Liquidität verfügt, um locker das eine Jahr bis zur ersten Steuerrückerstattung zu überbrücken, kämpfe ich regelrecht um den höheren Sparbeitrag – selbstverständlich immer nur so, dass der Kunde sich nicht unter Druck gesetzt fühlt.

1.10 Den Sack zumachen

»*Was ist das Zweitschlimmste, was einem Finanzberater passieren kann? – Dass der Kunde ›ja‹ sagt.*« Lachen Sie nicht, so lächerlich sich das auch anhört – das Schlimmste wäre natürlich das »Nein« des Kunden –, scheint dies doch oft die gelebte Realität mancher Berater zu sein. Ich weiß nicht, was genau es ist, was diese dann davon abhält, »den Sack zuzumachen«, nachdem der Kunde seine Kaufbereitschaft signalisiert hat. Aber Tatsache ist, dass in solchen Situationen immer wieder die gleichen Fehler gemacht werden. Anstatt nun direkt zum Ausfüllen des Antrags überzugehen, reden diese Berater sich dann um Kopf und Kragen und stellen sich damit letztlich selbst ein Bein. Da fallen dann Sätze wie:

- »*Schlafen Sie ruhig nochmal eine Nacht darüber, wenn Sie sich nicht ganz sicher sind.*«
  Nein!!! Der Kunde hat doch soeben seine Kaufbereitschaft signalisiert. Warum sollte er noch eine Nacht darüber schlafen wollen?! Reden Sie dem Kunden nichts ein, was er selbst gar nicht im Kopf hat! Zeigen Sie sich niemals überrascht (oder gar überrumpelt) von einem spontanen »Ja« des Kunden, sondern setzen Sie sofort um, wozu er bereit ist – es sei denn, das reicht Ihnen nicht (vgl. vorheriges Unterkapitel 21.9).

- »*Möchten Sie das erst noch mit Ihrer Frau besprechen?*«
Nein, natürlich nicht! Wenn seine Frau die Materie interessieren würde, wäre sie doch jetzt auch da. Lassen Sie einen Kunden niemals stille Post spielen, sondern holen Sie den/die Entscheidungsträger/in immer gleich mit ins Boot! Deshalb sollten Sie auch gleich im ersten Termin den Kunden fragen, ob er seine finanziellen Entscheidungen selbständig trifft oder mit jemand anderen (das können auch die Eltern sein!) abstimmt. Im letzteren Fall würde ich die Beratung nur fortsetzen, wenn der (Mit-)Entscheider auch mit am Tisch sitzt.

- »*Ich habe natürlich volles Verständnis dafür, wenn Sie die Unterlagen erst nochmal ganz in Ruhe studieren wollen. Ist ja schließlich auch eine wichtige Entscheidung für Sie.*«
Nein, habe ich nicht! Der Kunde wird die Unterlagen im Zweifel eh niemals lesen, sondern den mitgenommenen Stapel nur als Ausrede benutzen, um *keine* Entscheidung treffen zu müssen; denn er kann Ihnen nun immer entgegenhalten, dass er einfach noch nicht dazu gekommen ist, die Unterlagen durchzuarbeiten.

- »*Gibt es noch weitere Fragen, die Sie gerne vorab klären möchten?*«
Nein, gibt es nicht, sonst hätte er sie Ihnen doch bereits gestellt! Nichts gegen Höflichkeit, aber wenn der Kunde Ihnen sein »Ja« bereits signalisiert hat, bauen Sie sich nicht selbst weitere Hürden gleich welcher Art auf! Sie haben ihm vor seinem »Ja« die Gelegenheit gegeben, seine Fragen loszuwerden, deshalb ist es auch nicht unhöflich, nun direkt zur Tat, sprich zur Antragsunterzeichnung, zu schreiten.

- »*Sie können mir vertrauen: Das ist mit Sicherheit eine gute Entscheidung von Ihnen.*«
Da wird sich der Kunde im Zweifel denken: »*Warum sagt er das jetzt? Warum betont er so, dass ich ihm vertrauen kann? Ich hab' das zwar schon getan, aber jetzt, wo er es so*

betont, kommen mir doch gewisse Zweifel. Ein seriöser Bera-
ter hat es doch nicht nötig, daran zu appellieren, dass ich
ihm vertrauen soll ...«

Sie sehen: All das sind Sätze nach dem Motto »Hallo, geht's
noch?!!« Der Kunde hat Ihnen soeben signalisiert, dass er ab-
schlussbereit ist, da gibt es nichts weiter zu verhandeln, zu ver-
schieben, zu besprechen, zu erklären oder sonst was. Da gibt es
nur noch den einen Satz:

»Okay, dann fangen wir mal an, den Antrag auszufüllen ...«

21.11 Wenn zwei das Gleiche tun ...

Wenn zwei »das Gleiche« tun, ist es oft nur scheinbar das Gleiche. Es geschieht häufig in Beratungsgesprächen, dass Vermittler meinen, sie würden das Gleiche tun oder sagen wie ihre erfolgreichen Kollegen und dabei doch Vieles anders und letztlich
schlechtmachen.

Hier ein Beispiel: Es ist Freitag, und Ihr Kunde steht unmittel-
bar vor dem Abschluss eines Vertrags, zögert aber noch etwas,
und Sie haben das Gefühl, dass er lediglich für sein gutes
Bauchgefühl noch einen Fuß in der Tür für einen möglichen
Rückzug haben möchte. Sie haben nun drei Möglichkeiten, wie
Sie mit dieser Situation umgehen können:

1. Sie sagen dem Kunden: *»Überlegen Sie es sich einfach noch*
   ganz in Ruhe übers Wochenende. Wir können dann ja An-
   fang der kommenden Woche nochmal telefonieren, und
   wenn Sie sich entschieden haben, können wir ja noch einen
   kurzen Termin zum Ausfüllen des Antrags machen.«

2. Sie sagen: *»Ich schlage Ihnen folgende Vorgehensweise vor:*
   Wir füllen die Antragsunterlagen jetzt schon mal aus, Sie
   unterschreiben den Antrag auch schon, ich lege ihn aber erst-
   mal in die Schublade, und Sie überlegen sich übers Wochen-

ende ganz in Ruhe, ob noch irgendetwas dagegenspricht, den Antrag einzureichen, okay? Und am Montag rufe ich Sie dann an, und wenn Sie dann immer noch ein gutes Gefühl haben, reiche ich den Antrag ein. Was halten Sie davon?«

3. Sie sagen: *»Was halten Sie davon, wenn wir jetzt schon mal einfach die Unterlagen ausfüllen? Dann haben Sie das schon mal erledigt. Wir reichen den Antrag jedoch noch nicht ein, und Sie haben das ganze Wochenende nochmal Zeit, alles in Ruhe sacken zu lassen. Und wenn ich bis Montagabend nichts Gegenteiliges von Ihnen höre, reiche ich die Unterlagen dann ein. Wäre das in Ihrem Sinne?«*

Erkennen Sie die Unterschiede? Der Unterschied zwischen der ersten und der zweiten Frage ist noch recht offensichtlich. In der ersten Variante räumen Sie dem Kunden sehr viel Raum für eine Entscheidung ein, die eigentlich bereits heute fällig und möglich ist. Sie werden in jedem Fall einen weiteren Termin benötigen, bis Sie die Unterschrift des Kunden unter den Antrag bekommen.

Der Unterschied zwischen der zweiten und der dritten Variante ist demgegenüber so geringfügig, dass viele Vermittler ihn gar nicht wirklich erkennen. Das Entscheidende ist, dass Sie in der zweiten Variante noch einmal mit dem Kunden telefonieren und ihn erneut nach seiner Entscheidung fragen müssen. Damit bauen Sie unnötig eine weitere Hürde auf, die der Kunde noch nehmen muss und die ihn möglicherweise erneut so belastet, dass er abermals zu keiner klaren Entscheidung kommt.

Der große Vorteil der dritten Variante ist, dass Sie Ihren Kunden von der Last seiner Entscheidung befreien und ihm eine Brücke bauen. Er muss sich scheinbar heute noch gar nicht entscheiden und füllt ja »nur« die Antragsunterlagen mit Ihnen zusammen aus. Seine endgültige Entscheidung kann er ja noch über das Wochenende hinausschieben. Der große und entscheidende Punkt ist nun jedoch, dass der Kunde Ihnen beim Abni-

cken dieser Vorgehensweise seine Zustimmung gibt, den Antrag <u>ohne</u> erneute Rücksprache mit ihm einzureichen, sofern er
sich nicht bei Ihnen meldet, um einen Rückzieher zu machen.

Das, was hier nach einem eher geringfügigen Unterschied aussieht, ist tatsächlich von enormer Wirkung und kann Ihnen Ihr
Leben als Verkäufer sehr erleichtern, ohne dass Ihr Vorgehen in
irgendeiner Weise als unseriös angesehen werden könnte. Sie
sehen: Wenn zwei das Gleiche tun, ist es noch lange nicht wirklich das Gleiche. Es lohnt sich also, sich für alle möglichen Stan-
dardberatungssituationen genau zu überlegen, wie Sie mit diesen umgehen wollen, und sich Ihre Sprachspur hierfür genau zu
überlegen und – diese auswendig zu lernen.

22 Verkaufstechniken

Unter Verkaufstechniken verstehe ich alles, was vom Verkäufer bzw. Vermittler gezielt eingesetzt wird, um sein Ziel des Verkaufs bzw. der erfolgreichen Vermittlung zu fördern, ohne dass es noch etwas mit dem Kern der Beratung zu tun hat. Bei dem einen oder anderen der nachfolgenden Bereiche kann man sich natürlich darüber streiten, ob dieser Bereich noch zur Beratung gehört oder nicht, etwa beim Geschichtenerzählen. Denn jede Bebilderung der Sprache, die es dem Kunden leichter macht, die jeweilige Beratungsthematik zu verstehen, ist sinnvoll und nützlich. Genau deshalb halte ich Verkaufstechniken auch grundsätzlich für völlig legitim. Skeptisch beziehungsweise ablehnend werde ich diesen Techniken gegenüber immer dann, wenn ich den Eindruck habe, dass sie manipulativ eingesetzt werden, und zwar in dem Sinne, dass der Kunde zu einer Entscheidung überredet werden soll, die dem Verkäufer bzw. Vermittler zwar Geld bringt, für den Kunden aber nicht wirklich gut oder gar schlecht ist.

Sämtliche nachfolgend dargestellten Techniken möchte ich hier nur anreißen, da es zur jeweiligen Thematik umfangreiche Spezialliteratur gibt, mit der Sie sich bei Interesse intensiv fortbilden können.

22.1 Ein genialer Verkäufer

Die Geschichte

An einem schönen Sommertag saß ich am Spätnachmittag an einem Tisch eines Biergartens an der Spree, während ich an diesem Buch arbeitete. Irgendwann lenkte eine Person ihre Aufmerksamkeit auf mich, die ich hier eingehender beschreiben möchte.

Es war ein Mann, der vielleicht 60 oder 70 Jahre alt und sehr eigenwillig bunt gekleidet war. Im ersten Moment hielt ich ihn für einen »Penner«, doch bei näherer Betrachtung sah er durchaus nicht heruntergekommen aus, sondern in seinem alten Anzug mit bunter Fliege und dem mit Federn geschmückten Hut eher wie ein skurriler Typ Marke Zauberer oder etwas Ähnliches.

Er schob ein kleines Blumen geschmücktes Wägelchen vor sich her und betätigte immer wieder die am Lenker montierte Fahrradklingel. Dann blieb er an einem Tisch stehen, an dem Gäste saßen, pickte sich einen von diesen – meistens eine Frau – heraus, schaute diese freundlich und mit einem sehr festen Blick an und reichte ihr wortlos eine Hupe, die er an einem Band mit sich trug. Es war eine dieser alten trompetenförmigen Autohupen mit großem Gummiball, die diesen typischen antiquierten krächzenden Ton von sich geben.

Der merkwürdige Kauz streckte den Damen die Hupe so entgegen, dass sie sich aufgefordert sahen, den Gummiball zu drücken und damit zu hupen, was sie dann auch alle taten, manche etwas verstört und unangenehm berührt (nach dem Motto: »*Ich möchte jetzt hier doch bloß nicht auffallen und schnell wieder meine Ruhe haben.*«), andere durchaus belustigt und amüsiert.

Nach dem artig vollbrachten Hupen verneigte sich der alte Herr sehr formvollendet vor den Damen, zog ein kleines Sträußchen Maiglöckchen aus einer Tasche, die an seinem Wägelchen baumelte, und überreichte dieses der jeweiligen Dame mit einer weiteren Verneigung. Die Damen nahmen es entgegen, teils mit Verzückung, teils eher verhalten, aber keine wies ihn bzw. sein »Geschenk« zurück.

Es kam, was kommen musste: Kaum hatten die Damen das Präsent entgegengenommen, hielt er ihnen auch schon eine Spardose für eine kleine Spende entgegen. Und die bekam er dann auch immer. Er verneigte sich ein drittes Mal mit einem dankbaren Lächeln und zog dann weiter zum nächsten Tisch …

Ich war total fasziniert von diesem Mann. Warum? Weil er für mich das Paradebeispiel eines guten Verkäufers verkörperte. Bei ihm stimmte einfach jedes Detail, und ganz offensichtlich überließ er nichts dem Zufall.

ie Analyse

Seine Erscheinung und sein »Außenauftritt« waren perfekt durchgestylt und inszeniert. Ihm war klar, dass er sich von anderen Verkäufern/Bettlern/Entertainern unterscheiden muss, damit man ihm Beachtung schenkt. Genauso werden Sie sich sinnvollerweise einen Außenauftritt überlegen, mit dem Sie sich von Ihrer Konkurrenz abheben.

Das Klingeln sehe ich als Sinnbild für eine geglückte Marketingkampagne, mit der es ihm gelang, zusätzlich zu seinem bereits gelungenen äußeren Erscheinungsbild ganz konkrete aktuelle zusätzliche Aufmerksamkeit zu erregen. Es war nicht nur ein »*Hier bin ich. Schaut mich an!*«, sondern auch eine dem die Glocke schlagenden Milchmann aus vergangenen Zeiten ähnelnde akustische Ankündigung in der Art »*Ich habe Euch etwas zu sagen und zu bieten. Also schenkt mir Eure volle Aufmerksamkeit!*«

Auf diese Weise eingestimmt, war es für ihn relativ leicht, seine »Kunden in spe« (also diejenigen Personen, von denen er sich ein Geschäft erhoffte) mit einem freundlichen Nicken dazu zu bewegen, seine Hupe zu betätigen. Auf diese simple Weise schaffte er es, sich selbst zu verkaufen und einen Kontakt zum Gegenüber herzustellen und dies alles sogar, ohne ein einziges Wort zu sprechen. Dies zeigt auch, wie wichtig Gestik, Mimik und Körpersprache im Bereich des Verkaufs sind.

Wer den Gummiball drückte, hatte ihn als Verkäufer bereits gekauft, natürlich nur unbewusst. Und so war die Hürde für den nächsten Schritt, nämlich die Abnahme des Blumensträußchens bereits so niedrig, dass sie kein echtes Hindernis mehr darstellte. Es war wie eine selbstverständliche Geste eines Freundes, so als hätten die beiden soeben durch das Überreichen der Hupe Freundschaft miteinander geschlossen und durch das Betätigen derselben diese besiegelt. Und einem Freund schlägt man selbstverständlich kein Geschenk aus, oder?

Auf der anderen Seite fühlte sich die Dame möglicherweise nicht nur geschmeichelt, sondern unbewusst auch »in der Schuld« dieses genialen Verkäufers, da sie ja von diesem ein Geschenk erhalten hatte, ohne Geburtstag oder einen anderen Anlass zum Feiern gehabt zu haben, bei dem es üblich ist, beschenkt zu werden. Ich habe »in der Schuld« ganz bewusst in Anführungsstriche gesetzt, weil es eine solche Schuld objektiv natürlich nicht gibt. Wer etwas schenkt, tut dies aus freien Stücken, und richtigerweise darf sich der Beschenkte über das Geschenk freuen und es behalten, ohne ein schlechtes Gewissen zu haben.

Unser Unterbewusstsein tickt da jedoch oft ganz anders und redet uns ein, wir könnten doch nicht einfach so ohne Gegenleistung ein Geschenk entgegennehmen. Und aus genau diesem Grund ist es für unseren alten, schlitzohrigen Verkäufer schließlich auch so einfach gewesen, die Geldspende, auf die er es selbstverständlich von Anfang an abgesehen hatte, auch tatsächlich zu erhalten.

Man kann diese Vorgehensweise des alten Mannes auch durchaus als Manipulation bezeichnen. Und von daher möchte ich Ihnen diese Vorgehensweise auch nicht empfehlen, jedenfalls nicht, soweit es darum geht, einem Kunden etwas zu verkaufen, was dieser eigentlich nicht braucht (Blumensträußchen), indem man sich seine unterschwelligen Schuldgefühle zu Nutze macht.

Weiter hinten (im Kapitel 22.7) werden Sie Informationen zum Thema haptische Verkaufshilfen finden. Wenn Sie solche einsetzen, um dem Kunden etwas zu schenken und bei ihm damit ein Gefühl von Vorleistung, die Sie erbracht haben, und die er mit einer Gegenleistung auszugleichen hat, benutzen, ist das meines Erachtens bereits grenzwertig. Wenn Sie ihm anschließend allerdings nur Produkte und Lösungen anbieten, die wirklich gut für ihn sind und zu seiner wirtschaftlichen Situation passen, halte ich den Einsatz dieser Mittel noch für vertretbar.

Sie sehen also: Ein guter Verkäufer kann sogar ganz ohne Worte verkaufen – ein guter Berater hingegen sehr wahrscheinlich nicht.

22.2 AAA(A) – Anders sein als (alle) andere(n)

Wenn Sie Verkaufsliteratur für Vertriebler insbesondere im Versicherungsbereich studieren, werden Sie immer wieder auf die drei As oder gar – wie in der Überschrift dieses Kapitels – auf die vier As stoßen. Während die drei As für »Anders als die anderen« stehen, stehen die vier As für die – natürlich nur scheinbare – Steigerung »Anders als alle anderen«. Sie können diese Aneinanderreihung noch endlos fortsetzen wie zum Beispiel

AAAAAAA – Anders als alle anderen anspruchsvoll aktiv auffallen

Aber das sind genau diese Art von Verkaufsschlagworten, die mir persönlich noch nie zugesagt haben, weil sie mir einfach zu holzschnittartig und letztlich auch nichtssagend sind.

Die Kernbotschaft ist regelmäßig, dadurch erfolgreich zu werden, dass man sich von seinen Mitbewerbern möglichst individuell unterscheidet. So richtig ich diese Empfehlung auch grundsätzlich finde, so sehr möchte ich Sie gleichzeitig davor warnen, sich in oberflächlichem Aktionismus zu verlieren. Wichtiger als alles andere erscheint mir immer noch die sachliche Kompetenz in den Beratungsbereichen, in denen Sie beraten oder dies vorhaben, sowie eine größtmögliche ernsthafte Serviceorientierung.

22.3 Erlebnisberatung

Bitte denken Sie noch einmal zurück an den oben im ersten Unterkapitel beschriebenen Verkäufer. Was hat er seinen Kunden geliefert? Und warum wird er allen Anwesenden sicher lange in Erinnerung geblieben sein? Weil er ihnen eine Show geliefert hat, echte Unterhaltung oder zu Neudeutsch: Entertainment.

Genauso funktioniert die sogenannte Erlebnisgastronomie, in der mitunter schon fraglich ist, was eigentlich wichtiger ist: das Essen oder die begleitende Unterhaltung?

Wie können Sie nun aus diesen Verkaufsansätzen für Ihre Beratung einen konkreten Nutzen ziehen? Indem Sie Ihren Kunden in Ihrem Beratungsgespräch ebenfalls Erlebnisse bieten. Warum dies so wichtig ist, wird deutlich, wenn wir uns vergegenwärtigen, wie unser Gedächtnis funktioniert. Warum können sich Menschen daran erinnern, was sie am 22. November 1963 (Ermordung John F. Kennedys in Dallas) oder am 11. September 2001 (Attentat auf das World Trade Center in New York) gemacht haben? Weil sich an diesen Tagen jeweils ein Ereignis in ihren Gehirnen eingebrannt hat, mit dem sie die Geschehnisse ihres eigenen Tages in Verbindung bringen. Die Kraft des Ereignisses schafft es also, Informationen im Gehirn zu verankern, die ansonsten schnell wieder verloren gehen würden.

Es muss jedoch nicht immer gleich ein Ereignis von weltbewegender Bedeutung sein. Immer dann, wenn wir Informationen nicht nur auditiv oder visuell wahrnehmen, sondern die Informationsvermittlung mit einem Erlebnis verknüpft wird, werden diese Informationen viel nachhaltiger im Gedächtnis verankert als ohne das begleitende Erlebnis.

Ein Beispiel habe ich Ihnen bereits oben im Kapitel 19.6 (»Die ersten 15 Minuten des Beratungsgesprächs«) dargestellt, und zwar den Blick in meine Glaskugel.

Was können Sie sonst noch tun, um beim Kunden mit Ihren Informationen bzw. auch als Mensch besser in Erinnerung zu bleiben? Meine Empfehlung: Seien Sie kreativ! Machen Sie sich Ihre eigenen Gedanken dazu! Ideal wäre es, wenn Sie *jetzt sofort* nach dem Lesen dieses Satzes dieses Buch zur Seite legen, sich einen Zettel nehmen und Ihre Ideen sofort notieren würden.

Lassen Sie den Zettel dann auf Ihrem Schreibtisch liegen und ergänzen Sie ihn immer wieder! Bitte übertreiben Sie es aber auch nicht! Mit einer Narrenkappe auf dem Kopf zur Begrüßung Ihrer Kunden werden Sie diesen zwar sicher in Erinnerung bleiben, wahrscheinlich aber in keiner besonders guten ...

2.4 Geschichten erzählen (»Storytelling«)

Eine wichtige Rolle im Beratungsgespräch spielt das Thema Geschichten erzählen (zu Neudeutsch: Storytelling). Manchen fällt dies sehr leicht, weil sie in ihrem Leben bereits schon sehr viel erlebt haben. Andere, gerade jüngere Menschen, haben hier oft Schwierigkeiten, interessante, spritzige oder witzige Anekdoten zu erzählen. Warum lohnt es sich so sehr, sich intensiver mit diesem Thema zu befassen? Weil wir uns Geschichten und Bilder leichter merken können als nackte Fakten. Und weil interessante Geschichten einfach kurzweiliger sind als trockene Erläuterungen über steuerliche Vorteile oder Renditemöglichkeiten.

Ich erinnere mich noch heute an den Verkäufer, dem es gelungen ist, mir als Studenten die komplette *Brockhaus Enzyklopädie* zu verkaufen. Ich erinnere mich deswegen noch so gut an sein Verkaufsgespräch, weil er mir die – mit Sicherheit erfundene, aber damals für mich in meiner Naivität einfach nur faszinierende – Geschichte einer Kundin erzählte, die jeden Band der Enzyklopädie angeblich komplett durchlas und ihn gebeten habe, mit der Zusendung des nächsten Bandes noch ein paar

Wochen zu warten, weil sie den aktuellen noch nicht vollständig durchgelesen habe. Die Enzyklopädie habe ich noch heute.
Sie ist sehr dekorativ, reingeschaut habe ich in die Bücher allerdings so gut wie nie ...

Oben in meinem Text der ersten fünfzehn Minuten meines Beratungsgesprächs haben Sie bereits einige solcher Geschichten
lesen können. Sie sind alle komplett ausgedacht (mit Ausnahme
des Schlaganfalls meines Vaters), sind aber so lebensnah, weil
sie so oder so ähnlich durchaus passieren können. Und ich bin
sicher, dass auch so mancher meiner Kunden sich noch lange
an das Beispiel mit dem Kunden, der auf keinen Fall eine Versicherung, sondern nur einen Fondssparplan haben wollte, erinnern wird.

Deshalb empfehle ich Ihnen: Lesen Sie Bücher zu diesem
Thema, holen Sie sich Anregungen bei Kollegen oder besuchen
Sie Seminare, die möglicherweise auch gar nichts mit Finanzen
oder Versicherungen zu tun haben! Hören Sie einfach aufmerksam zu! Sie werden feststellen: Alle erfolgreichen Redner gar
nieren ihre Reden mit Bildern und Geschichten. Auch in diesem Zusammenhang empfehle ich Ihnen, sofern Sie sich unsicher sind, wie Sie die Geschichten am besten anbringen und erzählen: Schreiben Sie sie auf und üben Sie die Texte! Eine Geschichte oder einen Witz anzufangen und dann bei der Pointe
ins Stolpern zu geraten, kann einen nämlich wirklich ganz
schön aus der Bahn werfen, weil es einfach äußerst peinlich ist.

22.5 Neurolinguistisches Programmieren (NLP)

Unter dem Begriff Neurolinguistisches Programmieren (kurz:
NLP) werden Methoden und Techniken im Bereich der Kommunikation zusammengefasst, deren Ziel es ist, zum einen seine
eigenen Sinne in der Kommunikation zu schärfen und zum anderen die Kommunikation mit anderen Menschen zu verbes-

sern. Darüber hinaus soll es auch den Stressabbau, die Kreativität und die Gesundheit fördern.[20]

Die Entwicklung des NLP geht zurück auf die Forschungen zweier US-Amerikaner (Richard Bandler und John Grinder), die in den 1970er Jahren herausfinden wollten, warum manche Psychotherapeuten bei der Behandlung ihrer Patienten erfolgreicher waren als andere. Aus ihren Untersuchungsergebnissen leiteten sie bestimmte besonders geeignete Verhaltensweisen, Methoden und Vorannahmen ab, um Menschen in der Psychotherapie erfolgreich zu behandeln.[21]

Die Bezeichnung »Neurolinguistisches Programmieren« soll dabei ausdrücken, dass Vorgänge im Gehirn (= neuro) mit Hilfe der Sprache (= linguistisch) auf Basis systematischer Handlungsanweisungen beeinfluss- und änderbar sind (= Programmieren).

Was sich hier noch relativ einfach anhört, ist im Detail und der Umsetzung dann doch hoch komplex. So begegnet man in Seminaren und Büchern über das NLP Begriffen wie »Mitgehen und Führen« (»pacing and leading«), »Rapport«, »Synästhesie«, »Submodalitäten«, »Elizitieren«, »Ressourcen ankern«, »Anker verketten« und »Anker kollabieren«.[22]

NLP konnte seine Wirksamkeit wissenschaftlich bisher nicht nachweisen und wird vielfach als unwissenschaftlich abgelehnt.[23]

Diverse Finanzvertriebe bedienen sich der Methoden der NLP, indem sie ihre Berater zu NLP-Seminaren schicken, auf denen sie lernen sollen, durch Anwendung der NLP-Praktiken ihre Kunden positiv (letztlich im Sinne von erhöhter Abschluss- bzw. Kaufbereitschaft) zu beeinflussen.

Ein konkretes Beispiel: Ihr Kunde sitzt Ihnen gegenüber mit verschränkten Armen und wippt ständig mit einem Fuß. Was können Sie tun? Nach der NLP-Lehre sollten Sie den Kunden zunächst nachahmen, ohne dass dies zu auffällig geschieht und er sich von Ihnen vorgeführt sieht. Sie sollten also ebenfalls so unauffällig wie möglich die Arme vor der Brust verschränken, sie dann aber kurze Zeit später wieder öffnen – in der Hoffnung, dass der Kunde Ihren Bewegungen folgen wird und seine Arme ebenfalls öffnet. Das gleiche Prinzip soll für den wippenden Fuß gelten.

Ich gestehe: Auch ich habe zwar ein solches Seminar besucht, aber es war mir alles viel zu kompliziert und konstruiert, und deswegen habe ich es nie weiterverfolgt – mit einer Ausnahme: Was ich feststellen konnte, ist, dass es sich tatsächlich positiv auf die Gesprächsatmosphäre auswirken kann, wenn der Berater ähnliche Körperhaltungen wie sein Gegenüber einnimmt, zum Beispiel wenn dieser sich nach vorn zum Berater beugt, dies ähnlich zu machen, jedenfalls sich dann nicht etwa zurückzulehnen.

Es gibt allerdings viele weitere Beispiele, die es sich durchaus lohnt auszuprobieren. So können Sie beispielsweise durch Beobachtung Ihres Kunden bzw. genaues Hinhören feststellen, ob er ein eher auditiver (also hörorientierter), kinästhetischer (also gefühlsorientierter) oder visueller (also sehorientierter) Mensch ist. Mit dieser Erkenntnis können Sie sich dann in der Weise auf ihn einstellen, dass Sie in Ihre Ansprache des Kunden ganz bewusst Formulierungen einfließen lassen, durch die er sich mutmaßlich besonders stark angesprochen fühlen wird.

So können Sie bei einem auditiven Typen Formulierungen wählen, die Wörter aus dem Bereich des Hörens beinhalten, wie z. B.:

- »*Und wie hört sich das für Sie an?*«
- »*Ihr Vorschlag klingt doch gut.*«
- »*Das ist doch eine ansprechende Lösung.*«

Bei einem kinästhetischen Typen bieten sich Formulierungen an wie z. B.:

- »*Wie fühlt sich das für Sie an?*«
- »*Das ist ja nicht zu fassen …*«
- »*Das wird Sie umhauen …*«

Und bei einem visuellen Typen können Sie beispielsweise Formulierungen wie diese wählen:

- »*Das sieht doch gut aus.*«
- »*Sie sehen das völlig richtig …*«
- »*Im Detail betrachtet …*«

Mir persönlich war das immer viel zu anstrengend, mich auf diese Art von Details zu konzentrieren, deshalb habe ich auch schnell wieder aufgehört, mich mit diesem Thema eingehender zu befassen. Aber möglicherweise liegt Ihnen diese Art des Kommunikationstrainings ja. Wenn Sie mit diesen Techniken gut klarkommen, sollten Sie diese auch ruhig für sich nutzen und sich intensiver mit den Möglichkeiten des NLP auseinandersetzen, egal, ob diese nun wissenschaftlich anerkannt sind oder nicht.

22.6 Das Struktogramm (Biostrukturanalyse)

In den 1970er und 1980er Jahren erforschte der amerikanische Hirnforscher Paul D. McLean die evolutionsbiologischen Grundlagen und Wirkungsmechanismen des Gehirns. Dabei entdeckte er, dass unser Gehirn wesentliche Züge aus unterschiedlichen Zeitaltern der Evolution beibehalten hat. Zentrales Element seiner Forschungsergebnisse war die Erkenntnis, dass unser Gehirn in seiner Entwicklung die wesentlichen Züge aus unterschiedlichen Evolutionsphasen beibehalten hat. McLean spricht in diesem Zusammenhang von einem »drei-einigen-Gehirn« (»*The triune brain in evolution*«).[24] Dieses Wissen trägt viel zu dem Verständnis der Zusammenhänge zwischen dem Gehirn und unserem Verhalten bzw. Wesen bei. Ferner hat McLean auch den Begriff »Limbisches System« für das emotionale Gehirn geprägt.

Basierend auf diesen Forschungsergebnissen hat der Anthropologe Rolf W. Schirm die sogenannte Biostrukturanalyse entwickelt, auf der wiederum das Modell des Struktogramms basiert.

Das Struktogramm ist ein weiteres Hilfsmittel im Verkauf, das Ihnen die schnelle Analyse Ihrer Kunden in Bezug auf ihre typmäßigen Eigenschaften erleichtern kann. Es ist allerdings durchaus umstritten.

Die Komponenten-Merkmale nach Rolf W. Schirm[25]:

Stammhirn (grün):
- Gefühl
- Phantasie
- Selbsterhaltung
- Instinkte und Intuition
- Kontakt
- Gespür für Menschen
- Streben nach Nähe
- Orientierung in die Vergangenheit (konservativ)
- Vermeidung von Experimenten und radikaler Veränderung
- Bauen auf Vertrautes und Bekannte

Zwischenhirn (rot):
- Emotion
- Gegenwart
- spontan
- aktiv
- dynamisch
- impulsiv
- dominant
- autoritär

- wettbewerbsorientiert
- praktisch denkend
- Fähigkeit zum Erkennen des Machbaren
- Neigung zum Improvisieren

Großhirn (blau):
- rational
- logisch denkend
- hohes Abstraktionsvermögen
- analytisch
- planvoll handelnd und Konsequenzen bedenkend
- Drang zur Perfektion
- selbstbewusst
- eher distanziert und verschlossen
- Orientierung in die Zukunft

In den einschlägigen Seminaren und Büchern wird vermittelt, an Hand welcher Beobachtungen (Sprache, Temperament, Mimik, Gestik, Auftreten, Bestandsverträge, ausgesprochene Glaubenssätze) Sie die einzelnen Typen voneinander unterscheiden können und welche Schlüsse Sie daraus für Ihren weiteren Umgang mit dem Kunden ziehen können.

Beispiele:

- Einem »grünen« Kunden wird es vor allem darum gehen, sich bei Ihnen wohlzufühlen. Er wird sich gern mit Ihnen unterhalten, und wenn es Ihnen gelingt, sein Vertrauen zu gewinnen (wofür die Hürde meistens nicht sehr hoch ist), wird er Ihrem Rat in der Regel blind vertrauen, dabei allerdings mit Sicherheit diejenigen Gesellschaften bevorzugen, die ihm bekannt sind und die einen guten Namen haben, also eher eine Allianz als eine Adcuri.

- Einem »roten« Kunden wird es wichtiger sein, Ihnen zu zeigen, dass Sie ihm nichts vormachen können und was für ein »toller Hecht« er ist. Er wird eher offen für ungewöhnliche Lösungen oder unbekannte Gesellschaften sein, Hauptsache die Aussicht auf eine für ihn optimale Lösung und hohe Rendite sind rosig. Er wird daher auch für Exoten-Gesellschaften offen sein.

- Einen »**blauen**« **Kunden** zu überzeugen und zu gewinnen, kann besonders anstrengend sein. Es sind diejenigen Kunden, die im Zweifel immer das gesamte Kleingedruckte lesen (wollen), bevor sie einen Antrag unterschreiben. Und es sind diejenigen, die Sie mit ihren Fragen löchern werden, bis sie auch die letzte Feinheit verstanden haben. So gesehen sind es tendenziell sicher die nervigsten Kunden, aber oft auch diejenigen, die die Qualität Ihrer Arbeit am besten einschätzen und wertzuschätzen wissen. Sie interessieren sich nicht für Namen und Werbeflyer, sondern für Inhalte.

Ich warne allerdings auch bei dieser Art der Analyse vor übertriebenen Erwartungen. Denn die Unsicherheit beginnt ja bereits damit, dass sich die wenigsten Menschen nur einem bestimmten Farb-Typus zuordnen lassen. Die meisten sind Misch-Typen mit mindestens einer weiteren Farbe und unter Umständen auch mit zwei gleich dominanten Farben (Ich bin beispielsweise ein gleichstark rot-blauer Typ mit einem geringen Grünanteil.).

Und als wäre das nicht bereits genug der Verwirrung, gibt es inzwischen auch alle möglichen weiteren Analyse-Ansätze, die mehr oder weniger auf dem Struktogramm basieren, wie zum Beispiel:

- MBTI (Myers-Briggs-Typen-Indikator),
- GPOP (Golden Profiler of Personality, eine neuere Form des MBTI),
- DISG (Dominanz, Initiative, Stetigkeit, Gewissenhaftigkeit),
- Insights MDI,
- HBDI (Hermann Brain Dominance Instrument).

Als Einstieg für die Eigenanalyse empfehle ich die DISG-Analyse (siehe Buchempfehlungen im Anhang »Das persolog® Persönlichkeits-Profil«).

2.7 Haptische Verkaufshilfen

Als haptische Verkaufshilfen bezeichnet man alle Hilfsmittel, die man in die Hand nehmen und vor allem dem Kunden in die Hand geben kann und die dazu dienen, bei diesem ein emotionales Kauferlebnis zu erzeugen, das einerseits zu einer erhöhten Aufmerksamkeit bei ihm führt und andererseits – sofern ihm der Gegenstand geschenkt wird – auch geeignet ist, ein Gefühl von Verpflichtung zu erzeugen (»*Ich habe etwas geschenkt bekommen, jetzt muss ich mich revanchieren.*« – am besten natürlich durch die Unterschrift unter einem Antrag ...).

Wenn Sie das Stichwort »haptische Verkaufshilfen« bei Google eingeben, werden Ihnen insgesamt 5910 Ergebnisse (Stand 20.3.2016) angezeigt. Es ist eine Wissenschaft oder Glaubensrichtung für sich, und deshalb möchte ich sie hier auch nur anreißen.

Ich selbst habe eine Zeit lang einen Würfel mit 20 Seiten (in Form von Dreiecken) verwendet. Ich setzte ihn im ersten Beratungsgespräch am Ende der ersten Seite meines Beratungsleitfadens (also nach dem Thema der beiderseitigen Erwartungen) ein. Zunächst sprach ich den Kunden mit dem Satz an: »*Nun eine kleine Quizfrage: Wie viele Seiten hat ein Würfel?*« Die meisten Kunden stutzen bestenfalls ganz kurz, bevor sie erwartungsgemäß antworten: »*Sechs.*« Darauf konterte ich mit der Gegenfrage: »*Sind Sie sich sicher? Dann schauen Sie sich mal diesen Würfel an!*« In diesem Moment holte ich den Würfel aus meiner Sakkotasche und streckte ihn dem Kunden so entgegen, dass er ihn in die Hand nehmen musste und führte weiter aus: »*Sehen Sie: Der 6-Seiten-Würfel ist sowas wie die Beratung von der Stange. Und so facettenreich wie dieser Würfel ist doch im Grunde auch Ihre individuelle Situation. Und unser Anliegen ist es, so auf Ihre spezifischen Besonderheiten einzugehen, dass Sie am Ende eben nicht den Anzug von der Stange, sondern den Maßanzug erhalten. Und unsere Vorgehensweise ist dabei vergleichbar mit der eines Arztes ...«* (Fortsetzung dann wie oben dargestellt im Kapitel »Die ersten 15 Minuten des Beratungsgesprächs«) *»Übrigens: Den Würfel können Sie gern behalten. Wenn Sie ihn beim nächsten Mal einsetzen, wenn Sie mit Ihren Kindern ›Mensch ärgere Dich nicht‹ spielen, werden Sie mit Sicherheit ganz weit vorne liegen.«* Je nachdem, ob der Kunde oder die Kundin (vermutlich) Kinder hat oder nicht, ist dieser Spruch dann natürlich zu variieren.

Heute habe ich noch immer etwa ¾ der damals gekauften 100 Würfel. Warum? Weil ich keinen spürbaren tatsächlichen Nutzen in meinen Beratungsgesprächen erkennen konnte. Vielleicht hängt es damit zusammen, dass mein Erstberatungsgespräch auch bereits vorher so rund war, dass ich den Eindruck hatte, dass mir der Einsatz dieser haptischen Verkaufshilfe keinen zusätzlichen Mehrwert gebracht hat.

Grundsätzlich halte ich den bedachten Einsatz haptischer Verkaufshilfen für eine gute Idee. Wichtig erscheint mir allerdings, dass Sie diese wirklich flüssig und logisch in Ihr Beratungsgespräch integrieren und sich nicht zu sehr allein auf die – doch etwas effekthascherische – Wirkung der Verkaufshilfen an sich verlassen. Meine Empfehlung: Probieren Sie einfach mal verschiedene haptische Verkaufshilfen aus, kaufen Sie diese jedoch nicht gleich bloß wegen eines Mengenrabatts in hoher Stückzahl und – ganz wichtig – üben Sie Ihre Sprachspur zu dem jeweiligen Hilfsmittel!

22.8 Die drei wichtigsten Faktoren des erfolgreichen Verkaufs

Haben Sie sich auch schon mal gefragt, warum manche Berater/ Vermittler/Verkäufer so viel erfolgreicher sind als andere, auch wenn sie – scheinbar oder tatsächlich – »gar nicht so viel drauf« haben?

Man kann es drehen und wenden, wie man will, aber Tatsache ist, dass Ihr ganzes Wissen, Ihr gesamtes verkäuferisches Talent und alle Energie, die Sie in Ihr Beratungsgespräch stecken, verpuffen, wenn Sie nicht in der Lage sind, die Sympathie Ihrer Kunden zu gewinnen. Denn zu etwa 90 % (die Zahlen schwanken je nach Quelle zwischen 70 %[26] und 95 %[27]) treffen die meisten Menschen Kaufentscheidungen nicht rational, sondern emotional. Und so lautet eine relativ einfache wie wichtige Vertriebsregel:

SYMPATHIE vor VERTRAUEN vor KOMPETENZ

Wichtiger als Kompetenz ist also, dass Ihre Kunden Ihnen vertrauen. Und die Voraussetzung für dieses Vertrauen ist vor allem Sympathie. Ihre Kunden durch Charme und sympathisches Auftreten für sich zu gewinnen, ist wahrscheinlich wichtiger als alles andere, was Sie für einen erfolgreichen Abschluss sonst noch tun können.

Ich kann diese Regel aus eigener Erfahrung nur bestens bestätigen. Wenn ich mit Interessenten nicht zum Abschluss gekommen bin, lag es meistens daran, dass die »Chemie« zwischen uns nicht stimmte. Es lohnt sich also, darauf zu achten, eine wirkliche Beziehung zum Kunden herzustellen und alles dafür zu tun, damit Sie ihm sympathisch sind. Das Tolle daran ist – Sie werden es sich denken können: Je sympathischer Sie einem Kunden sind, desto geringer wird Ihr Beratungs- und vor allem Überzeugungsaufwand sein, den Kunden zu einer Unterschrift unter einen oder auch mehrere Anträge zu bewegen.

22.9 Praktische Empfehlungen

Wie Sie gesehen haben, ist erfolgreicher Verkauf viel mehr als nur die Fähigkeit, ein gutes Produkt unter die Leute zu bringen. Gute (oder besser gesagt: erfolgreiche) Verkäufer schaffen es ja auch gerade immer wieder, auch schlechte Produkte an den Mann bzw. die Frau zu bringen.

Erfolgreicher Verkauf beginnt bei der Darstellung Ihres Unternehmens in der Öffentlichkeit (siehe bereits Kapitel 14 zum Thema Marketing), führt über ein fundiertes Beratungsgespräch und endet erst beim nachvertraglichen, uneigennützigen Service (wobei »uneigennütziger Service« in der Regel sehr wohl großen Nutzen hat: nämlich Kundenbindung, Empfehlungen und Folgegeschäft).

Deshalb empfehle ich Ihnen:

- Lesen Sie durchaus Bücher, die sich mit den oben genannten Themen und Verkaufstechniken befassen!
- Überlegen Sie sich jedoch genau, welche der dort dargestellten Techniken sich tatsächlich mit dem (hoffentlich: Ihrem) Anspruch einer seriösen Beratung in Einklang bringen lassen!
- Die beste Verkaufstechnik dürfte meines Erachtens die zuletzt genannte sein, bei der es sich ja nicht wirklich um eine Technik handelt, sondern vielmehr um die Bewusstmachung, dass es im Verkauf vor allen Dingen »menschelt« und Sie mit Charme, einem Lächeln und Empathie hier deutlich weiterkommen werden als mit bloßem Fachwissen.

23 Das Pareto-Prinzip

Immer dann, wenn Sie bemerken, dass Sand im Getriebe ist, empfehle ich Ihnen, die Situation genau zu analysieren:

- Was läuft gerade schief?
- Stimmt einfach die Chemie zwischen dem Kunden und mir nicht? (siehe dazu ausführlich Kapitel 26.1)
- Misstraut mir der Kunde?
- Habe ich einen Fehler gemacht, den der Kunde mir nun übelnimmt?
- Habe ich das Vertrauen des Kunden verloren?
- Tanzt der Kunde auf mehreren Hochzeiten und lässt sich auf der Suche nach dem »besten Angebot« von verschiedenen Vermittlern beraten?
- Stellt Ihnen der Kunde endlos viele Fragen, die jedes normale Maß übersteigen?

In all diesen Fällen sollten Sie innehalten und sich das Pareto-Prinzip vergegenwärtigen. Dieses Prinzip, benannt nach Vilfredo Pareto (1848-1923), besagt, dass 80 % der Ergebnisse eines Projekts in 20 % der Gesamtzeit erreicht werden und für die verbleibenden 20 % der Ergebnisse 80 % der Gesamtzeit aufgewendet werden müssen.

Mitunter ist es also eine wirtschaftlich durchaus vernünftige Entscheidung, »nein« zu einem Interessenten oder auch Kunden zu sagen bzw. »nein« zu dem Aufwand, den er Ihnen verursacht – ganz gleich, ob der Kunde oder Sie selbst dafür verantwortlich sind.

Ich möchte dies an einem Beispiel verdeutlichen:

Sie werden mit einem Interessenten nicht wirklich »warm« oder anders ausgedrückt: Sie liegen einfach nicht auf einer Wellenlänge. Sie bemerken eine gewisse Skepsis des Interessenten gegenüber Ihren Ausführungen, und er stellt Ihnen viele Fragen. Sie bemerken, wie Sie langsam, aber sicher ob dieser vielen Fragen den Spaß an der Beratung verlieren und eigentlich gar keine Lust mehr haben, den Interessenten zu beraten. An dieser Stelle sollten Sie versuchen, eine Klärung herbeizuführen oder das Gespräch elegant, aber bestimmt einem vorzeitigen Ende zuzuführen. Warum? Weil hier die Gefahr äußerst groß ist, dass Sie sich verzetteln und wahnsinnig viel Energie in ein Beratungsgespräch und einen Menschen stecken, der Ihre Energie wahrscheinlich gar nicht zu würdigen weiß und möglicherweise Ihr Bestreben, ihm alle seine Fragen zu beantworten, nur als Vorlage für weitere nervige Fragen nutzt, die zu nichts führen.

Wenn ein Kunde bzw. Interessent in die Kategorie der 20% schwierigen Kunden fällt, lautet meine Empfehlung schlicht: Lassen Sie die Finger von ihm! Überlassen Sie ihn gern Ihrem Konkurrenten oder vielleicht vorher Ihrem Kollegen. Vielleicht kommt dieser ja bestens mit dem Kunden klar.

Ebenso wenig sinnvoll ist es meines Erachtens, viel Energie darauf zu verwenden, einen unzufriedenen Kunden zurückzugewinnen. Denn wenn sich ein Kunde – aus welchem Grund auch immer – erst einmal gegen Sie entschieden hat, dann werden Sie es nur in den allerseltensten Fällen schaffen, ihn als zufriedenen Kunden zurückzugewinnen.

Deshalb mein Rat: Lernen Sie loszulassen! Und lassen Sie rechtzeitig los, also bevor Sie die 80% für die 20% Chance aufgewandt haben ...

24 Service

Mein Servicemotto lautet:

Nur ein zufriedener Kunde ist ein guter Kunde, ansonsten ist er im Zweifel gar kein Kunde.

Service ist etwas, was Sie meines Erachtens gar nicht hoch genug einschätzen können. In meinen Augen ist Deutschland grundsätzlich eine Servicewüste. Und genau deshalb fallen mir Positivbeispiele immer besonders auf, und ist es mir ein ganz besonderes Anliegen, insoweit Vorbild zu sein.

Kennen Sie das? Sie wollen nur mal eben ein Deo oder Rasierschaum oder etwas Ähnliches kaufen und begeben sich in eine Filiale einer dieser großen Drogerieketten. Sie kennen sich nicht aus, und nach zwei bis drei Minuten vergeblichen Suchens sprechen Sie eine gelangweilte (oder auch beschäftigte) Verkäuferin an, die Ihnen bereits vom ersten Augenblick an mit ihren Blicken signalisiert, dass Sie sie stören und lieber in Ruhe lassen sollten. Sie sagen artig: *»Entschuldigung, können Sie mir bitte sagen, wo ich hier Rasierschaum finde?«* Und Sie erhalten die Antwort: *»Da hinten auf der anderen Seite gegenüber vom Waschpulver drittes Regal links.«* Aha. Sie gehen in die Richtung, von der Sie vermuten, dass sie stimmen könnte, haben vielleicht noch das Wort »Waschpulver« im Ohr, wissen jetzt aber schon nicht mehr, von wo aus die Verkäuferin eigentlich angefangen hat, die Regale zu zählen. Kurz: Sie sind genervt und fragen sich, ob es wirklich zu viel verlangt gewesen wäre, Sie einfach mal zum Regal hinzubegleiten und dann auf die entsprechende Ware zu zeigen. Wahrscheinlich kommt die Verkäuferin nicht auf die Idee, weil sie sich denkt: *»Wenn das jeder machen würde, da wäre ich ja nur noch am Rumlaufen.«* Na und? Das Ergebnis wären dann aber viele zufriedene anstatt viele eher frustrierte Kunden.

Mein Büro befindet sich in einem recht großen Gebäude. Wenn ich von meinen Kunden danach gefragt werde, wo sich die Toiletten befinden, beschreibe ich ihnen deshalb nicht umständlich den Weg dorthin, sondern begleite sie einfach bis zu der Stelle, von der aus sie die Türen sehen können.

Und wenn ich meine Kunden verabschiede, bringe ich sie regelmäßig bis zur Ausgangstür des Gebäudes und nicht bloß zu meiner Bürotür. Kürzlich fragte mich eine Kundin, warum ich das mache und ob ich das bei allen Kunden so mache. Sie schien richtig verwirrt über diese Art der Zuwendung zu sein. Und tatsächlich verwendete sie bei ihrer Bewertung meiner Beratung auf dem Bewertungsportal von WhoFinance das Wort »zugewandt«. Meine Antwort auf ihre Frage war: *»Ja, mir ist es wichtig, mich von anderen zu unterscheiden, und ich möchte, dass Sie mich nicht nur wegen meines Beratungsgesprächs in guter Erinnerung behalten.«* Das heißt also, dass ich in solchen Situationen auch ganz bewusst das Thema Service beim Kunden vertiefe (jedoch nur, wenn er oder sie es von sich aus anspricht!).

Auch über dieses Thema werden Sie gute weiterführende Literatur finden. Hier noch ein paar Anregungen von mir:

- Lassen Sie sich zum Ende eines Monats eine **Geburtstagsliste** sämtlicher Kundengeburtstage im nächsten Monat ausdrucken, und senden Sie Ihren Kunden möglichst pünktlich zum Geburtstag eine persönliche, handgeschriebene Geburtstagskarte mit einem schönen Kartenmotiv!

  Falls Sie Hobbyphotograph sein sollten: Lassen Sie die Karten doch mit einem eigenen Foto bedrucken, das möglichst so attraktiv ist, dass die Chance groß ist, dass Ihre Kunden die Karte nicht einen Tag nach ihrem Geburtstag entsorgen, sondern sich vielleicht an die Pin-Wand hängen.

- Da Ihre Kunden zu Weihnachten mit Weihnachtskarten wahrscheinlich nur so überhäuft werden, probieren Sie es doch vielleicht mal mit **Neujahrskarten**. Zusätzlicher Vor-

teil: Sie haben ein bisschen mehr Zeit, die Karten zu schreiben und abzuschicken. Gerade im letzten Quartal ist ja
meistens so viel zu tun, dass eh kaum Zeit für solche Aktivitäten bleibt. Deshalb nutzen Sie ruhig auch die Sommer-
monate, um schon mal Weihnachts- oder Neujahrskarten
zu schreiben.

- **Überraschen Sie Ihre Kunden mit interessanten, wirklich
  nutzbringenden Informationen und Angeboten!** Beispiel:
  Sie senden Ihren Kunden zum Thema Hausratversicherung
  eine Mail oder einen Brief, in der/dem Sie darüber informieren, wie wichtig es ist, im Schadensfall gegenüber der
  Versicherung dokumentieren zu können, welche wertvollen
  Gegenstände man tatsächlich besessen hat. Sie regen an,
  diese Gegenstände zu fotografieren, die Fotos auf einem
  USB-Stick oder einer SD-Karte zu speichern und Ihnen zuzusenden, damit Sie diese(n) für Ihre Kunden aufbewahren.
  Denn was nutzt es dem Kunden, wenn er seine Wertgegen-
  stände fotografiert hat, die Daten auf seinem Computer
  speichert und dann seine Wohnung oder sein Haus ab-
  brennt?

  Egal, ob der Kunde Ihr Angebot annimmt oder nicht: Er
  wird Ihr Angebot mit Sicherheit als einen freundlichen und
  guten Service registrieren, der Sie von der breiten Masse abhebt.

- **Gehen Sie auf Ihre Kunden zu, wenn es schlechte Nachrichten gibt!** Neudeutsch heißt das dann »proaktiv«. Beispiel: Als eine bestimmte Versicherungsgesellschaft mal in
  die Schlagzeilen geriet, schrieb ich alle meine Kunden an,
  um sie über die Situation und die Auswirkungen auf ihre
  Verträge zu informieren, verbunden mit dem Angebot, persönliche Gesprächstermine zu ihrer individuellen Vertrags-
  situation zu vereinbaren.

  Zu der Zeit hatte ich noch viele sogenannte übertragene
  Kunden, also Kunden, die ich von Vorberatern, die aus dem
  Unternehmen ausgeschieden waren, »geerbt« hatte. Viele

dieser Kunden hatten schon so viele Berater in dem Unternehmen kommen und gehen gesehen, dass sie wahrlich keine Lust darauf hatten, mich als x-ten Berater kennenzulernen. Durch diese Mail-Aktion jedoch meldeten sich ein paar Kunden bei mir, die sich ansonsten mit Sicherheit niemals auf ein Gespräch mit mir eingelassen hätten. Die Begründung war immer die gleiche: »*Ich fand toll, wie offen und ehrlich Sie mit diesem Thema umgegangen sind.*« Auch so kann man Kunden (zurück)gewinnen.

- **Nutzen Sie alle sich Ihnen bietenden Gelegenheiten, um mit Ihren Kunden in Kontakt zu bleiben, ohne dabei aufdringlich zu wirken!** Hierzu gehören beispielsweise alle Informationen über die jährlichen Beitragsdynamiken und Beitragsanpassungen. Diese können Sie nutzen, um die Kunden zusätzlich zum Schreiben der jeweiligen Gesellschaft über die Dynamik zu informieren und sie zu fragen, ob sie der diesjährigen Erhöhung widersprechen möchten oder nicht bzw. diese zum Anlass für die Einladung zu einem Check-up-Termin zu nehmen.

Im Falle von Beitragserhöhungen werden Sie beim Kunden punkten können, wenn Sie für ihn gleich auch schon einen neuen Marktvergleich erstellen und ihm entweder mitteilen, dass seine Versicherung trotz der Beitragserhöhung immer noch die für ihn günstigste/beste ist, oder aber Sie ihm nun eine günstigere Umdeckung anbieten können. Für diese sollten Sie ihm dann auch gleich einen neuen Termin offerieren.

Die Erfahrung zeigt, dass Kunden für solche Hinweise sehr oft dankbar sind. Und so kann es Ihnen passieren, dass sich ein Kunde völlig unabhängig vom konkreten Inhalt und Anlass Ihrer Informationsmail bei Ihnen allein deshalb meldet, weil Sie sich in sein Gedächtnis gerufen haben und er nun Beratungsbedarf zu einem neuen Thema hat. Vielleicht wird er sich auch so bei Ihnen melden, doch in jedem Fall erhöhen Sie auf diese Weise die Wahrscheinlichkeit, dass er sich mit *Ihnen* und nicht mit irgendeinem anderen Berater in Verbindung setzt, ganz beträchtlich. Gerade bei Kunden, die Sie schon lange nicht mehr gesehen haben, können solche Mails bares Geld wert sein.

- Immer dann, wenn etwas mit einer Versicherungsgesellschaft erheblich schiefläuft und ein Kunde wirklich zu Recht verärgert ist, wende ich mich an den Maklerbetreuer der jeweiligen Gesellschaft, um diesen zu veranlassen, der Kundin bzw. dem Kunden einen Blumenstrauß oder eine Flasche Champagner als Entschuldigung zukommen zu lassen. Das klappt nicht immer, aber oft. Die Kunden lasse ich natürlich wissen, auf wessen Initiative diese Geste zurückgeht … ☺)

- **Notieren Sie sich nach einem Gespräch, was Ihr Kunde trinkt** und überraschen Sie ihn bei seinem nächsten Besuch mit der passenden Frage! *»Möchten Sie wieder einen Kaffee, schwarz, mit zwei Stückchen Zucker?«* Der Kunde wird Ihre Aufmerksamkeit und Ihr phänomenales Gedächtnis entzückt zur Kenntnis nehmen.

  Schwierig wird's natürlich, wenn der Kunde nichts trinkt. Aber selbst in diesem Fall können Sie durch eine Frage wie *»Kann ich Sie denn heute mit einem Getränk beglücken?«* zum Ausdruck bringen, dass Sie sich noch gut daran erinnern können, dass er letztes Mal nichts getrunken hat.

  Nebenbei bemerkt: Nach meiner Beobachtung sind diejenigen Kunden, die generell nichts trinken, die schwierigsten. Fragen Sie mich bitte nicht nach dem Warum – ich habe keine Ahnung, es ist lediglich Erfahrungswissen.

- **Halten Sie Ihre Zusagen ein!** Wenn Sie einem Kunden zusagen, eine Information innerhalb der nächsten zwei Tage zu besorgen, dann tun Sie es auch! Und wenn Sie Ihre Zusage – aus welchem Grund auch immer – nicht einhalten können, dann informieren Sie ihn bitte vor Fristablauf darüber, dass es länger als gedacht dauern wird. Auch solche Informationen können übrigens gut dazu dienen, die 7-Kontakte-Regel (siehe Kapitel 10) auf einfache Weise umzusetzen.

- **Überraschen Sie Ihre Kunden mit kleinen Geschenken!** Es gibt »son'ne« und »son'ne« Geschenke – solche, die für einen Finanzberater, der etwas auf sich hält, eher peinlich sind und aus Kundensicht auch nicht wirklich zu Dank verpflichten (wie zum Beispiel einfache Kugelschreiber mit Werbeaufdruck), und andere, über die sich der Kunde freuen kann, weil sie ihm einen echten Mehrwert bringen. Eine Auslandsreisekrankenversicherung zum Beispiel.

Was meinen Sie, wie viel positives Feedback Sie erhalten, wenn Sie alle Ihre Kunden im März anschreiben und ihnen einfach nur schreiben, dass Sie ihnen in diesem Jahr eine Auslandsreisekrankenversicherung *schenken*?!

Da sich Ihre Kunden zumindest bei Ihnen melden müssen und Sie ja auch für die Vermittlung einer solch kleinen Police ein Beratungsprotokoll erstellen müssen, können Sie natürlich die Gelegenheit nutzen und versuchen, Ihre Kunden zu einem kurzen Unterschriftstermin in Ihr Büro einzuladen. Aber selbst wenn ein Kunde hierzu nicht bereit sein sollte – schließlich reden wir hier über einen Gegenwert von gerade mal knapp 10 Euro –, sollte es daran nicht scheitern und der Kunde seine Versicherung selbstverständlich auch so erhalten. Das Beratungsprotokoll können Sie ihm schließlich auch als PDF-Datei zumailen.

Ihre Kostenbelastung dürfte sich in Grenzen halten, da erfahrungsgemäß nur ein Bruchteil der Kunden Ihrer Mail bzw. Ihrem Schreiben genügend Aufmerksamkeit zollen und darauf reagieren wird. Diejenigen Kunden (oder auch Interessenten!), die Ihr Angebot annehmen, werden Sie auf diese Weise jedoch auf alle Fälle intensiver an sich binden. Sie wissen ja: Kleine Geschenke erhalten die Freundschaft.

Und Ihr Zusatzvorteil: Für das erste Jahr überweisen Sie dem Kunden seine Versicherungsprämie zurück auf sein

Konto (bei der Gelegenheit können Sie auch gleichzeitig die Aktualität seiner Kontoverbindung überprüfen) oder senden ihm einen Gutschein eines großen Versandhauses oder Elektronikmarktes zu. Da sich der Vertrag jedoch verlängert, wenn er nicht gekündigt wird, kassieren Sie in den Folgejahren Ihre übliche Vermittlungsprovision für diese Verträge. Wichtig ist natürlich, dass Sie in Ihrem Anschreiben an Ihre Kunden unmissverständlich darauf hinweisen, dass Sie den Beitrag des ersten Jahres übernehmen und die Kunden dann darüber entscheiden können, ob sie die Versicherung weiterlaufen lassen wollen oder nicht und sie im letzteren Fall die Versicherung kündigen müssen.

25 Empfehlungen generieren

Empfehlungen sind die Krönung einer erfolgreichen Beratung und mehr als das sprichwörtliche Sahnehäubchen oder i-Tüpfelchen. Denn zum einen spiegeln uns Empfehlungen die Zufriedenheit unserer Kunden mit unserer Beratung wider und sind auf diese Weise auch Balsam für die Seele. Zum anderen bilden sie im Idealfall darüber hinaus auch noch den Nährboden für unseren wirtschaftlichen Erfolg. Im Idealfall können Sie sich alle Gedanken zum Thema Kundenakquise sparen, nämlich dann, wenn Ihre Kunden Sie so gern und mit so viel Enthusiasmus weiterempfehlen, dass Sie sich vor Terminanfragen gar nicht mehr retten können und allein durch die beständigen Weiterempfehlungen Ihr Folgegeschäft und damit Ihren Lebensunterhalt sichern können. Deshalb möchte ich dieses Thema hier intensiver beleuchten.

Zunächst bedarf es jedoch einer Definition des Begriffs »Empfehlung«, da er von Vertrieblern immer wieder in unterschiedlicher Weise gebraucht wird. Mal ist der Berater gemeint, mal der Kunde.

25.1 Echte Empfehlungen

Der typische Fall einer Empfehlung lässt sich am besten mit einer Restaurantempfehlung vergleichen: Der Gast ist perfekt bewirtet worden, freut sich über die nette Atmosphäre, ist begeistert vom leckeren Essen und dem fairen oder guten Preis-/Leistungsverhältnis. Bei nächster Gelegenheit erzählt er in seinem Familien-/Freundes-/Bekanntenkreis von dem Restaurant und empfiehlt es ausdrücklich.

Dementsprechend werden SIE bei einer »echten« Empfehlung von Ihren Kunden als Berater weiterempfohlen.

25.2 Sogenannte Empfehlungen

Als »sogenannte Empfehlungen« bezeichne ich die Namen und Telefonnummern, die Sie – üblicherweise als Mitarbeiter eines Strukturvertriebs – von Ihren Kunden am Ende eines erfolgreichen Beratungsgesprächs einsammeln. Das heißt, hier werden nicht *Sie* empfohlen, sondern den Kunden Namen »aus den Rippen geleiert«.

Die übliche Vorgehensweise insbesondere bei den Strukturvertrieben ist, den Kunden zunächst zu fragen:

»Was hat Ihnen an meiner Beratung besonders gut gefallen hat, was waren für Sie die ›Highlights‹?«

Auf diese Weise soll sich der Kunde praktisch die Qualität der Beratung noch einmal selbst vor Augen führen – ein in meinen Augen durchaus legitimes Vorgehen. Nachdem sich der Kunde den Berater und seine Beratung also quasi noch einmal selbst »verkauft« hat, schließt sich die Frage an:

»Für wen aus Ihrem Familien-, Freundes-, Kollegen- oder Bekanntenkreis könnte eine solche Beratung denn noch von Vorteil sein? An wen denken Sie da spontan?«

Das Ziel ist es, von dem Kunden in dieser Situation mindestens zehn Namen und Telefonnummern einzusammeln. Wenn nicht gleich die ersten Namen sprudeln, wird nachgesetzt mit anschaulichen Beispielen bzw. Bildern wie zum Beispiel:

»Wem gönnen Sie denn auch finanzielle Vorteile von 5000 Euro in fünf Jahren?«

Oder:

»Wer von Ihren Arbeitskollegen hat das Thema Berufsunfähigkeit denn vermutlich für sich noch nicht umfassend geregelt?«

Oder:

*»Glauben Sie, dass alle Ihre Nachbarn schon eine so umfassen-
de Beratung erhalten haben?«*

Um dann auf das erwartete *»nein«* gleich nachzusetzen:

*»Welcher Ihrer Nachbarn würde denn von so einer Beratung
besonders profitieren? An wen denken Sie da?«*

Und egal, wie viele Namen Ihr Kunde Ihnen schon genannt hat,
es folgt immer die Nachfrage:

»Und an wen noch?«

Zum Schluss folgt die Frage:

*»Frau Müller, möchten Sie diese Personen zunächst selbst an-
sprechen und auf meinen Anruf vorbereiten, oder soll ich selbst
gleich anrufen und einen schönen Gruß von Ihnen bestellen?«*

Wenn die Kundin ihre genannten Kontakte zunächst selbst ansprechen möchte, vereinbaren Sie sinnvollerweise einen konkreten Termin, zum Beispiel drei Tage oder eine Woche später,
um nachzuhaken, wen Ihre Kundin bis dahin tatsächlich kontaktiert hat.

Was die Strukturvertriebe auf diese Weise betreiben, hat mit
echten Empfehlungen erstmal gar nichts zu tun. Erst und nur
dann, wenn der Kunde oder die Kundin – wenn auch aufgrund
Ihrer Aktivität – andere Personen anspricht, ob sie nicht Interesse an einer Beratung durch Sie haben, kann von einer echten
Empfehlung die Rede sein.

Abgesehen davon, dass diese Art der in meinen Augen sehr auf-
dringlichen Namensakquise nicht jedem liegt, bringt diese auch
juristische Probleme mit sich, und zwar immer dann, wenn der
»empfohlene« »Interessent« von Ihnen kontaktiert wird, ohne
dass er Ihnen hierzu zuvor eine Erlaubnis erteilt hat. Strukturvertriebe reden dieses Problem regelmäßig klein, und es kann ja

auch gut sein, dass Sie in 99 % der Fälle mit dieser Vorgehensweise gut klarkommen und auf keinen Widerstand stoßen.

Dennoch sollten Sie sich darüber im Klaren sein, dass diese Art der Kundenansprache einen Verstoß gegen § 7 Abs. 2 des Gesetzes gegen den unlauteren Wettbewerb (UWG) darstellt. Dieser lautet:

Unzumutbare Belästigungen

(1) Eine geschäftliche Handlung, durch die ein Marktteilnehmer in unzumutbarer Weise belästigt wird, ist unzulässig. Dies gilt insbesondere für Werbung, obwohl erkennbar ist, dass der angesprochene Marktteilnehmer diese Werbung nicht wünscht.

(2) Eine unzumutbare Belästigung ist stets anzunehmen

1. bei Werbung unter Verwendung eines in den Nummern 2 und 3 nicht aufgeführten, für den Fernabsatz geeigneten Mittels der kommerziellen Kommunikation, durch die ein Verbraucher hartnäckig angesprochen wird, obwohl er dies erkennbar nicht wünscht;

2. bei Werbung mit einem Telefonanruf gegenüber einem Verbraucher ohne dessen vorherige ausdrückliche Einwilligung oder gegenüber einem sonstigen Marktteilnehmer ohne dessen zumindest mutmaßliche Einwilligung,

Verstöße gegen diese Vorschriften werden nach den Bußgeldvorschriften des § 20 UWG wie folgt geahndet:

(1) Ordnungswidrig handelt, wer vorsätzlich oder fahrlässig entgegen § 7 Absatz 1

1. in Verbindung mit § 7 Absatz 2 Nummer 2 mit einem Telefonanruf oder

2. in Verbindung mit § 7 Absatz 2 Nummer 3 unter Verwendung einer automatischen Anrufmaschine
gegenüber einem Verbraucher ohne dessen vorherige ausdrückliche Einwilligung wirbt.

(2) Die Ordnungswidrigkeit kann mit einer Geldbuße bis zu dreihunderttausend Euro geahndet werden.

(3) Verwaltungsbehörde im Sinne des § 36 Abs. 1 Nr. 1 des Gesetzes über Ordnungswidrigkeiten ist die Bundesnetzagentur für Elektrizität, Gas, Telekommunikation, Post und Eisenbahnen.[28]

Für viele Vermittler ist die oben genannte Vorgehensweise eine sehr attraktive Möglichkeit, schnell den eigenen Kundenstamm zu erweitern. Und wenn sie dies mit einer seriösen Beratung kombinieren, mag das auch im Ergebnis moralisch zu rechtfertigen sein (*»Ich habe meinen Empfehlungskunden doch nur Vorteile gebracht.«*). Es ändert jedoch nichts an der Tatsache, dass diese Vorgehensweise in den meisten Fällen gesetzwidrig und deshalb mit dem Anspruch einer seriösen Vermittlertätigkeit meiner Meinung nach nicht vereinbar ist.

25.3 Bewertungsportale

Bewertungsportale spielen eine zunehmend größere Rolle gerade auch im Bereich der Finanz- und Versicherungsberatung, und ich kann Ihnen aus eigener Erfahrung nur raten, diese für sich zu nutzen. Da ich mich für eins (WhoFinance) entschieden habe, kann ich über die vielen weiteren sich am Markt tummelnden nicht wirklich viel sagen und versuche daher, Ihnen ein paar allgemeines Informationen und Tipps zu diesem Thema zu geben.

Melden Sie so bald wie möglich auf einer Plattform an, um gleich nach ihrer ersten erfolgreichen Beratung bzw. Ihrem ersten erfolgreichen Abschluss den Kunden um eine Bewertung bitten zu können!

Bei Bewertungsbitten ist es so ähnlich wie bei Adresskäufen: Sie müssen schnell handeln; denn die Begeisterungskurve der Kunden flacht nach ein paar Tagen ab, und entsprechend nimmt die Bereitschaft ab, sich die Mühe einer Bewertung zu machen.

Ich hatte mal eine Kundin, die war so begeistert von meiner Beratung, dass sie einen ganz besonders schönen Text über mich verfassen wollte. Als ich sie bei unserem nächsten Treffen ansprach, wann ich denn mit ihrer Bewertung rechnen könne, erklärte sie mir, dass sie noch nicht die richtigen Worte gefunden habe. Sie werden es sich denken können: Und wenn sie nicht gestorben ist, dann sucht sie auch noch heute nach den passenden Worten ...

25.4 Soziale Medien

Das Thema Soziale Medien habe ich ja bereits oben in Kapitel 17.3 behandelt, so dass ich an dieser Stelle im Zusammenhang mit dem Thema Empfehlungen nur auf dieses Kapitel verweisen möchte.

26 Fallstricke in der Beratung

Die möglichen Fallstricke in der Beratung sind schier endlos. Es gibt praktisch nichts, was Ihnen einen Abschluss nicht doch noch im letzten Moment vereiteln könnte. Das klingt nicht schön und aufmunternd, ich weiß, ist aber leider die ungeschminkte Wahrheit. Ein paar möchte ich exemplarisch herausgreifen.

26.1 Wenn die Chemie nicht stimmt

Wenn Sie merken, dass die Chemie zwischen Ihnen und Ihrem Kunden nicht stimmt, kann ich Ihnen nur empfehlen, entweder genau dies direkt anzusprechen, oder, sofern Sie sich das nicht trauen, die Beratung so schnell wie möglich zu beenden; denn wenn Ihr Kunde Sie nicht mag oder ein schlechtes Bauchgefühl bei Ihnen hat – völlig gleichgültig, ob er hierzu einen objektiven Grund hat oder nicht –, dann wird er bei Ihnen keinen Antrag unterschreiben. Wenn er aber keinen Antrag unterschreiben wird und Sie nicht mag, warum sollten Sie ihn dann auch nur eine Sekunde länger als unbedingt nötig ist, um die Formen der Höflichkeit zu wahren, beraten?!

26.2 Verschicken von Angeboten

Etwas, was Sie grundsätzlich nicht tun sollten, ist, Angebote zu verschicken. Es mag Ausnahmen geben, aber in den allermeisten Fällen werden Sie sich viel Mühe mit der Zusammenstellung der Angebots- und Antragsunterlagen machen, aber nie etwas zurückbekommen. Das kann die unterschiedlichsten Gründe haben:

• Der Kunde kommt nicht dazu, die Unterlagen durchzuschauen, weil sie ihm vielleicht doch zu umfangreich sind.

- Der Kunde hat ganz plötzlich andere Prioritäten, und was ihm gestern noch super wichtig war, ist für ihn heute schon nicht mehr von Interesse.
- Der Kunde hat sich für ein anderes Angebot entschieden, sei es, weil es billiger war als Ihres oder sich nur besser lesen ließ, oder er es schneller erhalten hat.

Die Gründe sind meistens sehr banal, aber am Ende haben Sie sich regelmäßig überflüssige Arbeit gemacht.

Und um das zu vermeiden, sollten Sie die Versendung von Angeboten kategorisch ablehnen. Allenfalls nach einem ausführlichen Beratungsgespräch, in dem Sie mit dem Kunden zusammen seinen Bedarf genau erörtert haben, kommt meines Erachtens die Versendung zweier Alternativangebote (max. drei!) in Betracht – das aber möglichst auch nur dann, wenn Sie bereits einen Abschlusstermin vereinbart haben und die Angebote dem Kunden lediglich die Möglichkeit einer Vororientierung geben sollen.

Absolut NIEMALS sollten Sie Angebote an Ihnen unbekannte Menschen versenden, also Interessenten, die Sie noch nie gesehen haben.

Wer keine Lust hat, Sie in Ihrem Büro aufzusuchen, hat im Zweifel auch keine Lust, Ihre Angebote zu studieren, geschweige denn einen Antrag zu unterschreiben.

Selbst wenn der Interessent die ihm übersandten Unterlagen studiert, wird er sich oft im Anschluss wiederum per E-Mail oder telefonisch mit weiteren Fragen an Sie wenden und regelmäßig vorgeben, für ein persönliches Beratungsgespräch keine Zeit zu haben. Damit steigt Ihr Aufwand dramatisch an, so dass ich an dieser Stelle nur auf die oben in Kapitel 23 erörterte Pareto-Regel verweisen möchte.

26.3 Kaufreue und Sorgfalt bei der Antragsbearbeitung

Ein Thema, mit dem ich selbst nachhaltige Erfahrungen gesammelt habe, ist das der sogenannten Kaufreue, also dem Bereuen eines Vertragsabschlusses kurze Zeit nachdem der Antrag unterschrieben wurde. Gerade im Bereich der Versicherungen und Geldanlage ist dies ein häufig zu beobachtendes Phänomen, das überwiegend dann zu Tage tritt, wenn dem Kunden die konkrete Möglichkeit eröffnet wird, noch einen Rückzieher zu machen.

Jetzt könnte man daran denken, dass so etwas einem seriösen Berater nicht passieren wird, weil er seine Kunden ja nicht über den Tisch ziehen und ihnen keine Verträge aufschwatzen wird, die sie sich nicht leisten können. Doch auch diesen passiert so etwas mitunter, insbesondere dann, wenn sie nicht absolut sorgfältig arbeiten.

Dazu ein Beispiel aus der Praxis: Ein Kunde (mittelmäßig erfolgreicher Rechtsanwalt) möchte einen Rürupvertrag mit dem maximal möglichen Sparbeitrag abschließen (in seinem Fall 1150 Euro pro Monat). Der Berater reibt sich in Anbetracht einer Laufzeit von 20 Jahren bereits die Hände. Er schickt dem Kunden alle VVG-konformen Unterlagen vorab zu und vereinbart einen Termin mit dem Kunden. Da dieser es gewohnt ist, dass der Berater ihn in seiner Kanzlei aufsucht, geschieht das auch diesmal so.

In dem Abschlusstermin eröffnet der Kunde plötzlich, dass ihm 1150 Euro doch zu viel seien, er lieber erstmal mit 500 Euro starten und gegen Jahresende gegebenenfalls eine Zuzahlung leisten wolle. Im Antrag wird daraufhin der monatliche Sparbetrag geändert und der Antrag nebst ebenfalls geändertem Beratungsprotokoll anschließend auf den Weg gebracht.

Ab dem Zeitpunkt lief dann alles schief und schlecht, was man sich so vorstellen kann. Zunächst wurde der Berater von der

Versicherung angeschrieben, es fehle das Kreuz bei der wirtschaftlichen Berechtigung. Gleichzeitig wurde der Kunde von der Gesellschaft angeschrieben, weil seine Unterschrift für die – ebenfalls wegen eines vergessenen Kreuzchens unterbliebene – Erklärung fehlte, ob er in den USA steuerpflichtig sei.

Nachdem die Gesellschaft diese Erklärungen erhalten hatte, meldete sie sich ein paar Wochen später erneut – jedoch nicht etwa durch Zusendung der Police, sondern vielmehr mit einer weiteren Monierung: Der Kunde hatte unter die Gesundheitsfragen keine Unterschrift gesetzt, weil es sich um einen reinen Basisrentenvertrag ohne BUZ handelte. Was Kunde und Berater leider übersehen hatten: Ganz kleingedruckt oberhalb (!) der Erklärung zur Schweigepflichtentbindung hatte die Gesellschaft den Hinweis eingebaut, in dem dargelegt wird, dass die Unterschrift auch bei Verträgen ohne Gesundheitprüfung zu leisten sei (»*In diesem Fall bezieht sich die Einwilligung stets auf die nach § 203 StGB geschützten Daten.*«). Sehr unglücklich platziert und natürlich dumm gelaufen, wenn man sich als Kunde – zu Recht – weigert, Erklärungen zu unterschreiben, die man für überflüssig hält.

Trotz eines Telefonats mit dem Kunden und einer ausführlichen E-Mail dauerte es ca. zwei Wochen, bis der Kunde diese fehlende Unterschrift auch noch leistet.

Getreu dem Motto »*Wenn erstmal der Wurm drin ist …*«, das man auch mit »*… dann ist Hopfen und Malz verloren.*« fortführen könnte, erhielt der Kunde weitere zwei Wochen später endlich – nein, nicht die Police, sondern vielmehr ein neues Angebot. Ein Anruf bei der Gesellschaft brachte schnell Klarheit über die Hintergründe: Der Kunde muss ja vor Vertragsschluss die maßgeblichen VVG-konformen Unterlagen erhalten. Diese würden natürlich auch eine Angebotsberechnung beinhalten. Da dem Antrag jedoch nur eine Angebotsberechnung für den monatlichen Beitrag von 1 150 Euro beigelegen hatte und nicht über den von 500 Euro, hätte man dem Kunden diese Berechnung nun erstellt, und er brauche ja nur kurz die Annahmeerklärung zu unterschreiben, dann sei doch alles gut.

Dreimal dürfen Sie raten, was dann passierte. Der Kunde hatte das Schreiben der Versicherung gar nicht weiter beachtet und den dicken Packen als seine Police angesehen. Als der Berater ihn erreichte, war er gerade auf dem Weg in den Urlaub. Anschließend – drei Wochen später (in denen der Berater schon mal um Fristverlängerung bei der Gesellschaft bitten musste) – konnte er sich kaum noch an den Vorgang erinnern, so dass der Berater ihm erst nochmal ganz genau erklären musste, worum es eigentlich ging und dem Kunden dabei auch rüberbringen, dass es nicht allein an ihm (dem Berater) und der Gesellschaft lag, dass diese Situation nun so sei, sondern dass es eben auch mit dem kurzfristigen Sinneswandel des Kunden zu tun gehabt habe – wobei dem Berater bei näherer Überlegung schon einleuchtete, dass es sein Versäumnis gewesen war, dem Kunden nicht unverzüglich eine neue Berechnung zu erstellen und diese an die Gesellschaft weiterzuleiten.

Der Kunde kündigte an, die Erklärung zu unterschreiben, tat es aber nicht. Auf Nachfrage des Beraters nach mehreren Tagen, konfrontierte ihn der Kunde allen Ernstes mit der Frage, ob er nicht erstmal mit 50 Euro pro Monat starten könne ...!!!

Dieses Beispiel zeigt meines Erachtens sehr drastisch, was passieren kann, wenn Sie im gesamten Antragsprozess nicht absolut sorgfältig arbeiten. Der Mehraufwand, den Sie haben, wenn auch nur ein einziges Kreuz im Antrag fehlt, ist immens verglichen mit dem geradezu nichtigen Aufwand, den Sie haben, wenn Sie den Antrag zusammen mit Ihrem Kunden akribisch ausfüllen. Und das Risiko, dass der Kunde es sich in diesem Zusammenhang nochmal anders überlegt und einen Rückzieher macht, ist groß. Denn mal ehrlich: Wer hat schon Lust, großen Konsumverzicht *heute* zu üben, damit er später mal – wenn er es denn überhaupt erlebt! – genügend im Rentenalter hat? Die

Kaufreue muss also weder etwas mit einer aufgeschwatzten zu hohen Sparrate zu tun haben noch mit einer sich im Nachhinein zu Tage getretenen geringeren Liquidität des Kunden. Vielmehr ist es oft so – das jedenfalls ist meine Mutmaßung –, dass der Kunde die höheren Sparraten durchaus bedient hätte und den Vertrag nicht widerrufen hätte, wenn er denn in Kraft gesetzt worden wäre – schon einfach aus Bequemlichkeit heraus. Und wenn er sich erstmal an die Sparraten gewöhnt hat, die da monatlich von seinem Konto abgebucht werden, wird er sich in der Regel so schnell daran gewöhnen, dass er dies ebenso klaglos hinnimmt wie die Abbuchung des Beitrags für seine Privathaftpflichtversicherung. Reicht man ihm aber das Zepter zurück, so wird er sehr häufig seine getroffene Entscheidung überdenken und in Frage stellen. Deshalb hier also meine recht profanen Ratschläge:

- Arbeiten Sie extrem sorgfältig, insbesondere wenn es um Anträge geht!

- Bereiten Sie die Antragsunterlagen nach Möglichkeit bereits vor dem Abschlusstermin so weit, wie Sie nur können!

- Nehmen Sie sich in jedem Fall die Zeit, alle Antragsseiten nach Vervollständigung durch den Kunden selbst noch einmal in Ruhe durchzuschauen, damit nur ja nirgendwo irgendetwas Wichtiges übersehen wird!

- Wenn der Kunde im Termin eine Änderung wünscht, berechnen Sie das Angebot neu, anstatt einfach nur im vorliegenden Antrag die Zahlen zu ändern!

- Lassen Sie jede auch noch so kleine handschriftliche Änderung im Vertrag (und sei es auch nur das Beginndatum) vom Kunden gegenzeichnen!

Sie werden sehen: Es lohnt sich, und es wird Ihr Leben als Vermittler deutlich entspannter machen.

27 Haftung

Als Versicherungsvermittler – ganz gleich, ob als Versicherungsvertreter oder Makler – sind Sie leider auch immer einem nicht unerheblichen Haftungsrisiko ausgesetzt. Die Haftungsrisiken sind vielfältig: Sie fangen bei der korrekten ersten Information eines Interessenten über Ihre Vermittlereigenschaft an, reichen über die korrekte Beratung bis hin zu den ordnungsgemäßen Dokumentationspflichten.

27.1 Erstinformation

Die Erstinformation dient dem Schutz des Verbrauchers, der sich ratsuchend an einen Versicherungsvermittler wendet. Zweck der Erstinformation ist es insbesondere, den Verbraucher darüber aufzuklären, mit wem er es eigentlich zu tun hat: einem Versicherungsvertreter, Mehrfachagenten oder Versicherungsmakler. Darüber hinaus sollen ihm etwaige Interessenkonflikte des Beraters offengelegt werden, die dadurch entstehen könnten, dass er an einem Unternehmen beteiligt ist, für das er vermittelnd tätig wird, oder umgekehrt ein Unternehmen, für das er vermittelnd tätig ist, an seiner Firma beteiligt ist.

Anforderungen

Die Anforderungen an die ersten Informationen von Interessenten durch Versicherungsvermittler finden sich detailliert in § 11 der Vermittlerverordnung, deren Wortlaut ich nachfolgend zur Vermeidung von Interpretationen im Original wiedergebe:

Verordnung über die Versicherungsvermittlung und -beratung
(Versicherungsvermittlungsverordnung – VersVermV)
§ 11 Information des Versicherungsnehmers

(1) Der Gewerbetreibende hat dem Versicherungsnehmer beim ersten Geschäftskontakt folgende Angaben klar und verständlich in Textform mitzuteilen:

1. *seinen Familiennamen und Vornamen sowie die Firma, Personenhandelsgesellschaften, in denen der Eintragungspflichtige als geschäftsführender Gesellschafter tätig ist,*

2. *seine betriebliche Anschrift,*

3. *ob er*

   a) *als Versicherungsmakler mit einer Erlaubnis nach § 34d Abs. 1 der Gewerbeordnung,*

   b) *als Versicherungsvertreter*

      aa) *mit einer Erlaubnis nach § 34d Abs. 1 der Gewerbeordnung,*

      bb) *nach § 34d Abs. 4 der Gewerbeordnung als gebundener Versicherungsvertreter,*

      cc) *mit Erlaubnisbefreiung nach § 34d Abs. 3 der Gewerbeordnung als produktakzessorischer Versicherungsvertreter oder*

   c) *als Versicherungsberater mit Erlaubnis nach § 34e Abs. 1 der Gewerbeordnung*

   bei der zuständigen Behörde gemeldet und in das Register nach § 34d Abs. 7 der Gewerbeordnung eingetragen ist und wie sich diese Eintragung überprüfen lässt,

4. *Anschrift, Telefonnummer sowie die Internetadresse der gemeinsamen Stelle im Sinne des § 11a Abs. 1 der Gewerbeordnung und die Registrierungsnummer, unter der er im Register eingetragen ist,*

5. *die direkten oder indirekten Beteiligungen von über 10 Prozent, die er an den Stimmrechten oder am Kapital eines Versicherungsunternehmens besitzt,*

6. die Versicherungsunternehmen oder Mutterunternehmen eines Versicherungsunternehmens, die eine direkte oder indirekte Beteiligung von über 10 Prozent an den Stimmrechten oder am Kapital des Informationspflichtigen besitzen,

7. die Anschrift der Schlichtungsstelle, die bei Streitigkeiten zwischen Versicherungsvermittlern oder Versicherungsberatern und Versicherungsnehmern angerufen werden kann.

(2) Der Informationspflichtige hat sicherzustellen, dass auch seine Mitarbeiter die Mitteilungspflichten nach Absatz 1 erfüllen.

(3) Die Informationen nach Absatz 1 dürfen mündlich übermittelt werden, wenn der Versicherungsnehmer dies wünscht oder wenn und soweit das Versicherungsunternehmen vorläufige Deckung gewährt. In diesen Fällen sind die Informationen unverzüglich nach Vertragsschluss, spätestens mit dem Versicherungsschein dem Versicherungsnehmer in Textform zur Verfügung zu stellen; dies gilt nicht für Verträge über die vorläufige Deckung bei Pflichtversicherungen.

Hier ein Beispiel für eine ordnungsgemäße Erstinformation:

Erstinformationsblatt

> *gem. § 11 der Versicherungsvermittlungsverordnung*

Ich, **Max Mustermann**, bin als Makler mit Erlaubnis zur Vermittlung von Darlehensverträgen gem. § 34 c Abs. 1 der Gewerbeordnung (GewO), mit Erlaubnis zur Vermittlung von Versicherungen gem. § 34 d Abs. 1 GewO sowie als Finanzanlagenvermittler mit der Erlaubnis gem. § 34 f Nrn. 1 und 2 GewO tätig.

Eine Eintragung in das Vermittlerregister beim Deutschen Industrie- und Handelskammertag e. V. ist unter den Nummern D-7XXX-GYYYY-77 (Versicherungsmakler) und A-B-123-VWXY-77 (Finanzanlagenvermittler) erfolgt.

Überprüfen können Sie das im Internet unter www.vermittlerregister.info oder beim Deutschen Industrie- und Handelskammertag (DIHK) e. V., Breite Straße 29, 10178 Berlin, Telefon (030) 203 08-0, Fax (030) 203 08-10 00, E-Mail: infocenter@berlin.dihk.de.

Schlichtungsstellen für die außergerichtliche Streitbeilegung sind:

• Versicherungsombudsmann e. V., Postfach 08 06 32, 10006 Berlin
  www.versicherungsombudsmann.de

• Ombudsmann Private Kranken- und Pflegeversicherung, Postfach 06 02 22, 10052 Berlin
  www.pkv-ombudsmann.de

Ich bestätige, dass mir ein Exemplar dieses Informationsblatts ausgehändigt worden ist.

Berlin,

_____   _____
Ort, Datum   (Unterschrift Kunde)

Folgen bei fehlerhaften Abweichungen

Nachlässigkeiten bei der Formulierung dieser Erstinformation können von Wettbewerbern (sprich: Konkurrenten) wie auch Verbraucherzentralen zum Anlass für kostspielige Abmahnungen genommen werden. Deshalb empfiehlt es sich, hier mit besonderer Sorgfalt vorzugehen und im Zweifel die Formulierungen der Verordnung wörtlich zu übernehmen.

Wichtig ist auch, dass Sie etwaige Änderungen bei der Anschrift oder den Kommunikationsdaten immer im Auge behalten. So hat der DIHK kürzlich seine kostenpflichtige Telefonnummer geändert, wenn auch nur eine einzige Ziffer. Statt ehemals (0180) 50 05 85 0 lautet sie nun: (0180) 60 05 85 0. Vermittler, die eine solche Änderung in ihren Erstinformationen nicht korrigieren, riskieren gleich eine Abmahnung durch Verbraucherschutzverbände oder Wettbewerber, die nichts Besseres zu tun haben, als sich um derlei Kleinigkeiten zu kümmern.

Deshalb verwende ich persönlich nur die normale Festnetznummer des DIHK. Das ist dann übrigens ein echter Beitrag zum effizienten Verbraucherschutz; denn der Kunde hat bei Wahl dieser Nummer eben keinerlei Zusatzkosten für die Verbindung.

27.2 Fehlerhafte Beratung

Die sich aus einer Verletzung der Beratungspflichten ergebende Schadensersatzpflicht gem. 63 VVG habe ich bereits in Kapitel 18.4 erwähnt. Eine Haftungsbeschränkung ist nur in sehr engen Grenzen wirksam vereinbar (§ 61 Abs. 2 i.V.m. § 67 VVG). Und genau deshalb kann ich auch nur jedem davon abraten, hieran auch nur zu denken. Erstens ist die Gefahr groß, dass Sie dabei etwas falsch machen und dann dennoch haften. Und zweitens werden Sie mit Ihrem Wunsch nach Vereinbarung eines Haftungsausschlusses beim Kunden auch ganz sicher

nicht punkten können. Ganz im Gegenteil werden bei diesem
eher die Alarmglocken ganz laut läuten, und er wird sich zu
Recht fragen, für wie kompetent Sie sich wohl selbst halten,
wenn Sie für Ihren Rat nicht auch die Verantwortung übernehmen wollen.

Eine weitere Haftungsgrundlage bilden die §§ 280 ff. BGB.

§ 280 Schadensersatz wegen Pflichtverletzung
(1) Verletzt der Schuldner eine Pflicht aus dem Schuldverhält-
nis, so kann der Gläubiger Ersatz des hierdurch entstehenden
Schadens verlangen. Dies gilt nicht, wenn der Schuldner die
Pflichtverletzung nicht zu vertreten hat.

Wichtig dürfte noch der Hinweis sein, dass für die Ermittlung
des objektiven Versicherungsbedarfs des Kunden seine (situati-
ons-, bedarfs- und angebotsbezogene) Befragung zwar notwendig, aber leider nicht in jedem Fall ausreichend ist. So werden
von der Rechtsprechung die geäußerten Kundenwünsche zumeist lediglich als Indiz für deren Versicherungsbedarf angesehen. Da der Kunde in der Regel jedoch kein Fachmann ist –
deshalb sitzt er ja beim Finanzberater bzw. Versicherungsvertreter –, kann es gut sein, dass er seinen Versicherungsbedarf
unterschätzt. Wenn der Vermittler ihm dann ein Versiche-
rungsangebot erstellt bzw. erstellen lässt, das am Ende zu einer
Unterversicherung führt, wird der Kunde mit einer Klage auf
Schadensersatz wegen Falsch- bzw. Schlechtberatung meistens
große Aussicht auf Erfolg haben.

Selbst im Bereich einer »einfachen« Versicherung wie der
Hausrat- oder Wohngebäudeversicherung empfiehlt es sich
daher, mit dem Kunden einen detaillierten Risikoerfassungsbo-
gen (bei Maklern sinnvollerweise ein neutraler und nicht der
einer bestimmten Gesellschaft) durchzugehen und diesen von
ihm gegenzeichnen zu lassen, um sich als Berater abzusichern.
Und bei jeder Frage, die der Kunde nicht mit Sicherheit beantworten kann, sollten Sie ihm Zeit geben, diese Information
noch zu beschaffen.

Auch bei der Verfassung der Beratungsprotokolle sollten Sie sich stets genügend Mühe geben. Denn wenn es zu einem Schadensersatzprozess wegen Falsch- bzw. Schlechtberatung kommen sollte, wird das Gericht sehr genau prüfen, wie Sie zu Ihrer Empfehlung gekommen sind und wie transparent und nachvollziehbar Ihre Entscheidungskriterien sind. Auch hier gilt:

Je höher die Prämie bzw. je komplexer das Produkt, desto höher ist der zeitliche Beratungsaufwand sowie der Anspruch an die Sorgfalt Ihrer Dokumentation, die das Gericht von Ihnen verlangen wird.

28 Der Weg zum Erfolg

Erfolg ist wichtig. Das ist banal. Aber wie definieren Sie für sich Erfolg? Messen Sie ihn nur an Ihren Umsatzzahlen? Oder an Ihrer Empfehlungsquote? Oder den Bewertungen, die Sie durch Ihre Kunden auf Bewertungsportalen erhalten?

Ich denke, es ist sinnvoll, sich mit dieser Frage etwas eingehender zu befassen; denn die Art und Weise, wie Sie für sich Erfolg definieren, wird sich auch auf die Art und Weise auswirken, mit der Sie Ihre Arbeit verrichten. Sie hat auch etwas zu tun mit dem Thema Selbstbewusstsein und Selbstwertgefühl. Und was ist eigentlich mit dem Thema Misserfolg?

Der Weg zum Erfolg ist ein Weg, den Sie in jedem Fall zu einem erheblichen Teil selbst gestalten können. Und der erste Schritt beginnt sinnvollerweise mit der Definition Ihrer Ziele.

28.1 Ziele

Dabei sollten Sie darauf achten, sich Ihre Ziele nicht zu hoch zu stecken, um nicht bereits nach kurzer Zeit wegen unrealistisch hoher Erwartungen, die Sie nicht erfüllen können, gefrustet zu sein. Genauso, wie es keinen großen Sinn hat, sich einfach nur vorzunehmen, Millionär zu werden, erscheint es mir auch nicht besonders sinnvoll, sich als Berufsstarter das Ziel zu setzen, jede Woche zwanzig gehaltene Termine zu haben. Das ist einfach unrealistisch – jedenfalls für 99 % der Berufseinsteiger. Und selbst wenn Sie sich ein großes Ziel setzen, vergessen Sie bitte nicht die Etappenziele!

Wenn ein Marathonläufer sich bereits auf den ersten Kilometern seines Laufes ständig vor Augen führen würde, wie viele Kilometer noch insgesamt vor ihm liegen, würde ihn dies wahrscheinlich so frustrieren und dadurch demotivieren, dass er sein

Ziel nur mit deutlich größeren Anstrengungen erreichen würde, als dann, wenn er sich auf seine jeweiligen Etappenziele konzentriert und sich immer nur diese jeweils vergegenwärtigt. Also nach 13 Kilometern nicht der Gedanke »noch 30 Kilometer bis zum Ziel«, sondern »noch sieben Kilometer bis zur 20 km-Marke«.

Jahresziele sollten Sie deshalb immer auf Monatsziele und diese wiederum auf Wochenziele herunterbrechen und diese dann ehrlich für sich selbst (und nicht für irgendeinen Vorgesetzten oder eine sonst wie Ihnen hierarchisch übergeordnete Person) kontrollieren.

Und wenn Sie Ihre (Zwischen-)Ziele mal nicht erreichen, gehen Sie mit sich nicht zu hart ins Gericht! Mitunter liegen die Erfolge auch außerhalb unserer Beeinflussbarkeit. Dann heißt es schlicht »NEXT PLAY« (siehe Kapitel 28.4). Aus Erfahrung weiß ich allerdings auch, dass es eine echte Gratwanderung bedeutet, wie wir das Nichterreichen von Zielmarken bewerten und welche Schlussfolgerungen wir daraus ziehen. Die einfachste ist natürlich immer, andere (insbesondere die Kunden) und die Umstände verantwortlich zu machen, die schwierigere in der Regel, die Ursachen bei sich selbst zu suchen. Deshalb möchte ich Sie davor warnen, sich selbst dadurch in eine Abwärtsspirale zu manövrieren, dass Sie Ihre Ziele immer wieder nach unten korrigieren, anstatt vielleicht einfach Ihre Anstrengungen zu erhöhen. Die Versuchung ist regelmäßig groß, sich einzureden, dass man ja schon so viel getan habe, dass mehr einfach nicht gehe und die erfolgreicheren Kollegen bloß »zufällig« die »besseren« Kunden haben. Aber auch da kann ich nur sagen:

Machen Sie sich nichts vor und reden Sie sich die Welt nicht schön, indem Sie die Leistungen erfolgreicher Kollegen herabwürdigen! Ein einmaliger Erfolg mag Zufall sein, stetiger Erfolg jedoch ist regelmäßig das Resultat von ausdauerndem Einsatz und Qualität.

28.2 Motivation

Als ich bei MLP gearbeitet habe, fanden dort jeden Montag-
morgen die allseits ziemlich gehassten sogenannten »Montagsrunden« statt, die der Motivation der Berater durch den Geschäftsstellenleiter dienen sollten. Gehasst wurden sie, weil die
Mehrheit der Kolleginnen und Kollegen keine Lust hatte, gleich
zu Wochenbeginn sich wieder nach ihren geplanten Umsatzzahlen für die aktuelle Woche fragen zu lassen und die Zahlen
der letzten Woche, des letzten Monats bzw. des ganzen Jahres
vorgehalten zu bekommen. Da war auch völlig sinnfrei; denn
die guten, umsatzstarken Berater kannten ihre Zahlen natürlich
sowieso, und die schlechten wollten sie gar nicht wissen – auch
sie konnten ihre Position am unteren Ende der Skala immer
ziemlich genau erahnen. Abgesehen davon wurde eh jede
Woche die Liste mit den neuen Zahlen sämtlicher Berater im
Kopierraum ausgehängt – eine Praxis übrigens, die selbstverständlich auch eklatant gegen das Bundesdatenschutzgesetz
verstößt!

Die umsatzschwachen – ich verzichte hier ganz bewusst auf die
Formulierung »erfolglosen« – Berater fühlten sich regelmäßig
nur vorgeführt und erniedrigt, und die umsatzstarken scharrten
schon immer mit den Füßen, weil sie sich lieber ihren Einkommen generierenden Tätigkeiten widmen wollten, als sich weiter
irgendwelche Zahlen anzuschauen oder darüber zu diskutieren,
wie schlecht ein (sehr umsatzstarker und erfolgreicher!) Kollege
doch eigentlich gewesen sei, der sich – sehr zum Unbill des Ge-
schäftsstellenleiters – dazu entschlossen hatte, das Unternehmen zu verlassen.

Auf diese Weise wurde niemand motiviert, und diese »Montagsrunden« waren im Großen und Ganzen reine Zeitverschwendung und tatsächlich für viele Kollegen eher demotivie-
rend.

Ein Trainer, dessen Dienste ich mal über einen längeren Zeitraum in Anspruch genommen habe, sagte mir mal:

»*Sie können keinen Menschen motivieren. Sie können die Motivation eines Menschen lediglich stören.*«

Eine auf den ersten Blick ungewohnte, in jedem Fall aber interessante Betrachtung bzw. Erkenntnis. Da dieser Trainer vor mir schon eine Reihe Olympioniken trainiert hatte, gehe ich davon aus, dass er genau wusste, wovon er sprach. Und wenn ich an meine Studienzeit zurückdenke, bin ich geneigt, ihm Recht zu geben.

Die Motivation eines Menschen zu stören, ist tatsächlich relativ leicht. Sie müssen ihn nur mit Menschen zusammenbringen, die negativ und pessimistisch sind. Beim Studium waren es immer diejenigen Studenten, die vor der Bibliothek herumlungerten und sich mit Gleichgesinnten über die »üblen« Prüfer austauschten, die wieder gerade mal einen Bekannten hatten »durchfallen lassen«. Schon damals dachte ich: »*Geht doch einfach wieder an Eure Bücher und bereitet Euch besser auf's Examen vor, dann braucht Ihr Euch auch keine Gedanken über missgünstige Prüfer zu machen und werdet Eure Examen schon bestehen!*«

Sie werden auch in Ihrem Job als Finanzberater immer wieder auf Menschen treffen, die Ihnen die Welt erklären wollen und Ihnen bestens wortreich erklären können, warum es mit der Branche nur noch abwärts geht, es früher alles viel besser war und die Kunden heute alle nichts mehr abschließen wollen, oder was in Ihrer Vertriebsorganisation alles im Argen ist. Das war schon vor Riester so, das war selbstverständlich 2005 nach dem Fall des Steuerprivilegs für Lebens- und Rentenversicherungen so, und das ist seit Inkrafttreten des LVRG im Jahr 2015 nicht anders.

Es war schlicht schon immer so: Es gibt eben die Macher, die einfach nur »stumpf« (im Sinne von unbeirrt) ihre Kunden beraten und damit Geld verdienen, und es gibt die ewigen Nörgler, Miesepeter und Querulanten, die ihre eigene Unfähigkeit nur zu gern mit anderen teilen möchten; denn gemeinsam fühlen sie sich ja so viel stärker. Und Sie kennen ja das alte Sprichwort vom faulen Apfel, der den ganzen Korb verdirbt, nicht wahr?

Deshalb möchte ich Ihnen in Bezug auf das Thema »Motivation« einfach nur raten:

Meiden Sie konsequent alle Menschen (insbesondere Kollegen), die Ihnen nur erklären wollen, warum etwas angeblich nicht funktioniert oder funktionieren kann, und die einfach nur negativ sind – sprich: alle Verlierer!

Umgeben Sie sich stattdessen mit positiven, inspirierenden und erfolgsorientierten Menschen, und suchen Sie den Kontakt zu Menschen, die beruflich und menschlich heute schon da stehen, wo Sie noch hin möchten! (siehe dazu eingehender das Kapitel 29.3 zum Thema »Mentoren«)

28.3 Glaubenssätze

Im Zusammenhang mit einer realistischen Zielerreichung und dem Weg dorthin spielen auch Glaubenssätze eine wichtige Rolle. Wenn Sie die Ursache für das Nichterreichen Ihrer Ziele bzw. für Ihre Misserfolge überwiegend bei anderen suchen und nicht bei sich selbst, empfehle ich Ihnen dringend, sich mit Ihren Glaubenssätzen zu beschäftigen und diese zu hinterfragen.

Hierzu ein Beispiel aus meinem Beratungsalltag: Als ich noch für die comdirect bank Tochter comdirect private finance tätig war, gab es dort eine ganze Reihe Kolleg(inn)en, die nach relativ kurzer Zeit wegen Erfolglosigkeit das Handtuch warfen. Einer von ihnen ist mir noch besonders in Erinnerung, weil ich nach seinem Ausscheiden einen seiner Kunden beraten habe. Dieser ehemalige Kollege war einer von denen, die immer erklärten: »*Die Kunden wollen keine Versicherungen, die wollen nur Fondssparpläne. Sie sind ja auch schließlich Kunden bei einer Bank.*« Dazu fiel mir dann immer gleich der Spruch von Boris Becker ein:

»*Das Match entscheidet sich zwischen den Ohren.*«

Der Glaubenssatz dieses Kollegen war: »*Meine Kunden wollen keine Versicherungen abschließen, sondern sie wollen alle nur Fondssparpläne abschließen.*« Als ich mal nachhakte, wie seine eigene Einstellung zu Versicherungen sei, kam schnell heraus, dass er Versicherungen »scheiße« findet und selbst auch keine fondsgebundene Lebens- oder Rentenversicherung für sich abschließen würde. Dass er mit einer solchen Einstellung nicht erfolgreich derartige Versicherungen »an den Mann bringen« konnte, versteht sich von selbst. Aber ihm war das lange Zeit so nicht bewusst.

Als ich dann einen seiner Kunden ein paar Monate später dazu befragte, ob mein ausgeschiedener Kollege denn mit ihm bereits über das Thema Altersvorsorge gesprochen habe, lautete die Antwort (erwartungsgemäß) »nein«. Und als ich den Kunden, einen Syndikusanwalt, weiter fragte, ob er denn Interesse daran habe, mal durchzurechnen, wie er versorgungstechnisch aufgestellt sei, war seine Antwort ohne jegliches Zögern sofort ein »Ja«. Das Ende »des Liedes« war der Abschluss eines Altersvorsorgekonzeptes mit einer monatlichen Sparrate von 500 Euro über ca. 30 Jahre – und das nicht, weil ich ein ganz besonders toller Hecht bin, sondern ganz einfach deshalb, weil ich nicht diesen negativen Glaubenssatz hatte und den Kunden ganz »normal« beraten habe, ohne jeglichen Abschlussdruck und nur durch das Aufzeigen seiner Vorsorgelücke und das Unterbreiten eines durchdachten Konzeptvorschlags.

Und hier zum Abschluss noch ein altes chinesisches Sprichwort, das ich in diesem Zusammenhang sehr passend finde:

Achte auf Deine Gedanken; denn sie werden zu Worten.

Achte auf Deine Worte; denn sie werden zu Handlungen.

Achte auf Deine Handlungen; denn sie werden zu Gewohnheiten.

Achte auf Deine Gewohnheiten; denn sie werden Dein Charakter.

Und achte auf Deinen Charakter; denn er wird Dein Schicksal.

28.4 Übung macht den Meister

Ein weiterer negativer Glaubenssatz ist »Ich kann das nicht.« Dazu fällt mir der Spontispruch »*Ich Kann-Nicht wohnt in der Ich-Will-Nicht-Straße*« ein. Vieles ist einfach eine Sache der Übung. Und das ist etwas, das offenbar viele Berater über die Jahre vergessen, selbst diejenigen, die als Anfänger vielleicht noch rege geübt haben.

Warum es sinnvoll ist, die ersten 15 Minuten des Beratungsgesprächs nicht nur auswendig zu lernen, sondern auch so lange zu üben, bis Sie Ihren Text wirklich im sprichwörtlichen Schlaf beherrschen, haben Sie bereits in Kapitel 19.7 erfahren. Doch auch die weiteren Teile Ihrer Beratung können Sie immer wieder üben, wie zum Beispiel

- Wie erkläre ich am einfachsten und überzeugendsten einen Riestervertrag?
- Wie erkläre ich am einfachsten die Vorteile einer Basisrentenversicherung?
- Wie erkläre ich am einfachsten die Vor- und Nachteile einer Basisrentenversicherung mit BUZ im Vergleich zu einer SBU?

- Wie erkläre ich am anschaulichsten die drei Grundtypen der Geldanlage unter einem Versicherungsmantel (klassisch, fondsgebunden und das angelsächsische Modell)?
- Wie gehe ich am besten bei der Beratung einer PKV vor, wenn dem Kunden die Systemunterschiede GKV/PKV noch nicht bekannt sind?
- Wie erkläre ich dem Kunden am einfachsten, was es für ihn ganz konkret bedeutet, Steuern zu sparen (Stichwort Durchschnittssteuer- und Grenzsteuersatz)?
- Wie berate ich am besten einen Bausparvertrag?
- Wie erkläre ich dem Kunden an Hand seiner Gehaltsbescheinigung die Vorteile einer Direktversicherung?
- Wie erkläre ich dem Kunden an Hand seiner gesetzlichen Renteninformation seine voraussichtlichen Rentenansprüche in heutiger Kaufkraft?

Ich könnte die Liste schier endlos weiterführen. Sie sehen: Jede einzelne Frage ist es wert, sich intensiv mit ihr auseinanderzusetzen und sich intensiv zu überlegen:

- Was sage ich denn da genau?
- Was male ich auf ein Blatt Papier oder ein Flipchart zur Erläuterung?
- Welche Fragen stelle ich dem Kunden sinnvollerweise?

Die schnellsten und größten Fortschritte werden Sie hier machen, wenn Sie die Gelegenheit nutzen, sich mit Kollegen auszutauschen, sei es in den sogenannten »Montagsrunden« bei dem einen oder anderen Vertrieb oder ohne Anleitung durch einen Geschäftsstellenleiter einfach auf Grund Ihrer eigenen Initiative zusammen mit ein oder zwei Kollegen.

Eigeninitiative ist meines Erachtens sowieso das Schlüsselwort für langfristigen Erfolg. Warum wollen Sie auch warten, bis irgendjemand anderes ein Training organisiert (wie auch eine Werbeaktion, ein Seminar o. Ä.)? Seien Sie ruhig der Erste! Sie werden sehen:

Meistens sind diejenigen, die selbstbewusst die Initiative ergreifen auch diejenigen, die langfristig am erfolgreichsten sind.

Und wohlgemerkt: Sie können auch selbstbewusst sein und auftreten, ohne ein Spitzenberater zu sein. Allein Ihr Wunsch, durch Training an sich zu arbeiten und besser zu werden, rechtfertigt ein selbstbewusstes Auftreten (etwa gegenüber einem Geschäftsstellenleiter, sofern dieser das Thema Training selbst nicht ernst genug nimmt).

Und was die Kontinuität beim Üben betrifft, denken Sie bitte an unsere Spitzenfußballer, sei es in der Bundesliga oder der Nationalmannschaft. Das sind also Spieler, die es durch hartes Training und beständig gute Leistungen an die Spitze im deutschen Fußball geschafft haben. Und was machen die zwischen ihren Spielen? Trainieren, trainieren, trainieren. Und was trainieren die Spieler regelmäßig? Standardsituationen, Standardsituationen und nochmals Standardsituationen! Und warum machen sie das, wenn sie doch schon so super gut spielen? Weil sie (bzw. ihr Trainer) genau wissen (bzw. weiß), dass sie nur durch kontinuierliches Training so gut bleiben, dass sie nicht ganz schnell ihre Spitzenpositionen wieder verlieren.

Was im Fußball gilt, ist in der Beratungsbranche meines Erachtens genauso sinnvoll. Ich weiß, dass nur die wenigsten Berater dies tun, zumal dann, wenn es doch gut für sie läuft und sie einen vollen Terminkalender haben. Es wird auch sicher eine Reihe sehr guter Berater geben, für die bereits die täglichen Beratungsgespräche mit ihren Kunden Übung genug sind. Und doch wage ich die Behauptung, dass 99 % der Finanzberater (und da schließe ich mich selbst selbstverständlich ein) durch gezieltes Training in einer Gruppe von Kollegen und Kolleginnen noch besser werden können.

28.5 Misserfolge

Soll man über ein solches Thema wirklich schreiben? Schließlich soll dieses Buch doch motivieren, oder? Ja, und dennoch: Auch Fehler, Misserfolge und Frustrationen werden nicht ausbleiben. Und wenn Sie ein noch so guter Berater, Verkäufer, Akquisiteur und Netzwerker sind: Rechnen Sie bitte damit, dass auch Sie mal schlechte Tage (ja unter Umständen sogar Wochen und Monate) haben werden oder Kunden, bei denen Sie die Welt nicht mehr verstehen!

Sie sollten deshalb in der Lage sein, angemessen mit diesem Thema umzugehen. Und das ist – wie ich ebenfalls aus Erfahrung bestens bestätigen kann – für viele Menschen gar nicht so leicht, und zwar am meisten wohl für diejenigen Menschen, die ein sehr starres Bild von sich selbst und ihrer Einstellung zum Thema Erfolg haben.

Wichtig ist, dass Sie in solchen Fällen möglichst schnell einen Haken hinter das Erlebnis machen, sich von Ihrem Ärger oder Frust nicht auffressen lassen und sich auf positive bzw. jedenfalls auf neue Dinge bzw. Kunden konzentrieren.

Wenn Sie einen Fehler gemacht haben, ärgern Sie sich nicht über diesen, sondern sagen Sie sich einfach wie ein Profi-Spieler auf dem Spielfeld nach einem Fehler: »NEXT PLAY!«

Konzentrieren Sie sich auf Ihre nächsten Termine, und bringen Sie Ihren Tag und Ihre weiteren Beratungsgespräche bestmöglich zu Ende!

Hier noch ein kleiner Tipp am Rande, wenn Sie sich mal besonders über einen Kunden, Kollegen oder Vorgesetzten aufregen:

Atmen Sie langsam ein und zählen dabei bis vier. Atmen Sie dann doppelt so langsam aus und zählen also bis acht.

Probieren Sie's! Sie werden überrascht über die Wirkung sein. ☺

Nachfolgend möchte ich Ihnen ein paar Anregungen geben, wie Sie vielleicht besser mit Ihren Misserfolgen umgehen können.

Selbstkritische Analyse

Auch wenn's schwer fällt: Versuchen Sie zunächst, die Situation so neutral, objektiv und emotionslos wie möglich zu analysieren! Weil das deutlich leichter gesagt als getan ist: Besprechen Sie die Situation mit einem möglichst erfolgreichen Kollegen, dem Sie Vertrauen schenken können!

Gerade bei der Aufarbeitung negativer Erlebnisse zeigen sich die Qualitäten eines guten Trainers (oder zu Neudeutsch: Coachs). Ich hatte das Glück, jahrelang einen solchen an meiner Seite zu haben. Gleichzeitig war ich fassungslos, dass ca. 15 Kolleginnen und Kollegen praktisch niemals seine Hilfe suchten, obwohl er sie als Geschäftsstellenleiter regelmäßig allen anbot und seine Tür wirklich fast immer offenstand – im wahrsten Sinne des Wortes.

Ich weiß bis heute nicht, was der Grund für die Zurückhaltung der Kollegen war, von denen viele es weiß Gott nötiger als ich gehabt hätten, an ihrer Beratung zu feilen und negative Erlebnisse konstruktiv aufzuarbeiten. Vielleicht war es ihnen einfach unangenehm, eigene Schwächen zu offenbaren. Deshalb meine dringende Empfehlung an Sie:

- **Scheuen Sie sich nicht, Ihre Misserfolge zu thematisieren, jedenfalls gegenüber solchen Kollegen, denen Sie vertrauen** (bzw. die Ihnen signalisiert haben, dass sie gern dazu bereit sind, Ihnen zu helfen)! Oder anders ausgedrückt: Holen Sie sich Hilfe!

Bei MLP hieß es hierzu damals (und wahrscheinlich auch heute noch) immer: »*Wissen ist eine Holschuld.*« Sollte heißen: Rechnen Sie nicht damit, dass Sie von älteren Kollegen an die Hand genommen werden und man Sie in alle Geheimnisse des Erfolgs einweiht, sondern bewegen Sie Ihren

Hintern, und werden Sie selbst aktiv, auch wenn es »nur« darum geht, sich Hilfe bei Kollegen abzuholen!

- **Haben Sie den Mut, sich Ihre eigenen Unzulänglichkeiten einzugestehen!** Beschönigen bringt Sie nämlich nicht weiter. Und deshalb gilt auch:
- **Schieben Sie die Schuld für Ihren Misserfolg nicht auf andere!** Klar kann es sein, dass andere tatsächlich Mitschuld an Ihrem Misserfolg tragen, aber ganz ehrlich: Wie oft ist das wirklich der Fall? Meistens ist es doch so, dass wir es uns einfach nur zu leicht machen, weil Misserfolg gesellschaftlich geächtet ist und bei uns fast reflexartig zu einem schlechten Gefühl führt.

Es ist mithin eine völlig normale (im Sinne von »übliche«) Reaktion, nach einer schlecht gelaufenen Beratung ohne Abschluss zu denken: »*Ach, dieser blöde Kunde hat einfach nichts verstanden und wollte immer alles besser wissen als ich. Ätzend, jetzt habe ich insgesamt acht Stunden Zeit verschwendet für zwei Termine und die Erarbeitung meines tollen Konzepts. Alles für die Tonne und wieder kein Geld verdient. So ein Scheiß. Ich glaub', ich geh' jetzt nach Haus und trink erstmal einen …*«

Eine solche Haltung und Reflexion dient dem verständlichen Wunsch, sich dadurch besser zu fühlen, dass man sich einredet, man habe alles richtig gemacht und nur die anderen seien zu doof, zu unfähig, zu gemein, zu langsam, zu was-auch-immer. Letztlich bringt Sie diese Haltung jedoch nicht weiter – weder emotional noch persönlich noch beruflich. Deshalb: **Haben Sie den Mut, sich selbst zu hinterfragen und aus eigenen Fehlern zu lernen!**

- Nutzen Sie die neutrale Sicht eines Dritten auf die von Ihnen geschilderte Beratungssituation für neue Erkenntnisse! Siehe hierzu eingehender Kapitel 29.3 zum Thema Mentoren.

Veränderung

Immer dann, wenn Ihnen durch die Analyse eines schlecht (oder nicht optimal) gelaufenen Telefon- oder Beratungsgesprächs durch den Austausch mit einer erfahrenen Kollegin oder einem erfahrenen Kollegen etwas Neues (oder auch Altes) bewusst geworden ist, haben Sie die Chance, daraus etwas zu lernen und nachhaltig zu verändern.

Sie kennen ja sicher auch das schon tausendfach zitierte chinesische Zeichen für »Krise«, das aus den beiden Zeichen für »Gefahr« und »Chance« zusammengesetzt sein soll. Mal abgesehen davon, dass das so nicht ganz stimmt (siehe dazu die recht instruktive Kolumne von Christoph Drösser in ZEIT ONLINE[29]), bezeichnet auch schon das griechische Wort *krisis* nicht eine hoffnungslose Situation, sondern den Höhe- oder Wendepunkt einer gefährlichen Lage – von da an kann es eigentlich nur noch besser werden. Auch die Mediziner bezeichnen mit Krise oft das Stadium einer Infektion, in der das Fieber schon wieder im Sinken begriffen ist.[30]

Ich sehe hier ganz praktisch für Sie die Chance einer positiven Veränderung durch Lernen und Umsetzen gegenüber der Gefahr des Verharrens in alten Denk- und Beratungsmustern.

Dies ist meines Erachtens ein wirklich extrem wichtiger Punkt. Denn Sie können mir glauben: Meinen Erfolg habe ich mir in vielen, vielen kleinen Schritten erarbeiten müssen, und Misserfolge haben meinen Weg gesäumt. Deshalb sage ich heute auch jedem, der in dieser Branche anfängt: Wenn ich es geschafft habe, dann kann es jeder schaffen. Denn als Rechtsanwalt, der es gelernt hat zu beraten, nicht aber zu verkaufen, war es für mich persönlich ein sehr steiniger und mühseliger Weg zum Erfolg, weshalb ich auch immer dankbar für jeden noch so kleinen Tipp war, der mir geholfen hat, aus meinen Fehlern zu lernen und besser zu werden.

Beharrlichkeit

Beharrlichkeit ist neben der kritischen Analyse meines Erachtens eine der wichtigsten Eigenschaften, die Ihnen helfen werden, Misserfolge schnell wieder zu vergessen und zu überwinden. Ob Sie dabei in der Weise vorgehen wollen wie ein Trainerkollege und Autor eines Buchs über Verkaufen, der dazu rät, den Kunden, die Ihnen einen Korb gegeben haben, so lange zu penetrieren, bis diese am Ende entweder einknicken oder Ihnen unmissverständlich sagen, dass Sie sie endlich in Ruhe lassen sollen, überlasse ich Ihnen.

Wenn Sie dieses Buch von Anfang bis hierhin gelesen haben, werden Sie ahnen, dass mir persönlich diese Art des verkäuferischen Umgangs nicht liegt und viel zu aufdringlich ist. Deshalb empfehle ich Ihnen an dieser Stelle auch ausdrücklich, Kunden bzw. Interessenten nicht anders (hier im Sinne von aufdringlicher) zu behandeln als Sie selbst von einem Verkäufer behandelt werden möchten. Das bedeutet konkret: Eine Glückwunsch-Karte oder -E-Mail zum Geburtstag ist eine gute Idee, der Anruf nach zwei oder auch vier Wochen zwecks neuer Terminvereinbarung eine schlechte, wenn der Kunde im letzten Termin deutlich zum Ausdruck gebracht hat, dass er an keiner weiteren Beratung interessiert ist.

Sicher ist es auch ein Spagat, den wir in diesem Bereich immer wieder vollbringen müssen, nämlich der Spagat zwischen verkäuferischem Elan und erniedrigender Anbiederung. Je nach Selbstbewusstsein wird Beharrlichkeit und das »Nein« eines Kunden eben auch immer wieder unterschiedlich erlebt. Dazu mehr im folgenden Unterkapitel.

Hier jedoch zuvor noch ein Beispiel aus der Praxis zum Thema Beharrlichkeit:

Wenn ein Kunde die genügende Liquidität hat, 1 000 Euro im Monat für seine Altersvorsorge zu sparen und Sie mit ihm zu-

sammen ausgerechnet haben, dass er eigentlich sogar 1200
Euro pro Monat für seine Zielerreichung sparen müsste, warum
sollten Sie sich dann mit einer Sparrate von nur 800 Euro zufriedengeben? Klar, 800 Euro sind auch schon eine sehr hohe
Sparrate, die sich nur wenige Kunden leisten können. Und
wenn Sie im Hinterkopf Ihre Provision überschlagen, kann es
leicht passieren, dass Sie sich »so einen Ast in den Bauch freu-
en«, dass Sie es gar nicht abwarten können, dem Kunden den
Antrag auszudrucken und zur Unterschrift vorzulegen.

Aber nochmal: Warum sollten Sie sich mit 800 Euro Sparrate
zufriedengeben, wenn Sie durch das Nachschieben von ein paar
Argumenten 25 % mehr verdienen können und dabei dem Kunden gleichzeitig etwas Gutes tun, nämlich ihn seiner Zielerreichung ebenfalls erheblich näherbringen?! Probieren Sie es aus!
Sie werden sehen, dass sich diese Art der Hartnäckigkeit häufig
lohnt und auszahlt.

Sie können es natürlich auch wie ein eher mäßig erfolgreicher
Kollege machen, der ein gemütlicher Gutmensch ist und seine
Kunden nicht »überfordern« will. Dieser Kollege würde in einer
Beratungssituation wie der oben dargestellten seinem Kunden
gar nicht erst 1000 Euro Sparrate vorschlagen, sondern »für
den Anfang« allenfalls 500 Euro, vielleicht sogar nur 300 Euro.
Wenn der Kunde dann bei ihm einen solchen Antrag unterschreiben würde, würde er sich darüber freuen, ein super toller
und seriöser Berater zu sein, weil er ja schon eine so »hohe«
Sparrate »eingesackt« und gleichzeitig nicht »den Kunden wie
eine Zitrone ausgequetscht« hat. Und weil er dem Kunden »genügend freie Liquidität« lassen würde, hätte er die Zuversicht,
dass der Kunde dies durch weitere Abschlüsse in den Folgejahren honorieren wird (was ja auch gut sein kann). Auch eine
Möglichkeit.

Entscheiden Sie selbst, welche Art der Beratung zu Ihnen passt!
Aber seien Sie sich bitte bewusst, dass der hartnäckigere Berater

im Zweifel auch immer der erfolgreichere sein wird, ohne dass
dies auch nur im Geringsten etwas mit Abzocke zu tun haben
muss.

28.6 Selbstbewusstsein, Selbstwertgefühl und Selbstvertrauen

Selbstbewusstsein ist sicher eine Grundvoraussetzung für Erfolg. Aber können wir dies wirklich als selbstverständlich voraussetzen? Nach meiner Erfahrung ganz klar nein. Wie kommt
das? Eine Erklärung könnte sein, dass der eine oder andere Kollege, der als Finanzberater oder Versicherungsvermittler unter-
wegs ist, vielleicht nicht ganz freiwillig oder aus voller begeister-
ter Überzeugung in dieser Branche gelandet ist, sondern vielleicht eher zufällig, zum Beispiel weil er von einem Mitarbeiter
eines Strukturvertriebs erfolgreich geworben wurde und die
Hauptmotivation die tollen Verdienstaussichten waren.

Mir fällt da aber auch gleich der Kollege ein, der von einem
MLP-Berater während seines juristischen Referendariats geworben wurde und der sich bereits unmittelbar vor seinem zweiten
juristischen Staatsexamen ganz bewusst und voll motiviert für
die Tätigkeit als Finanzberater entschied – und damit gegen
eine Karriere als Rechtsanwalt, Richter oder Staatsanwalt oder
Syndikus einer großen Firma. Bei ihm hätte man eigentlich
denken können, dass er bereits aufgrund seines anspruchsvol-
len Studiums und seines akademischen Abschlusses über eine
gehörige »Portion« Selbstbewusstsein verfügt. Aber dem war
leider nicht so.

In beiden Fällen musste ich feststellen, dass das eine (die moti-
vierte und begeisterte Entscheidung für den Job) nichts mit
dem anderen (Selbstbewusstsein) zu tun hat. Und aus genau
diesem Grund halte ich es für wichtig, dieses Thema auch und
gerade im Rahmen dieses Buches eingehender zu behandeln.

Vorab ein weiteres Beispiel: Ein weiterer ehemaliger Kollege, der heute als Finanzberater einer großen deutschen Bank mit einem Vertrag als Handelsvertreter tätig ist, wirbt für sich auf der Homepage der Bank mit folgendem Text:

»›Finanzberatung, wann und wo Sie wollen‹, das ist mein Motto. Als selbständiger Finanzberater in Berlin passe ich meine Beratung Ihren Wünschen und Bedürfnissen an. Gerne komme ich zu Ihnen nach Hause oder an den Arbeitsplatz und bringe meine Kompetenzen in den Bereichen Geldanlage, Vorsorge, Versicherung und Finanzierung einfach mit. Mit Ihrem Investment-Anliegen sind Sie bei mir als zertifiziertem Experten in guten Händen. Ein Anruf oder eine E-Mail genügt für eine erste Terminvereinbarung. Auf Wunsch auch abends oder am Wochenende. Ich freue mich auf Ihre Nachricht!«

Zeugt das von Selbstbewusstsein? Ich denke nein. Ich habe den Eindruck, es zeigt eher die hinter diesem scheinbar absoluten Service-Angebot stehende Verzweiflung. Warum sonst sollte ein Finanzberater seinen Kunden auch am Wochenende zur Verfügung stehen? Kein »Normalkunde« wird diesen Service benötigen, und mit dem Super-wichtig-Kunden, der den Aufwand wirklich wert ist, lässt sich selbstverständlich auch ohne diese Anpreisung – ausnahmsweise – ein solcher Wochenendtermin vereinbaren.

Selbstbewusstsein ist die Vorstufe und Voraussetzung für **Selbstwertgefühl und Selbstvertrauen**. Wie das Wort es schon sagt, geht es darum, sich seines Selbst bewusst zu sein, seiner Stärken wie seiner Schwächen. Das Selbstwertgefühl folgt sozusagen aus der Bewusstmachung seines Selbst und der Erkenntnis, dass wir in Ordnung sind, so wie wir sind, auch wenn es den einen oder anderen Persönlichkeitsaspekt gibt, an dem wir noch arbeiten können. Nur dann, wenn wir in der Lage sind, uns erstmal so anzunehmen, wie wir sind, wenn wir morgens in den Spiegel gucken, uns anlächeln und uns sagen können *»Ich* *mag mich*«, verfügen wir über dasjenige Selbstbewusstsein und Selbstwertgefühl, das jeder Mensch sinnvollerweise haben sollte und das für die erfolgreiche Ausübung unseres Berufs unerlässlich ist. Denn nur dann werden Sie authentisch sein und keine Angst davor haben, Fehler zu machen oder im Kundengespräch zu versagen.

28.7 Fokus

Je motivierter Sie sind, desto stärker werden Sie sich auf Ihr Ziel bzw. Ihre Ziele fokussieren können. Und der Fokus, sprich: die Konzentration ohne Ablenkung, auf Ihre Ziele wird Sie in die Lage versetzen, diese deutlich schneller zu erreichen.

Zum Fokussieren gehört die Vermeidung aller störenden Einflüsse wie auch aller störenden Personen, insbesondere derjenigen mit negativer Ausstrahlung. Zum erfolgreichen Fokussieren gehört allerdings auch, dass Sie sich Ihren Arbeitstag so gestalten, dass Sie sich nicht von Terminen treiben lassen und allenfalls diese nach ihrer Priorität einstufen. Zum erfolgreichen Fokussieren gehört, dass Sie Ihren Prioritäten Platz in Ihrem Terminkalender verschaffen, und sich jeden Tag Zeit für Ihre wichtigsten Prioritäten nehmen.

Indem Sie denjenigen Tätigkeiten, die für Ihre Zielerreichung am wichtigsten sind, die nötige Zeit in Ihrem Tagesablauf reservieren, werden Sie Ihre Ziele deutlich schneller erreichen, als wenn Sie sich von den kräftezehrenden Zeiträubern wie insbesondere E-Mails ablenken lassen. Empfehlenswert ist insoweit, dass Sie sich feste Zeiten (nicht mehr als zweimal am Tag!) blocken, zu denen Sie sich um Ihre E-Mails kümmern. Und in der Zwischenzeit sollten Sie Ihr E-Mail-Programm am besten komplett schließen, damit Sie gar nicht erst in Versuchung kommen, doch »mal eben schnell« zu schauen, was Kunde X oder Gesellschaft Y oder Kollege Z Ihnen da gerade geschickt haben.

Ich weiß, das ist sehr schwer und eine echte Herausforderung an die eigene Selbstdisziplin, aber Sie werden sehen: Es lohnt sich. Denn nur so bleiben Sie Herr über Ihren Arbeitstag und lassen sich nicht von der Flut Ihres täglichen E-Mail-Posteingangs mitreißen – nur um dann am Ende im endlosen Strudel zu ertrinken.

So können Sie sich beispielsweise morgens bereits vor dem ersten Blick auf Ihr Handy oder in Outlook überlegen, was die drei wichtigsten Aufgaben sind, die Sie heute erledigen möchten und sich diese notieren. Und dann sollten Sie diejenige Aufgabe, die Sie heute auf jeden Fall erledigen wollen (»komme da, was da wolle«), auch als erste angehen, und zwar unbedingt, bevor Sie Ihre ersten E-Mails lesen! Und wenn Sie bereits am Morgen Termine haben, sollten Sie sich für diese wichtige Aufgabe einen Termin eintragen, den Sie dann genauso einhalten wie einen Kundentermin.

Noch besser ist es natürlich, wenn Sie für diese wichtige Tätigkeit bereits am Vorabend ein Zeitfenster für die Erledigung in Ihrem Kalender setzen.

Und wenn Sie dann morgens das erste Mal in Ihren Posteingang schauen, sollten Sie sich auf die wirklich absolut wichtigen Mails beschränken – sowohl was das Lesen betrifft als auch erst recht was die Beantwortung betrifft. Auf diese Weise behalten Sie den Kopf frei für Ihre wirklich wichtigen Tätigkeiten und verzetteln sich nicht mit dem Lesen und Beantworten von E-Mails, die zum großen Teil oft doch nur belanglos oder zumindest nicht wirklich wichtig sind.

Für den Abend sollten Sie sich dann allerdings durchaus eine Stunde Zeit für das Abarbeiten der bis dahin aufgelaufenen Mails reservieren. Weitere Tipps:

• **Entscheiden Sie sofort nach dem Lesen einer Mail, was Sie mit dieser tun wollen!**

- Wenn Sie eine Mail beantworten wollen, beantworten Sie sie sofort, das heißt bevor Sie die nächste Mail lesen! Ansonsten machen Sie sich doppelte Arbeit, weil Sie sie vor der Beantwortung – sei es eine viertel Stunde oder drei Tage später – nochmal lesen werden.
- Leeren Sie Ihren Posteingang konsequent!

28.8 Erfolg

Ein Kollege hatte mal großes Glück, als er zufällig eine Anfrage für eine sehr große Immobilienfinanzierung (im zweistelligen Millionenbereich) bekam (zufällig, weil er gerade der einzige Berater war, mit dem die Assistentin den Anrufer verbinden konnte). Er machte seine Sache gut, bekam die Finanzierung durch und konnte sich über eine hohe fünfstellige Provision freuen. War er deshalb ein besonders erfolgreicher Berater? Ich denke nein; denn in den folgenden Monaten ruhte er sich auf seinen Lorbeeren aus, kam nur noch eher sporadisch ins Büro und ließ, wie man so schön sagt, »den lieben Gott einen guten Mann sein«. Ein Jahr später suchte er sich einen neuen Job ...

Wenn Erfolg also nur durch den maximalen Umsatz definiert würde, dann wäre die Masse der Finanzberater schlicht nicht erfolgreich. Aber stimmt das? Wird diese Betrachtung den Menschen gerecht? Vielleicht ist es auch sinnvoll, Erfolg einfach so zu definieren:

Es geht nicht darum, immer der Beste zu sein. Es geht darum, immer sein Bestes zu geben. Sie sind dann erfolgreich, wenn Sie Ihr Bestmögliches gegeben haben.

Und wenn Sie mal wieder erfolgreich waren:

Zelebrieren Sie Ihren Erfolg! Freuen Sie sich, loben Sie sich und belohnen Sie sich!

Erfolg ist nichts Selbstverständliches. Erfolg ist für die meisten Menschen ein hartes Stück Arbeit. Nach Misserfolgen sich immer wieder erneut zu motivieren, den Mut zu haben, sich seine Fehler selbstkritisch anzuschauen, sich mit ihnen auseinanderzusetzen und es das nächste Mal besser zu machen, und nach einem Sturz immer wieder aufzustehen – all das erfordert viel Kraft und eine positive Grundeinstellung, nicht nur zum Job, sondern zum Leben an sich.

Und deshalb ist es wichtig, dass Sie Ihre eigenen Erfolge auch selbst genügend würdigen und sie nicht für selbstverständlich nehmen. Sie müssen nach einem erfolgreichen Abschluss ja nicht gleich von Tür zu Tür laufen, um all Ihren Kollegen zu erzählen, was für eine Verkaufskanone Sie sind. Aber es spricht auch nichts dagegen, die Kollegen abends auf ein Bier einzuladen, um Ihren Erfolg gemeinsam zu feiern – oder Ihre Frau oder Familie zu einem schicken Essen einzuladen, damit sich auch Ihre nähere Umgebung mit Ihnen freut und Sie Ihren Erfolg auch wirklich angemessen würdigen.

29 Fortbildung und persönliche Weiterentwicklung

Beim Thema Weiterbildung denken die meisten Menschen an Fachseminare, also Fortbildung im klassischen Sinne. Ich denke da eher an Persönlichkeitsentwicklung und persönliche Mentoren, weil ich inzwischen davon überzeugt bin, dass die Persönlichkeitsentwicklung eine viel wichtigere Komponente für Ihren Vertriebserfolg ist als es jede Fachschulung je sein könnte. Deshalb dazu unten im Unterkapitel 29.4 mehr.

29.1 Zweck und Nutzen von Seminaren

Jede Art von Weiterbildung, sei es mit sogenannten Präsenzseminaren (also Seminaren, bei denen Sie tatsächlich körperlich im Seminarraum anwesend sein müssen) oder mit den sogenannten Webinaren (also Online-Seminaren, die Sie auch im Urlaub vom Strand aus verfolgen können), ist erstmal gut und vernünftig. Und wenn es nur *ein* guter neuer Satz ist, den Sie aus einem solchen Seminar mitnehmen, kann es sich bereits für Sie gelohnt haben.

Die Erkenntnisse aus einem Seminar werden Ihnen regelmäßig jedoch nur dann wirklich von Nutzen sein, wenn Sie innerhalb der nächsten 72 Stunden auch anfangen, diese umzusetzen bzw. anzuwenden.

Das ist im Grunde genommen eine Binsenweisheit, wird jedoch nach meiner Erfahrung von viel zu wenigen Menschen wirklich berücksichtigt. Das Gleiche trifft übrigens auch auf Bücher wie dieses hier zu. Wenn Sie beispielsweise mein Ansatz überzeugt hat, sich einen Text für die ersten 15 Minuten Ihres Beratungsgesprächs auszudenken und auswendig zu lernen, dann sollten Sie dies nicht auf die lange Bank schieben, sondern wirklich am besten SOFORT damit beginnen. Denn alles, was Sie nicht innerhalb von drei Tagen in Ihrem Bewusstsein verankern, wird durch neue Erkenntnisse, Gedanken und Impulse verdrängt.

Und zu einer Gewohnheit werden neu angewandtes Wissen oder Verhaltensweisen frühestens nach einer täglichen Wiederholung von drei Wochen.

Deshalb bedenken Sie bitte bei jedem Seminar, für das Sie sich anmelden und möglicherweise auch noch viel Geld ausgeben, ob Sie wirklich dazu bereit sind, anschließend die Zeit dafür aufzuwenden, die gewonnenen Erkenntnisse in Ihren Beratungsalltag zu übernehmen. Es ist nämlich nicht damit getan, während des Seminars fleißig mitzuschreiben und sich unter Umständen am Ende des Seminars noch ein Buch des Referenten zu kaufen. Ich glaube, ich wiederhole mich, wenn ich sage: *»Es gibt nichts Gutes, außer man tut es«*, wie es Erich Kästner einst formulierte.

In jedem Fall ist es sinnvoll, regelmäßig an fachlichen Fortbildungsveranstaltungen teilzunehmen, um seine Fachkenntnisse aufzubauen, auszubauen und zu vertiefen. Praktisch alle Versicherungsgesellschaften, Bausparkassen und sogar gesetzlichen Krankenkassen bieten ein umfangreiches Spektrum an Fortbildungsveranstaltungen an, die immer dann besonders interessant sind, wenn die Werbung für die eigenen Produkte nicht allzu sehr im Vordergrund steht, sondern externe Referenten eingeladen werden, die wertvolle Tipps für das Beratungsgespräch geben können bzw. aus ihrer eigenen beruflichen Praxis berichten können (wie zum Beispiel eingeladene Ärzte bei Veranstaltungen im Zusammenhang mit der Beratung zum Thema PKV).

29.2 Weiterbildungsinitiative »gut beraten«

Mit einer eigenen Weiterbildungsinitiative unterstützt die Versicherungswirtschaft die Schulung von Vermittlern. Ziel ist eine noch bessere Beratung der Kunden.

Sicherstellen will das die freiwillige Brancheninitiative »gut beraten«, die von sieben Verbänden der Versicherungswirtschaft – sowohl von Vermittlern als auch Versicherern – sowie der Dienstleistungsgewerkschaft ver.di getragen wird. Teilnehmende Vermittler setzen sich das Ziel, innerhalb von fünf Jahren 200 Weiterbildungspunkte zu sammeln. Ein Punkt entspricht einer Unterrichtseinheit von 45 Minuten. Diese werden in einer zentralen Weiterbildungsdatenbank erfasst. Punkte sammeln können die Vermittler bei einem der inzwischen mehr als 300 akkreditierten Fortbildungsträger.[31]

Geschäftsstelle *gut beraten*
c/o BWV e.V.

Arabellastraße 29
81925 München
Tel.: (089) 922 001-850
Fax: (089) 922 001-855
E-Mail: info@gutberaten.de
Internet: www.gutberaten.de

Mit »gut beraten« unterstreicht die Branche den hohen Stellenwert der Aus- und Weiterbildung. »*Wir wollen mit der Initiative ein sichtbares Zeichen nach außen setzen, dass der Versicherungsvermittler ein professioneller Berufsstand ist*«, sagt Katharina Höhn, Hauptgeschäftsführerin des Berufsbildungswerks der Deutschen Versicherungswirtschaft (BWV), das die Weiterbildungsdatenbank betreibt. In vielen Köpfen habe sich verankert, jeder könne Versicherungsvermittler werden. Dagegen wolle man angehen, so Höhn. Als PR-Maßnahme sei die Initiative aber nicht zu verstehen. Sie diene zuallererst der Qualitätssteigerung im Vertrieb. »*Unser Ziel ist, dass die Kunden noch besser beraten werden*«, sagt Höhn.[32]

Diesem Zweck dient auch der verschärfte Verhaltenskodex für den Vertrieb des Gesamtverbands der Deutschen Versicherungswirtschaft (GDV), der seit Mitte 2013 in Kraft ist. Die inzwischen mehr als 200 beigetretenen Unternehmen verpflichten sich darin zu einem fairen Umgang mit Kunden, zu bedarfsgerechter Beratung und verständlichen Produkten. Ein wesentliches Element des Kodex ist das Thema Weiterbildung. Die beigetretenen Versicherer arbeiten nur noch mit Vermittlern zusammen, die sich laufend fortbilden und dies auch nachweisen. An der Stelle schließt sich der Kreis zu »gut beraten«. Die Initiative ist eine Möglichkeit, wie der geforderte Nachweis erbracht werden kann.[33]

Ob es wirklich ein Zeichen von gehobener Fortbildung ist, sich über die Produkte von Gesellschaften zu informieren, wage ich zu bezweifeln. Tatsache ist nämlich, dass auch für jede rein produktbezogene Schulung einer Versicherungsgesellschaft derartige Weiterbildungspunkte vergeben werden, und das völlig unterschiedslos. Hierdurch wird meines Erachtens der Wert dieses vom Grundgedanken her sicher sehr löblichen Fortbildungsansatzes doch deutlich reduziert. Es bleibt das Geschmäckle, dass sich hier die Versicherungswirtschaft den Nimbus des seriösen Verbraucherschutzes gibt, mit dem die Praxis jedoch nicht mithalten kann, zumal das Ganze ohnehin eine völlig freiwillige Angelegenheit ist, die dazu auch noch keinerlei staatlichen Kontrolle unterliegt.

Wer also gern mit dem Hinweis auf seine Weiterbildungspunkte seine Kunden beeindrucken möchte, für den kann dieses kostenlose Angebot sicher ganz interessant sein. Für alle anderen empfehle ich echte Weiterbildungsangebote, bei denen die Produkte der Gesellschaften eine völlig untergeordnete Rolle spie-

len sollten. Denn dass sich ein guter Berater auch über die Produkte der von ihm vermittelten Gesellschaft(en) informieren
sollte, versteht sich meiner Meinung nach von selbst.

29.3 Mentoren

Was ist ein Mentor? Ein Mentor ist ein Mensch, der in dem Bereich, in welchem Sie tätig werden wollen oder tätig sind, bereits auf einer deutlich höheren Stufe angelangt ist als Sie selbst,
und der Sie deshalb dabei wohlwollend unterstützt, beruflich
wie persönlich voranzukommen. Der Duden definiert ihn als
Fürsprecher, Förderer und erfahrenen Berater.[34]

Im besten Fall kann Ihnen bereits ein erfahrener Kollege oder
Vorgesetzter (Geschäftsstellenleiter oder Ähnliches) als Mentor
zur Seite stehen. Dies ist definitiv die kostengünstigste Lösung
und gerade für Berufseinsteiger sicher schon eine wertvolle
Hilfe.

Mein dringender Rat an Sie ist jedoch: Bleiben Sie nicht stehen
in Ihrer Entwicklung, gerade dann, wenn Sie bereits gut sind in
dem, was Sie machen, sondern arbeiten Sie weiter an sich getreu
dem Motto von Christian Bischoff (www.christian-bi-
schoff.com – siehe zu ihm weiter unten noch mehr beim Thema
Persönlichkeitsentwicklung):

*»Du weißt nicht, wo Dein Limit ist. Du weißt nur, wo es
nicht ist.«*

Irgendwann werden Sie sich überlegen müssen, wie weit Sie
noch gehen wollen und wie viel Geld Ihnen Ihre persönliche
Weiterentwicklung wert ist. Denn im Bereich des sogenannten
Coachings gibt es eine relativ einfache Regel: Je hochkarätiger
der Trainer, desto höher sein Preis.

Im beruflich-fachlichen Bereich werden Ihnen sicher auch eine
Reihe von Büchern gut helfen können. Nichts kann jedoch mei-

nes Erachtens den persönlichen Austausch mit guten (!) Kollegen ersetzen. Aus genau diesem Grunde gibt es in vielen Finanzvertrieben die sogenannten »Montagsrunden« (vgl. Kapitel 28.2), in denen sich die Kollegen einmal wöchentlich zum fachlichen Austausch treffen. In den Vertrieben, in denen es meiner Meinung nach völlig falsch läuft, wird in solchen Runden der Schwerpunkt auf die Diskussion über Zielvorgaben und Zielerreichung gesetzt. In den Vertrieben, in denen es meines Erachtens richtiggemacht wird, werden diese Runden dazu genutzt, fachliche Themen zu besprechen, Beratung zu üben und Beratungsansätze zu diskutieren.

Leider gilt auch hier das oben (Kapitel 23) genannte Pareto-Prinzip. Das heißt, dass in der Regel von zehn Beratern nur zwei mutig genug sind, ihre Beratung freiwillig vorzumachen. Die anderen hingegen scharren mit den Füßen, weil sie angeblich keine Lust haben, ihre Zeit damit zu verschwenden, ihren Kollegen ihre Beratung vorzumachen, weil es ja »mit den Kunden eh immer anders ist«. Ich habe diese Aussage schon immer für falsch und eine reine Ausrede gehalten, die schlicht auf Angst zurückzuführen ist, die Angst nämlich, sich vor seinen Kollegen zu blamieren und von ihnen auf die eigenen Schwächen hingewiesen zu werden.

An dieser Stelle kann ich Sie nur ermuntern: Wenn Sie wirklich besser werden wollen, gehen Sie raus aus Ihrer Komfortzone und nutzen Sie jede Möglichkeit, sich mit denjenigen Kolleg(innen)en auszutauschen, die nicht zur Gruppe der ewigen Meckerer, Pessimisten und Miesmacher gehören, und halten Sie sich von den Verlierern und Miesepetern fern!

Merke – und hier zitiere ich schon wieder Christian Bischoff:

»Wenn Du in einem Raum der smarteste bist, dann bist Du im falschen Raum.«

29.4 Persönliche Weiterentwicklung

Zu Beginn dieses Unterpunktes möchte ich gern eine Warnung aussprechen: Wenn Sie sich auf das Abenteuer Ihrer persönlichen Weiterentwicklung einlassen, können Sie Erfahrungen machen, die alles, was Sie in Ihrem bisherigen Leben gemacht haben, in Frage stellen können, genauso wie Sie möglicherweise »nur« in Ihrer beruflichen Entwicklung als Finanzberater einen großen Sprung nach vorne machen werden.

Worauf möchte ich an dieser Stelle hinaus? Ich möchte Ihren Sinn dafür schärfen, dass hundertmal wichtiger als Ihre fachliche Fortbildung Ihre persönliche Weiterentwicklung ist – ganz egal, welchen Beruf Sie ausüben. Ich möchte mir an dieser Stelle nicht die Kompetenz eines professionellen Trainers anmaßen. Doch ich möchte Ihnen hier gern den einen oder anderen Tipp weitergeben, den ich in einem besonders eindrucksvollen Seminar aufgeschnappt habe: »*Die Kunst, Dein Ding zu machen*« vom oben bereits erwähnten Ex-Basketballprofi und heutigen Trainer (»Life Coach«) Christian Bischoff.[35]

Hier eine Anregung, die mir am stärksten hängengeblieben ist:

Definieren Sie für sich den Sinn Ihres Lebens!

• Als was für einen Menschen sehen Sie sich?
• Was genießen Sie?
• Was möchten Sie (für andere Menschen) tun?

Und hier noch die philosophische Betrachtung des Lernens:

Der Ignorante lernt gar nicht.

Der Bemühte lernt aus seinen Fehlern.

Der Kluge lernt aus seinen Fehlern und von Vorbildern.

Der Weise lernt von jedem Menschen.

Ausdrücklich warnen möchte ich Sie hingegen vor allen Tschakka-Seminaren, bei denen Ihnen ein Mann – und es ist immer ein Mann! – auf der Bühne zunächst erzählt, wie super erfolgreich er selbst doch ist und wie wahnsinnig viel Geld er verdient, nur um dann wenig später die Teilnehmer Pärchen bilden zu lassen, die sich gegenseitig an den Kopf schmeißen: »*Du bist ein Elite-Verkäufer!*« Ich habe ein solches Seminar besucht und es zusammen mit Kollegen nach relativ kurzer Zeit fluchtartig wieder verlassen, weil so offensichtlich war, dass hier ein Scharlatan am Werke war, der es nur versteht, Massen zu begeistern.

Um es etwas allgemeiner zu fassen: Mit positiven Affirmationen allein können Sie keinen Blumentopf, geschweige denn einen Kunden gewinnen. Selbstbewusstsein ist ganz klar wichtig und eine Grundvoraussetzung für die erfolgreiche Ausübung unseres Berufs (siehe Kapitel 28.6). Doch ein Mensch mit Selbstbewusstsein ohne fachliche Kompetenz wird immer nur ein Blender bleiben, der früher oder später auch von seinen unkritischen Kunden als solcher entlarvt werden wird. Deshalb:

Seien Sie sorgfältig bei der Auswahl Ihrer Seminare, insbesondere wenn es um Ihre Persönlichkeitsentwicklung geht! Und wenn Sie noch so viele begeisterte Menschen um sich herum erleben: Bewahren Sie sich Ihren eigenen gesunden Menschenverstand und halten Sie es wie Buddha, der seine Anhänger auch immer aufforderte, ihm nicht einfach nach dem Mund zu reden und unkritisch zu folgen, sondern alles, was er ihnen mitteilte, für sich selbst zu überprüfen.

30 Unternehmenswechsel

Wenn Sie seit ein paar Jahren in einem Unternehmen – zumeist als Handelsvertreter – tätig sind, stellt sich für viele von Ihnen früher oder später die Frage nach einem Unternehmenswechsel. Tatsächlich ist die Fluktuation im Versicherungsvertrieb extrem hoch. Die Gründe hierfür können höchst unterschiedlich sein, zum Beispiel:

• Sie kommen mit Ihrem neuen Chef nicht klar.

• Die zu erfüllenden Ziele werden von Jahr zu Jahr in immer absurdere Höhen angehoben.

• Sie haben zu wenig Kunden und »bekommen« zu wenig neue.

• Die Vertriebsunterstützung ist mäßig oder schlecht.

• Sie mögen Ihre Kollegen nicht.

• Ihre Kollegen mögen *Sie* nicht.

• Ihre Provisionssätze sind zu gering.

• Das Portfolio der von Ihnen vermittelbaren Gesellschaften gefällt Ihnen nicht mehr oder ist Ihnen zu dürftig.

• Sie möchten nicht mehr als Versicherungsvertreter arbeiten und liebäugeln mit dem Wechsel zur Tätigkeit als Makler.

• Sie haben es satt, als Makler zu arbeiten und möchten lieber nur noch ein überschaubares Portfolio einer einzelnen Gesellschaft vermitteln und damit mehr Ruhe in Ihr Leben bringen, vielleicht, indem Sie eine Agentur übernehmen, die Ihnen vom aktuellen Agenturinhaber, der sich aus Alters- oder Krankheitsgründen zur Ruhe setzen möchte, günstig angeboten wird.

• Sie sehen für sich kein Aufstiegspotential in Ihrer aktuellen Firma.

• Sie sind unzufrieden mit der gesamten Unternehmensführung und haben einfach die Nase voll davon, dass »*jede*

Woche eine neue Sau durchs Dorf getrieben« wird, weil die Führungsriege Ihres Unternehmens keinen wirklichen Plan hat und Sie sie als unfähig ansehen.

Sie sehen schon: Die möglichen Gründe für einen Unternehmenswechsel sind zahlreich und zumeist sehr subjektiv. Und es ist deshalb auch oft völlig unerheblich, ob Ihre Gründe bzw. Wechselmotive objektiv richtig sind oder nicht. Wenn sich Unzufriedenheit breit macht, ist es durchaus sinnvoll, über seine Optionen nachzudenken und seine Fühler auszustrecken.

Allerdings scheint das Grün in Nachbars Garten bekanntermaßen regelmäßig grüner zu sein, auch wenn es das tatsächlich nicht ist. Und in keiner anderen Branche habe ich so viel an Lügen und Schönfärbereien erlebt wie im Vertrieb. Es ist eher die Regel als die Ausnahme, dass Interessenten für eine Position (bzw. Tätigkeit als Handelsvertreter) im Vertrieb die Welt des Unternehmens nicht nur in den schillerndsten Farben ausgemalt wird, sondern oft ganz einfach schlicht über die wahren Tatsachen getäuscht werden.

Ein Beispiel aus der Praxis: Als ich zusammen mit meinem damaligen Vertriebschef meine ersten Bewerbergespräche bei der Firma DR. KLEIN führte, verkündete dieser einer Bewerberin, dass wir ja so viele Baufinanzierungskunden hätten, dass wir gar nicht wüssten, wie wir diese (in den Bereichen Geldanlage und Versicherungen) abarbeiten könnten. Eine blanke Lüge. Als ich ihn nach dem Gespräch darauf ansprach, erklärte er mir lapidar: »*Wieso Lüge? Wir haben diese Kunden doch! Gut, dass die erst noch übergeleitet werden müssen, muss man dem Bewerber ja nicht gleich auf die Nase binden.*« Wenn man weiß, dass die DR. KLEIN & Co. AG zwar im Bereich Immobilienfinanzierung die Nr. 2 in Deutschland ist, in Berlin alle Immobilienfinanzierer jedoch Franchisepartner oder für diese tätige selbständige Handelsvertreter sind, die ihre Kundenbestände wie ihre Augäpfel hüten und der Geschäftsbereich Geldanlage und Versicherungen gar keinen Zugriff auf diese Kunden hat, weil diese eben keine Kunden der Firma DR. KLEIN sind, sondern Kunden der jeweiligen Franchisepartner, dann wird auch schnell klar, dass die sogenannte Überleitung dieser Kunden ganz vom guten Willen der Franchisepartner-Kollegen abhängt und keineswegs vom Unternehmen DR. KLEIN erzwungen werden kann. Und genau deshalb war es eben doch eine bewusste Unwahrheit, also Lüge. Es versteht sich von selbst, dass ich meine Bewerbergespräche in der Folge anders, nämlich ehrlich, geführt habe.

Weil also in der Branche so viel falsch oder übertrieben dargestellt wird, ist es umso wichtiger, sehr sorgfältig zu prüfen, ob ein Unternehmenswechsel am Ende nicht doch nur der sprichwörtliche Wechsel vom Regen in die Traufe ist.

Deshalb empfehle ich Ihnen, sich vor einer Neuorientierung zunächst folgende Fragen zu stellen:

1. **Bin ich mit meiner Arbeit an sich zufrieden?**

2. **Bin ich mit meinem Verdienst zufrieden?**

3. **Bin ich mit meinem beruflichen sozialen Umfeld (also Kollegen und Vorgesetzten) zufrieden?**

Wenn Sie zwei dieser Fragen mit »ja« beantworten können, sollten Sie bleiben, wo Sie sind. Und wenn Sie zwei dieser Fragen mit »nein« beantworten, ist es tatsächlich Zeit, zu neuen Ufern aufzubrechen.

Und noch ein Tipp für den Fall, dass Sie bereits Gespräche mit einem neuen potentiellen Arbeitgeber führen:

• Sprechen Sie mit Ihren potentiellen neuen Kollegen!

• Scheuen Sie sich nicht, diese anzurufen oder direkt anzusprechen!

• Scheuen Sie sich auch nicht, den Wunsch nach direktem Austausch mit Mitarbeitern des Unternehmens derjenigen Person mitzuteilen, mit der Sie Ihr Bewerbungsgespräch führen!

Wenn es ein »gutes« Unternehmen ist, das nichts zu verbergen hat, wird man Ihr Interesse an solchen Gesprächen sicher als »pro aktives Engagement« positiv bewerten. Wenn es ein »schlechtes« Unternehmen sein sollte, das etwas zu verbergen hat, kann es Ihnen natürlich passieren, dass man diese Art von Interesse negativ bewertet und zumindest mit hochgezogener Augenbraue zur Kenntnis nimmt, auch wenn man nicht offen ausspricht, dass man dies nicht wünscht. Aber dann wissen Sie auch ganz schnell, woran Sie sind.

31 Mitarbeiter

Spätestens dann, wenn Sie sich eine Assistentin bzw. einen Assistenten suchen, die bzw. der Sie bei Ihrer Arbeit entlasten soll, wird das Thema Mitarbeiter für Sie relevant. Umso mehr gilt dies für den Fall, dass Sie als Unternehmer expandieren und neue Handelsvertreter oder sonstige Mitarbeiter anbinden möchten.

Die Gewinnung neuer Mitarbeiter, zu Neudeutsch auch gern Recruiting genannt, ist eine Wissenschaft für sich, und die erfolgreiche Führung von Mitarbeitern für manchen eine Gabe, für andere eine hohe Kunst, die es ebenfalls erst noch zu erlernen gilt. Zu beiden Themen werden Sie hervorragende Literatur von Autoren finden, die auf diesen Gebieten weitaus kompetenter sind als ich. Deshalb möchte ich mich hier auch eher kurz fassen.

31.1 Mitarbeitergewinnung

Das Thema Mitarbeitergewinnung wird nach meiner Erfahrung ganz überwiegend mit der Methode von – bildlich gesprochen – Schleppnetzen gearbeitet, soll heißen: Egal, wie gut die Qualität des Beraters ist, es wird erstmal jeder genommen, der nicht »bei drei auf dem Baum« ist. Denn das Risiko für die Vertriebsorganisationen ist in der Regel ja überschaubar, jedenfalls dann, wenn den neuen Mitarbeitern Handelsvertreterverträge angeboten werden und damit das unternehmerische Risiko auf diese abgewälzt wird. Anders sieht es allenfalls in den Vertrieben aus, die noch ein Fixum zahlen.

Sie sollten sich meines Erachtes gut überlegen, ob Sie ebenfalls so vorgehen wollen, oder doch lieber auf Nachhaltigkeit setzen möchten, also darauf, Menschen zu gewinnen, die Sie so (mit einhaltbaren und eingehaltenen Versprechen!) für die Tätigkeit in Ihrem Unternehmen begeistern können, dass diese sich dauerhaft wohl bei Ihnen fühlen und möglichst auch nach mehreren Jahren keinen Grund für sich sehen, Ihr Unternehmen wieder zu verlassen. Dafür sollten dann jedoch nicht nur Sie mit Alleinstellungsmerkmalen aufwarten können, die es für einen Kandidaten erstrebenswert erscheinen lassen, bei Ihnen seine neue Heimat zu suchen, sondern auch der Bewerber sollte einen so starken Eindruck bei Ihnen hinterlassen, dass Sie sich so sicher wie nur möglich sein können, dass er eine wirkliche Bereicherung für Ihr Unternehmen darstellt.

Für das erste Gespräch empfehle ich einen relativ kurzen stringenten Ablauf:

1. Nach der Begrüßung und Versorgung mit Getränken Abstecken des Ablaufs und zeitlichen Rahmens;

2. Bitte an den Bewerber, sich kurz vorzustellen, ohne dabei seinen ganzen Lebenslauf, der Ihnen ja bereits schriftlich vorliegen wird, wieder runterbeten zu müssen; stattdessen möge er doch diejenigen Stationen herausgreifen, die für ihn besondere Highlights gewesen sind, wie auch Situationen, die schwierig für ihn waren, die er aber nach seinem Empfinden gut gemeistert hat; wie auch seine Motive für den möglichen Wechsel;

3. Eingehen auf diesen Vortrag des Bewerbers und Nachfragen; dann kurze Vorstellung Ihrer eigenen Person, des Unternehmens und der zu besetzenden Position (ohne auf Details insbesondere der Verdienstmöglichkeiten einzugehen!).

Mehr muss im ersten Gespräch meines Erachtens für ein erstes Herantasten und Beschnuppern gar nicht sein. Der Vorteil dieser Art des sehr kurzen und knappen Gesprächs ist vor allem ein erheblicher Zeitgewinn für Sie selbst, und hat für den Bewerber den Vorteil, keinem Stressgespräch ausgesetzt zu sein und auf eine sehr charmante Art und Weise (vorausgesetzt *Sie* sind charmant und nett zu ihm) ebenfalls einen ersten Eindruck von Ihnen und Ihrem Unternehmen zu gewinnen.

Im zweiten Termin sollten Sie Ihrem Bewerber nicht nur für seine Fragen zur Verfügung stehen und dabei selbstverständlich auch Ihr Geschäftsmodell eingehender beleuchten, sondern auch Ihrerseits dem Kandidaten im Hinblick auf seine Kompetenz auf den Zahn fühlen. Deshalb empfehle ich, mit ihm eine kurze Beratungssequenz zu simulieren, so dass er eine Gelegenheit bekommt zu zeigen, wie gut er als Berater tatsächlich ist. Das überzeugende Vorführen eines Beratungsgesprächs ist nach meinem Dafürhalten noch immer die härteste Prüfung für einen Berater und gleichzeitig die beste »Nagelprobe« für Sie.

31.2 Mitarbeiterführung

Der »Papst« im Bereich modernes Management und Mitarbeiterführung dürfte wohl der Österreicher Fredmund Malik sein. Der Wirtschaftswissenschaftler mit Forschungsschwerpunkt Managementlehre sowie Inhaber und Leiter eines Management-Beratungsunternehmens in St. Gallen verwendet unter anderem systemtheoretische und kybernetische Ansätze zur Analyse und Gestaltung von Managementsystemen. Er lehrte früher an der Universität St. Gallen und ist dort Titularprofessor für Betriebswirtschaft mit besonderer Berücksichtigung der Unternehmensführungslehre.[36]

Maliks »Standardmodell wirksamer Führung«[37] ist darauf ausgerichtet, mit einem hohen ethischen Anspruch Mitarbeiter effizient zu führen. Wesentliche Eckpunkte des Modells sind:

1. Verantwortung von Führungskräften als ethisches Postulat
2. Die sechs Grundsätze wirksamer Führung
   - Ausrichtung auf Resultate
   - Beitrag für das Ganze
   - Konzentration auf Weniges
   - Stärken nutzen
   - Vertrauen
   - konstruktives Denken

3. Kommunikation: mit der zentralen Fragestellung, wie Kommunikation zu organisieren ist:
   - Wer muss was wann wem mitteilen?
   - Wer muss was wann von wem erfahren?

   und dem Postulat: Organisationen sind an die Natur des Menschen anzupassen und nicht die Natur des Menschen an die jeweilige Organisation.

4. Management von Bekanntem: unterteilt nach Managementaufgaben und Managementwerkzeugen

5. Management von Neuem: unterteilt nach Managementaufgaben und Managementwerkzeugen

Auch wenn der offensichtlich hohe akademische Anspruch der Bücher von Malik für meinen Geschmack zu Lasten der Lesbarkeit geht – sie lesen sich einfach sehr sperrig –, enthalten sie viele wertvolle Anregungen und Ansätze, die bereits von vielen großen Unternehmen aufgegriffen und umgesetzt worden sind, wenn vielleicht auch nur in Form von Führungsseminaren, die die Lehren von Malik zum Gegenstand haben.

Die nachfolgenden Punkte erscheinen mir persönlich bei der Führung von Mitarbeitern besonders wichtig:

- ein kollegialer, freundlicher, jedoch nicht anbiedernder Führungsstil
- Durchsetzungsfähigkeit, wenn es um wirklich wichtige Entscheidungen geht
- Augenmaß beim Umgang mit Vorgaben
- Freiraum für die individuellen Stärken und Entwicklungsmöglichkeiten der einzelnen Mitarbeiter
- Kontrolle und Führung dort, wo sie unerlässlich sind
- eine hohe Sozialkompetenz
  - offenes Ohr für alle Mitarbeiter
  - eine Antenne für Stimmungen (insbesondere negative) zu haben, um hierauf schnellstmöglich reagieren zu können

– die Fähigkeit, frustrierte Kollegen aufzubauen und zu motivieren, anzuspornen und moralisch zu unterstützen

oder, um es mit einigen Imperativen von Christian Bischoff (siehe Kapitel 29.4) zu sagen:

• **Mache andere groß, und Du wirst selbst groß!**
• **Werde ein Vorbild!**
• **Führe mit dem Herzen!**

32 Zusammenfassung: Die sieben Schlüssel zum langfristigen Erfolg

Gern würde ich Ihnen jetzt eine griffige Formel präsentieren. Mir ist aber keine eingefallen. Es sind relativ einfache Begriffe, von denen ich überzeugt bin, dass sie die Schlüssel zu Ihrem langfristigen Erfolg sein können:

- Vision
- Selbstdisziplin
- Hartnäckigkeit
- Kompetenz
- Empathie
- Freundlichkeit
- Service

32.1 Vision

Mit der Vision sollte es beginnen. Das, wonach wir unsere Kunden in unseren Beratungsgesprächen fragen (sollten), nämlich nach ihren Zielen und Wünschen, das sollten wir ganz zuerst mal für uns selbst klären. Ich bin felsenfest davon überzeugt, dass dies der wichtigste Grundstein für langfristigen Erfolg überhaupt ist.

Für manchen von Ihnen mag das gar nicht so leicht sein, aber ich kann Ihnen nur dringend raten: Wenn Sie hierzu nicht bereits eine intuitive Eingebung, eine klare Vorstellung davon haben, was Sie langfristig erreichen möchten, dann nehmen Sie sich Zeit dafür, dies herauszufinden. Fahren Sie ein Wochenende allein ans Meer oder in die Berge oder wo immer Sie sich ansonsten wohlfühlen und sich am besten besinnen können. Nehmen Sie keine Technik mit – und ich meine <u>gar keine Technik!</u> –, auch kein Telefon, es sei denn, es ist noch ein altes, mit dem

Sie nichts anderes als telefonieren können! Lassen Sie einfach Ihre Gedanken schweifen und notieren Sie sie in einem schönen (!) Notizbuch!

Versuchen Sie sich bildlich vorzustellen, wo Sie in zehn oder zwanzig Jahren stehen werden – beruflich, finanziell und persönlich:

- Welche Position werden Sie erreicht haben?
- Wie viele Kunden werden Sie gewonnen haben, wie viele Mitarbeiter geworben, die nun zufrieden und produktiv unter Ihnen arbeiten?
- Wie viel Geld werden Sie pro Jahr verdienen, und wie viel Vermögen haben Sie inzwischen angespart?
- Wie werden Sie wohnen und in welcher Umgebung?
- Werden Sie Kinder haben oder alleine oder zu zweit leben?

Stellen Sie sich vor, wie Sie in zehn oder zwanzig Jahren wieder dort sitzen werden, wo Sie gerade sitzen oder gehen oder stehen:

- Wie werden Sie auf die dann hinter Ihnen liegenden Jahre zurückblicken?
- Werden Sie nur »geackert« haben, um Ihre Ziele zu erreichen?
- Oder werden Sie Ihr Leben bis dahin so gestaltet haben, dass Sie auch auf dem Weg zu Ihrem Ziel nicht nur gearbeitet, sondern auch erlebnisreich gelebt und Ihr Leben genossen haben?
- Werden Sie voll Stolz auf sich zurückblicken können und sich sagen können: »*Wow, es war nicht einfach, das zu schaffen, aber ich wusste ja immer, dass ich es schaffe, und es war gut, dass ich mir vor zwanzig Jahren einen Plan gemacht und meine Ziele klar formuliert habe. Ansonsten hätte ich wahrscheinlich eher plan- und freudlos vor mich hin ge-*

wurschtelt. Ich bin glücklich über das Erreichte, aber auch über meinen Weg dorthin.«?

Aufgrund meiner eigenen Vita kann ich Sie nur darin bestärken, dies wirklich zu tun. Ich weiß, Papier ist geduldig und ein Buch, das Sie nur lesen, erst recht. Wenn Sie sich jedoch die Zeit und Muße nehmen, sich wirklich eine Vision für Ihr Leben zu schaffen, diese sich auszumalen – möglicherweise sogar im wahrsten Sinne des Wortes mit Bildern, die Sie selbst malen –, dann hat diese Vision die machtvolle Chance, Ihnen zur inneren Gewissheit und Überzeugung zu werden. Und diese wird Ihnen niemand mehr nehmen können. Sie wird Ihnen beruhigende Gelassenheit und die Kraft geben, Ihre Ziele tatsächlich zu erreichen. Oder, wie Boris Becker es einmal ausgedrückt hat: *»Das Spiel wird zwischen den Ohren entschieden.«*

Damit Sie Ihre Ziele auch langfristig nicht aus den Augen verlieren, ist es hilfreich, dass Sie sich immer wieder Zeit für sich selbst nehmen, um immer wieder im besten Sinne des Wortes »zur Besinnung« zu kommen. Deshalb:

Reservieren Sie sich in Ihrem Kalender feste Zeiten für Ihre Besinnung, Ihr Brainstorming und die Weiterentwicklung Ihrer Visionen!

Eine Faustformel zur Sicherstellung solcher Besinnungszeiten ist:

- **einmal pro Tag eine halbe Stunde**
- **einmal pro Woche eine Stunde**
- **einmal pro Monat ein Tag**
- **einmal pro Jahr eine Woche**

ganz allein für sich, also ohne Freund(in), Frau/Mann oder Familie.

Übrigens muss diese Zeit keine stille Zeit am Schreibtisch oder meditierend im Lotussitz sein. Ich praktiziere meine Besinnungsstunde pro Woche beispielsweise regelmäßig beim Schwimmen. Bei dieser ja eher langweiligen sportlichen Aktivität kommen mir oft sehr kreative neue Ideen, während ich Bahn um Bahn meinem Leistungsziel entgegenschwimme. Wer also gerne läuft (bzw. joggt), sollte diese Zeit hierfür ebenso nutzen und damit dann gleich zwei Fliegen mit einer Klappe schlagen können. Auch hier gilt wieder: Probieren geht über Studieren.

32.2 Souveränität

Souveränität (frz. *souveraineté*, lat. *superanus*, »darüber befindlich, überlegen«) wird vom Duden wie folgt definiert: »*(gehoben) (aufgrund seiner Fähigkeiten) sicher und überlegen (im Auftreten und Handeln)*«.

Voraussetzung für ein sicheres Auftreten und Handeln gegenüber den Kunden sind also zunächst Ihre Fähigkeiten. Für diese gibt es ein weiteres schönes Wort lateinischen Ursprungs, nämlich das der Kompetenz (lat. competere: zusammentreffen, ausreichen, zu etwas fähig sein, zustehen). Kompetenz ist nicht alles, aber ohne Kompetenz ist alles nichts. So würde ich es – jedenfalls für einen seriösen Berater – auf den Punkt bringen.

In der Finanzberatung ist es wie in jedem anderen Beruf auch: Ihr Ausbildungsabschluss ist die Grundlage für eine erfolgreiche Berufsausübung, aber Ihre Kompetenz und Professionalität werden Sie sich wahrscheinlich erst über einen Zeitraum von mehreren (vielleicht auch erst in vielen) Jahren erarbeiten. Ihre Kompetenz wird mit Ihrer zunehmenden Erfahrung und Routine wachsen. Und ebenso wird Ihre Souveränität über die Jahre wachsen.

Mein Tipp: Geben Sie sich dafür Zeit und erwarten Sie keine Wunder! Wie heißt es so schön? »*Gut Ding will Weile haben.*«

Oder auch: »*Es ist noch kein Meister vom Himmel gefallen.*« Nur: Hüten Sie sich davor, sich zu verstellen und durch zur Schau gestelltes (unechtes) Selbstbewusstsein Ihre Wissenslücken und Defizite zu kompensieren! Stehen Sie dazu, wenn Sie mal eine Frage nicht gleich beantworten können! Schwafeln Sie kein dummes Zeug, bloß um sich den Schein von Kompetenz zu geben!

Sie können mir glauben: Auch ich mit meinen nunmehr 54 Jahren werde von meinen Kunden regelmäßig mit Fragen konfrontiert, die ich ihnen nicht beantworten kann. Als Jurist habe ich aber bereits im ersten Semester gelernt, dass ich nicht alles wissen muss, sondern nur wissen muss, wo es steht. Heute heißt das für mich: Wenn ich eine Frage nicht gleich sicher beantworten kann, sage ich das dem Kunden auch ganz offen, sichere ihm jedoch auch gleich zu, diese Frage für ihn umgehend zu klären – wenn sie denn für seine Entscheidung tatsächlich eine Relevanz hat, sonst nicht.

Wichtig ist in einem solchen Fall immer, dieses Versprechen dann auch tatsächlich einzulösen und dem Kunden die Antwort auf seine Frage möglichst innerhalb von zwei Tagen zuzumailen oder ihn nochmal anzurufen.

Sie sehen: Auch Ehrlichkeit und Authentizität – wieder so ein Fremdwort (von griechisch *authentikós*, »echt«, spätlateinisch authenticus, »verbürgt, zuverlässig«) – gehören dazu, wenn es darum geht, souverän zu werden bzw. zu sein. Authentizität halte ich dabei für eine ebenfalls sehr wichtige Eigenschaft. Sich im Beratungsgespräch nicht zu verstellen, nicht zu versuchen, mehr darzustellen als man ist oder kann, das erfordert echtes Selbstbewusstsein (im buchstäblichen Sinne dieses Wortes: sich seiner selbst bewusst sein – mit allen seinen Stärken und Schwächen, seinen positiven wie negativen Eigenschaften).

Wenn Sie alles getan haben, was Ihnen möglich ist, um Ihren Job gut auszuüben und Ihre Kunden gut und seriös zu beraten, dann brauchen Sie sich nicht zu schämen, wenn Sie an irgendeiner Stelle unsicher sind. Und Sie brauchen keine Angst vor den Reaktionen Ihrer Kunden zu haben, wenn diese merken, dass Sie vielleicht nicht alles wissen oder heute nicht Ihren besten Tag haben. Was meinen Sie, wie befreiend es sein kann, in einer Situation, in der Sie sich vielleicht unwohl fühlen, weil Sie gerade merken, dass Ihnen die Beratung aus dem Ruder läuft, Sie den Faden verloren haben, sich nur schlecht konzentrieren können oder merken, dass Sie vor zwei Minuten Unsinn erzählt haben, dies ganz offen anzusprechen?

Wenn Sie dem Kunden ganz offen und ehrlich sagen: »*Sorry, Frau Müller, ich glaube, ich habe Ihnen da vor zwei Minuten Unsinn erzählt. Das muss ich nochmal korrigieren.*« Oder: »*Sehen Sie es mir bitte nach, Frau Meier, aber ich hatte heute bereits drei Beratungsgespräche und bin offenbar nicht mehr ganz so konzentrationsfähig.*«, werden Sie erleben, wie wohltuend entspannend das wirken wird.

Warum? Weil es menschlich ist und Sie gerade dadurch, dass Sie Ihre menschliche Schwäche der Kundin offenbaren, Sympathie wecken. Das ist wahrscheinlich ähnlich wie in der Tierwelt: Ein Hund, der einem anderen Hund seine Kehle entgegenstreckt, wird von diesem nicht gebissen, weil er eine instinktive Beißhemmung bei dem anderen Hund auslöst. Wir Menschen haben zwar keinen Instinkt, sondern stattdessen Intuition. Allein entscheidend ist hier jedoch, dass Sie sich durch Ihre Ehrlichkeit verwundbar machen, und dieses Verhalten von Ihrem Gegenüber regelmäßig als angenehm sympathisch empfunden werden wird und er Ihre Ehrlichkeit hoch schätzen wird.

Auf diese Weise können Sie aus Ihrer eigenen Schwäche sogar eine Stärke machen, nämlich Ihre Authentizität. Und wenn Sie an die drei wichtigsten Faktoren im Verkauf (siehe Kapitel 22.8) denken (Sympathie vor Vertrauen vor Kompetenz), schließt sich hier wieder der Kreis und voilà: Sie sind Ihrem Ziel, den Kunden zum Abschluss zu bewegen, wieder ein Stück nähergekommen.

32.3 Selbstdisziplin

Zu diesem Thema habe ich bereits oben im Kapitel 7 im Zusammenhang mit dem Thema Selbständigkeit relativ ausführlich geschrieben. Deshalb möchte ich an dieser Stelle nur noch folgende Ergänzungen hinzufügen:

Selbstdisziplin bedeutet nicht nur, jeden Morgen möglichst immer zur gleichen Zeit aufzustehen, seinen Job mit der Konzentration auf das Wesentliche (den Kunden und das Geschäft anstatt die Aministration) zu erledigen, sondern auch:

- die mindestens monatliche (besser: wöchentliche) Überprüfung der eigenen Umsatz- und Terminplanung;

- die selbstkritische Analyse, warum Ziele nicht erreicht wurden und wie sich diese vielleicht doch noch erreichen lassen;

- die beständige Arbeit an der eigenen Weiterentwicklung, sowohl fachlich als auch persönlich;

- die Fähigkeit, seine Arbeit so zu steuern und zu erledigen, dass diese einen vor lauter Umsatzzielerreichungsmaßnahmen nicht auffrisst und am Ende zum Burnout-Syndrom führt;

- die Fähigkeit, in einem gesunden Verhältnis »nein« zur Arbeit und »ja« zur Freizeit sagen zu können (oder zu Neudeutsch: Work-Life-Balance zu praktizieren).

32.4 Hartnäckigkeit / Beharrlichkeit

Hartnäckigkeit bzw. Beharrlichkeit (siehe dazu auch bereits oben Kapitel 28.5) bedeutet: am Ball bleiben, sich nicht von Einwänden und nervigen Fragen des Kunden dazu verführen zu lassen, vorschnell aufgeben. Es bedeutet auch, ein wichtiges Thema wie die Berufsunfähigkeitsabsicherung auch dann

erneut bei einem Check-up-Termin anzusprechen, wenn sich
der Kunde hierzu zunächst uneinsichtig (»*Brauch ich nicht, mir
passiert eh nichts.*« Oder: »*Ich kann auch im Rollstuhl noch meinen Job erledigen.*«) gezeigt hat.

Hartnäckigkeit ist dann gut, wenn sie auf den Kunden nicht unangenehm penetrant wirkt und der angestrebte Erfolg (sprich:
Umsatz) in einem angemessenen Verhältnis zu Ihrem Arbeitsaufwand steht.

Mir wurde von Kunden schon häufig gesagt: »*Sie sind ja ganz
schön hartnäckig.*« Und ich habe es immer als Kompliment auf-
gefasst – der anschließende Abschluss war dann regelmäßig die
Bestätigung dafür. Es lohnt sich also durchaus, für ein Ziel (den
Abschluss) zu kämpfen. Und damit meine ich nicht nur für den
Abschluss an sich, sondern auch das Ringen um die Höhe der
Sparrate (siehe Kapitel 28.5).

32.5 Empathie

Unter Empathie versteht man die Fähigkeit und Bereitschaft,
Gedanken, Emotionen, Motive und Persönlichkeitsmerkmale
einer anderen Person zu erkennen und zu verstehen. Auch die
Reaktionen auf die Gefühle anderer wie zum Beispiel Mitleid,
Trauer, Schmerz oder Hilfsimpulse gehören zur Empathie.[38]

Ich kenne exakt *einen* Beraterkollegen, der erfolgreich ist, obwohl »Empathie« für ihn ein Fremdwort ist. Jener Kollege ist
erfolgreich, weil er einfach eine echte »Vertriebssau« ist. Als
Vorbild für die Mehrheit der Finanzberater ist er jedoch nicht
geeignet.

Für die absolut überwiegende Mehrzahl von Beratern dürfte die
Fähigkeit zur Empathie bzw. die Fortentwicklung derselben
eine große Hilfe bei der Erreichung ihrer Ziele sein. Ehrliches
Mitgefühl für die Belange und Befindlichkeiten Ihrer Kunden

wird Sie in den Augen Ihrer Kunden in jedem Fall positiver erscheinen lassen.

32.6 Freundlichkeit

Eigentlich völlig banal, aber doch von immenser Wichtigkeit,
wie ich ja auch bereits oben in Kapitel 22.8 dargestellt habe.

Mit Freundlichkeit und einem Lächeln gewinnen Sie Sympathi-
en leichter als mit noch so viel kompetenter Beratung. Deshalb:
Seien Sie freundlich und lächeln Sie!

32.7 Service

Was unterscheidet einen guten, kompetenten Berater von
einem herausragenden Berater? Ich wage die These: der Service.
Gerade in einem Land wie Deutschland, das ja oftmals als Ser-
vice-Wüste verschrien ist, braucht es gar nicht so viel Anstren-
gung, um von Kunden als serviceorientiert und wohltuend anders als die meisten Kollegen wahrgenommen zu werden. Es
gibt so viele Möglichkeiten, mit denen Sie das erreichen können, einige Beispiele hatte ich ja bereits oben in Kapitel 24 genannt.

33 Ausblick

33.1 Insurance Distribution Directive (IDD)

Der Markt der Finanzberatung ist weiter in Bewegung – nicht zuletzt durch die beständige Intensivierung des Verbraucherschutzes. So hat das Europäische Parlament am 24.11.2015 die Versicherungsvertriebsrichtlinie (Insurance Distribution Directive – IDD) beschlossen, ein Kompromisspapier als Ergebnis der sogenannten Trilog-Verhandlungen zwischen dem Europäischen Parlament, der EU-Kommission und dem Europäischen Rat. Die neuen Vorschriften für die Vermittlung von Versicherungen sollen abermals die Rechte der Verbraucher stärken. Die Regulierung soll alle Vertriebskanäle betreffen. Das bedeutet: Die neuen Regeln sollen nicht nur für Versicherungsunternehmen und -vermittler gelten, sondern für alle Marktteilnehmer, die Versicherungen »verkaufen«, wie etwa Reisebüros und Autovermietungsfirmen.[39] Die Frist für die Umsetzung in nationales Recht beträgt zwei Jahre, so dass also spätestens Anfang 2018 mit der Verschärfung der bestehenden Gesetze auch in Deutschland zu rechnen ist.

Registrierungs- und Versicherungspflicht

Versicherungsvertreiber, wie das Europäische Parlament alle Versicherungsakteure nennt, sollen bei der zuständigen Behörde des Mitgliedstaats, in dem sie ihren Wohnsitz haben, eingetragen werden. Die Versicherungsunternehmen sowie die Vertreiber müssen ihre Identität und Anschrift sowie das Register, in dem sie eingetragen wurden, dem Kunden mitteilen.

Weiterhin müssen Versicherungsvermittler eine Versicherung, die die Haftung bei Verletzung beruflicher Sorgfaltspflichten abdeckt, in Höhe von mindestens 1,25 Millionen Euro für jeden einzelnen Schadensfall und von 1,85 Millionen Euro für alle Schadensfälle eines Jahres abschließen.

Um die Kunden dagegen zu schützen, dass ein Versicherungsvertreiber finanziell nicht in der Lage ist, eine Prämie oder
einen Erstattungsbetrag auszuzahlen, müssen die Vertreiber
über eine finanzielle Leistungsfähigkeit verfügen, die jederzeit
vier Prozent der Summe ihrer jährlichen Prämieneinnahmen,
mindestens jedoch 18 750 Euro, entspricht.

Transparenz

Versicherungsunternehmen müssen den Kunden Informationen über die Art der Vergütung, die ihre Angestellten beim
Vertrieb von Versicherungsprodukten erhalten, zukommen lassen, und bei bestimmten komplexen Lebensversicherungspro-
dukten auch über die Gesamtkosten des Versicherungsvertrags
einschließlich der Beratungs- und Dienstleistungskosten.

Versicherungsvertreiber werden dazu verpflichtet, etwaige Interessenkonflikte offenzulegen. Außerdem sollen deren Vergü-
tungsregelungen keine Anreize schaffen, einem Kunden ein bestimmtes Versicherungsprodukt zu empfehlen, wenn ein anderes Produkt den Bedürfnissen des Kunden besser entsprechen
würde.

Informationsblatt

Vor Abschluss eines Vertrags über Versicherungsprodukte, bei
denen es sich nicht um Lebensversicherungsprodukte handelt,
soll der Kunde ein Informationsblatt mit standardisierten Informationen zur Art der Versicherung, zu den vertraglichen
Verpflichtungen, den abgedeckten und ausgeschlossenen Risiken und zu anderen Elementen in klarer Sprache erhalten.

Ausnahmen

Die Vorschriften gelten nicht für alle Versicherungsvertreiber.
Ausnahmen gelten beispielsweise, wenn die Versicherung eine
Zusatzleistung zur Lieferung von Gütern oder zur Erbringung

von Dienstleistungen darstellt und der Abdeckung des Schadens- oder Diebstahlrisikos dient, oder wenn die Prämie für das Versicherungsprodukt bei anteiliger Berechnung auf Jahresbasis 600 Euro nicht übersteigt.

33.2 Honorarberatung

Das Thema Honorarberatung dürfte – nicht zuletzt aufgrund der jüngsten Provisionskürzungen aufgrund des LVRG – zusehends an Bedeutung gewinnen.

Der große Vorteil der Honorarberatung dürfte insbesondere darin liegen, dass Sie von Ihren Kunden ganz anders wahrgenommen und anerkannt werden, nämlich keinesfalls mehr als Produktverkäufer, sondern nur noch als kompetenter Experte (auch wenn diese Formulierung vermutlich ein Pleonasmus ist). Es dürfte sich bestimmt für viele Kolleg(inn)en lohnen, sich eingehender mit diesem Thema zu befassen und diejenigen Kolleg(inn)en dazu zu befragen, die bereits als Honorarberater tätig sind und Erfahrungen gesammelt haben. Ein einfacher Griff zum Telefonhörer nach einer kurzen Internetrecherche dürfte hierfür bereits ausreichend sein.

33.3 FinTechs

»FinTech« ist ein Kunstwort, zusammengesetzt aus den Anfangssilben der Wörter »financial« und »technology«. Bei den FinTechs handelt es sich um zumeist junge Unternehmen, die ihren Schwerpunkt im Bereich der Finanzdienstleistungen auf einen neuen technologischen Ansatz legen. Die Unternehmer zeichnen sich zumeist dadurch aus, dass sie mit einer neuen, im besten Fall revolutionären Geschäftsidee an den Markt gehen und ihren Mangel an Geld mit ihrem Enthusiasmus kompensieren, bis sie Geldgeber finden, die sie von ihrer Geschäftsidee überzeugen können. Seit Anfang dieses Jahrtausends hat sich für sie der englische Begriff Start-ups etabliert.

Der technologische Ansatz der FinTechs kann auf den unterschiedlichsten Gebieten zum Tragen kommen, sei es bei der Abwicklung von Zahlungsströmen, bei der vereinfachten Kontoeröffnung ohne Postident-Verfahren, bei der Digitalisierung von Kundenversicherungsordnern, der kostengünstigen Depotverwaltung oder der Online-Versicherungsvermittlung.

Interessant finde ich eine aktuelle Umfrage der FondsKonzept AG unter den bei ihr angeschlossenen ca. 2 500 Maklern zum Thema FinTechs. Das Ergebnis dieser Umfrage veröffentlichte die FondsKonzept am 17.12.2015 in einer Presseerklärung[40]. Und mir kam es vor wie das sprichwörtliche (ängstliche) »Rufen im Walde«. Wörtlich heißt es in der Zusammenfassung:

»66 Prozent der Befragten verneinen, dass Fintechs oder Fintech-Discounter für Finanzprodukte eine langfristige Gefahr für ihr Geschäftsmodell darstellen könnten.«
Und weiter:»69 Prozent halten Maßnahmen für kontraproduktiv, die scheinbare Vorteile wie günstige Kosten oder zeitgeistige Innovation einer Digitalisierung von Dienstleistungen unabhängig von der Komplexität von Produkten und der individuellen Nutzungsaffinität der Kunden einseitig herausstellen.
Finanztechnologie ist eine große Innovation im Hinblick auf mehr Effizienz und Zeitersparnis für alle Beteiligten der Wertschöpfungskette. Sie darf Kunden jedoch nicht nur angeboten, sondern muss auch moderiert werden, so das Fazit der Meinungsumfrage.«

Ich bin gespannt. Ich kann mir gut vorstellen, dass sich diese Mehrheit irrt. Die Pferdekutscher haben die Erfindung des Automobils seinerzeit wahrscheinlich auch zunächst als Kuriosum abgetan ...

Ich halte es für einen Fehler, die wahnwitzig schnellen technischen Fortschritte und daraus resultierenden sozialen Veränderungen zu unterschätzen. Führen wir uns vor Augen: Die ersten Smartphones mit berührungsempfindlichen Bildschirm kamen ca. 2004 auf den Markt (Palm). Das ist nun also gerade mal 12 Jahre her. Damals war es noch üblich, dass man mit einem Telefon vor allem eins tat: telefonieren. Wenn Sie jung sind oder so wie ich älter und junge Menschen in ihrem Kommunikationsverhalten beobachten, stellen Sie fest: Die Generation der heute zehn- bis 25-Jährigen telefoniert kaum noch. Stattdessen werden WhatsApp-Nachrichten ausgetauscht. Selbst SMS sind inzwischen absolut »out«.

Die Frage dürfte also sein, ob diese Generation, deren Adoleszenz derart von Smartphone, Playstation, Xbox und ich weiß nicht, was sonst noch für technischen Spielgeräten dominiert worden ist bzw. wird, tatsächlich Lust haben wird, sich wie ihre Eltern von Finanzberatern der »alten Schule« persönlich beraten zu lassen, oder ob sie nicht doch vielleicht ein gesteigertes Interesse daran haben wird, zunächst mal sämtliche sich ihnen bietenden technischen Neuerungen, Apps etc. auszuprobieren und es bevorzugen, »smart« beraten und bedient zu werden. Ich wage die Prognose: Genauso wird es kommen.

Epilog

Als ich 2001 vom Rechtsanwalt zum Finanzberater »umge-
schult« habe, war mir nicht wirklich klar, was es bedeutet, in
diesem Bereich täglich seine Brötchen zu verdienen, und wie
sich Beratung und Verkauf unterscheiden bzw. auch ineinander
übergreifen.

Als Jurist habe ich gelernt, Sachverhalte schnell zu erfassen, zu
analysieren und zu beurteilen und zu einem lösungsorientierten
Ergebnis zu kommen. Als Rechtsanwalt waren Menschen zu
mir gekommen, die Rat suchten, weil ihnen klar war, dass sie
von »Juristerei« keine Ahnung haben und die mir als Rechtsanwalt (der nach dem Gesetz ja ein »Organ der Rechtspflege« ist)
deshalb mit einem Grundvertrauen und zum großen Teil auch
mit einer Art von Ehrfurcht begegneten, die mir bei der Ausübung dieses Berufs immer ein gutes Gefühl gegeben haben.
Der Mandant (bzw. die Mandantin) kam zu mir, weil er/sie
meinen Rat suchte und sich bei der Klärung von Rechtsfragen
Hilfe erhoffte oder von mir im Prozess bestmöglich vertreten
werden wollte.

Als Finanzberater kommen hingegen Menschen zu uns, die uns
– nicht zuletzt durch die regelmäßig negative Presse in Bezug
auf Versicherungsvermittler und Banker – zum Teil mit einem
gewissen Grundmisstrauen begegnen. Auf den Vertrauensvorschuss, den ein Rechtsanwalt per se genießt, können wir zumeist nur bei denjenigen Kunden zählen, die auf Empfehlung
anderer zufriedener Kunden zu uns kommen.

Ich hoffe sehr, dass ich mit diesem Buch ein wenig dazu beitragen konnte, dass Sie Ihre Kunden so beraten, dass Ihnen dieser
Vertrauensvorschuss möglichst immer zuteilwird. Weiter hoffe
ich, dass Sie Ihren Beruf mit Anstand, Freude und Selbstvertrauen ausüben werden und dieses Buch Ihnen an der einen
oder anderen Stelle einen Anstoß hat geben können – sei es in

eine neue Denkrichtung oder auch nur bei der Vertiefung eines Ansatzes, den Sie vielleicht ohnehin bereits verfolgt haben. Wenn es gar mehr war und Sie von der großen Bandbreite an Basisinformationen haben intensiver profitieren können, dann freue ich mich umso mehr; denn dann hat es seinen Zweck erfüllt, und dann war es auch den Zeitaufwand wert, den es gekostet hat, dieses Buch zu schreiben.

Zum Schluss möchte ich noch Walt Disney zitieren, dem folgender Ausspruch zugeschrieben wird:

IF YOU CAN DREAM IT, YOU CAN DO IT.

In diesem Sinne wünsche ich Ihnen viel Erfolg bei Ihren beruflichen Vorhaben.

Danksagung

Das Leben ist ein endloser Strom des Lernens und Klügerwerdens – jedenfalls wenn es optimal läuft und man nicht bereits »erleuchtet« zur Welt kommt.

Auch ich lerne noch täglich gern dazu. Und ohne die vielfältigen Erfahrungen, an denen mich die unterschiedlichsten Menschen in meinem privaten wie beruflichen Umfeld haben teilhaben lassen, wäre dieses Buch nicht möglich gewesen.

Und so danke ich allen, die auf ihre Weise dazu beigetragen haben, mich zu bereichern, meine eigene Beratung zu verbessern und bewusster und zielstrebiger durch mein Leben als Finanzberater und Mensch zu gehen.

Meiner Mutter Brigitte Scherbening danke ich für ihre hilfreichen Korrekturvorschläge und meiner Lektorin Jutta Hörnlein für die konstruktive Zusammenarbeit und dafür, dass sie als erste das Potential dieses Buches erkannt und für den Wiley VCH-Verlag gesichert hat.

Kritik & Anregungen

Wenn Sie dieses Buch komplett durchgelesen haben und es Ihnen gefallen bzw. geholfen hat, Antworten auf Ihre Fragen zu finden oder Ihre Beratungskompetenz zu verbessern, würde mich das sehr freuen. Aber mir ist natürlich auch klar, dass nicht jedem Leser alles gefallen wird, was ich in diesem Buch veröffentlicht habe. Dem einen fehlen vielleicht Informationen zu einem von ihm als wichtig erachteten Thema, und einem anderen ist die Darstellung eines Themas möglicherweise viel zu lang oder zu kurz oder was auch immer.

Deshalb möchte ich Sie, liebe Leser, bitten, mir zu helfen, selbst noch besser zu werden und mir Ihr Feedback mitzuteilen. Und dementsprechend möchte ich Ihnen jetzt die beiden Fragen aus Kapitel 19.11 stellen:

1. **Auf einer Skala von 1 bis 10: Welche Note vergeben Sie für dieses Buch?**

2. **Was kann in Ihren Augen an dem Buch verbessert werden, damit es eine 10 erhält (sofern Sie nicht bereits eine 10 vergeben haben)?**

Auch wenn es an irgendeiner Stelle einen sachlichen oder sonstigen Fehler geben sollte, bin ich für jeden Hinweis dankbar.

Senden Sie mir einfach eine E-Mail an **autor@scherbening.de**.

Und wenn Sie dieses Buch für empfehlenswert halten, dann wäre ich Ihnen dankbar, wenn Sie dies der Welt durch eine entsprechende **Rezension** und **Bewertung auf Amazon** mitteilen würden. ☺

Vielen Dank.

Anhang – Beratungsleitfaden[41]

Beratungsunterlagen

Name: Max & Martina Mustermann

Datum: 3.12.2015

Ihr Berater: *Ihr Name*

Ihre Erwartungen	Meine Erwartungen
1. Versicherungscheck	1. Ehrlichkeit & Offenheit
2. Informationen über sichere Anlagemöglichkeiten	2. Verbindlichkeit
	3. Empfehlungen
3. Altersvorsorge	
4. seriös und kein Aufschwatzen von Produkten	

Ihr Firmen-Logo

Strategische Vermögensplanung

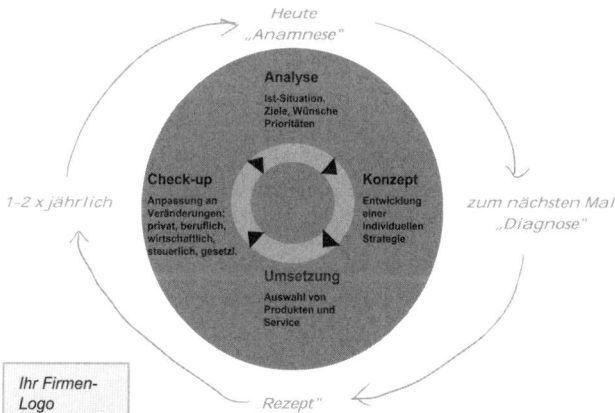

Heute „Anamnese"

Analyse
Ist-Situation, Ziele, Wünsche Prioritäten

Check-up
Anpassung an Veränderungen: privat, beruflich, wirtschaftlich, steuerlich, gesetzl.

Konzept
Entwicklung einer individuellen Strategie

Umsetzung
Auswahl von Produkten und Service

1-2 x jährlich

zum nächsten Mal „Diagnose"

„Rezept"

Ihr Firmen-Logo

2

Beratung und Planung : Sie und Ihr persönliches Umfeld

ganzheitlicher Beratungsansatz, breites Leistungsspektrum

2 Aspekte:
1. *Vernetzung*
2. *Sie und Ihre aktuelle Situation*

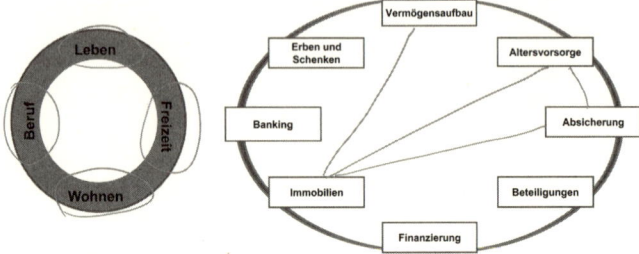

Ihr Firmen-Logo

3

Ihre Ziele und Wünsche

---

privat

12 .4.1984 in Eutin, verh. mit Martina M.,
*(geb. Müller), * 12.12.1985 in Münster,*
Sachbearbeiterin im ÖD

keine Kinder

beruflich

Koch, 2 J. Hotelfachschule, staatl. gepr.
Betriebswirt für Hotelgastronomie. 2 Jahre
im Ritz Carlton gearbeitet, seit Anf. 2012
freiberufl. Koch, ab 1.9. festerPartnervon
Galerie „Tolle Bilder".

· *Eigenes Unternehmen*
  (Restaurant)
· *weiter in Berlin*

wirtschaftlich

Keine Besonderheiten

· *Finanzielle Freiheit*
· *Arbeiten auch über 67. Lj. Hnaus o.k.*

- Partner / Kinder
- Eltern
- Geschwister
- Beruf / Karriere
- Selbständigkeit
- Ausland
- Hobbys
- Urlaub
- Anschaffungen
- Immobilie
- Rente
- Erbe/Schenkung
- Gesundheit

in Schöneberg

Heute   t

28 Jahre   45 Jahre   67 Jahre

Ihr Firmen-Logo

4

Zu Ihrer Person

Persönliche Angaben	Kunde	Lebenspartner
Name, Vorname	Mustermann, Max	Mustermann, Martina
Geburtsdatum / -Ort	12.4.19.. Eutin	12.12.19.. Münster
Familienstand / Lebenssituation	verheiratet	
Straße, Nr.	Heinz-Hermann-Str. 11	
PLZ, Ort	12345 Berlin	

Berufsstatus		
	☐ Angest./Arbeiter ☒ selbstständig	☒ Angest./Arbeiter ☐ selbstständig
	☐ Beamter ☐ öffentl. Dienst	☐ Beamter ☒ öffentl. Dienst

Kinder

Name, Vorname	Geburtsdatum	Ausbildug bis Lj.	Bemerkungen

Ihr Firmen-Logo

5

Ihre Einkünfte: Status quo

Laufende Einkünfte	Kunde	Lebenspartner
Bruttoarbeitseinkommen	Monat 1500 €	Monat 2850 €
Sonderzahlungen	Jahr	Jahr 2850 €
vermögenswirksame Leistungen	Monat	Monat 6,65 €
Nettoeinkommen	Monat ca. 1.260 €	Monat 2.126,29 €
Vorjahreseinkommen (brutto)	Jahr ca. 18.000 €	Jahr 37.050 €

Steuern

Kirchensteuer	☐ ja ☒ nein	☒ ja ☐ nein
Steuerklasse	☐ I ☐ II ☐ III ☐ IV ☐ V	☐ I ☐ II ☒ III ☐ IV ☐ V
Einkommensteuer-Tarif	☐ Grundtarif ☒ Splittingtarif	☐ Grundtarif ☒ Splittingtarif

Weitere Einkünfte

aus Vermietung und Verpachtung	Jahr	Jahr
aus Kapitalerträgen	Jahr	Jahr ca. 1.000 € p.J.
sonstige Einkünfte	Jahr	Jahr

Verfügbares Einkommen

Summe Ausgaben	monatlich ca. 500 €	monatlich ca. 500 €
frei verfügbares Haushaltseinkommen	monatlich zusammen ca. 600 - 800 €	monatlich

Ihr Firmen-Logo

6

Berechnungsgrundlagen für die Altersrente

Sozialversicherungen

	Kunde		Lebenspartner	
Träger der ges. Rentenversicherung	☐ dt. Rentenvers.	☐ Versorgungswerk	☒ dt. Rentenvers.	☐ Versorgungswerk
freiwillige Beiträge GRV	Monat		Monat	
voraussichtliche Altersrente	Monat ca. 150 €		Monat	
anrechenbare Beitrags-/ Dienstjahre	gesamt		gesamt	
Krankenversicherung	☒ gesetzlich	☐ privat	☒ gesetzlich	☐ privat
Beitragssatz (%) / Beiträge PKV (EUR)				

Berechnungsvorgaben

gewünschter Rentenbeginn im Alter	Alter	67	Alter	65
gewünschte Nettorente (Wert heute)	Monat	2.500 € zusammen	Geschätzte Inflationsrate:	3 %

Was ist Ihnen wichtig?

	sehr wichtig	wichtig	weniger wichtig
Eine vollständige und unbegrenzte Vererbbarkeit.	☐	☐	☒
Eine Abstimmung der Investitionen Ihrer Altersvorsorge mit Ihrem Arbeitgeber.	☐	☐	☒
Eine größtmögliche Flexibilität Ihres Vorsorgekonzeptes.	☐	☒	☐
Schutz des Vorsorgekapitals vor dem Zugriff Dritter (z.B. Anrechnung auf Arbeitslosengeld).	☒	☐	☐
Ausschöpfung steuerlicher Förderungen jetzt bei Inkaufnahme der vollen Besteuerung der Rente.	☒	☐	☐

Ihr Firmen-Logo

7

Ihr Vermögen: Status quo, Seite 1 von 2

Produkt	aktueller Wert	monatlicher Beitrag	Institut	Bemerkungen
Liquidität (kurzfristig verfügbare Gelder)				
Giro u. TG	10.000 €		Berliner Sparkasse	
TG	12.000 €		Royal Bank of Scotland	

Aktien, Anleihen, Fonds, Sparpläne, Bausparen

BSV	13.000 €		LBS	

Beteiligungsmodelle

Ihr Firmen-Logo

8

Ihr Vermögen: Status quo, Seite 2 von 2

Altersvorsorge: Lebens- und Rentenversicherungen, Riester-Rente, Basis-Rente, betriebliche Altersvorsorge

Produkt	Ablaufsumme / mtl. Rente	Monatlicher Beitrag	Laufzeit von bis	Gesellschaft	Bemerkungen
RiLV m. BUZ	5.000 € +	32.33 €	1.7.2005 bis	Provinzial	
	500 € p.M. bis 60		1.7.2044	Nord	
RV	27.043,55 € oder	33.28 €	1.12.04 - '49	R+V	
	119,03 € p.M. gar				
	(204,45 € progn.)				

Immobilien

Art der Immobilie	Kaufpreis	aktueller Wert	Eigen- / Fremd-genutzt	Mtl. Nettoertrag bzw. Wohngeld	Bemerkungen

Finanzierungen (Kredite, Darlehen)

Darlehenssumme	Restschuld	mtl. Rate	Festzins bis	Institut	Bemerkungen

Ihr Firmen-Logo

9

Ihre Absicherung: Status quo

Absicherung	vorhanden	Beitrag	Versicherungs-summe	Gesellschaft	Bemerkungen
	ja nein				
Krankenzusatzversicherung	☐ ☒				
Berufsunfähigkeitsvers.	(☒) ☒		500 €	Provinzial	
Unfallversicherung	☐ ☒				
Pflegezusatzversicherung	☐ ☒				
Risiko-Lebensversicherung	☒ ☐		5.000 €	Provinzial	
Privathaftpflichtvers.	☒ ☐	71.50 €		Feuersozietät	22.2.2012 – 22.2.2016
Hausratversicherung	☐ ☒				
Wohngebäudeversicherung	☐ ☒				
Familienrechtsschutz	☐ ☒			Mieterverein	
Verkehrsrechtsschutz	☐ ☒				
Kfz-Versicherung	☒ ☐			HUK	

Beitragszahlungen gesamt	

Ihr Firmen-Logo

10

PS1

Ihre Vermögensstrategie

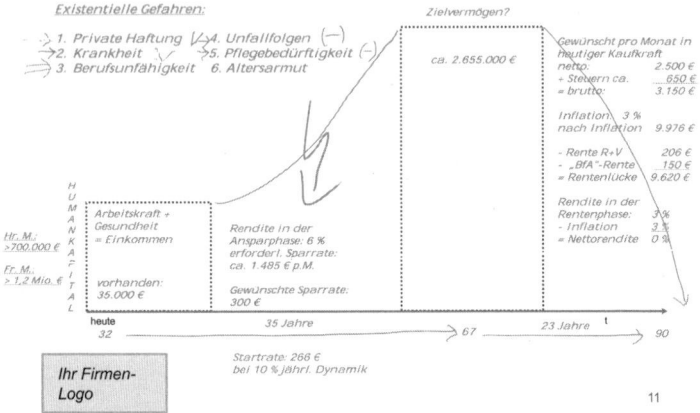

Ihr Weg ins Eigenheim

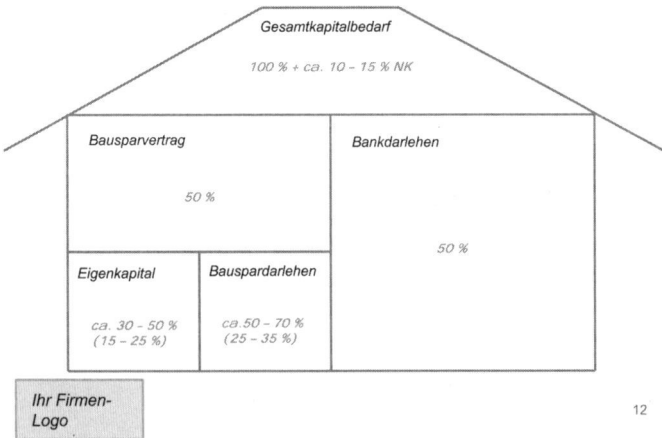

Ihre persönliche Vermögensstrategie: Die nächsten Schritte

Kurzfristig anstehende Aufgaben:

	Wer?	Bis wann?
1. Kopien der Sachversicherungen (Policen u. aktuelle Beitragsrechnungen) übersenden	Hr. Mustermann	11.12.2015
2. Altersvorsorgekonzept mit Airbag (mtl. 250 €) Schicht 3	Ihr Name	11.12.2015
3. PKV: restl. Risikovoranfragen abarbeiten	Ihr Name	8.12.2015
4. Unfallvers.: Angebot erstellen 50.000 €, 500 % Progr., 1.500 € Rente	Ihr Name	15.12.2015
5. PHV-Check, Pflegezusatz, Immofin - nächstes Jahr		

Ihre Themen nach Priorität und Ihre Investitionshöhe:

☐ Geldanlage	☒ Gesundheitsabsicherung	
☒ Absicherung von Einkommen und Vermögen	☐ Immobilie / Finanzierung	
☒ Vermögensaufbau / Altersvorsorge	☐ Kindervorsorge	
☒ Sachversicherungen		

Ihre monatliche Sparrate: 300 €

Ihre einmalige Investition:

Unser nächstes Gespräch:

am:	19.12.2015 15:00 Uhr	Ort:	Büro

Ihr Firmen-Logo

13

Abkürzungsverzeichnis

aaO.	am angegebenen Ort
Abs.	Absatz
Anm.	Anmerkung
BGB	Bürgerliches Gesetzbuch
BGB-E	Bürgerliches Gesetzbuch-Entwurf (des betreffenden Paragraphen)
BGH	Bundesgerichtshof
BGBl.	Bundesgesetzblatt
BU	Berufsunfähigkeit bzw. Berufsunfähigkeitsversicherung
BWS	Bewertungssumme (= Summe aller Beiträge eines Vertrags über die gesamte Laufzeit)
BWV	Berufsbildungswerk der Deutschen Versicherungswirtschaft e. V.
bzw.	beziehungsweise
etc.	et cetera (und weitere)
ETF	exchange traded fund (= Indexfonds ohne Ausgabeaufschlag)
EStG	Einkommensteuergesetz
e. V.	eingetragener Verein
ff.	folgende (Seiten oder Paragraphen)
gem.	gemäß
GewO	Gewerbeordnung
GewO-E	Gewerbeordnung-Entwurf (des betreffenden Paragraphen)
GKV	Gesetzliche Krankenversicherung
gr.	griechisch
grds.	grundsätzlich
HGB	Handelsgesetzbuch
HS	Halbsatz
IHK	Industrie- und Handelskammer
i. V. m.	in Verbindung mit
KTG	Krankentagegeld
KWG	Kreditwesengesetz
LG	Landgericht
LM	Lindenmaier-Möhring: Nachschlagewerk des Bundesgerichtshofes (publizistische Verwendung Verlag C. H. BECK)
LV	Lebensversicherung
LVRG	Lebensversicherungsreformgesetz
m. E.	meines Erachtens
MünchKomm	Münchener Kommentar
OLG	Oberlandesgericht

p. a.	per annum
p. M.	pro Monat
p. J.	pro Jahr
Rd	Randnummer
RV	Rentenversicherung
SBU	selbständige Berufsunfähigkeitsversicherung
SGB	Sozialgesetzbuch
s. o.	siehe oben
StGB	Strafgesetzbuch
VersVermV	Verordnung über die Versicherungsvermittlung und -beratung (Versicherungsvermittlungsverordnung)
VVG	Gesetz über den Versicherungsvertrag (Versicherungsvertragssetz)
WpHG	Wertpapierhandelsgesetz

Literaturverzeichnis

Betschart, Martin: *Ich weiß, wie du tickst – Wie man Menschen durchschaut*, dtv, 2012, 189 Seiten, 9,90 EUR

Dauth, Georg: *Führen mit dem DISG-Persönlichkeitsprofil*, GABAL Verlag, 3. Aufl., 2012, 176 Seiten, 19,90 EUR

Dobelli, Rolf: *Die Kunst des klaren Denkens*, Carl Hanser Verlag, 29. Aufl., 2011, 256 Seiten, 14,90 EUR

Ekmann, Paul: *Gefühle lesen*, Spektrum Verlag, 2. Aufl., 2010, 396 Seiten, 14,99 EUR

Gay, Friedbert: *Das persolog® Persönlichkeits-Profil*, GABAL Verlag, 39. Aufl., 2010, 224 Seiten, 34,90 EUR

Hübner, Sabine: *supriservice – Erfolgskonzepte und visionäre Ideen der Marktführer von heute*, GABAL Verlag, 2002, 280 Seiten, antiquarisch

Hübner, Sabine: *Service macht den Unterschied: Wie Kunden glücklich und Unternehmen erfolgreich werden*, Redline Wirtschaftsverlag, 2. Aufl., 2009, 220 Seiten, 24,90 EUR

Klein, Uwe: *Praxistipps NLP für Einsteiger: Grundlagen und praktische Umsetzung*, Verlage CreateSpace, Independent Publishing Platform, 2015, 60 Seiten, 9,80 EUR

McLean, Paul D.: *The Triune Brain in Evolution – Role in Paleocerebral Functions*, Springer Verlag, 1990, 704 Seiten, 341,33 EUR

Molcho, Sami: *Alles über Körpersprache: sich selbst und andere besser verstehen*, Mosaik Verlag, 7. Aufl., 2002, 224 Seiten, 14,99 EUR

O'Connor, Joseph, und Seymour, John: Neurolinguistisches Programmieren – Gelungene Kommunikation und Entfaltung«, VAK Verlag, 22. Aufl., 2015, 360 Seiten, 21,80 EUR

Schirm, Rolf W.: *Die Biostruktur-Analyse, Grundlagen – Original Struktogramm-Trainingsmaterial*, Verlag IBSA, 1992, 128 Seiten, antiquarisch ab ca. 79,00 EUR

Schirm, Rolf W.: *Evolution der Persönlichkeit – Die Grundlagen der Biostruktur-Analyse*, Verlag IBSA, 1992, 14. Aufl., 2011, 188 Seiten, antiquarisch ab ca. 25,00 EUR

Anmerkungen

1 IHK Karlsruhe, https://www. karlsruhe.ihk.de/Recht/Versicherungsvermittler/Allgemeine_Informationen/Versicherungsmakler_vertreter_mehrfachagent_Abgrenzungsfragen/2459786 (12.2.2016)

2 https://portal.mvp.bafin.de/database/ HABInfo/ (4.12.2015)

3 http://www.dihk.de/themenfelder/ recht-steuern/oeffentliches-wirtschaftsrecht/versicherungsvermittlung-anlageberatung/zahlen-undfakten/eingetragene-vermittler/ (4.12.2015)

4 http://www.bvvb.de/Content.aspx?content=12 (21.12.2015)

5 https://www.fondsfinanz.de/meinefonds-finanz/mein-bestand/bestandssicherung/ (21.12.2015)

6 https://www.ihk-berlin.de/servicemarken/ueber_uns/Mitgliedschaft_und_Beitrag/Verfahren/Das_Verfahren_der_Beitragserhebung/Beitragsberechnung/2280534 (12.12.2015)

7 http://www.existenzgruender.de/DE/ Weg-in-die-Selbstaendigkeit/Vorbereitung/Gruendungswissen/Versicherungen-Vorsorge/Arbeitslosenversicherung/inhalt.html (12.12.2015)

8 a.a.O. FN 7

9 a.a.O. FN 7

10 http://www.gehaltsvergleich.com/ gehalt/Finanzberater-Finanzberaterin (12.12.2015)

11 https://www.tk.de/tk/bei-der-tk-versichert/selbststaendige/existenzgruender/346540

12 Auszug aus einem Schreiben des Finanzamts Berlin-Reinickendorf aus dem Jahr 2015

13 https://de.wikipedia.org/wiki/Feng_-Shui (29.11.2015)

14 http://www.netzpiloten.de/die-socialmedia-nutzung-von-teenagern/ (17.12.2015)

15 »Was kommt nach Facebook, XING und Co. – Neues in der Social Media Welt«, eBUSINESSLOTSE, Infobüro für Unternehmen, http://www.ebusinesslotse-owl.de/ kommt-nach-facebook-xing-und-coneues-der-social-media-welt/ m.w.N.

16 »LEITFADEN FÜR LEADS-MANAGEMENTS – Optimal mit Leads arbeiten«, finanzen.de, S. 3

17 Harry Max Markowitz, (* 24. August 1927 in Chicago, Illinois) ist ein US-amerikanischer Ökonom, der zusammen mit Merton H. Miller und William F. Sharpe 1990 für seine Theorie der Portfolio-Auswahl mit dem Wirtschaftsnobelpreis ausgezeichnet wurde; https://de.wikipedia.org/wiki/ Harry_Markowitz (30.12.2015)

18 *Die Kunst des klaren Denkens*, Rolf Dobelli, 2011, Carl Hanser Verlag München, S. 126 f.

19 Sie werden sich sicher fragen, wie ich auf die 313,77 Euro als Brutto-Prämie gekommen bin. Um hier nicht ewig rumprobieren zu müssen, habe ich mir für diesen Zweck eine EXCEL-Tabelle gebastelt, mit der ich sowohl eine Brutto- als auch eine Netto-Prämie vorgeben kann und mit den vordefinierten Steuersätzen entsprechend die Umrechnung vornehmen kann. Ich kann Ihnen nur dringend empfehlen, sich ebenfalls eine solche Tabelle zu basteln. Sinnvollerweise sollte diese auch den jährlichen Anstieg der prozentualen Absetzbarkeit bei Rürupverträgen berücksichtigen. Oder wenn Sie es sich ganz besonders einfach machen wollen: Senden Sie mir einfach eine E-Mail an autor@scherbening.de, und ich maile Ihnen meine zu – sozusagen als Bonus zu diesem Buch. ☺

20 http://www.landsiedel-seminare.de/ nlp/was-ist-nlp.html

21 http://www.zeitzuleben.de/nlp-fur-den-alltag/

22 Quelle: Joseph O'Connor und John Seymour: *Neurolinguistisches Programmieren – Gelungene Kommunikation und Entfaltung*, S. 51, 70, 80, 94, 102, 108, 109

23 Quelle: https://de.wikipedia.org/wiki/Neuro-Linguistisches_Programmieren mit weiterführenden Quellenangaben

24 Quelle: Paul D. McLean: *The Triune Brain in Evolution – Role in Paleocerebral Functions*, 1990

25 Quelle: Rolf W. Schirm: *Die Biostruktur-Analyse, Grundlagen – Original Struktogramm-Trainingsmaterial*, 1992

26 http://www.perspektive-blau.de/artikel/0701b/0701b.htm (17.12.2015)

27 http://www.touchmore.de/blog/neuromarketing/item/kaufentscheidungen-emotion-schlaegt-reflexion (17.12.2015)

28 *Fassung aufgrund des Gesetzes gegen unseriöse Geschäftspraktiken vom 01.10.2013 (BGBl. I S. 3714) mit Wirkung vom 09.10.2013*

29 http://www.zeit.de/2003/36/Stimmts_Chin__Schriftzeichen (17.12.2015)

30 Christoph Drösser a. a. O. FN 17

31 http://www.gdv.de/2015/01/so-stellen-versicherer-die-beratungsqualitaet-sicher/ (28.12.2015)

32 a. a. O. FN 27

33 a. a. O. FN 27

34 http://www.duden.de/rechtschreibung/Mentor_Berater_Trainer (29.12.2015)

35 www.christian-bischoff.com

36 https://de.wikipedia.org/wiki/Fredmund_Malik (31.12.2015)

37 *Was alle Manager brauchen: Das Standardmodell wirksamer Führung*, Audio-CD, Campus Verlag, 2010

38 Paul Ekman, *Gefühle lesen*, Spektrum Verlag 2007, S. 249, 2. Auflage, 2010

39 http://www.versicherungsmagazin.de/Aktuell/Nachrichten/195/22774/Beschlossene-Sache-Die-Versicherungsvertriebs-Richtlinie.html (31.12.2015); gilt für sämtliche Informationen dieses Unterkapitels

40 FondsKonzept-Makler sehen Fintechs nicht als Bedrohung«, S. 1; http://www.fondsprofessionell.de/news/vertrieb-praxis/nid/fondskonzept-makler-sehen-fintechs-nicht-als-bedrohung/gid/1024320/ref/1/ (1.1.2016)

41 auf Basis eines ehemaligen Leitfadens der comdirect private finance AG.

Stichwortverzeichnis